現代希臘史

希臘專家寫給所有人的國家傳記

Greece: Biography of a Modern Nation

榮獲希臘共和國司令勳章的希臘專家
羅德里克・比頓
Roderick Beaton——著
嚴麗娟——譯

僅以最深的愛來紀念我的雙親，我最早從他們口中認識希臘，我持續發掘希臘世界的奇蹟時

也得到他們的支持

珍奈·瑪麗·比頓（Janet Mary Beaton）

一九二三年七月二十四日～二〇一八年四月十五日

鄧肯·麥克吉利弗瑞·比頓（Duncan MacGillivray Beaton）

一九二二年九月十三日～二〇一八年四月七日

永恆的紀念

Τα μάτια μου δεν είδαν τόπον ενδοξότερον από τούτο το αλωνάκι.

我的眼睛從未看過比這塊小小的打穀場更壯麗的土地。

——狄奧尼修斯・索洛莫斯（Dionysios Solomos），〈被包圍的自由人〉（The Free Besieged，一八二六～二九）

那些目前在希臘運作中的原則，在這裡和在其他的國家，都會逐漸產生效益……我無法……算出希臘會升到什麼樣的高度。到目前為止，這是狂熱分子和熱衷的人寫讚美詩和輓歌的主題；但現在會吸引政治人物的注意。

——拜倫勳爵（Lord Byron），在希臘米索朗基（Missolonghi）發表的演說（一八二四）

國家？布盧姆（Bloom）說。國家是同樣的人，住在同樣的地方……或者，也會住在不同的地方。

——詹姆斯・喬伊斯（James Joyce），《尤利西斯》（*Ulysses*，一九二二）

內蘊精神的民族，來到絕望的谷底時，會找到反抗的力量。毫無警告之下，也完全沒做好準備，就突然做出反應……英勇先鋒的時機已經成熟了。

——尤格斯・狄奧多加斯（Giorgos Theotokas），《自由精神》（*Free Spirit*，一九二九）

〈推薦專文〉我認識的現代希臘

前駐希臘代表／朱玉鳳

真希望我當年奉派去希臘工作的時候，就有羅德里克．比頓寫的這本《現代希臘史》專書可以看，相信對我的工作更有幫助！當年我是懷著對蘇格拉底的智慧探索、亞歷山大大帝的英雄欣賞，以及雅典娜女神的文武神奇抵達了希臘，這些我所憧憬的全是古希臘。等到住居安置好了，開始工作了，並試圖了解這個國家時，就有點迷茫了！

希臘友人陪我到雅典的國家考古博物館參觀，我無意間問了我的朋友一句話，「您知道這個雕像上刻的字是什麼意思嗎？」那時候我開始學希臘文，知道所有的字母，但是合在一起就不懂意思了，所以隨口問了友人。她說：「喔，這是古希臘文呢，我沒有學過，所以不懂！」我楞了一下，我們可是看得懂孔夫子留下來的經典，《論語》，還有那些《詩經》啊，《尚書》啊，《易經》……。原來在希臘及南賽普勒斯，他們所說的是現代希臘語，如果要了解那些博物館裡的文字，抱歉了，那另外要再去學習古希臘文的。

現代希臘人很大一部分是靠著老祖宗的餘蔭謀生，那些殘垣斷壁古蹟每年吸引了成千上萬的觀光客，尤其雅典衛城遊客如織，一些古代遺址也是人群比肩接踵。但是了解現代希臘的人還真是寥寥無幾。這本《現代希臘史》是翹楚之作，尤其作者是希臘史重量級專家，本身就是專門研究希臘的教授，而且是英國人文社會科學院的院士；一個外國人卻被希臘頒給勳章，表揚他在研究現代希臘史、語言及文學研究的卓越貢獻，令人肅然起敬。

作者在二〇一五年八月開始寫這本書，而我是在二〇一一年年底回到台灣，所以作者能夠了解當時希臘差一點被逐出歐元區的慘況。我在二〇〇八年到達希臘，在金融危機發生之前，見證了希臘驕傲的一刻：二〇〇四年希臘方舉辦完新世紀的奧林匹克運動會的驕傲猶存，希臘的經濟成長是歐洲前段班的自滿欣喜。任誰都沒有料到金融危機來襲，而希臘竟然不堪一擊。從此就開始不斷更換政府的不穩定政局，民生凋敝，各行各業示威不斷，希臘人經歷了生活從天堂到地獄的驚悚過程，令人不勝唏噓。

我去希臘時，感覺可能會住一段時間，所以就請了一位希臘文的老師，她的名字是瑪麗亞，是一個希臘文學博士，我從她身上學到了很多希臘的風土民情。她告訴我她的名字是聖母瑪利亞的聖名，所以在街上叫她一定要加姓氏，否則我一喊瑪麗亞，大概會有二十個人一起回頭。我笑彎了腰，她卻一本正經的說，希臘有一千多萬的人口，常用的名字不會超過五百個。也許這是誇張的說法，但是因為大家都會取個聖人的名字（聖人就那麼多吧！），因此每個人除了自己的出生日之外，還可以再過一個聖人的生日叫做 Name Day，所以一年有兩個生日！

在希臘，英文的地名往往和希臘文的地名不一致，我還蠻喜歡希臘的地名，例如希臘的首都雅典，英文是 Athens，但希臘文可是雅典娜。因為雅典娜是雅典城的守護神！我也喜歡第二大城，「帖撒羅尼迦」這個希臘名字，因為這個美麗的名字是亞歷山大大帝同父異母妹妹的名字，雖然費了我很久的時間，才能流利的說出這個希臘字。

希臘的古今交融，最受人欣賞，國會大廈也就是憲法廣場前面，站著穿希臘傳統服裝的衛兵，每當士兵換崗交接的儀式，就像我們的國父紀念館衛兵換崗交接一樣，總有許多人圍觀！他們著傳統陸軍服裝：小紅帽垂著黑絲帶，米色衣服，白長襪以及有趣的毛黑鞋，襯托希臘湛藍天空，好一幅彩繪！

我們常讀到的巴爾幹半島是歐洲的火藥庫，事實上希臘就在巴爾幹半島最南端。半島上所有的國家除了希臘之外都曾經是赤化的鐵幕國家，就可以想像希臘在冷戰時代的難處情境，終於被西方強力支持，抵擋了共產黨的進逼。有一次我和希臘友人聊天，聊到了我們彼此國家相似的處境：希臘在一九四九年也遭遇過內戰，我們也曾有內戰；只是希臘很幸運，政府軍最後贏了。這本希臘史專書更詳細說明了緣由。

我在希臘住了三年多，雖然無法了解希臘的全貌，但是對於一般平民百姓的生活，也大概清楚了，他們的咖啡座恐怕是歐洲最多的。我們常開玩笑說喝咖啡聊是非，希臘人非常聰明，但很多事情自古至今，卻是聊出來的，頗有他們祖先三聖哲，蘇格拉底、柏拉圖、亞里斯多德的精神傳承。

希臘是歐洲文明的搖籃，更是民主的聖地。現代希臘經歷了很多的苦難和考驗，這本希臘史有助於了解希臘的種種，難怪歐美佳評如潮，有這麼多人推薦！商周出版願意將這本書翻譯成中文出版，是一大福音，讓人可以深入了解這個位處南歐，地中海邊緣的國家，書名《現代希臘史》名符其實，本人鄭重推薦之。

〈推薦專文〉偉大的文明，苦難的國家

歷史評論家／公孫策

如果不是看了本書，我對希臘的印象將仍然只是三大哲學家與雅典民主制度，也就是西方文明的發源地，因此當二〇一〇年希臘發生國債危機時，我只能跟著新聞報導走，認為是現代希臘人好吃懶做有以致之；如果不是看了本書，當川普喊出「讓美國再次偉大」時，我在專欄裡提出「如果每個歷史上的帝國都要再次偉大，這個地球十個也不夠大」，其中就包括了希臘的亞歷山大大帝；如果不是看了本書，當習近平喊出「民族的偉大復興」時，我最先想到的西方可以再次偉大的民族就是希臘。

以上都錯了，都不符現實，但幸好我看了本書。

近代史學者公認，現代希臘始於一八二一年獨立戰爭，到今年恰是二百週年。本書則是從一七一八年開始述說現代希臘史，然而本文要從更早說起，直到〈後記〉補充至二〇二一年現況為止。這主要是方便讀者可以從打開第一頁就進入狀況，另一個原因是本書作者乃當代希臘權威，內文寫得夠詳細也夠透徹，實在不需要我對本書內文添更多「蛇足」。

古希臘文化被羅馬帝國承襲，希臘羅馬文化又在文藝復興之後成為歐洲文化主流。而在羅馬帝國分裂之後，希臘有很長一段時間在拜占庭帝國（首都君士坦丁堡）的統治之下，拜占庭帝國的疆域及於歐洲和亞洲，拜占庭帝國也將基督教傳入巴爾幹半島各國和東歐，包括俄羅斯人信奉基督教就是受拜占庭影響。重點是，拜占庭帝國的官方語言是希臘語，因此在十九世紀的「現代希臘」，不僅自認是古希臘的正統傳人，也是拜占庭傳統的繼承者。

隨著拜占庭帝國盛極而衰，希臘本土在幾百年間受到很多異族入侵，包括哥德人、匈奴人、斯拉夫人、威尼斯人等等，文化上影響最深遠的是斯拉夫人，迄今俄國和希臘都是信奉東正教最主要的國家。但是對國家發展影響最大的是第四次十字軍東征，在威尼斯人的商業思考影響之下，十字軍揚棄了最初的宗教目的，開始對君士坦丁堡控制的富庶地區大肆劫掠，以至於信奉東正教的希臘人，在當時甚至視信奉伊斯蘭教的鄂圖曼土耳其人為解放者。

終於，鄂圖曼帝國攻下了君士坦丁堡，後來更征服了整個巴爾幹半島，成為近東強權達數世紀之久。由於鄂圖曼帝國對不同宗教信仰的包容性高於西歐，帝國境內的希臘人還能享有部分自治權，更由於鄂圖曼帝國初期沒有對希臘人課徵各種名目繁多的苛捐雜稅，所以當時還流行一句諺語：「土耳其人的劍比法蘭克人的麵包好」。（當時的歐洲霸主是法蘭克王國。）

鄂圖曼帝國存在超過六百年，雖然希臘早一百多年脫離鄂圖曼帝國，但由於鄂圖曼帝國始終定都君士坦丁堡（今天的土耳其首都仍在伊斯坦堡），希臘人的骨子裡因此根深蒂固的存在著「君士坦丁堡思考」，這是幫助讀者理解本書內容很重要的一點。

脫離鄂圖曼帝國前後，是現代希臘最關鍵的蛻變期，這個擁有偉大文明的國家在那個時段，承受的劇烈變動和苦難，絲毫不遜於晚清時候的中國。看看今天的中國，再看看今天的希臘，感觸實多。二戰以後的希臘，先是接受山姆大叔的庇蔭，當然免不了得接受頤指氣使，後來加入歐盟，努力想要追上西歐的進步，卻免不了過程中的顛簸。在這之間，則是本書的主體內容，請讀者細細咀嚼了。

各界讚譽

要去希臘前，帶著這本書再出門……本書以優美的文筆介紹這個令人著迷的國家。

——《文學評論》（*Literary Review*）

審慎的、研究深入、資訊新到令人讚嘆——絕對是這幾年來現代希臘的英文版標準通史。

——《金融時報》（*Financial Times*）

這部現代希臘的精彩「傳記」一定是相關領域的佼佼者……比頓是世界上排名數一數二的希臘文化專家……除了非凡的學識和學問成就，他的寫作風格帶著平穩的情感，明確誠實，令人耳目一新……具備極高的權威性。

——《愛爾蘭時報》（*Irish Times*）

太棒了……讀者可以清楚看到，希臘屬於整個世界，不僅屬於他們自己。這也是為什麼這個國家仍有其重要性，或許未來也是一樣。

——《旁觀者》（*Spectator*）

比頓的地位尊崇，很適合說這個故事。這本書的副標題是「希臘專家寫給所有人的國家傳記」，比頓的重點不是說膩了的爭議——古希臘和現代希臘之間的連續性和不連續性——而是現代希臘認同的形成……清楚易讀的分析……本書的敘事公正且令人信服，可以說服讀者相信希臘對現代歐洲發展成形的貢獻。

——約翰．基特默（John Kittmer），《泰晤士報文學增刊》（*The Times Literary Supplement*）

市面上最棒的希臘歷史……文筆優美，徹底洞察希臘的文化和人民。我這輩子都會不斷翻閱這本書。

——維多利亞．希斯洛普，《周刊報導》（*The Week*）

比頓為這本書增添了吸引力十足的細節，不斷帶來驚喜……以特殊的風格涵蓋競爭激烈的歷史領域，令人讚佩的是完全沒有偏頗……在最具爭議的情節上認真表現公平，包括希臘最近很頭疼的難題，像是歐元區的債務及撙節……充滿學術風格，以文雅的敘事介紹這個迷人的國家。

——西恩．麥克米金（Sean McMeekin），《文學評論》

這本書探索歷史，不把希臘當成一個浪漫的國家，也沒有對希臘特別友善的想像，而是該國自古至今的真貌……比頓的敘事立刻成為相關主題最為卓越的論述。

——伯明翰大學英國文學與語言學系教授　羅伯特．霍蘭德（Robert Holland）

非常精彩迷人的敘事……傑出的著作，適合推薦給任何有興趣的人。

——倫敦政經學院現代希臘研究教授　凱文・費舍史東（Kevin Featherstone）

往東方的三條傳統路線中，希臘就橫跨兩條，因此具備了策略重要性，在二十一世紀，絕對會繼續衝擊歐洲的其他國家，所以想了解這個國家，一定要讀這本書。

——《鄉村生活》（*Country Life*）

目錄

目錄

插圖及相片的致謝名錄

我們已經盡一切努力去聯絡每一位版權所有人，如有任何錯誤或遺漏，出版社很樂於在本書再版時修正。

1. 泰佩列納的阿里（Ali Tepedelenli），雅尼納（約阿尼納）的帕夏（Yanya [Ioannina]），名為阿里帕夏（Ali Pasha）。插圖來自湯瑪士・斯馬特・休斯（Thomas Smart Hughes），《在西西里島、希臘和阿爾巴尼亞旅行》（*Travels in Sicily, Greece & Albania*，倫敦，一八二〇）。（蓋提研究中心）
2. 里加斯・維萊斯丁里斯（Rigas Velestinlis），別名費拉伊奧斯（Pheraios）。（雅典：國家歷史博物館）
3. 里加斯的希臘共和國三色布條，一八〇七。（羅馬尼亞科學院圖書館〔Ms. Gr. 928, f.275v〕）
4. 亞達曼提歐斯・柯拉伊斯（Adamantios Korais）（柯瑞〔Coray〕）。（雅典：國家歷史博物館）
5. 《卡雷斯卡基斯來自阿拉霍瓦的獎盃》（*Karaiskakis' trophy from Arachova*）。阿薩納修斯・伊阿特瑞迪斯（Athanasios Iatridis）的水彩畫，一八二七。雅典：貝納基博物館（Benaki Museum）。（Bridgeman Images〔德國圖庫供應商〕）
6. 狄奧多羅斯・克羅克特洛尼斯（Theodoros Kolokotronis）。卡爾・克拉賽森（Karl Krazeisen）的鉛筆素描，一八二七年五月十四日。（雅典：國立希臘美術館〔Alexandros Soutzos Museum〕

版畫與素描部門）

7. 雅尼斯・卡波迪斯特里亞斯（Ioannis Kapodistrias）伯爵。湯瑪士・勞倫斯（Thomas Lawrence）爵士的油畫，一八一八～一八一九。皇家典藏信託。（版權©英女王伊莉莎白二世，二〇一八／Bridgeman Images）

8. 《希臘國王奧托一世於一八三三年二月六日進入納菲爾》（*Entry of King Otto of Greece into Nauplia on 6 February 1833*）（細部）。彼得・馮・黑斯（Peter von Hess）的油畫，一八三五。慕尼黑：新繪畫陳列館（Neue Pinakothek）。（版權© Blauel Gnamm/Artothek）

9. (a)希臘國王奧托一世年輕的時候。雅典：貝納基博物館。（De Agostini/Getty Images）
(b)希臘國王奧托一世。銀版照相，約一八四八。（雅典：國家歷史博物館）

10. 亞歷山德羅斯・馬夫羅科扎托斯（Alexandros Mavrokordatos）。（雅典：國家歷史博物館）

11. 雅尼斯・科萊提斯（Ioannis Koletis）。雅典：貝納基博物館（亞斯帕西亞・波塔西〔Aspasia Botasi〕及朵拉・蘭黛〔Dora Lauder〕致贈）。（Bridgeman Images）

12. 《雅典的理想視野，涵蓋衛城及亞略巴古》（*Ideal View of Athens with the Acropolis and the Areios Pagos*）。利奧・馮・克倫澤（Leo von Klenze）的油畫，一八四六。慕尼黑：新繪畫陳列館。（版權© Blauel Gnamm/Artothek）

13. 《雅典全景》（*Panorama of Athens*）。奧古斯特・費迪南・斯塔德曼（August Ferdinand Stademann）的平版印刷畫，一八四一。私人收藏。（Christie's/Bridgeman Images）

14. 希臘人的國王喬治一世（King George I of the Hellenes）（The Print Collector/Getty Images）

15. 《科林斯運河的開通》（*The Opening of the Corinth Canal*）。康斯坦蒂諾斯・佛拉納奇

斯（Konstantinos Volanakis）的油畫，一八九三。（雅典：阿爾法銀行〔Alpha Bank〕的收藏）

16. (a) 狄奧多羅斯・德里雅尼斯（Theodoros Diligiannis）。《畫報》（*The Graphic*）的插圖，一八八六年五月二十九日。（Look & Learn/Bridgeman Images）

(b) 哈里勞斯・特里庫皮斯（Charilaos Trikoupis）。《畫報》的插圖，一八八六年五月二十九日。（Look & Learn/Bridgeman Images）

17. 《大學街》（*Panepistimiou Street*）。保羅・馬蒂奧普洛斯（Paul Mathiopoulos）的畫，一九〇〇～一九一〇。（雅典：國立希臘美術館版畫與素描部門）

18. 《帕夫洛斯・梅拉斯》（*Pavlos Melas*）。尤格斯・雅各比德斯（Georgios Jakobides (Iakovidis)）的畫，一九〇四。（雅典：國家歷史博物館）

19. 伯里克里斯・吉安諾普洛斯（Pericles Giannopoulos），索菲亞・拉斯卡里杜（Sophia Laskaridou）的炭筆畫，一八九七。（希臘卡利瑟亞〔Kallithea〕市立美術館）

20. 艾萊夫狄里奧斯・韋尼澤洛斯（Eleftherios Venizelos）及希臘人的國王君士坦丁一世（King Constantine I of the Hellenes），繪於巴爾幹戰爭期間。（De Agostini/Getty Images）

21. (a) 塞雷斯（Serres）。在巴爾幹戰爭期間拍攝的照片。（倫敦國王學院檔案。經盎格魯—希臘聯盟〔Anglo-Hellenic League〕凱蒂・蘭塔基斯藏品〔Katie Lentakis Collection〕許可重製 [AHL Acc3619]）

(b) 德拉馬（Drama）附近的多克薩托村（Doxato），一九一三。（倫敦國王學院檔案。經盎格魯—希臘聯盟凱蒂・蘭塔基斯藏品許可重製 [AHL Acc3619]）

22. 上有「大希臘」領土的明信片，根據《色佛爾條約》（Treaty of Sèvres）的條款，一九二〇。（雅典：國家歷史博物館）

23. (a)希臘戰俘，一九二三。（倫敦國王學院檔案。經盎格魯—希臘聯盟凱蒂．蘭塔基斯藏品許可重製 [AHL Acc3619]）
(b)希臘戰俘，一九二三。（倫敦國王學院檔案。經盎格魯—希臘聯盟凱蒂．蘭塔基斯藏品許可重製 [AHL Acc3619]）

24. 艾萊夫狄奧里奧斯．韋尼澤洛斯。F. 帕普拉斯（F. Papoulas）的油畫，一九二八。（雅典：美術館收藏／艾萊夫狄里奧斯．韋尼澤洛斯博物館）

25. 雅尼斯．梅塔克薩斯（Ioannis Metaxas）。宣傳照，一九三九。（瑪琳娜．佩特拉基斯〔Marina Petrakis〕收藏）

26. 倫貝蒂卡（Rebetika）：一九三〇年代的布祖基琴（bouzouki）樂團。出自伊里亞斯．佩特羅普洛斯（Ilias Petropoulos），《倫貝蒂卡歌曲》（*Ρεμπέτικα τραγούδια*）（雅典，一九六八），插圖四一。

27. (a)德國軍隊在衛城升起納粹黨徽，一九四一。（World History Archive/Alamy）
(b)「自由希臘」的「人民當家」。（倫敦國王學院檔案。希臘民主聯盟〔League for Democracy in Greece〕收藏 [MGA/PH2]）

28. (a) 失火的山村。（倫敦國王學院檔案。希臘民主聯盟收藏 [MGA/PH1]）
(b) 德國佔領期間，在雅典街區被集攏的民眾。（倫敦國王學院檔案。希臘民主聯盟收藏 [MGA/PH1]）

29. 民主軍（Democratic Army）的年輕士兵。（倫敦國王學院檔案。希臘民主聯盟收藏 [MGA/PH5]）

30. 《痴漢艷娃》（*Never on a Sunday*）中的美蓮娜・梅高麗（Melina Mercouri），一九六〇。（United Archives/Alamy）

31. 一九七三年十一月十七日的凌晨，一台坦克車準備輾過雅典理工學院（Athens Polytechnic）的大門。亞里斯多德里斯・沙里科斯塔斯（Aristotelis Sarrikostas）攝影。（AP/Rex/Shutterstock）

32. 「上校軍團」（Colonels）的宣傳海報。（私人收藏）

33. 康斯坦蒂諾斯・卡拉曼利斯（Konstantinos Karamanlis），一九七五。（AFP/Getty Images）

34. 安德烈亞斯・帕潘德里歐（Andreas Papandreou），一九八四。（Bridgeman Images）

35. 科斯塔斯・西米蒂斯（Kostas Simitis），二〇〇三。（Yves Boucau/AFP/Getty Images）

36. 哈里勞斯・特里庫皮斯吊橋。（作者攝影）

37. 馬卡里奧斯三世（Makarios III）總主教。凱庫斯修道院（Kykkos Monastery）附近的銅像。（作者攝影）

38. 俯瞰尼古西亞（Nicosia）的「北賽普勒斯土耳其共和國」國旗。（作者攝影）

39. 分隔尼古西亞的「死區」。（作者攝影）

40. 貧窮為革命和犯罪之母。狂野繪圖（Wild Drawing）的街頭藝術，雅典艾克薩仕亞區（Exarcheia），二〇一三。（Mystic Politics）

41. 二〇一五年一月二十五日，亞歷克西斯・齊普拉斯（Alexis Tsipras）在雅典大學的「山門」（Propylaea）慶祝選戰勝利。（Nikos Pilos/laif/eyevine）

地圖列表說明

1.（頁二八）十八世紀晚期的「東正教聯邦」，展現希臘人口和教育的中心，重疊上今日的國界。

2.（頁二九）十九世紀結束時希臘在歐洲、西亞和黎凡特（Levant）的地理範圍，展現希臘語人口分布的區域、小鎮和城市。這些居民的定義和百分比在當時有極大的爭議（見第六章「國族與國族的限制」段落），日期表示大量移居的時期。

3.（頁三〇）希臘城邦的擴展（一八三二～一九四七）。

4.（頁三一）一八二〇年代，希臘革命的主要地點。

5.（頁三二）一九二三年以後的希臘和鄰國。

6.（頁三三）賽普勒斯，一九七四年分割。

姓名、日期和稱號

如果不是希臘人，會覺得希臘名字很難發音。要用拉丁字母來呈現現代希臘語的發音，並沒有公認的系統，所以問題更加複雜。字母對字母的對應在古時候還可以。但是希臘語的發音從那之後就變了，在英語甚至還不存在的那段時期就不斷變化。與其在書頁上粗略重現希臘語的發音，我盡量貼近希臘文的拼寫，還算可行，也盡量避開在英文裡看起來過度奇怪的例子。

按著幾個簡單的規則，通常就可以再現希臘名字的正確發音，正如本書所示：

'ai'、'e' = 'e'（如英語的「yet」）
'ch'（如英語的「loch」）
'd' = 'th'（如英語的「that」，而非「thatch」）
'ei'、'i'、'oi'、'y' = 'ee'（如英語的「meet」）
'a'、'o'或'ou'之前的'g' = 'gh'（如西班牙語或荷蘭語的硬音「g」）
'e'或'i'之前的'g' = 'y'（如英語的「yield」）

重音的位置也很重要。通常也猜不到，在希臘文中用尖音符號標記。

明顯的例外則是在英文裡早已確立對等詞的希臘名字：「Athens」（雅典，不用「Athina」）、「Salonica」（薩洛尼卡，不用「Thessaloniki」）、「Pericles」（伯里克里斯，不用「Periklis」）。

本書也遵循另一個長期的慣例，用英文的對等詞呈現希臘皇室的名字：「George」（喬治）和「Constantine」（君士坦丁），而不是「Georgios」和「Konstantinos」。較古老的歷史也會把其他名字改成英文：「John Metaxas」（約翰・梅塔克薩斯）、「George Papandreou」（喬治・帕潘德里歐）。按著最近的習慣，這幾個名字我改成希臘文的寫法：分別是「Ioannis」（雅尼斯）和「Georgios」（尤格斯）。

在一九二三年三月一日前，東正教教會和希臘城邦仍使用舊式的儒略曆（Julian calendar，太陽曆，以凱撒的名字命名），當時大多數西方國家已經採用格里曆（Gregorian calendar，公曆，一五八二年由教宗葛瑞格里十三世〔Gregory XIII〕推行，故以他的名字命名）。儒略曆的日期一般稱為「舊曆」，在十九世紀會比對等的格里曆（「新曆」）日期早十二天，到了二十世紀則早十三天。因此在雅典，十九世紀的耶誕節會在等同於一月六日的那天慶祝。在二十世紀，一直到一九二三年，對等的日期則是一月七日。在「舊曆」日期仍在使用的時候，用希臘文寫的歷史仍習慣寫舊曆，便有可能造成混淆。在本書裡，正文的所有日期都按照西式的格里曆，也就是「新曆」（注釋裡的文件日期則遵循引用的來源，如果是希臘文，可以假設是「舊曆」）。「舊曆」日期很重要或常被引用的話，我會提醒讀者相關的差異——傳統都認為一八二一年的希臘革命開始日期是三月二十五日，在西歐則是四月六日。

在這個故事裡，外交官扮演很重要的角色，尤其是英國外交官。在第二次世界大戰前，只有最知名的外交代表機構由外交部授予「大使館」的稱號，主管則是「大使」。在那之前，在雅典，大不列顛王國的代表是「大臣」主管的「公使館」，嚴格來說叫作特命全權公使。在後面的正文和注釋中，我會用當時的術語。就這個意義來說，「大臣」和「大使」的角色沒什麼差別。

給讀者的話

如果不是希臘人，會覺得希臘名字很難發音。要用拉丁字母來呈現現代希臘語的發音，並沒有我在二〇一五年八月開始寫這本書。就在一個月前，希臘第三次有可能混亂地退出歐元區，但驚險地避開了，在其他地方可能有無法估量的連鎖反應。在這本書完稿前，我自己的國家也開始脫歐的過程。大家都忘了「希臘退出歐元區」（Grexit），而在二〇一六年，「英國脫歐」（Brexit）據報導已經成為英式英文裡最常用的新詞（英國已於二〇二〇年一月三十一日晚上十一時〔GMT〕正式退出歐盟，隨後進入脫歐過渡期，至二〇二〇年十二月三十一日結束）。不過，「希臘退出歐元區」的時間還是比較早。希臘人第一個面對那個生存的選擇，他們突破了難關，到了另一頭。現代的希臘人常當先鋒——這也是本書的一個論點。

寫這本書的時候，我一直意識到這是一個很特別的歷史時刻——未發生的「希臘退出歐元區」及結果未明的「英國脫歐」之間的時間，不只是一眨眼的功夫。那個時刻就是「當下」或「今日」，在後續的頁面中常常變成主角。但本書的成因及真實的中心還要回到更久以前。

成年後，我的生活一直跟希臘及希臘語世界脫離不了關係：學生時代活在軍事獨裁的陰影下，一九七〇年代在雅典的街道上冒險衝過坦克車和屋頂上的狙擊手，一路到倫敦國王學院的講堂和研究室，我在這裡擔任了整整三十年的現代希臘與拜占庭歷史語言文學榮譽教授，最後在二〇一八年夏天退休。是老師，也是學生，我一直在學習——學習的對象有同儕、同事，尤其是同齡的學生，很多人本就是希臘人。從他們身上，我學會欣賞許許多多不同的觀點，為我帶來改變，更深入了解希臘，以及在現代世界中當一個希臘人的意義。

讓我深深著迷這麼久的，並不是希臘**法理國家**的故事——充滿戲劇性，有時候還令人心碎——而是建立城邦時扎扎實實的歷史真相，以及模糊而錯綜複雜的想法、態度和渴望之間的相互作用，這些綜合在一起的想法、態度和渴望則構成**民族國家**共有的意識。為了發掘構成民族國家的要素，我們必須看得更遠，不光是歷史的頭條事實、領袖的行為和言語，或留存團體和族群之間人類活動的圖表及統計數字。民族國家的故事一定會訴說人民對自己、世界和自身在世界中定位的想法。

這就是為什麼我把這本書裡的故事稱為「傳記」，而不是「歷史」。要寫傳記，必須對主題有長遠深刻的認識，但保持一定的距離。通常，寫傳記的對象不是親近的人，或家族的成員。我在希臘沒有親戚。寫這本書的時候，我是一個局外人，因此我跟希臘的距離有助於塑造出這個特殊的說故事方法。但我不認為我的寫法完全客觀公正。我相信，熱切相信，希臘和希臘這個國家的現代史**很重要**，遠遠超越了全世界希臘社群的界限。如果我是一個稱職的作者，在讀完這本書之前你就會了解為什麼，也可以自行決定我說的對不對。

十八世紀晚期的「東正教聯邦」，展現希臘人口和教育的中心，重疊上今日的國界。

十九世紀結束時，希臘在歐洲、西亞和黎凡特的地理範圍，展現希臘語人口分布的區域、小鎮和城市。這些居民的定義和百分比在當時有極大的爭議（見第六章「國族與國族的限制」段落）。日期表示大量移居的時期。

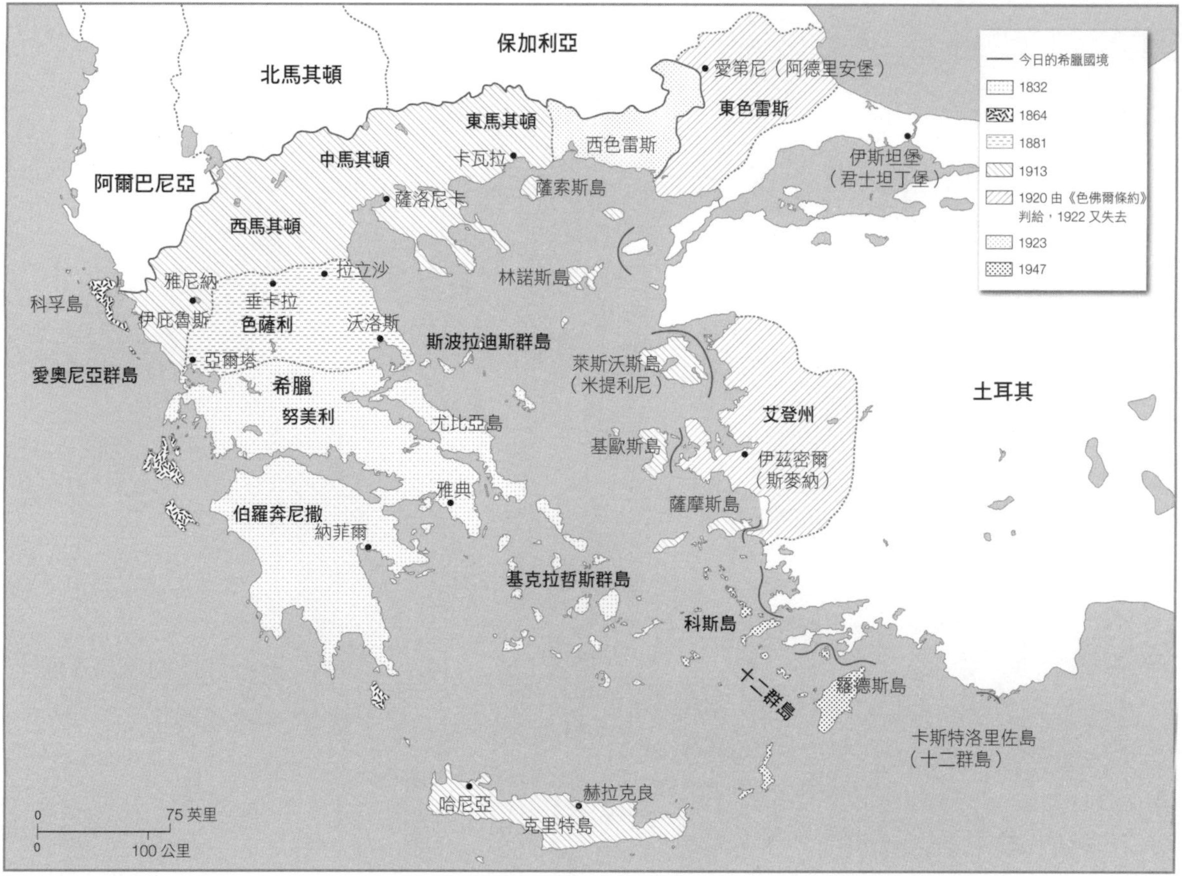
今日的希臘國境
1832
1864
1881
1913
1920 由《色佛爾條約》判給，1922 又失去
1923
1947
保加利亞
北馬其頓
阿爾巴尼亞
土耳其
愛第尼（阿德里安堡）
東色雷斯
西色雷斯
東馬其頓
中馬其頓
西馬其頓
卡瓦拉
薩洛尼卡
伊斯坦堡
（君士坦丁堡）
薩索斯島
林諾斯島
拉立沙
雅尼納
垂卡拉
伊庇魯斯
色薩利
沃洛斯
亞爾塔
科孚島
愛奧尼亞群島
斯波拉迪斯群島
萊斯沃斯島
（米提利尼）
希臘
努美利
尤比亞島
艾登州
基歐斯島
伊茲密爾
（斯麥納）
薩摩斯島
雅典
伯羅奔尼撒
納菲爾
基克拉哲斯群島
科斯島
十二群島
羅德斯島
卡斯特洛里佐島
（十二群島）
哈尼亞
赫拉克良
克里特島
0
75 英里
0
100 公里

希臘城邦的擴展（一八三二～一九四七）

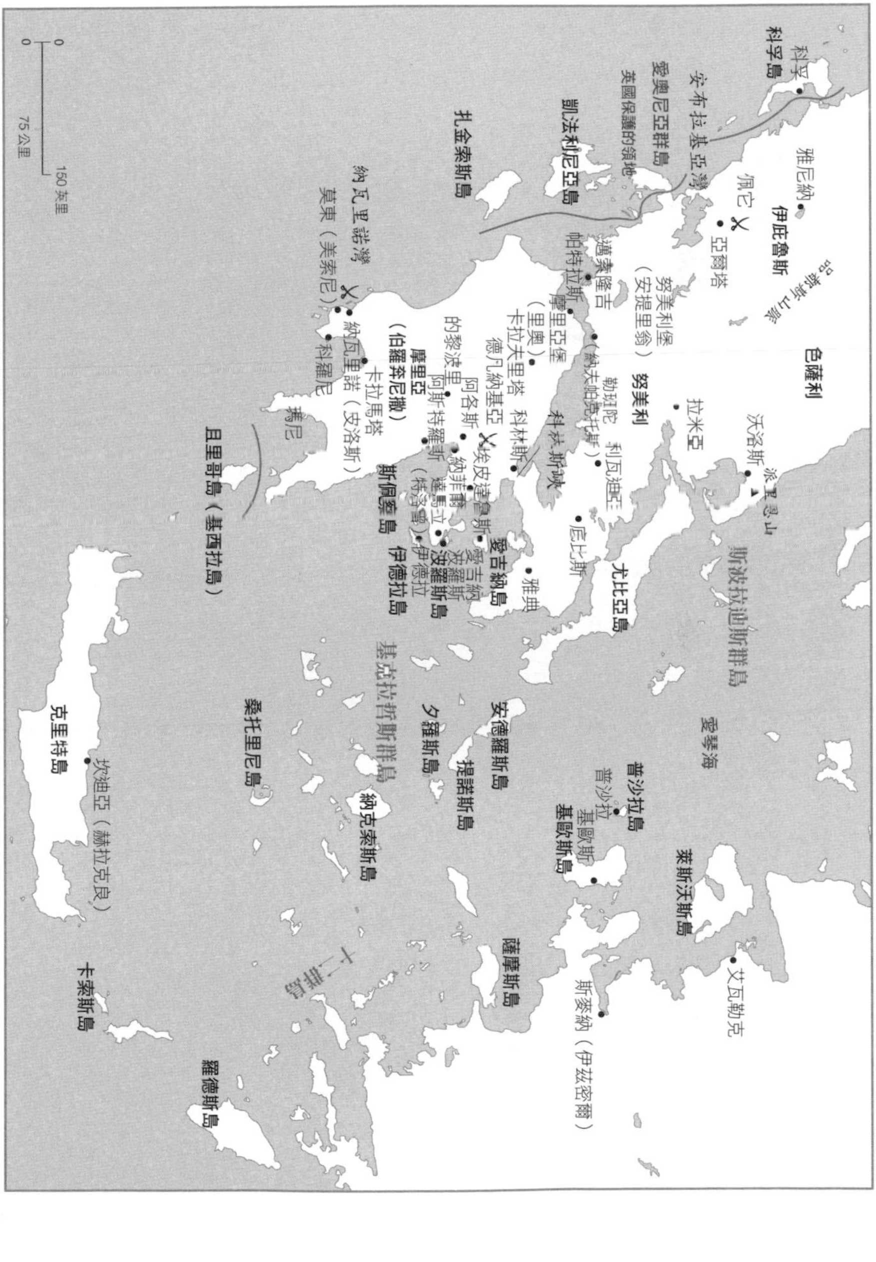

一八二○年代希臘獨立戰爭的主要地點

一九二三年以後的希臘和鄰國

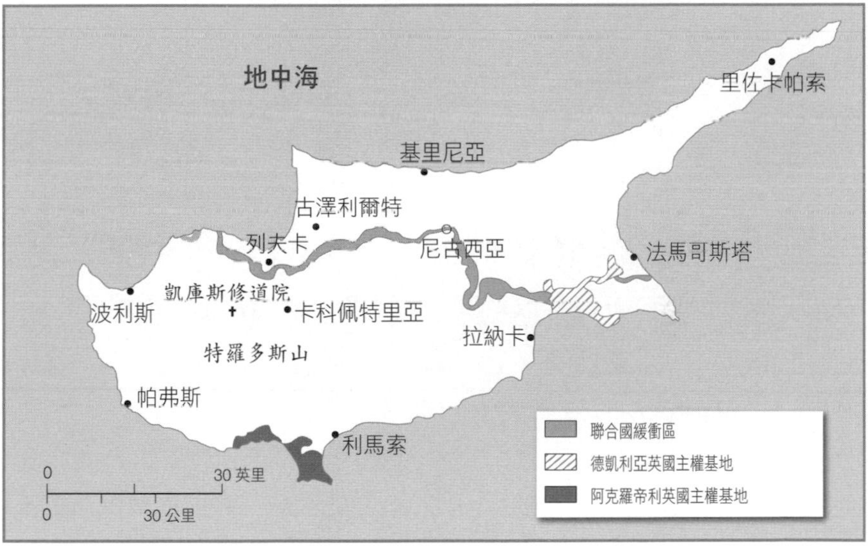

賽普勒斯，一九七四年分割

引言　國家及其祖先

希臘人，**是**誰？今天遍布全球的一千五百萬希臘人，有哪些共同的經驗、共有的記憶、抱負和成就？大多數人住在歐洲東南角的兩個歐盟成員國，希臘和賽普勒斯，而地球上有人居住的大陸都能找到名為「希臘移民」（Greek diaspora）的社群。

有很多書問了這個問題，希臘人，是誰？西歐的思想家自文藝復興以來就一直在思索這個問題，希臘的文明距今三千年到兩千年前就在歐洲的這個角落興盛發展，到了文藝復興時期，當時的學者和旅人重新發現了希臘的文學、哲學、政治和科學成就。這個問題很重要，因為今日定義「歐洲」或「西方」文化的一切，包括藝術、科學、社會科學和政治學，都由塑造古老文明的人奠定基礎，那些人就是我們口中的「希臘人」。

這些很久以前就過世的希臘人也參與了這個故事，但本書不是**他們的**故事。這本書從頭到尾都以今日的希臘人為主。書中探索現代希臘人之所以有今日樣貌的方式、他們和前代面對的困境，以及後來塑造出他們的選項。本書重點放在集體**身分**的演化過程。以過去兩個世紀的希臘人來說，稱這個身分是**國族**認同也合理，因為在這段期間，我們看到希臘民族國家的建立及鞏固。就從民族國家開始吧。

眾人對國家的組成有不同的意見。自二十世紀末以來，深具影響力的歷史思維趨勢把國家重新定義為一種現代的現象，也是十八世紀啟蒙運動和工業革命的產物。按照這個看法，在現代的想法中，國家一定是獨立自主的法理體制，其中的公民幾乎都是自願隸屬於這個國家。也有人重提舊有的相反觀點：人類社會裡總有基本上以「種族」為根據的社群——如果是這樣，這些社群為什麼不算是國家？

希臘的例子更是出現了最兩極化的意見。根據第一個定義，我們今日所知的希臘這個國家，以地理國土、共有的機構和參與式民主為根據，在一八二〇年代反抗鄂圖曼土耳其的統治掀起革命後，這個國家形成了。另一方面，希臘的語言持續出現在歷史記載上，在今日希臘的地理範圍內，可以追溯到三千多年前。那麼，希臘這個國家的故事，不就一樣古老嗎？

兩個觀點都有效。但我在這本書裡會講希臘作為**現代**國家的故事。因此，我選擇用一個更狹義、更確實的方法來解釋「國家」的意思，從這個國家誕生的世紀開始說故事。

另一個選擇則是把這個現代國家想像成一個真人，也就是傳記的主角。國家的生命及個人的生活呈現出迷人的對比，或許也有點啟發性——把國家聯繫在一起的那些想法本身通常不是有生命的隱喻。先停止懷疑，就假設和實驗精神來承認，希臘這個「誕生」於一八二〇年代革命的國家也有一些人類的特質。我們可以追溯這個主角的歷史，正如傳記梳理出個人的生命和事業。

國家就像個人，有遠祖，也有可以追溯的族譜（或系譜）。就國家的生命而言，希臘從這個意思來說誕生於十九世紀初，可以算是少年。傳記這種文體還有一個特色，我們在這本書裡就用不到了。國家最終或許會演化成另一個東西，但沒有理由期待故事的結局是死亡。大家當然都同意希臘不會死去。我們不期待看到訃聞。傳記作家免去了那件毫無把握的工作，也就是回顧完成且終結的生命。至少在這方面，讀者可以把這本書看成「名人」傳記，主角仍在生命及名聲的全盛期。翻到最後一頁，故事仍未結束。

但是，我們必須從從頭開始，先說到遠祖，以及他們留下來的複雜遺產。

祖先：古希臘人和中世紀羅馬人

沒有一個人知道自己最遠的祖先是誰。如果現代人都是一萬五千年以前從非洲移居出來那些群體的後裔，那希臘人應該也不例外。遺傳學未來的進展或許能揭露今日說希臘語的人與建造「古典」文明的人有哪些同樣的遺傳物質。要了解現今希臘人的歷史，遺傳學其實不重要。兩、三千年內的歷史取決於環境、行動、事件和想法等因素，跟演化生物學比較沒有關係。人口中個體原本的生物血統不是這裡的關鍵——即使個人是最常用來表達的條件——而是一個國族、一個法理國家或我們稱為文化的複雜現象帶著隱喻意味的「血統」。古希臘文明不太可能稱為國族，當然絕對不是法理國家。然而，希臘人與他們口中的「我們的遠祖」有一種親裔**感**。近幾十年來，「我們的遠祖」變成一種老掉牙的說法，是眾人的陳腔濫調。即使如此，也大致總結了現代世界中希臘這個國家的定義。

詩人喬治．塞菲里斯（George Seferis）在一九六三年接受諾貝爾文學獎時發表演說，以最微妙的形式表達出這種親裔感：「我不會說我們（跟古希臘人）有同樣的血統——因為我憎恨種族理論——但我們仍住在同一個國家，看到同樣的山脈沒入海中。」[1]塞菲里斯也強調語言的連續性：他指出，「太陽的光線」一詞跟將近三千年前吟遊詩人荷馬（Homer）用的字詞幾乎一模一樣。跟同時代大多數人一樣，塞菲里斯經歷過一九三〇和一九四〇年代納粹種族教條對全世界宣洩的恐怖。他認定那是一種因著地貌和人類在該地長期使用共通語言的**親和性**——深沉感受到的親和性，但不是教條，也不是以遺傳為基礎的假設。

有這種共同感知的不光是希臘人。二〇一〇年金融危機發生後那幾年，全球媒體的插畫家都畫了經典的刻板印象和影像，把一度偉大的文明延續下來的糟糕國家用視覺表達出來，對吧？他們畫出古代神廟發光的大理石上出現了裂縫，歐元硬幣宛若亂丟的鐵餅引起了混亂，在離希臘很遠的國家確實影響了大眾的想像，如果不是充滿了敵意，通常也帶著批評的意味。對希臘人來說，同樣的親和感也讓他們熱烈要求英國人歸還「埃爾金石雕」（Elgin Marbles），也就是帕德嫩神廟的雕像（Sculptures of the Parthenon），埃爾金勳爵（Lord Elgin）於十八世紀初把它們從雅典衛城搬走，一八一七年起在倫敦大英博物館展出。創造出這些藝術品的大師技術卓絕，充滿想像力，兩千五百年前就離開了人世，電影明星和流行歌手、後來成為文化部長的美蓮娜・梅高麗在描述這些雕塑時，說出了很值得紀念的話，「我們的驕傲……我們的渴望和我們的**名字**……希臘性（Greekness）的本質」。[2]

這件事無法否認，也不能希望它不存在。有些人主張，經過幾個世紀的連續遷徙和入侵，古希臘人的基因庫應該無法生存下來。有些人認為對遠祖的念念不忘應該嗤之以鼻，這是逃避歷史真相的作法。但這就是不得要領。我們在講的是一種親裔**感**，一種感知，而不是一些能客觀驗證的事實。與古人的親裔感本身就是要去了解和解釋的歷史真相。本書的故事主軸是希臘如何變成一個現代的國家，重點就在於這種親裔感如何出現，如何能夠持續這麼久。

我們現在已經很習慣把「現代希臘」看成古希臘的分枝，所以很難理解與古典時代分離了這麼多世紀後，希臘語使用者並沒有這種親裔感。我們所謂的「古希臘人」並不稱自己是古希臘人。「希臘語或希臘人」（Greek）和「希臘」（Greece）衍生自拉丁文的 **Graecus** 和 **Graecia**。羅馬人在公元前二世紀征服大部分的「Graecia」後，這幾個名稱才流行起來。古希臘人自稱

「Hellenes」——這個詞在英文和希臘文中幾乎一模一樣。希臘人（Hellene）住的地方合起來稱為希臘（Hellas）。同樣名字的現代形式也存在於今日的希臘文：人民是 **Ellines**（重音在第一個音節），國家則是 **Ellas**（舊式）或 **Ellada**。所以，有什麼變化？

答案：變化很大。到了公元第四世紀，地中海東部腹地的這些居民說希臘語、寫希臘文，在羅馬統治下過了數百年。在第四世紀，羅馬帝國採用基督教為官方信仰，希臘文的「Hellene」專門留給死得太早而無法受惠於新宗教的人，因此他們不得不變成異教徒。不久之後，再繼續擴展出去，「Hellene」就專指「異教徒」，也就是非基督徒。在整個基督教中世紀，這個詞在希臘文裡主要就是這個意思。十八世紀，世俗的想法開始傳播，「Hellenes」主要變成一個古文物的術語：「Hellenes」指**古**希臘人，而活著的希臘語使用者則在幾個世紀前幫自己找了另一個名字。這是一個有意識的選擇，一八二二年一月，臨時希臘政府在第一次國民大會中決定重新採用古代的名字：「Hellene」指新法理國家為獨立而戰的公民，「Hellas」則是這個國家。[3]

同樣地，德拉克馬（drachma）常被稱為「全世界最古老的貨幣」，大家也猜測，如果希臘離開歐元區，就會回頭採用德拉克馬。這個名字就像大家想像的那麼古老——但在一八三三年再次引入前的十七個世紀，德拉克馬的硬幣從未鑄造出來。再舉一個例子，古代的雅典擊敗其他的希臘城邦，奪取領先的地位；衛城位於雅典中心，其上毀壞的古廟長久以來的意義就等同於希臘本身。所以也很容易假設，雅典一直是希臘的首都。事實上，在一八三四年十二月十三日，雅典才初次成為首都。

地名和人名暗示的親裔感似乎也高過歷史上的實際狀態。看看希臘的地圖，至少有一半的城鎮和地理特徵的名字也可以在古代資料中找到。但很多名字是在獨立後刻意再度採用，取代用了數個世紀的俗名，而俗名仍會出現在舊地圖和旅人的遊記中。例如，在科林斯灣，很難發音的「Aigio」（阿奇翁）取代了拜倫勳爵造訪過的「Vostitsa」（沃斯提扎），一八二一年，革命領袖也在這裡舉行知名的祕密集會。「特洛曾」是神話中特修斯（Theseus）的誕生地，一八二〇年代也硬是取代用了很久的「達馬拉」，中世紀的法國男爵曾在這裡佔有席位。**舊**名字被**古代**的名字取代，用歷史替換歷史。也來看看人名吧。約莫一千五百年以來，希臘東正教父母的小孩都用教會行事曆上聖人的名字受洗。到了一七九〇年代，這些名字才開始跟古代有名異教徒的名字配對，或完全被取代。今日的希臘人可能叫奧德修斯（Odysseus）或蘇格拉底（Socrates）或歐幾里得（Euclid），潘妮洛碧（Penelope）或卡麗歐佩（Calliope），我們也會猜這些名字自古以來就是世代相傳。其實不然。祖先還有一個特質，可以挑選。

這些祖先承擔了無比的重要性，定義過去兩個世紀內希臘的集體認同，承認這些事實當然不會降低他們的重要性。只有當你明白過去這些年來數十萬希臘人做出的選擇範圍有多大，才能看清成就的規模。這是一個有意識的政策選擇，看似也無人辯駁，從一八〇〇左右開始，重申與古典時代失落文明的親裔感。也是一個精挑細選的選擇。想想那些完全被蓋過的古代作法：裸露、雞姦、奴役、女性的屈從、殺嬰、異教、動物殺害。

這項政策壓倒性地成功——就像那些鐵餅歐元和裂開的大理石柱，很不幸地也太有效了。

跟一個有名的祖先同住已經夠難了。希臘還不只一個，有兩個。第二名祖先從未享受第一個的聲望，至少在西歐是如此。另一方面，時間上不是那麼久遠，或許也受到很多希臘人喜愛。這是自十九世紀以來名為「拜占庭」的文明——又是一個有很多問題的說法，因為「拜占庭人」從不稱自己這個名字，在英語使用者之間，連英語發音都沒有定見。據說，羅馬皇帝君士坦丁把博斯普魯斯對著亞洲、靠著歐洲那邊的拜占庭市重新命名為君士坦丁堡（今日的伊斯坦堡，土耳其最大的城市），就是拜占庭帝國的開始。這時是西元三三〇年，正好也是採用基督教的時候。在之後的一千多年，君士坦丁的繼任者從他建立的首都城市統治基督教帝國，官方語言和唯一的教育媒介很快就變成希臘語。因此，希臘語使用者跟舊有的名字「Hellenes」失去了關聯，寧可把自己定義為「羅馬人」（Romaioi，後來變成 Romioi，發音是 Romyí）——因為在政治上他們隸屬的帝國是羅馬帝國在東方的延續。一四五三年，帝國隕落後，他們仍留著這個名字，而君士坦丁堡卻成為鄂圖曼土耳其的首都。因著同樣的理由，現代希臘的語言到了十九世紀初才叫作「Greek」，之前都稱為「Romaic」。這些西方人口中的「希臘人」在那一千五百年內，都習慣了稱自己是「羅馬人」（Romans）。

在那段時間內，君士坦丁堡即使不是世界之冠，也幾乎一直是歐洲最大、最繁榮的城市。在規模最大的時候，帝國向西擴展到北非和義大利，向東則和波斯接界。除了西元前四世紀亞歷山大大帝短暫在位的期間，從沒有一個說希臘語的人統治這麼廣大的土地或這麼多子民，之後也沒有。拜占庭文明常被描繪成很注重精神層面，甚至走苦行路線。留存下來的文學、建築和藝術確實非常強調宗教。但拜占庭人享有很高標準的識字能力和世俗教育，尤其是精英階級。他們是一絲不苟的學者，懂得鑑賞古希臘戲劇、詩學、哲學和歷史。的確，要感謝拜占庭的圖書館員、抄寫員和學識淵博的男人（及一些女性），我們今日所知的希臘古代文學和科學才能保存下來，從十四世紀開始適時地傳輸到西歐。拜占庭人為他們擁有的財富和權力而驕傲，因為在那之前和之後，少有希臘語使用者能像他們一樣。

這些都是很好的理由，拜占庭帝國在一四五三年毀滅後過了幾個世紀，拜占庭對希臘人的想像仍發揮了強大的吸引力。另一個則是東正教教會的體制延續，在之後鄂圖曼土耳其統治的幾個世紀，仍持續運作。相反地，從古典時代開始的**體制**都不像東正教教會能持續不衰。現代的最高法院延續古代雅典法院的名稱 Areopagus，不過是從一八四四年開始。戲劇是古代希臘人最偉大的文化遺贈，今日來到前所未有的活躍度，在倫敦和其他主要城市，希臘悲劇和喜劇的重現令觀眾欣喜若狂。但在希臘和其他地方，表演卻沒有延續不斷的歷史。

從一八二〇和一八三〇年代開始設立國家機構後，完全可以參考東羅馬帝國的模式，當時大多數希臘語使用者共有的宗教傳統也會提供支持。然而，後來拜占庭才變成現代民族國家可以仿效的榜樣。那是另一個具備關鍵後果的選擇。拜占庭要等到十九世紀的下半才會大放光彩，成為古希臘人之後第二個最傑出的祖先。

後代：西方的 Hellenes 或東方的 Romioi？

古希臘人和拜占庭這兩名傑出的祖先有至少一個半世紀的時間都在推推撞撞，影響大家對國家的想像。曾有好幾次嘗試，將兩者揉合在一起，結果並不穩定，有時候稱作「希臘—基督教文明」。但那個說法在一九六〇年代晚期和一九七〇年代早期被軍政府劫走，從此以後敗壞到無法使用。古希臘文明和拜占庭文明大相逕庭，要同時想到都覺得不容易。

同時回顧兩名如此不一樣的祖先，結果就是認同奇特的加倍，比較好的話則是認同的分裂。現代語言描述「希臘人」的詞不只一個，而是兩個：「Hellene」和「Romios」（複數是 Romioi）。要翻譯的時候，兩者的意義相同。但不能互換使用。「Hellene」（Ellina）是標準用語。從一八二二年開始，就用在所有的官方行文裡。的確，希臘在英文裡的官方名稱是「Hellenic Republic」（希臘共和國）。另一方面，「Romios」不會出現在護照或官方文件上。從十九世紀初開始，愈來愈常看到希臘人自稱時使用這個**非正式**、更私密的說法——他們也常用來稱呼彼此。「Hellene」是對外的用語，希臘人在圈外人面前的稱呼。「Romios」則帶著情感的重量。二十世紀初的知名詩人科斯蒂斯·帕拉馬斯（Kostis Palamas）在這個詞裡看出「充滿詩意和音樂的東西」、「不斷飛升的東西，用年輕的活力填滿我們，一種超凡的東西」。[4]這是**圈內人**低調分享和欣賞的領會，其他人不需置喙。在成為社會主義政府文化部長的前幾天，美蓮娜·梅高麗被軍政府剝奪她的希臘公民權，她用歌曲表達她對瑣碎官僚作風的輕蔑，說那些人居然敢聲稱「我再也不是Romia」。歌詞的要點在於，個人有可能被授予或褫奪公民權，但Romia或Romios的身分則無法剝奪。這種身分超越了官僚有權干預或甚至碰觸的底限。

也有人說，「Hellene」和「Romioi」的身分相互重疊卻又分明，可以分別對應到文化表徵或行為模式。因此，當希臘人自認「Hellene」時，他們心裡可能馬上想到精英和官場文化，認同西歐的政治及文化偏好（例如欣賞古典音樂），採納世俗的觀點及理性的思考方式。另一方面，自認是「Romios」時，則是為了強調親暱及不拘小節，認同直接連結到巴爾幹半島及中東的文化傳統形式（例如欣賞倫貝蒂卡這種扎根於黎凡特傳統的音樂風格），採納宗教觀點、自發性和情緒性的思考方式。[5]

沒有一個人可以歸成特定的類別。而是該說每一個人都會體驗到**兩種**身分，或許比例不同，但鮮少會有固定的比例。也難怪本書引言裡會提到兩次美蓮娜·梅高麗：她是充滿感召力的鬥士，要求英國把埃爾金石雕還給希臘，也是典型「希臘的」選擇，更是「Romaic」充滿勇氣的鼓吹者，以鄙視的態度反抗西方心態的官僚分類。

這些範例讓大家看見，古代和拜占庭祖先之間的二元性助長或反映出思維和感知更深刻的二元性。希臘或希臘人，屬於東方，還是西方？兩種祖系文明開花結果，幾乎都在相同的地理空間。但就地緣政治來說，我們一向認為古希臘屬於西方。毫無疑問地，這是因為希臘對羅馬的影響，以及後來對文藝復興的影響。另一方面，拜占庭則一直是羅馬帝國的**東**半部。君士坦丁堡過去和現在都是東方東正教教會最顯赫的中心，一〇五四年分裂出西方的天主教教會。認同拜占庭就是認同東正教傳統，今日也分布在俄羅斯和巴爾幹半島大部分的地區，以及摩爾多瓦、烏克蘭和喬治亞。

美國政治學者塞繆爾．杭廷頓（Samuel Huntington）一九九六年出版了極具影響力的著作《文明衝突與世界秩序的重建》（*The Clash of Civilizations and the Remaking of the World Order*），書中指出這種矛盾：「希臘不是西方文明的一部分，而是古典文明的家鄉，也是西方文明的重要源頭。」[6]事實上，希臘是西方文明的一部分，原因很簡單，過去兩百年來，希臘人決定希臘應該屬於西方文明。但從祖先雙重的遺產來看，希臘**不僅只**屬於西方；也屬於東方。希臘處於同樣的二元性中，不能縮減成單一的命題。不是「二擇一」，而是「兩者皆是」。

確實沒錯，二〇一五年，一位作家對這個主題提出見解深刻的引論，總結說，在成為民族國家後兩百年的歷史中，「希臘從未認真考慮過要拋棄西方，」[7]間接回應了杭廷頓的說法。每個持久的政治決定，從一八二〇年代開始的每一項官方行動和每一個民主抉擇，都確認了希臘的向西結盟——賽普勒斯共和國也在時機成熟時出現。但我們不該忽視這種反覆確認的成本。這個論點若能勝出，通常是因為內部發生衝突，而且輸贏的差距非常小。在一八二〇年代，以及後來在一九四〇年代，基本上就是因為這個問題而掀起內戰，希臘人彼此殘殺。那樣的傷疤不容易癒合。

一九九〇年代巴爾幹戰爭發生時，前南斯拉夫沿著共產黨統治前的宗教派別界線分裂，希臘的輿論則大幅倒向信奉東正教的塞爾維亞人。有時候，官方政策也會這樣，多半與西方團結在一起。最近則是在二〇一五年的春季和初夏，亞歷克西斯．齊普拉斯領導下的激進左翼聯盟（Coalition of the Radical Left，希臘文是SYRIZA），慎重考慮如果希臘無法留在歐元區，就會改與普京（Vladimir Putin）領導的俄羅斯結盟。這些例子告訴我們，如果最後一定要跟西方結盟，希臘人從未意見一致，一定要付出很高的成本。祖先的故事透露了其中的理由。當時局強迫要二擇一的時候，任何一個答案都無法忽略比例相當高的忠貞支持者而一意孤行。

看過這樣的歷史，還假設未來的決定必然要走同一個方向的話，也過於輕率了。

系譜

遠祖是很重要的榜樣，用來評估資格的基準點。此外，國家跟個人一樣，可以用等同於系譜的東西來追溯起源。透過一位近代歷史學家口中的「隱藏的世紀」，可以重新建構出族譜，把拜占庭帝國的瓦解從一開始的擾動中分開，而這些擾動最後則促成了希臘民族國家的形成。[8]

希臘語作為口說語言和教育媒體，與東正教教會一起提供穿越這些世紀的連續性。現代國家的兩個基本組成物已經到位，在十八世紀前已經有長久的傳統。但在這幾個世紀，說希臘語的東正教基督徒生活在哪些政治和文化體系之下？有好幾個，希臘語使用者在每個體系中扮演的角色都不一樣。

拜占庭帝國在一四五三年終止。但帝國的崩潰在兩個半世紀前就開始了。在拜占庭帝國中，那些說希臘語的基督徒受到決定性的打擊，動搖他們的政治團結，而打擊的力量並非來自東方或伊斯蘭教，而是信奉天主教的西方。一二〇四年，第四次十字軍東征的騎士沒有前往聖地的經費，放棄了目標，最後去攻打君士坦丁堡。以聖戰之名，基督徒打敗了中世紀基督教世界最有錢和人口最稠密的城市。史提芬・朗西曼（Steven Runciman）寫了十字軍的古典歷史，他說，「違反人性的罪行中，罪大惡極者莫過於第四次十字軍東征。」[9]過了八百年後，二〇〇四年六月，教宗若望保祿二世向東正教教會中地位對等的牧首巴爾多祿茂（Bartholomew）傳達了歷史性的訊息，為這次事件道歉。

拜占庭人會重新編制，一二六一年奪回他們的首都，但覆水難收。從一二〇四年開始，說希臘語的東正教基督徒必須習慣活在分裂的世界裡，統治他們的主人通常會鬥得你死我活。有些希臘語使用者仍是拜占庭皇帝或地方諸侯的子民，這些在位者都屬於東正教。其他人則歸入信奉羅馬天主教的法國人或義大利人管轄。隨著時間過去，在鄂圖曼土耳其的伊斯蘭帝國不斷擴張下，愈來愈多人被征服後也同化了。

在君士坦丁堡及其持續縮小的腹地中，從一二六一年到一四五三年，拜占庭本身成為「殘存」國家。在不同的時期也出現了孤立的屬地：西邊有「伊庇魯斯」（今日希臘的西北部）、南邊有「摩里亞的專制君主」（摩里亞是伯羅奔尼撒中世紀及以後的名稱），而東邊在黑海南邊的海岸上有「特拉布宗帝國」，存在的時間最久，在一四六一年滅亡。在十四和十五世紀，這些拜占庭最後的前哨，包括首都君士坦丁堡在內，都只是城邦，到了這個時候，勢力或財富都比不上偉大的義大利海事城邦，也就是他們的競爭對手威尼斯和熱那亞。

在其他地方，十字軍的後代和繼承人變成統治者。在拜占庭人暫時奪回伯羅奔尼撒之前，在十三世紀和十四世紀早期的一百多年間，獨立的城邦在殖民法國貴族的影響下非常繁榮。遠到東邊，賽普勒斯島上說希臘語的東正教人口甚至在一二〇四年以前就已被十字軍統治。法國的呂西尼昂（Lusignan）王朝在那裡統治「賽普勒斯和耶路撒冷王國」，一直到一四八九年，那時主控權交給了威尼斯將近一個世紀的時間，直到一五七一年被鄂圖曼征服。威尼斯人在一二一一年到一六六九年間也握有克里特島，並繼續控制希臘大陸西邊的愛奧尼亞群島，一直到一七九七年威尼斯共和國結束為止。

在威尼斯人統治的克里特島上，藝術發展特別繁榮，尤其是十六世紀和十七世紀初期。獨特的宗教畫派出現了。戲劇和詩作用當代希臘語的克里特方言寫成；在主要城鎮演出。在這些作品裡，義大利的文藝復興運動遇見了當地的方言傳統——正在同時，莎士比亞的劇作也遇見了英格蘭同時期的作品。威尼斯人的克里特島讓世人認識了畫家多米尼科斯．狄奧多科普洛斯（Dominikos Theotokopoulos），在西方，大家都叫他艾爾．葛雷柯（El Greco，西班牙文中「希臘人」的意思）。坎迪亞（Candia，現代的赫拉克良〔Heraklion〕）是克里特島的首府，十七世紀初的文明程度跟歐洲其他城市不相上下。克里特島的貴族、商人和工匠認同他們的島嶼，也認同島上綜合希臘和義大利的生活方式。

最後，還有鄂圖曼帝國本身。鄂圖曼穿過博斯普魯斯海峽向歐洲的擴展從一三四〇年代開始——很諷刺地，拜占庭發生了王朝戰爭，招募傭兵來相互對抗，也藉此擴展。在一六六九年以前，希臘語使用者大多已經變成鄂圖曼帝國的子民。因此，他們得不到穆斯林才有的許多特權，也有特殊的稅賦和禁令。但他們跟中世紀和早期現代歐洲的「異教徒」不一樣，不會受到系統性的迫害。鄂圖曼人對他們的子民從不要求統一。在蘇丹的統治下，受希臘語教育的東正教基督徒有機會變成貴族和精英，在鄂圖曼的體制中可以掌握相當大的權力和影響力——不會因此失去特有的宗教認同。

他們就是希臘民族國家的政治和文化的先驅——希臘的族譜或「系譜」。就跟真正的系譜一樣，裡面也有「黑羊」——後代寧可遺忘的人。西方十字軍的遺產，或東方征服者施加的鄂圖曼文明，或許大多數的現代希臘人都不想珍惜，尤其是跟更久以前古希臘或拜占庭的榮耀相比。但不論喜不喜歡，這些和中世紀後期及現代史初期的其他岔路在現代希臘成形時，都扮演了至少差不多的角色。發生的過程就從十八世紀初期開始。

---

1 喬治．塞菲里斯，《論文集》（*Δοκιμές*），卷三，達斯卡洛普洛斯（D. Daskalopoulos）編著（雅典：Ikaros，一九九二），頁一六七（原文為法文）。

2 美蓮娜．梅高麗一九八六年六月十二日在牛津大學辯論社（Oxford Union）發表的演說（原重點）〈http://www.parthenon.newmentor.net/speech.htm〉（二〇一八年二月二十七日檢索）。

3 露奇亞．德魯利亞（Loukia Droulia），〈走向現代希臘的意識〉（Towards modern Greek consciousness），《歷史評論》（*The Historical Review/La Revue Historique*）（雅典新希臘研究院〔Institute for Neohellenic Research〕一（二〇〇四），五一～六七（見頁五一）。請到希臘議會（Hellenic Parliament）網站查看原始的希臘文。

4 科斯蒂斯．帕拉馬斯，《作品全集》（*Άπαντα*），共十七卷（雅典：Biris，無日期），卷六，頁二七九。

5 派翠克．弗莫（Patrick Leigh Fermor），《努美利：在希臘北部旅行》（*Roumeli: Travels in Northern Greece*，倫

敦：John Murray，一九九六），九六～一〇一、一〇六～一三；麥可．赫茲菲爾德（Michael Herzfeld），《再一次是我們的：現代希臘的民俗、意識形態和成形》（*Ours Once More: Folklore, Ideology and the Making of Modern Greece*，德州奧斯丁：德州大學出版社，一九八二），一八～二一。

6 塞繆爾．杭廷頓，《文明衝突與世界秩序的重建》（倫敦：Simon and Schuster，二〇〇二；一九九六年初版），頁一六二。

7 史坦帝斯．卡利維斯（Stathis Kalyvas），《現代希臘：基本須知》（*Modern Greece: What Everyone Needs to Know*，牛津：牛津大學出版社，二〇一五），頁三四。

8 大衛．布魯爾（David Brewer），《希臘：隱藏的世紀，從君士坦丁堡的隕落到希臘獨立的土耳其統治》（*Greece: The Hidden Centuries.Turkish Rule from the Fall of Constantinople to Greek Independence*，倫敦：I. B. Tauris，二〇一〇）。

9 史提芬．朗西曼，《十字軍的歷史》（*A History of the Crusades*），共三卷（哈蒙茲沃思：Penguin，一九七一；一九五一～一九五四年初版），卷三，一三〇。

1 東方遇到西方？

一七一八～一七九七

在信奉基督教的歐洲和鄂圖曼帝國連續不斷碰撞後，希臘這個民族國家誕生了，可說是從鄂圖曼帝國的主體中撕裂出來。這些傳統上彼此圍攻的敵國在一段相對和平的共處後，開始出現各種碰撞。

一六八三年，鄂圖曼結束對維也納的第二次圍城，向歐洲的擴展也劃下句點。然而，和平並未在一瞬間出現。奧地利人和威尼斯人各自又跟鄂圖曼人打了兩場仗，俄羅斯人也打了一場，然後才建立了相對來說比較穩定、適合防禦，算是雙方同意的邊界，隔開了穆斯林的土耳其及基督徒的歐洲。一七一八年七月，哈布斯堡家族（Habsburgs）與鄂圖曼人簽訂了《帕薩羅維茨條約》（Treaty of Passarowitz），確認了這些邊界。

在西邊，亞得里亞海和愛奧尼亞海標出鄂圖曼帝國的界限。在北邊，從貝爾格勒轉向東邊的多瑙河，及多瑙河流入的黑海，構成自然的邊界。在歐洲這邊，這三個自然屏障也分別構成三個緩衝區，也就是三道邊境。第一道由希臘半島西邊七個愛奧尼亞海中的島嶼構成，從北邊的科孚島到南邊的且里哥島（古代和現代的基西拉島）。第二道由多瑙河北邊的瓦拉幾亞和摩爾達維亞公國構成。第三道是黑海北邊的海岸及岸上的腹地。在這些邊境上，說希臘語的東正教基督徒佔據了精華地區，享受財富和教育的好處。而東方和西方初始的互動也出現在這些邊境地區。

邊境

愛奧尼亞群島在第四次十字軍東征後便歸入威尼斯人的管轄。威尼斯人統治的克里特島在一六六九年被鄂圖曼帝國征服，而這些島嶼十八世紀的情況就很像被征服前的克里特島。的確，很多上層階級的克里特人很重視他們原生島嶼經文藝復興啟發的文化，也以此為避難所。這時永久定居到群島上的人，幾乎都信奉東正教，日常生活則使用當地的希臘語方言。但官方語言則是義大利語。貴族的兒子都被送到義大利的學校和大學受教育。因此，在整個十八世紀，西方的想法開始滲透到較為富裕的社會階層。一般只有地主鄉紳可以受這種教育，所以不太可能培育出革命變動的想法。在十八世紀，受過教育的愛奧尼亞人效忠的對象主要是土生土長的島嶼、東正教教堂，以及威尼斯共和國（Most Serene Republic of Venice）。

第二道邊境是「多瑙河公國」，也就是瓦拉幾亞和摩爾達維亞，如今則是羅馬尼亞的土地。這裡說希臘語的**原生**族體人數並不多。大多數居民是東正教基督徒，說的是從拉丁語衍生出來的語言，也就是今日的羅馬尼亞語，當時則叫作「弗拉赫」（Vlach）或「瓦拉幾亞語」（Wallachian）。一七一八年的《帕薩羅維茨條約》確認鄂圖曼的主權，但不是直接統治，而是交給蘇丹指派信任的代理人，在君士坦丁堡定居已久的東正教基督徒子民中最富裕及受過最高教育的「王子」。這名都會精英是某種準貴族，在東正教教堂的普世牧首（Ecumenical Patriarchate）宗教儀式中長大。因此，成員集體稱為「法納爾人」（Phanariots），而法納爾區便是牧首居住的城區（到目前仍是）。不論本來的母語是什麼，這些人接受教育時都使用希臘文。按這個道理來說，法納爾人可以算是「希臘人」，即使以現代的「種族」觀點來說，很多人並不是。

從十七世紀末開始，愈來愈常看到這個群體受託接下鄂圖曼體系中重要的官職，尤其是跟語言知識和高教育程度有關的。在這個時代，不能再靠著軍事手段擴展，而是要仰賴新的外交藝術，就需要有適合資格的外交使節團。這些多才多藝的語言學家也是東正教基督徒，頭銜通常是**譯員**（dragoman，土耳其法院中的職位）或「口譯官」，在整個十八世紀，變得愈來愈深入鄂圖曼的管理體系。

在一百多年的時間裡，從一七一一年到一八二一年希臘革命爆發後，摩爾達維亞和瓦拉幾亞的統治者一直都是法納爾人的王子，除了戰時幾段短暫的時期以外。這些官職的競爭激烈，統治時期通常很短。尼可拉斯．馬夫羅科扎托斯（Nikolaos Mavrokordatos）是在位時間最長的一個，從一七一九年到一七三〇年過世為止，他在瓦拉幾亞短暫統治後，也在摩爾達維亞當過王子，在瓦拉幾亞的首都布加勒斯特安安穩穩統治了十一年。

愛奧尼亞群島說希臘語的貴族一直效忠威尼斯，沒有二心，同樣地，在十八世紀，認同鄂圖曼政府的法納爾人也佔絕大多數。的確，他們非常有優勢，也得到極高的信任，因此到了十八世紀下半，對東正教基督徒來說，要在鄂圖曼的體系中位居高官，就必須要懂得希臘語，以及進入法納爾富人和東正教教會組織的教育機構。

第三道邊境包含克里米亞及今日的烏克蘭部分領域。從一七七〇年代開始，才有了這道邊境。從一七六八年到一七七四年，俄羅斯人跟鄂圖曼人打了起來。俄羅斯人贏了，因此得以控制黑海的海岸及黑海北方的腹地。這場戰爭也造成多瑙河公國的分裂，戰爭結束時被納入俄羅斯轄治，也破壞了伯羅奔尼撒和愛琴海的幾個島嶼。一七六九年末，俄羅斯艦隊第一次從聖彼得堡穿越直布羅陀海峽，到達地中海東側。俄羅斯人想勸同教派裡會說希臘語的人靠著他們的支持來崛起，但不甚投入，最後在伯羅奔尼撒及克里特島引發了暴動。俄羅斯艦隊撤退後，叛亂也得到鎮壓。這些事件的希臘語說法是Orlofika（奧洛夫起義，俄羅斯的海軍上將就是奧洛夫伯爵〔Count Orloff〕），在人們的記憶中就像一種初期的國族革命。但伯羅奔尼撒或島上那些基督徒居民的自決一直無法成為論題。如果起義成功，如果俄羅斯承諾的軍事支持真的實現，對當地人來說，只是換一個外國人來統治自己。

戰爭一個比較重大的結果，是凱薩琳大帝（Catherine the Great）統治的俄羅斯選擇將人口移入黑海北邊新納入版圖的領土，並治理當地，將這個區域命名為「新俄羅斯」。自一七七〇年左右開始，俄羅斯就開始野心勃勃的計畫，將因為戰爭而無法回到鄂圖曼帝國家中的東正教基督徒遷置到該處。據估計，在十八世紀的最後二十多年，受鼓勵移民到「新俄羅斯」的鄂圖曼基督徒多達二十五萬。[1]

在十八世紀末，俄羅斯南部跨越黑海或沿著聶伯河（Dnieper river）北上的貿易多半掌控在這些說希臘語的沙皇子民手中。俄羅斯政府和軍隊裡的重要職位也開放給這些移民中有才能的成員。在同一時期，凱薩琳大帝提出要建立新城鎮，取名為馬里烏波爾和塞瓦斯托波爾，一看就是希臘文的名字。黑海邊上的奧德薩和亞速海邊上的塔甘羅格都是海港城市，此時也不斷擴展。兩地都有許多說希臘語的居民。凱薩琳大帝和她的大臣在一七八〇年代甚至擬定了宏大的計畫，要重建基督徒的東正教拜占庭帝國，首都定在君士坦丁堡。如果這個計畫成功了，獨立的希臘民族國家就沒有機會誕生。但俄羅斯又跟鄂圖曼帝國打了一仗，在一七九二年戰爭結束時，儘管俄羅斯收益豐富，但顯然無法拿下鄂圖曼的首都。計畫就默默作廢了。

再一次，跟在多瑙河的公國一樣，俄羅斯南部新領土的希臘精英都來自鄂圖曼帝國。但這次他們不是**統治階級**的精英。他們剛取得的財富和地位來自在凱薩琳大帝的政策下培養出的企業家技能。這不是貴族，而是中產階級。至於別的方面，就像另外兩道邊境上對應的群體。這個團體很有理由對國家效忠，因為國家支持他們，讓他們得以進行活動——在這裡，國家指俄羅斯。

最後，在十八世紀的下半，第四道「邊境」會開啟，讓說希臘語的東正教基督徒可以跟西歐人互動。這道邊境跟前三道不一樣，不是單一的空間，事實上也不靠近邊界。而是涵蓋一系列當地的社群，由商人和貿易商在基督教大陸的港口和貿易中心建立：威尼斯、維也納、的里雅斯特、利佛諾、馬賽、巴黎、阿姆斯特丹（之後會擴展到其他更遠的城市）。這些分散各地的希臘語社群成為先鋒，之後變成遍及全世界的希臘「移民」（diaspora）。

這個發展也可以說是一七六八至一七七四年俄土戰爭的結果，不過早在戰前就開始了。戰爭結束後簽訂的《庫楚克－凱納爾吉條約》（Treaty of Küçük Kaynarca）給鄂圖曼基督徒商人新的貿易特權，他們現在也有權得到俄羅斯某種程度名義上的保護。但剛在俄羅斯定居的商人跟在西方建立貿易中心的商人有一個很重要的差別：希臘貿易社群被帶到「新俄羅斯」，在刻意的政策下得到扶助而興旺起來。而在西方許多的貿易中心，卻是自然而然變得繁榮。因此可知，西歐的社群在政治上比較有自己的想法，跟俄羅斯那一群不一樣——說到這一點，也勝過愛奧尼亞群島的貴族或多瑙河公國的法納爾人。可想而知，最積極的革命準備工作會出現在西歐的這些商人社群中——不過要等到十八世紀快結束的時候。

越過邊境：來來往往的人、想法、貨物

在十八世紀，這四道邊境就是基督教歐洲和鄂圖曼人的穆斯林帝國互動的地帶。在每一道邊

境中，說希臘語的東正教基督徒都佔了精英的位置。

每一位精英成員的機動性都極高，而且不光是沿著大家能想到的軌跡移動：來往於威尼斯的愛奧尼亞島民、在多瑙河公國和君士坦丁堡之間行動的法納爾人、在新家和家鄉省份之間移動的移民和商人。簡略看過其中最知名人士的事業，可以看到不尋常的行動性，那個時候的長途旅行必然很慢、很不舒適，有時候也有風險。來看看艾夫耶尼奧斯．佛加瑞斯（Evgenios Voulgaris）的故事吧。一七一六年，佛加瑞斯誕生於科孚島的貴族家庭，就學、寫作和教學的足跡遍及伊庇魯斯的亞爾塔、威尼斯、雅尼納、科札尼、亞陀斯山的自治東正教修士團、薩洛尼卡、君士坦丁堡、雅夕（摩爾達維亞的首府）和德國的萊比錫。在凱薩琳大帝的贊助下，佛加瑞斯後來成為最早在黑海北邊「新俄羅斯」一帶就任聖職的東正教主教。他活到九十歲，過世前那幾年則在聖彼得堡凱薩琳大帝的宮廷裡服務。如此一來，佛加瑞斯從不止息的進度輪流涵蓋了歐洲和鄂圖曼帝國之間的三道邊境，以及威尼斯和萊比錫等歐洲的中心、鄂圖曼的首都以及歐洲東南部的省份。

像佛加瑞斯這樣的人在十八世紀踏足過的世界，在二十一世紀則用「東正教聯邦」來形容。[2] 也就是，根據共有的宗教及用希臘語受的共同教育所產生的共感。這個「聯邦」沒有單一的地理中心。它的中心地區可以說是歐洲的東南角，也就是今日的巴爾幹半島，但延續這個聯邦的連結一邊深入俄羅斯，另一邊深入安納托力亞和中東地區。聯邦涵蓋形形色色的人種，之後會繼續鍛造出每一群人涇渭分明、常常在競爭的國族認同：塞爾維亞人、保加利亞人、羅馬尼亞人、摩爾多瓦人、烏克蘭人及（一些，並非全部的）阿爾巴尼亞人，還有希臘人。這個「聯邦」的集體認同雖然很鬆散，但也能超越邊境上不同精英的不同政治忠貞。

在十八世紀，跟這個聯邦有關的轉化成就有兩個。一個是教育的發展，搭配上現代希臘文印書的流通，以及傳播從西方改編及翻譯的世俗文學。另一個則是貿易的擴展。從之後的國家歷史來看，兩者都可視為前驅，為一八二〇年代的革命鋪路。但並沒有那麼簡單。

後來所謂的「希臘啟蒙運動」本質上是把想法從法國、英國和德國向東和向南傳播的過程，在十八世紀的下半不斷積聚動力。這些想法的形式大多是出版品、流傳的手稿、翻譯或改編，尤其是科學和哲學作品。這些「啟蒙者」的啟蒙程度**值得**深入探詢。在一九四〇年代回顧既往的時候，這些人才得到「啟蒙者」的稱號。大多數人相信太陽繞著地球轉，因為他們的教會仍教導這個看法。伽利略和牛頓的物理學第一次用希臘文說明的時候，大家都沒想到居然來自俄羅斯新領土未來的主教尼基佛洛斯・狄奧多克斯（Nikiphoros Theotokis）一七六六年在萊比錫出版的書，內容也受到合宜的限制。到十八世紀快結束時，用希臘文書寫的人才開始質疑天啟宗教的真相，或批評教會的體制——即使在那個時候，也非常少見。[3] 跟法國的啟蒙運動完全相反。的確，這些「啟蒙者」很多本身就從事聖職，這也在意料之中，因為十八世紀希臘教育早期進展最大的贊助者便是東正教教會。說到政治，有些人贊成改革，很多人對政治理論有興趣。但沒有一個人算是民主主義者，更不能說是革命家。

對後繼者來說，前面提過的尼可拉斯・馬夫羅科扎托斯是各方面的模範，名列瓦拉幾亞和摩爾達維亞最早的那幾位法納爾人王子，也是在位最久的。他的父親到義大利接受教育；他本人則很不尋常，不常旅行。跟他的父親一樣，除了以現代希臘語為母語，尼可拉斯也會流利的古希臘語、拉丁語、義大利語、法語、鄂圖曼—耳其語、阿拉伯語和波斯語。後來，他又學了希伯來語。在位時，他將「開明專制」的模式引入歐洲東南部，徹底改變古代的封建體系，鼓勵設立學校。馬夫羅科扎托斯實實在在是一位哲學家王子。在他留下來的作品裡有一本箴言書，寫來回應十七世紀法國貴族拉羅什福柯（La Rochefoucauld）更有名的箴言書。他也寫了統治藝術的專著。馬夫羅科扎托斯的論文讚美書籍和閱讀，譴責抽菸的惡習。有些人認為論述當代禮儀的長篇論文是第一本「現代希臘文」小說。[4]

如果真的有希臘「啟蒙運動」，對哲學或科學並沒有原創的貢獻。這些先驅對遍及歐洲的運動並沒有很明顯的貢獻。但他們確實有一項很重要的發現，後來對他們自己的地位也造成極大的衝擊。也就是發現了**他們自己**。

這個發現從地理學開始。用現代希臘文寫的地理學專著基本上參考西方的資料，第一本在一七一六年出現，第二本則是一七二八年。作者的目的很明確，是為了教育，作品的範圍則是全世界。但是，他們在原始資料裡找到叫作「Graecia」的陸地，改編這片土地的描述時，他們覺得該利用手邊以熟悉的**母語**寫成的資料：拜占庭帝國的編年史。

結果寫出了令人好奇的混合式地理學和歷史學，現代西方和中世紀東方對同樣事物南轅北轍的描述。一七六〇年，格里哥瑞斯．法崔阿斯（Grigorios Phatzeas）在威尼斯出版《地理文法》（*Geographical Grammar*）（從十七世紀末的英文作品隨意改編）的時候，該書的讀者發現他們被不加區別地稱為「Roman」（羅馬人）、「Hellene」（希臘人）和「Greek」（希臘人）。第一個名稱是拜占庭人的自稱，大多數希臘語使用者仍自稱Roman。「Hellene」這時一般只指古代還沒信奉基督教的異教徒希臘人。另一方面，衍生自拉丁文的「Greek」是法崔阿斯用的外國原始資料中稱呼這些地區古代和現代居民的說法，不加以區分。難怪他跟讀者都覺得困惑。

在同一個時期，說希臘語的讀者愈來愈了解，鄂圖曼帝國之外的世界住著粗略定義為「國家」的團體。這時還不是國族主義的年代，更不會由人民決定自己是民族國家。但是，在下一個世紀初，讓國族思維出現的因素中，包括了根據語言、習性和環境的差異而出現的意識及表達，而不是鄂圖曼帝國習慣的宗教關係。在一七八〇年代，希臘文的作家開始稱自己人（稱呼依舊很多樣，令人困惑）是**國族**——根據西方當時出現的新意思。

在下一個十年開始時，歷史地理學提出甚至更大的要求，不過仍稱不上有革命性。丹尼爾・菲力皮迪斯（Daniel Philippidis）和格里哥瑞斯・康斯坦塔斯（Grigorios Konstantas）是表親，生在前途光明的商人家族裡，他們住在色薩利派里恩山上的小鎮米里斯。兩人都在教會擔任神職，然後成為專業教師，搬到多瑙河公國。住在那裡的時候，一七九一年他們在維也納出版了第一卷充滿雄心壯志的專著，書名是《現代地理學》（*Modern Geography*）。〈關於希臘〉（Concerning Hellas）這一節很長，描述南巴爾幹半島和愛琴海群島最新的地形，前面則用一百頁的篇幅描述從古代到現代「希臘轉變的編年史和歷史」。對這些作家來說，他們筆下這些區域的居民是「現代 Hellene」，古代「國族」的後代。他們的祖先據說很快樂、很成功，只有兩個因素讓這些現代人不能像祖先一樣。首先，很不幸地，他們有內鬥的習慣（就作者看來，他們光輝的遺產有這個不利之處），另一個因素則是統治他們的「專制政府」。

這對表兄弟在好幾段文字裡哀嘆鄂圖曼帝國缺乏法治。正因如此，帝國在歐洲的省份才無法比法國更富裕。不過，很動人的是，他們的行文展現出對蘇丹的忠誠。遵循鄂圖曼征服後的作法，他們給他 **Basileus**（國王）的希臘稱號，這是拜占庭的基督教君主向來使用的頭銜。如果他們有任何規劃，應該就是要從內部改革帝國。雖然菲力皮迪斯和康斯坦塔斯比前輩更敢言，但仍未寫出能鼓勵同胞起義反叛君主的內容。他們自己的政治忠誠跟當時許多受過教育的希臘語使用者一樣，很容易流動。他們是鄂圖曼的子民，對改革的懇求也很有禮貌。另一方面，《現代地理學》出版時，帝國正在跟俄羅斯打仗，書中的題獻辭很虛偽，獻給「格里高利・波坦金（Gregory Potemkin）王子，俄羅斯軍隊的最高統帥」。[5]不過在革命後，兩位作者都決定回到鄂圖曼帝國度過晚年，並未選擇獨立的希臘。

這個自我發現過程的關鍵在於語言。希臘的語言是明確的共同起源，無可辯駁，連結了異教徒的古希臘、基督徒的拜占庭、現今歐洲東南部的東正教精英，以及分散四處的許多農村社區，每個社群都有自己的方言。惡名昭彰的希臘「語言問題」在一七六〇年代中期出現，那時「東正教聯邦」的精英非常認同這個語言，到了他們覺得有需要把希臘語編成法規的程度。「問題」歸結如下：希臘語言該有什麼樣適當、或正確、或「官方」的形式，用來教下一代怎麼寫希臘文？都跟書寫有關——沒有人想干預口說語言的多樣性。[6]愈來愈多人學會讀寫，每年出版的希臘文書籍愈來愈多，也更需要決定在希臘文的書籍裡什麼寫法算對、什麼是可以接受的。因此，對民族**語言**的追求比任何人認真想要建立民族**國家**還要早幾十年。

相關的辯論常常火藥味很濃，反映出個體的敵對狀態和熱情，他們的意見很強，卻不願意為了共同利益而讓步。意見出入也很大。的確，到了近代，也就是一九七六年，眾人才承認，必須努力為希臘文的標準書寫形式制定法律。但對本書的目的來說，重點則在於有人提出了這個問題。針對所有的意見不一致、不同的背景，以及不論這些人在家說希臘語或斯拉夫語或弗拉赫語（羅馬尼亞語）、阿爾巴尼亞語或甚至土耳其語，這個尚未標準化的希臘文以及與東正教教會的聯繫，讓大家團結在一起。作為「希臘啟蒙運動」的自我發現，就是使用希臘文。十八世紀「東正教聯邦」的第二個改革成就也透過希臘文作為媒介。這指的是貿易的擴展，除了在鄂圖曼帝國境內，也涉及帝國及基督教歐洲的貿易。

十八世紀的下半和十九世紀初，愛琴海的沿海航運大幅增加。貿易多半在小船上進行，行進距離相對來說不長。長距離路線的控制集中在三個很小的島上：靠近伯羅奔尼撒東北岸的伊德拉島和斯佩察島，以及愛琴海東邊的普沙拉島。船隻在當地製造，屬於小型商號，可能是大家族一起經營、有人贊助，並一起分擔風險。說了可能很嚇人，這個商業模式到今日差不多還是一樣，也持續創造出傳奇航運王朝的巨大財富，如歐納西斯（Onassis）和尼亞爾霍斯（Niarchos）等家族。

在十九世紀初那幾年，一百到兩百噸之間的船隻載著最多六十名船員，在這三個島之間營運。我們現在知道，這種噸位大多是**鄂圖曼的**船舶。船隻擁有人在鄂圖曼登記，付費接受保護，並升起鄂圖曼的旗幟。在鄂圖曼的紀錄上，擁有人幾乎都是東正教基督徒。西方港口留存的紀錄則透露船長是「希臘人」。[7]

即使在地中海一帶相對來說和平的時期，海上貿易也很危險，到處都有海盜。商船一般都配備武器（的確，傳統希臘文描述「配備要下海的船隻」時，字面意思就是加上武裝）。一八〇五年伊德拉島最大的船隻據紀錄載了「十六尊大砲、六十支來福槍、四十支卡賓槍、六十把刀和六十支手槍」。[8] 這些商人和船員是「希臘人」，確切的意思則有待商榷：伊德拉島和斯佩察島大多數居民的母語是阿爾巴尼亞語，但那時開始在姓氏上加入希臘文的詞尾。由於他們自己的語言沒有書寫形式，所有的紀錄都用希臘文寫成，教會的語言也是希臘文。

這三座小島因此變得很富裕，最成功的商人和船長也對整個地中海相當了解。他們也能積聚航運噸數和裝在船上的火力，戰爭爆發後，也在革命中扮演決定性的角色。但在十八世紀以及十九世紀的前二十年，沒有理由相信他們除了商業之外還有別的目標。

在同一個時期，陸上貿易也在擴展，巴爾幹半島局勢還算寧靜，自然適合貿易。駱駝商隊從今日希臘北部的都會中心出發，穿過巴爾幹半島的山脈，前往貝爾格勒、布加勒斯特和雅夕，或沿著蜿蜒的海岸前往君士坦丁堡。這些商人通常「種族」是弗拉赫人，在家說羅馬尼亞語，但就像在愛琴海上航海的表親，他們以希臘文為媒介，來做生意和留下紀錄。他們成立學校，讓兒子和其他人的兒子來擴展事業，這時可以指望東正教教會來提供管理和教學，教學的語言自然也是希臘文。所以，希臘教育的基礎逐漸擴展到世俗的範圍，傳遍「東正教聯邦」。貨物的交易和想法交流的關係非常密切，彼此強化，構成良性的循環。

這些發展都有深遠的影響。少了上述發展，很難想像希臘的民族國家如何誕生。但是，這些發展若是未來必要的基礎，本身卻不是革命的動力。

古老土地中的旅人

人群和想法的移動不會只朝著一個方向。歐洲和鄂圖曼帝國貿易往來開展的新機會也把西方人帶到地中海東部的沿海大城市，這一帶在當時稱為「黎凡特」：君士坦丁堡、薩洛尼卡、斯麥納、貝魯特和亞歷山大港。許多人只是過客，應該佔了大多數。有些人卻扎根了：源自北歐國家的天主教和清教徒家庭在這些城市都佔有一席之地，一直延續到二十世紀。這樣的移動基本上對應到說希臘語的商人到歐洲貿易中心的軌跡，不過在鄂圖曼帝國，西方人的數目應該少了很多。而對稱也僅止於此。

除了貿易，希臘語使用者會前往歐洲，也期盼在西方的學問中心研讀。他們因此寫出的書裡寫滿了他們學到的東西，但很少提到他們去了哪裡，看到了什麼。不過，還有一小群數目會慢慢增加的旅人朝著相反的方向前進，探索基督教歐洲邊境以外的土地。大多數人後來寫下了他們的經歷，細細描述他們的發現。英國人和法國人關於希臘和黎凡特的旅行文學在十八世紀自成一種次文體。有些書的讀者很多。有些從未出外旅遊的人甚至比旅人更有影響力，他們寫了只存在於自己想像中的「希臘」。

這些旅程最奇怪的地方（而且依後見之明，也是最可惜的），則是旅人在造訪的地方很少遇到跟他們一樣受過教育的精英。理由很簡單：旅人在十七世紀末和整個十八世紀到這些地方，並不是為了遇見類似的人，跟他們交流想法。想交流的話，留在家裡就可以了。他們的目的就像最近一份關於十七世紀的研究標題一樣，「探索古典的希臘」。

在這些旅人中，最受尊敬及最常被引用的就是約瑟夫・德・圖爾納弗（Joseph Pitton de Tournefort）。在法王路易十四委任下，從一七〇〇年到一七〇二年，圖爾納弗帶著人數不多的遠征隊，遊遍希臘、土耳其、喬治亞和亞美尼亞。這些旅途的記述在一七一七年寫成了兩大本書，隔年翻譯成英文。圖爾納弗跟其他人不一樣，他是植物學家，而不是古文物家。他的任務由官方委派，有科學精神。但他也有個信念，「比較古代和現代的地理學」。[9] 其他人畫了古代遺跡的詳盡建築計畫、記錄古時的碑文，並試著認出古代資料中記錄的地點。

為後代考古學建立典範的有一六七〇年代來自法國的雅各・斯蓬（Jacob Spon）及來自英國的喬治・惠勒（George Wheler）爵士，以及一七五〇年代來自英格蘭和蘇格蘭的二人組詹姆斯・史都華（James Stuart）和尼古拉斯・雷維特（Nicholas Revett）。要感謝他們的努力，西方神遊旅人終於有了重心，不像以前只注意到雅典的古物；而雅典成為希臘首都後，未來也會變成焦點。按今日的標準來說，更令人唾棄的則是把古代藝術品帶回去的習慣，如果資源足夠，偶爾甚至會帶走整棟建築物或有裝飾的部分。惡名昭彰的「埃爾金石雕」是帕德嫩神廟的雕像，自一八一七年起就放在大英博物館，還有巴黎羅浮宮〈米洛的維納斯〉（Venus de Milo），這些只是最知名的例子，十八世紀以來的古代藝術鑑賞家都覺得這個做法殆無疑義。

這並不是說旅人到了造訪的地方，對當地居民會完全不感興趣。另一個法國人也用了不少篇幅描述現代的希臘人。皮耶爾・奇斯（Pierre Augustin Guys）是一名富商，在鄂圖曼帝國待了很多年。奇斯顯然很熟悉每天跟他一起做生意的希臘人。他的書在一七七一年初版，完整的標題洩露了內幕。英譯本後來很快面世，第一部翻譯成《多愁善感的希臘之旅》（*A Sentimental Journey through Greece*），相當合理。其餘的按字面可以翻譯成「或是關於古希臘人和現代希臘人的文學，以及他們禮節和習俗之間的相似之處」。讀者看到警告了吧。也要注意標題裡字詞的順序：「古代」在「現代」前面。在這些旅人心中，古代一定在現代前面。

意思是，透過這些英國人和法國人的記述，關於現代希臘人「個性」的一組刻板印象很早就定下來了。詞彙裡不斷出現「貶低」和「被奴役」等詞語。旅人按著自己想像中的古雅典和斯巴達人物，來評判他們碰到的人，因為他們不了解活在鄂圖曼帝國的政治真相，也忘記了這時大多數的歐洲政府幾乎都跟蘇丹政權一樣獨裁。旅人認定在「偉大土耳其人」的轄治下，基督徒子民都處於「奴役」狀態，但他們很少表達同情，反而更常激發他們的輕蔑。有了「奴役」就會配上服從，旅人一再把這種性格特質歸給那些看來樂於服事的人，他們對此非常不解。在旅人的記述中，「現代希臘人」還有其他特質，例如詐欺和哄騙。說到這些現代的「惡行」，史詩英雄奧德修斯比誰都強，但就連他的先例也無法削弱旅人眼中今日希臘人的邪惡——儘管有些人確實注意到族類的相似性。

在極少數情況下，會看到一些比較正面的非典型記述。在整個十八世紀，到過鄂圖曼治下古典地域的知名德國人只有約翰・馮・瑞德澤爾（Johann Hermann von Riedesel，但他的遊記用法文寫成）。一七六七年，瑞德澤爾從義大利出發，前往雅典和君士坦丁堡。他是瑞士哲學家尚—雅克・盧梭（Jean-Jacques Rousseau）的門徒，希望能在希臘土地的當代居民身上看到人類原始的純真，因為盧梭相信人性本善。瑞德澤爾強烈譴責當代歐洲城市的腐敗，而在遇見的希臘人中，卻察覺到矯正腐敗的方法。確實，這仍是一種高人一等的看法，在一九四〇年代以前也沒有人重視，後來小說家亨利・米勒（Henry Miller）和勞倫斯・杜雷爾（Lawrence Durrell）提出二十世紀的版本，也大為流行。[10]

從未去過希臘的人，在影響北歐精英對希臘的看法時，比去過的旅人更有影響力。約翰・亞奧希姆・溫克爾曼（Johann Joachim Winckelmann）在他過世後的那半個世紀，被描述為「現代第一位全歐知名的德國作家」以及「一代德國人的英雄」。[11] 溫克爾曼一七一七年生於普魯士，最多產的那幾年都住在羅馬，在那裡是很出名的歷史學家及古代藝術的鑑賞家。他有好幾次造訪希臘的機會，但他一直不肯去。就德國知識分子對希臘的看法而言，溫克爾曼開風氣之先，引領十九世紀的趨勢。根據溫克爾曼在義大利的研究，他讓當時的藝術界相信，古典藝術真實的起源和真正的偉大並非源自羅馬人，而是希臘人，羅馬人只是抄襲了希臘人。

溫克爾曼的《古代藝術史》（*History of the Art of Antiquity*）在一七六四年出版，馬上確立了關於古希臘人的一些看法，在接下來的半個多世紀，深植歐洲精英的意識裡。古希臘藝術誕生於最完美的**氣候**，所以勝過其他的藝術（沒去過那裡的人，才寫得出這種句子）。而且，古希臘人最看重的就是**自由**。確實如此，他們率先實驗早期的民主形式，然後發明了政治自由的概念，都是溫克爾曼和當代志同道合的人非常看重的。但主張「自由在希臘總有一席之地，即使是專制的君主，也願意接納自由」，就是公然誇大了。[12] 在溫克爾曼寫到的古希臘政治制度中，坦白說有些真的很奇特。據他所述，在公元前五世紀的歷史環境裡，人類就達到理想的完美狀態。藝術的培養、政治自由，以及人與自然間的和諧，在古希臘如奇蹟般會合在一起。這是一種再也無法重來的成就，同時也變成基準點，用以衡量當時及未來的文明。

如此一來，十八世紀下半有愈來愈多現代歐洲人會想到他們自己的「文明」，甚至會跟過去那套黃金標準比較，給自己定義。匿名的譯者為奇斯《多愁善感的希臘之旅》一七七三年的英文版加了前言，詳加說明新的思維，以吸引更多的讀者：

> 因此，可想而知，歐洲的文明國家對這群人民負起許多的責任，只要是跟他們有關的資訊出現，都應該積極採納。可以說，我們藉此追溯我們的起源；至少可以說是禮節的根源，也是知識的泉源。[13]

其他地方，尤其是歐洲，都虧欠希臘一大筆文化債，這個概念今日深深嵌入了希臘的歷史，以及希臘人的集體意識。二十一世紀的第二個十年出現了新的迴響，希臘真的因為積欠歐盟債務而陷入危機。我們要記得，這個概念始於西歐，當時溫克爾曼和其他去發掘**自身**起源的旅人，他們以為鄂圖曼帝國的那些省份就是「希臘」。近來有些研究提出，十八世紀「歐洲的概念」確實不能與「希臘的概念」切割。[14]

西歐「對古希臘的尋求」跟「希臘啟蒙運動」並行的任務無法相會，找不到共同的基礎，錯失良機的理由就在這裡。而在東正教的東方，知識分子也在同時解決共同身分的問題，指望當代「歐洲的國家」作為範例，找到他們非常重視的新想法和新一波的繁盛。[15]兩個群體都被古希臘的往昔迷住了。他們都想在那個往昔和他們所在的現今之間建立有意義的連結。但沒有同心合意的時候。西方知識分子不斷抬升**古**希臘的理想化，就更難察覺到有些受過教育、能力高強的人跟他們有同樣的尋求，而且這些人與希臘語言還有更直接的關係。即使到今日，「希臘啟蒙運動」及當時西方旅人和理想主義者的工作都已經有了很棒的研究結果，卻沒有人想到同時探索這兩個群體的書寫成果——仍讓人覺得基本上就是不一樣。

在希臘甚至尚未變成現代國家前，這種從一開始就有的**誤解**會讓後來的想法蒙上陰影。後來，只要希臘人和西方人彼此誤解或不信任的時候（常常發生），那種不信任的源頭都可以追溯到那兩條從未交會的平行線。

農民階級、漁夫、農夫、修士

到目前為止都在講精英，他們可能住在鄂圖曼帝國的邊境、帝國境內或西歐。但幾代後的子孫呢？他們可能會自認是「Hellene」，也是新成立希臘民族國家的人口。除了受過教育、有閒暇思索這個問題的精英，十八世紀的哪些人**算是**「希臘人」？

自獨立後撰寫的歷史通常認為理所當然，在鄂圖曼統治下也有一群很好分辨的希臘人。但鄂圖曼人並未按著語言或今日所謂的「種族」來劃分他們的子民。鄂圖曼帝國統治的人民按宗教來區分。以官方術語來說，所有的東正教基督徒都叫作 **Rum**（等於希臘文的 **Romioi**），也定義為 **millet**，意思是宗教社群。並非所有的東正教基督徒都以希臘語為母語。重點是教育，尤其是愈來愈多人會寫字，讓構成 **Rum millet** 的不同語言群體以希臘語為共同語言——就某些方面來說，像今日的「國際英語」。

同時，以希臘語為母語的人也不全是東正教基督徒。島上有羅馬天主教徒的團體，大城鎮裡有羅馬尼奧猶太人（Romaniot Jews）。這三種信仰的追隨者都可以選擇改信伊斯蘭教。有些人確實改變了信仰。如果在改信伊斯蘭教前就以希臘語為母語，他們往往也會繼續使用希臘語。在克里特島，這種現象最為明顯，十九世紀時的穆斯林人口佔了總數的百分之四十，他們大多數是克里特土耳其人（Turcocretan），只會說希臘語的克里特方言；希臘語使用者也有可能是穆斯林。

不過，就算有了這些提醒，也可能看到以偏概全的泛論。在愛琴海和愛奧尼亞海的大多數島嶼上、克里特島和賽普勒斯、伯羅奔尼撒（此時比較常用的名字仍是摩里亞）及現為希臘的南方大陸上，希臘語母語者似乎依舊佔大多數，這塊區域當時很隨意地稱為努美利（Roumeli）。即使在那一帶，大部分的區域仍使用阿爾巴尼亞語：例如伊德拉島和斯佩察島這兩個貿易島，以及努美利的東南角，由古代（和現代）的波也奧西亞及阿提卡組成，雅典則包括在內。在巴爾幹半島再向北走，繞著馬爾馬拉海及安納托力亞的愛琴海岸，也有很多希臘語使用者，不過在這裡則更平均地分布著其他語言的使用者。向東最遠到黑海邊上的特拉布宗周圍，也有流通希臘語的飛地，古代的名字是本都，以及在卡帕多西亞，這是安納托力亞中部開瑟里（凱撒里亞）周圍區域的希臘名字。

這些希臘語使用者是誰？除了語言以及宗教（多數人但並非所有人的宗教），他們有什麼共通點？他們過著什麼樣的生活？

大多數人是小農、牧人、無足輕重的商人、漁民、水手、修士和低階的神職人員。在他們居住的大多數區域，生活條件都很艱苦。可以耕作的土地十分破碎，擠在海洋和山脈中間。社群也是四散各處。一直到二十世紀中，能否生存就看能否持續平衡風險。地方經濟的基礎就是最基本的生計。在十八世紀，年輕人有機會移出，在國外找到工作，年輕的女性則透過婚姻離開當地。要養活的人超過可用的資源時，另一個做法則是在山區打劫或當海盜。尤其在努美利，鄂圖曼當局會招募當地的民兵（通常是東正教基督徒）控制盜賊。但這些民兵多半來自他們該控制的那些盜賊群，所以只會打仗的這些人習慣了來來去去，從執法者變成歹徒，再從歹徒變回執法者。瑪尼是伯羅奔尼撒最南邊尚未馴服的區域，那裡的海盜在十九世紀初已經惡名昭彰。在這樣的情況下，在和平時才有機會的精英也只能等待相對和平的時候。一般人的壽命通常很短。已加身或即將到來的暴力、穀物欠收和飢荒常常迫在眉睫。

這些不同的族群分布在廣大不同的地理區域，從後代的觀點來看，要給他們籠統的概述就算不是一廂情願，勢必也只是推斷。那麼，還能找到哪些證據呢？有好幾個，而且因著不同的理由，都要謹慎著手。我們可以從歐洲旅人開始。他們留下了無數的軼事紀錄及對習俗、意見和迷信的觀察，沒有他們的紀錄，這些東西或許就失傳了，舉例來說，他們記錄了許多希臘人對活死人（吸血鬼）的迷信，後來扎下了根基，變成流傳全世界的小說及恐怖電影次類型。

另一個看透這些社群生活的窗口則是現代人類學，也一樣透過圈外人的觀點。從一九五〇年代開始，英國、美國、法國的人類學家（後來也加入希臘）開始研究什麼叫作希臘的「傳統」社群，並擴及到地中海沿岸其他地方。希臘社群的經典研究來自約翰．坎貝爾（John Campbell）一九五〇年代的成果。坎貝爾選的對象是希臘西北部的牧民，叫作薩拉卡察尼人（Sarakatsanoi）——很驕傲、自給自足的群體，當時仍習於夏日在品都斯山脈高處放牧綿羊和山羊，冬天則到海邊的平原過冬。外來的觀察者覺得他們過著「集體生活的無政府狀態」，但坎貝爾注意到他們根據榮譽和羞恥有一套共通的行為準則，能調節非親非故的家族間對彼此的敵意。[16]

如果你不能信任沒有血緣或婚姻關係的人，靠著對等的義務建立聯繫後，才能依靠他們。在這種共通的準則下，能尊重這種義務，才夠光榮，打破的話就很可恥。因此，看重義務的人就是社群中最受尊敬的成員。做不到的話會受人鄙視，甚至有可能被驅逐出去。這是一個自立自續的體系。一方面給予禮物，另一方面提供庇護。就現代、民主和負責的制度來說，這種前現代的體制就變成「腐敗」。少了這些制度，或在制度還很薄弱、發展不全的地方，那就是生存的機制。

現代人類學的這些體悟或許有助於解釋早期旅人以及後來很多外來人口體驗到的挫折，也就是希臘人的「不誠實」。儘管看似矛盾，恩庇和侍從的「腐敗」體系把最高的價值放在**信任**上：如果每一方都遵從同樣的（未寫下來的）規則，體制才能運作。這些規則反過來也以傳統、根深柢固的榮譽和羞恥為基準。外人理論上不受這種準則牽絆，因此外人的話語也永遠得不到信任。因此有了一種不成文的、內化的邏輯，不能信任這個人的話，欺騙他也沒關係。[17]

人類學家研究的對象當然一定是當下。坎貝爾則認為，他觀察到的生活方式和社會價值或許從拜占庭快結束以來就一直沒什麼變化。今日的人類學家會比較謹慎，不會提出這種主張。但在這個例子裡，我們可以相當有信心地假設，十八世紀希臘語使用者的社群運作方式應該差不多。

現在，再回到當時的證據吧。這裡，我們面對不同的問題。儘管城鎮裡的學校愈來愈多，但在十九世紀末之前，鄂圖曼帝國鄉間能讀寫的人依舊很少。因此，很難找到訴諸文字的證據。從這個時期的起頭，「從下方」寫下的罕見歷史範例，講述作者口中伯羅奔尼撒在一七一五年由鄂圖曼人造成的「災難和奴役」。作家是雅尼納一個叫曼多斯（Manthos）的人，顯然見證了一些他敘述的事件，後來則到了威尼斯的希臘社群，在那裡以押韻的對句出版了他的歷史。對於同胞被征服，曼多斯責怪戰敗的威尼斯人，也責怪勝利的鄂圖曼人。就形式而言，他的作品將一四五三年君士坦丁堡陷落後變得流行的哀歌類型修飾得更優美。裡面提到很多次「羅馬人」，也就是在這個區域的東正教基督徒，但大多數人說的是希臘語。

曼多斯筆下這些「羅馬人」是受制於他人行為的無助受害者。在整部敘事中，只有一個時刻由「羅馬人」帶頭：伯羅奔尼撒中部遙遠山脈中數個村落的居民展開象徵性的抵抗。碰巧，狄奧多羅斯．克羅克特洛尼斯的祖先也在這些叛亂分子中，一百多年後則換他在革命裡大放異彩。在此同時，虔誠的曼多斯則在遠方的威尼斯找到庇護，斥責那少數幾個捍衛信仰的人「都瘋了；他們早該明白了」。[18]十八世紀初，受害者文化已經很盛行，後來又常常浮現出來。

凱薩琳大帝在一七七〇年對鄂圖曼帝國開戰，在十八世紀末激起克里特島的叛亂，不久之後的詩作也紀念了這次事件。〈達斯卡洛雅尼斯之歌〉（Song of Daskalogiannis）在斯法基亞用口頭編唱，這是克里特島西南部多山的區域，也是叛亂的發源地。歌中的文字說，詩歌描述的事件過了十六年，歌曲才有了書面紀錄。主角是斯法基亞最有錢及「最可敬」的一位基督徒，名叫達斯卡洛雅尼斯，意思是「名為約翰的老師」。達斯卡洛雅尼斯異乎常人，很有讀寫天份，可以跟其他地區說希臘語的人溝通。據報俄羅斯軍隊踏入伯羅奔尼撒時，他決定這是反抗的時候——違逆當地教堂首長的忠告。結果大錯特錯，以悲劇收尾。達斯卡洛雅尼斯及夥伴被迫投降。被囚禁後，這位英雄反抗到最後一刻，遭坎迪亞（赫拉克良）的帕夏活活剝皮。

故事很擾動情緒，敘事有史詩的鮮活，也有史詩熱愛的冗長宏論。英雄解釋了自己的動機，如果這真的是一七八六年寫作的用詞，能看出當時的態度。達斯卡洛雅尼斯採取行動，他宣告：

首先，為了我出生的地方，
第二，為了信仰，
第三，為了其他住在克里特島的基督徒。
因為，如果我是斯法基亞人，我就是克里特島之子，
看著其他克里特人受苦，我也痛苦。

愛國主義從斯法基亞的家鄉開始，從那裡擴展到島上其他的地方。在這段記述裡，沒有更廣義的「國族」認同感。詩人最後的結論跟曼多斯差不多，不過他整段敘事都以更加英勇的用詞表達出來：牧師一直都是對的。斯法基亞的人實際上已經享受到土耳其人給予的獨立。由於達斯卡洛雅尼斯倉促的行動，他們丟掉了獨立。[19]

十八世紀時，有書面紀錄的口頭編唱敘事，應該只有〈達斯卡洛雅尼斯之歌〉。但不久之後，從愛奧尼亞群島到賽普勒斯，從克里特島到巴爾幹山脈的山麓，幾乎每一個說希臘語社群的口述傳說和抒情歌都開始有人收集，彙整了豐富而多元的曲目。這些歌曲揭露了不尋常的想像力。在那個世界裡，男人都應該是英雄。他們必須展現出違抗和暴力的行為，證明自己的價值。女人在年輕時應該要美麗和謙恭，但不論在什麼年紀都很容易變得薄情和狡詐。女性會悼念死者，以及那些住在遠方被宣判有罪的人，常用 **xenitiá** 來敘述，可以翻譯成「流放」或「外國的地方」，永遠被想成跟死了差不多。情歌則漫溢著創造力豐富的形象，常給人帶著言外之意的感覺。總有幻想的及非理性的：鳥兒和動物會說話，雷電反射和放大人類的戲劇，死人在雲間騎著馬（吸血鬼

又出現了）。

有些最有特色、流傳廣泛的主題就跟死亡有關。在男性的世界裡，要挑戰更強大的對手才能證實自己的勇猛，最終的考驗就是對抗死神。死神被擬人化成卡戎（Charos，現代希臘語是Charon），這個名字來自古代神話中在陰間冥河（Styx）上擺渡的船夫，是一個聲音粗啞、難以取悅的人物。永遠一身黑，騎著一匹黑馬，他常被描繪為身後跟著一長排無助的女人和小孩，真的就像十八世紀仍在日常中造成威脅的奴隸販子。這些詩歌裡的卡戎跟理想化的男性英雄完全相反。英雄對生命無可壓抑的熱愛激起卡戎嫉妒的怒火，他擋住英雄說他必須死。英雄既然是英雄，當然會拒絕。反過來，他提議跟敵人公平戰鬥。戰鬥的地點是打穀場，在真實生活中，穀殼經過暴力擊打，脫離可食用的種子。英雄把敵人打倒了九次。但卡戎無法忍受被打敗。按著承諾的公平對決，卻贏不了：卡戎抓起英雄的頭髮，把他拉下來。[20]

所以死神贏了，反正他最後一定會贏——違反了榮譽和羞恥的準則才贏得勝利。死神是終極的圈外人。他的行為以極端的例子證實，為什麼絕不能信任圈外人：死神是個騙子。因此，維護榮譽及羞恥準則的英雄，圈內人價值觀的倡導者，即使死了，道德上也是勝利者。

我們發現很多從口述傳說保存下來的歌曲展現出同樣的態度，頌讚山賊的生活，通常也頌讚他們暴力的死亡。山賊（kleft）在希臘文裡稱為 **klephtis**，字面意思是小偷，在十八世紀，這些人確實是盜賊。這些戰士後來在革命中變成效力最強的戰鬥力，因此「kleft」也戴上了英雄的光環，從此改變了意義。紀念這些人的歌曲最早在革命時出版，之後就變成國族的「宏大敘事」（grand narrative）。

大多數歌曲都提到十九世紀早期的人物。但有少數幾首更早出現。最老的歌曲敘述的場景可能是一七五〇年左右的努美利。在這首歌裡，赫里斯托斯・米利奧尼斯（Christos Milionis）被鄂圖曼當局放逐。名叫蘇萊曼（Suleiman）的穆斯林受命去抓他：

（蘇萊曼）在阿米羅斯（Almyros）追上他，兩人如朋友般親吻，
徹夜未眠一直飲酒，直至黎明，
破曉時他們啟程前往賊窟。
蘇萊曼對著首領米利奧尼斯大喊：
「赫里斯托斯，蘇丹要搜捕你，穆斯林貴族要你就範。」
「只要赫里斯托斯活著，他不會向土耳其人屈服。」
拿起步槍，他們彼此攻擊；
一槍接著一槍，兩人都倒地死亡。[21]

歌中沒有提到米利奧尼斯具體的回擊出現在一七五〇年，還是約莫那個時候，或許故事寫成這個形式後，才反映出後代的愛國主義。不論如何，令人驚異的是，歌裡可以看到在鄂圖曼統治下的努美利山區，基督徒和穆斯林戰士有共同的行為準則，甚至有種親暱感。

最後，在說希臘語的東正教人口中，流傳著一系列的寓言和預言，將君士坦丁堡基督教帝國的隕落歸於天意及未來會復甦的信仰。透過後來出版的文字，我們才能看到大部分的素材。裡面也有可說是希臘民謠中最有名的歌曲。很簡單地稱為〈聖蘇菲亞〉（Of St Sophia）或〈聖蘇菲亞

最後的彌撒〉（The Last Mass in St Sophia），這首歌有很多版本，用十多行歌詞敘述在鄂圖曼征服的前夕，正教大教堂裡的禮儀慶典被來自天堂的聲音打斷：上帝的意旨是，「這座城市」（君士坦丁堡）會落入異教徒手中。忠誠信徒大吃一驚，聖人的畫像也有同樣的反應。如同奇蹟一般，所有的畫像開始哭泣。聲音——是詩人和歌手的聲音嗎？——用動人樸實的方式安撫心煩意亂的聖人。歌曲最後，如世間的母親安慰著哭泣的孩子，對著聖母的畫像說：

> 噓，聖母，請不要流淚哭泣，
> 歲月再一次不斷過去，這些東西再一次會屬於您。22

在十九世紀，以及邁入二十世紀時，這些歌詞讀起來，像是對未來的正面陳述。但在最古老的版本裡，用的不是未來式，而是現在式，這裡翻譯成「再一次」的詞組可能也有「依舊」或「還是不變」的力度。一八二一年的革命快發生時，〈聖蘇菲亞〉之歌表演時，重點在於肯定東正教基督徒被征服後並未失去信仰，不論發生什麼事情，他們與每一座教堂裡聖像中描繪的熟悉角色都依然結合在一起。如果這些話語也暗暗預示了未來的救贖，關心的對象則是東正教教會，而不是（之後又會重新詮釋）希臘的民族國家。

另一個常重複的故事中，主角是「大理石皇帝」，君士坦丁十一世巴列奧略（Palaiologos），一四五三年鄂圖曼人征服他的城市後，一直找不到他的遺體。故事說，君士坦丁沒死，而是被天使帶到城牆裡的祕密位置，變成了石頭。不同的版本都預言說，上帝指定的那天來到時，皇帝會復生，帶著勝利的軍隊，把之前擊敗他們的人趕回中亞的祖國。

其他的預言可以透過書面文字回溯到十五世紀後期，甚至在君士坦丁堡落敗之前。如果這些故事源自於本來就很流行的傳說，就很難判斷重疊的程度。有一組「神諭」來自十三世紀的神祕主義者，名叫阿加當格洛斯（Agathangelos，意思是「好天使」），在一七五〇年代初開始流傳。但這個偽造的故事似乎是來自最上層的干預。從一七六八年到一七七四年，俄羅斯人跟鄂圖曼帝國打仗時，以及戰爭之後，都會趁機提到來自北方有著淡色頭髮或白皙皮膚的種族，他們會帶來救贖。拯救者自然就是俄羅斯人。另一方面，傳說中「阿加當格洛斯」神諭的流傳證據主要來自十八世紀末，又延續到十九世紀。所以在之前的時期，很難確定這些信念傳給了多少人，他們又有多重視這些信念。

這項證據確實呈現了東正教希臘語使用者全心投入他們的宗教、長久累積的傳統，以及眾人對君士坦丁堡逝去帝國的回憶。說到**古老的**過去，當地精英與西方旅人的熱情卻碰到了大惑不解或不信。東正教的群體是虔誠的基督徒，知道名為「Hellenes」的人很久以前住在這些島上，敬拜不正確的神祇。所以，這些「Hellenes」跟十八世紀那些正派的、值得尊敬的、敬畏天神的**Romioi**正好是對比。大多後來才有紀錄的口述傳說訴說「Hellenes」一定是巨人的種族，建造出現代仍有遺跡的高牆和紀念碑。異教徒的廟宇，尤其是塑像，更容易帶有超自然、危險的力量——因此，毫無疑問地，才會有皇帝變成大理石的靈感吧。

甚至在十九世紀，旅人和古文物研究者來尋找古代德爾菲神殿的遺跡，當地人會用自己的邏輯和機智來賦予意義：

> 閣下大人不是基督徒，所以沒有人看過他們（「用東正教的手勢」比畫十字架的符號。他們

的祖先是古代的異教徒亞德爾菲人（Adelphian），把財寶放在一座城堡裡，這座城堡叫作亞德爾菲（兄弟）（Adelphi [Brothers]），因為建造城堡的兩位王子是兄弟。聖母瑪利亞和基督到這些地方以後，每個人都變成基督徒，亞德爾菲人認為他們最好溜走。所以他們離開，前往（西歐）的法蘭克國（Frank-land），帶走所有的財寶。閣下大人是他們的後代，他們現在來這邊敬拜這些石頭。[23]

這個故事很好玩——也凸顯了概念的鴻溝，這道鴻溝不僅分開了希臘村民和西方的古文物研究者，也切割了使用同樣語言及信奉同一個宗教的「東正教聯邦」精英。如果獨立後還是這個模樣，我們可以自問，在前一個世紀，東方基督徒和西方歐洲人愈來愈明顯的世俗認同間到底有多少意見一致的地方。這些初期的碰撞充其量而言相當不公平，滿是對彼此的誤解。向東傳播的新想法幫「東正教聯邦」的精英開始重新定義自己的認同，但並未影響到大多數的希臘語使用者。擴展商業為某些人帶來財富，也為很多人帶來前所未有的機會。但不論是受過教育的精英，還是在流行文化的層次，都無法證明十八世紀有任何的革命豪情。

在十八世紀即將結束時，一切都會出現變化。

1 路西安·弗雷利（Lucien Frary），《一八二一至一八四四，俄羅斯及現代希臘認同的形成》（*Russia and the Making of Modern Greek Identity, 1821–1844*，牛津：牛津大學出版社，二〇一五），頁二〇～二七。

2 帕斯哈利斯·奇卓米利德斯（Paschalis Kitromilides），《東正教聯邦：歐洲東南部的象徵性遺產及文化相遇》（*An Orthodox Commonwealth: Symbolic Legacies and Cultural Encounters in Southeastern Europe*，奧德勺特：Variorum，二〇〇七），頁ix－xv。

3 科學的主題：帕斯哈利斯·奇卓米利德斯，《啟蒙運動和革命：現代希臘的成形》（*Enlightenment and Revolution: The Making of Modern Greece*，麻州劍橋：哈佛大學出版社，二〇一三），頁五二、三六五 n.、一〇八、三六六 n.、一一一；艾夫狄米斯·尼克雷迪斯（Efthymios Nicolaidis），〈希臘啟蒙運動、東正教教會及現代科學〉（The Greek Enlightenment, the Orthodox Church and modern science），出自帕斯哈利斯·奇卓米利德斯編著，《東正教世界裡的啟蒙運動和宗教》（*Enlightenment and Religion in the Orthodox World*，牛津：Voltaire Foundation，二〇一六），頁四九～六二。反教會主義的主題：參見奇卓米利德斯，《啟蒙運動和革命：現代希臘的成形》，頁二五〇～五九。

4 尼可拉斯·馬夫羅科扎托斯（Nicolas Mavrocordatos），《菲麗蝶的嗜好》（*Les Loisirs de Philothée*）（希臘文與法文對照），賈克·布夏（Jacques Bouchard）譯，雅典及蒙特婁：蒙特婁大學出版社，一九八九。

5 丹尼爾·菲力皮迪斯及格里哥瑞斯·康斯坦塔斯，《現代地理學：希臘》（*Γεωγραφία νεωτερική;Περί της Ελλάδος*），艾卡特琳妮·庫瑪莉安努（Aikaterini Koumarianou）引言（雅典：Ermis，一九七〇），編輯簡介（頁一八～九、二八、三〇～三一）及正文（頁三七～八、四四～五一）。

6 彼得·麥克里奇（Peter Mackridge），《一七六六年至一九七六年，希臘的語言和國族認同》（*Language and National Identity in Greece, 1766–1976*，牛津：牛津大學出版社，二〇〇九），頁八〇～八三。

7 葉琳娜·哈拉夫提斯（Gelina Harlaftis）及索菲亞·雷烏（Sophia Laiou），〈一七八〇至一八二〇年，鄂圖曼的地中海貿易及航運國家政策：希臘人擁有的鄂圖曼商船隊興起〉（Ottoman state policy in Mediterranean trade and shipping, C. 1780–1820: The rise of the Greek-owned Ottoman merchant fleet），出自馬克·馬佐爾（Mark Mazower）

編著，《現代希臘的權力網路：向約翰・坎貝爾致敬的論文集》（*Networks of Power in Modern Greece: Essays in Honour of John Campbell*，倫敦：Hurst，二〇〇八），頁一～四四（見頁九～一五）。作者未指明「Greek」的特性是他們自己（姓名看得出來是希臘人），還是能在參考來源裡找到。

8 哈拉夫提斯及雷烏，〈鄂圖曼的地中海貿易及航運國家政策〉，頁一七。

9 大衛・君士坦丁（David Constantine），《跟隨神的腳步：去希臘的旅人及對希臘理想的探索》（*In the Footsteps of the Gods: Travellers to Greece and the Quest for the Hellenic Ideal*，倫敦：I. B. Tauris，二〇一一），頁五二。

10 約翰・馮・瑞德澤爾，《黎凡特一名現代旅人的評論》（*Remarques d'un voyageur moderne au Levant*，阿姆斯特丹，一七七三）；亨利・米勒，《馬羅西的大石像》（*The Colossus of Maroussi*，加州舊金山：Colt，一九四一）；勞倫斯・杜雷爾，《普洛斯彼羅的囚房》（*Prospero's Cell*，倫敦：Faber and Faber，一九四五）。

11 馬修・貝爾（Matthew Bell），〈希臘人體之美及歐洲浪漫主義的源頭〉（The Greek body beautiful and the origins of European Romanticism），出自伊恩・詹金斯（Ian Jenkins）編著，《美的定義：古希臘藝術中的人體》（*Defining Beauty: The Body in Ancient Greek Art*，倫敦：大英博物館，二〇一五），頁四〇～四九（引述頁四二～三）。

12 溫克爾曼，《古代藝術史》，哈里・弗朗西斯・馬爾格雷夫（H. F. Mallgrave）譯，加州洛杉磯：Getty，二〇〇六；最早在一七六四年以德文出版，頁一八七。

13 奇斯，《多愁善感的希臘之旅》（都柏林：Milliken，一七七三；最早在一七七一年以法文出版），卷一，頁iv；娜西雅・亞科瓦奇（Nasia Giakovaki），《經過希臘的歐洲：十七至十八世紀歐洲意識的轉捩點》（*Ευρώπη μέσω Ελλάδας. Μια καμπή στην ευρωπαϊκή αυτοσυνείδηση, 17ος–18ος αιώνα*，雅典：Estia，二〇〇六），頁二六～七、四四～八。

14 亞科瓦奇，《經過希臘的歐洲》，及（沒有什麼關係的）保羅・史塔克（Paul Stock），《雪萊—拜倫的循環及歐洲的觀念》（*The Shelley–Byron Circle and the Idea of Europe*，貝辛斯托克：Palgrave Macmillan，二〇一〇），頁九～一一、一七五～九七。

15 尤西波斯・米西奧達克斯（Iosipos Moisiodax），《地理學理論》（*Θεωρία της γεωγραφίας*，維也納，一七八一），

頁x；斯特拉托斯．米洛雅尼斯（Stratos Myrogiannis），《一七〇〇至一八二一年間，希臘認同的浮現》（*The Emergence of a Greek Identity [1700–1821]*，新堡：Cambridge Scholars，二〇一二），頁九二。

16 約翰．坎貝爾，《榮譽、家族及庇護：希臘山民的制度及道德價值觀研究》（*Honour, Family, and Patronage: A Study of Institutions and Moral Values in a Greek Mountain Community*，牛津：牛津大學出版社，一九七四；一九六四初版），頁v（引述）、三一八～九、三五三～六。

17 謝謝人類學家瑪麗亞．庫如克利（Maria Couroucli）幫我領悟到這一點。

18 E. 勒格杭（E. Legrand），《希臘俗語圖書館》（*Bibliothèque grecque vulgaire*，巴黎：Maisonneuve，一八八一），卷三，頁三一二，根據一七八四年出版最早的現存文字。

19 V. 勞爾達斯（V. Laourdas）編著，《巴爾巴潘策利斯：達斯卡洛雅尼斯之歌》（*Μπάρμπα-Παντζελιού.Το τραγούδι του Δασκαλογιάννη*，克里特島赫拉克良：Marmel，一九四七），行八～九、一二、七五四～八（引述）、九八九～九四。

20 安東．尚那拉奇（Anton Jeannaraki）編著，《克里特之歌》（*Άσματα κρητικά*，萊比錫：Brockhaus，一八七六）頁一四二；重印於尤格斯．雅努（Giorgos Ioannou）編著，《我們的民謠》（*Τα δημοτικά μας τραγούδια*，雅典：Tachydromos，一九六六），頁三〇。同一主題的變化形式在幾乎每一本希臘民謠文集中都可以找到。

21 亞歷克西斯．波利提斯（Alexis Politis）編著，《民謠：山賊之歌》（*Το δημοτικό τραγούδι. κλέφτικα*，雅典：Ermis，一九七三）頁二～三。

22 克勞德．福里爾（Claude Fauriel），《現代希臘的流行歌曲》（*Chants populaires de la Grèce moderne*），共兩卷（巴黎：Dondey-Dupré，一八二四～一八二五），第二卷，頁三四〇。

23 I. Th. 卡克利迪斯（I. Th. Kakridis），《現代希臘流行傳統中的古希臘人》（*Οι αρχαίοι Ελληνες στη νεοελληνική λαϊκή παράδοση*，雅典：國家銀行文化基金會〔希臘文縮寫MIET〕，一九九七；一九六六年以德文初版），頁三九。

2 種子已播下

一七九七～一八二一

一七九七年六月二十八日，法國軍艦和運兵船的中隊來到愛奧尼亞群島的行政首都，也是科孚島的要塞港口。六百年來，這些島嶼一直是威尼斯共和國的海外領地。那個六月天，法國人到來後，島民收到的第一道新聞，就是最尊貴的國家（拉丁文是Serenissima）已經不存在了。將軍上岸後發出第一條信息，口氣非常友善。在前面的十多個世紀，威尼斯總督都被尊稱為Provveditore Generale（中文的總督），最後這一位卻聽到法國的指揮官稱呼他「公民」，並命令他為剛到的部隊準備營房。他解釋說，威尼斯參議員向拿破崙強大的火力投降，所以現在法國人是這些島嶼名正言順的統治者。信上的日期使用法國的共和曆（French Revolutionary calendar）：五年穫月六日（6 Messidor, Year V）。等軍隊上岸，科孚島上到處立起了告示牌，用法文、義大利文和希臘文承諾要把「自由、平等、博愛」帶給「長期被奴役的希臘」。自一七八九年以來，把整個西歐丟入混亂的革命現在到了東方。

兩天後，主要的廣場上種了一棵「自由樹」。在感謝「最高主宰」（法國大革命萬神殿中留給基督教神祇的位置）的儀式中，貴族的標記被公開焚燒。並非每個人都覺得很開心。過後不久加入中隊的法國海軍軍官說，他的同胞到達後，一般人都還算滿意，但他覺得必須補充一句：「除了貴族、前政府雇員和教士以外。」[1] 島上傳統的階級制度突然顛倒了。一七九七年的秋天以前，法國人已經在七座島嶼上打好根基。從各方面的跡象看來，他們計畫留下，甚至以加入法國的三個新省（département）為根據，建立了新的主管官署。

過了幾個月，在一七九七年十二月二十日，發生了不同的衝擊。在亞得里亞海邊上之的里雅斯特是奧地利的港口，當地的總督布里吉多男爵（Baron Brigido）寫信給人在維也納的上級馮佩根伯爵（Count von Pergen），報告他們揭露了謀反事件。城內一名希臘商人的密報讓好幾個人被逮捕。他們找到了能當作罪證的證據。被捕的人在隔壁的鄂圖曼帝國密謀法國式的革命。首謀本人不是商人，但屬於瓦拉幾亞首都布加勒斯特市內受過教育的希臘精英階級。在盤問下，原來同謀的人過去一年都在維也納印刷革命傳單，這些文宣也被翻出來了。首謀名叫里加斯・維萊斯丁里斯。

在一七九七年十二月十九日至二十日的晚上，里加斯手上的文件是一份藍圖，要按著法國模式，把鄂圖曼帝國變成民主共和國。甚至還有用詩寫的「戰歌」，慷慨激昂，包括效忠宣誓，要獻給剛想像出來的共和國。

只要是像法國大革命的東西，奧地利當局當然會覺得恐懼。就在不久前的十月，《坎波福爾米奧條約》（Treaty of Campo Formio）把敗戰的威尼斯共和國戰利品分給拿破崙和奧地利人，迫使奧地利人把歐洲北部的領土讓給法國人，接受拿破崙在義大利的勝利。在那之前，大家都以為法國拓展的下一個目標很可能是維也納。到了年底，外交關係才復原，依然很脆弱。在奧地利國土上，若出現革命行動，就算主要是針對另一股勢力，也會讓當局震驚難安。他們迅速回應，手段極端。當局對里加斯的謀反祕而不宣，又將被告祕密送到維也納。在一七九八年剛開始的那幾個月，他們在維也納接受一連串的訊問，但沒有公開審判。包括里加斯在內的八名被告都是鄂圖曼的子民，最後他們被鏈綁著順多瑙河而下，從奧地利的監牢移送到鄂圖曼的大牢。約莫是六月二十四日晚間，他們在貝爾格勒的監獄裡被處決，屍體丟入了多瑙河。

這個故事有個很諷刺的地方，對當時的公眾意識幾乎沒有衝擊。里加斯和夥伴先在的里雅斯特、後來在維也納被訊問，都是祕密進行。過了幾乎一個世紀，文字紀錄才被挖掘出來。媒體對發生過的事隻字不提，只有少數幾篇奧地利跟德國的報導，提到這些人被沿著多瑙河引渡的最後一段路程。的確，奧地利當局非常成功地壓制了所有謀反的蛛絲馬跡，里加斯在維也納印製的三千份革命聲明一份也沒有留下來。只有「戰歌」能隨時進入公共領域——在法國掌控的科孚島就很自然，在作者死後幾個月就傳遍全島。

奧地利的審訊人在另一方面就沒那麼成功。他們擁有的文件足以證明他們想掀起革命。但我們到現在仍不知道里加斯計畫怎麼去執行他的意圖，也不知道他到了的里雅斯特的時候，是發現自己跟同志被出賣了，還是已經有了確定計畫。按一個說法，他下一個落腳點本來是威尼斯，要跟拿破崙本人進行高峰會議。另一個說法則是，里加斯跟夥伴要去伯羅奔尼撒的南端，在瑪尼那些兇狠及半獨立的軍閥間掀起反叛；這些軍閥的要塞塔樓至今仍散落在野外的山間。第三種說法則是，他們想去希臘本土西岸的普雷維札，那座小鎮是愛奧尼亞群島的附屬地，因此由法國控管。第一個計畫只是浪費時間，因為拿破崙已經離開了義大利，里加斯是否知曉，就不得而知。最有可能採行的是第三個方案，奧地利人也這麼認為。除非有法國的軍事支持，不用這種方法的話，光靠幾個政治理想主義者，真的很難動搖鄂圖曼帝國的威權。法國取得島嶼控制權後，在希臘本土只有幾個不大的立足點，普雷維札就是其中一個。這個想法很合理。但是，或許他們根本沒有確定的計畫。按著現存的證據，在想革命的人之中，里加斯也不是最講求實際的。

希臘語使用者不論是不是精英，在這些事件發生時，大多數人應該都渾然不覺。不過就在幾年內，拿破崙在歐洲的運動造成了起伏，也傳遍了東方。到了每名希臘人口中，里加斯的名字就等於「第一個殉教者」，即使他想推行的運動並未誕生，具體卻變成里加斯看了也會嚇一跳的東西：推動新型的自主權，很快就變成大家知道的「國族」。

動亂的世界

在一七九八年的頭幾個月，沒有一個歐洲人能判別拿破崙接下來要攻打哪裡。奧地利暫時脫身了——一八〇五年才會被佔領。大不列顛王國也有可能遭到入侵。希望法國革命軍出手解放他們的人，不光只有里加斯和他的朋友。愛奧尼亞群島落入法國之手後，其他地區理應跟進才符合邏輯。也有一些證據可以看到，拿破崙本人一七九七年在義大利的時候也考慮過這件事。結果，法國革命軍確實朝東向著鄂圖曼帝國推進，卻不是帝國在歐洲的省份。一七九八年七月一日，法國遠征軍在亞歷山大港登陸。拿破崙從此佔領了埃及三年的時間。

埃及已經被鄂圖曼人統治了數個世紀。這時，當地的馬穆魯克（Mameluke）統治者幾乎不受君士坦丁堡管轄。但歐洲入侵帶來的震驚直達帝國核心。八月，納爾遜（Horatio Nelson）將軍帶領的英國皇家海軍在阿布吉爾灣（Aboukir Bay）擊潰法國艦隊（尼羅河河口海戰），切斷拿破崙佔領地的補給線，在鄂圖曼首都的外交策略把最不可能的同盟結合在一起。土耳其及俄羅斯長達一世紀的仇恨暫放一旁，兩個帝國現在跟大不列顛組成同盟。

接下來十五年的巨變影響到歐洲陸塊的每個角落以及整個地中海。來看看愛奧尼亞群島的命運吧。納入法國共和國一年多以後，在一七九八年最後的幾個月，俄羅斯及鄂圖曼的聯合海軍部隊佔領了這七座島。然後在一八〇〇年，新的統治者無法就處理這些島嶼的做法達成協議，便成立「塞普丁修拉共和國」（Septinsular Republic），名義上由俄羅斯保護。這是很不尋常的步驟。一眨眼間，希臘語使用者在現代歷史上第一次能控制自己的行政體系，而且「共和國」的稱號也引起了爭論。實驗不怎麼成功。共和國還在的時候，英國軍隊曾在一八〇一年短暫登陸科孚島以維持秩序。然後，從一八〇二年開始，俄羅斯人返回，取得有效的掌控權——但值得注意的是，他們指派了一名全權代表，他本人是愛奧尼亞的貴族階級，因此屬於已經深入俄羅斯體制的「東正教聯邦」。一八〇七年，沙皇亞歷山大（Tsar Alexander）與拿破崙講和，為表示善意，他把愛奧尼亞群島交回給法國，但嚴格來說，這些島嶼並不是他的屬地。在接下來的兩年內，這些島嶼被納入當時成立的法蘭西帝國。但在一八〇九年的秋天，英國皇家海軍攻佔了愛奧尼亞群島，科孚島不在其中。最後，在一八一四年簽訂《巴黎條約》（Treaty of Paris）後，科孚島也投降了。之後的五十年，愛奧尼亞群島成為大不列顛「保護的領地」。

是不是一筆糊塗帳？想想看，當時的希臘語使用者處在什麼樣的景況下。在愛奧尼亞群島或鄂圖曼帝國，都沒有報紙。新聞傳播得很慢，通常也不可靠。這些變動都不是決定性的；一個變動快速地追過前一個變動。大多數參與遊戲的大國都至少換過邊一次。或許你住在愛奧尼亞群島中的某一座島嶼上，直接經歷了這些動亂，或者過了很久之後才聽說這些事，一定會覺得政治上一點確定性也沒有。

希臘精英在前一個世紀已經到了鄂圖曼在多瑙河北邊的公國，並佔有優勢地位，而在這道邊境中，情況甚至更糟。俄羅斯人和土耳其人從一八〇六年到一八一二年又打了另一場戰爭，但跟拿破崙在歐洲各地掀起的戰爭相比之下，變成了不重要的枝節，未得到歷史學家的關切。這場戰爭主要在鄂圖曼公國進行，除了恐怖的圍城，要塞城鎮也遭到掠奪。俄羅斯吞併了瓦拉幾亞和摩爾達維亞，佔領了六年的時間；王子的傳統職位被廢除了。儘管如此，公國的實際行政體系跟以前一樣，仍由同樣的希臘東正教精英掌管。一八一二年，只因沙皇亞歷山大和拿破崙之間的關係愈來愈惡化，才為這場變成惡性循環、最終仍無勝負的戰爭劃下句點。俄羅斯也逃不開拿破崙的入侵，那個時候，俄羅斯與鄂圖曼帝國在一八一二年五月二十八日簽訂《布加勒斯特條約》（Treaty of Bucharest），同意停戰。俄羅斯永久強佔了摩爾達維亞的國土。除此之外，十八世紀還算順利的現狀也恢復了。希臘王子回到被戰爭摧毀的公國，回復之前與蘇丹的協議。

一七八九年的革命後出現了軍事武力的大量規劃及某些類型的理想主義，而在一八一二年，拿破崙進攻俄羅斯的行動讓法蘭西帝國開始走向終局。一八一四年的夏天來到時，一切都結束了——只剩下拿破崙從被囚禁的厄爾巴島（Elba）戲劇性地逃脫，滑鐵盧之戰在一八一五年六月十八日結束他的「百日王朝」。前一年聚集在維也納的戰勝國代表很快就會完成工作，在歐洲各地重新建立非常保守的政權。維也納會議（Congress of Vienna）後，革命論調及改革的痕跡也從整個歐洲大陸抹去。從拿破崙戰爭中成功浮現的「歐洲協調」（Concert of Europe）建立了新的口號：復辟。但一七八九年在法國推動革命的精神仍留在歐洲很多地方，而且仍有人懷念拿破崙征服一切的才華。一八一五年後復辟的那些年，也看到了謀反和祕密會社，也有密謀和失敗的革命。在這樣的風氣中培育的種子會長成一八二一年的希臘革命。

因為發生了法國大革命及拿破崙戰爭，從外來到邊境和鄂圖曼帝國希臘語人口遭遇的變化和不穩定只是故事的一塊。在這些年間，帝國也受制於內部的挑戰，幾個不同區域的東正教基督徒居民發現他們陷入了這些挑戰。

在西方的歷史記述中本有這樣的老生常談，從十八世紀下半以來，鄂圖曼帝國的衰退就已經無法挽回，與日漸強盛的俄羅斯不斷打仗，國勢衰退到即將滅亡。在帝國內部，由於區域性和地方勢力的興起，逐漸侵蝕蘇丹的中央職權。任誰都知道帝國的崩潰迫在眉睫。標準的故事就是這樣。即將進入十九世紀時，當然有很多歐洲觀察家相信這個故事——拿破崙就是其中一人，不然他也不會侵入埃及。如此一來，就出現了「近東問題」（Eastern Question），在整個十九世紀主宰著眾人對歐洲東南邊境的外交和戰略態度。這個觀念出現後，也變成一八二〇年代希臘革命的一個背景因素。但是除了觀念，還有其他因素嗎？

鄂圖曼帝國又過了一個多世紀才結束，所以說滅亡迫在眉睫未免太早。畢竟，拿破崙在埃及打了敗仗。一九一四年到一九一八年的第一次世界大戰後，安納托力亞的土耳其人掀起民間的國族運動，最後到了一九二三年，帝國終於倒台。在拿破崙戰爭進行時，鄂圖曼帝國經歷了複雜的內部變動。但今日看來，當時的衰退並非不可逆轉。在十九世紀結束前的幾十年，以及二十世紀的前二十年，帝國確實面臨極為嚴重的內部威脅。但在一八三〇年代初期，除了希臘獨立外，其他的威脅都成功解決了。就那個脈絡來看，希臘人的成就更值得注意。

這些威脅五花八門，各有不同的形式。在很多區域，就傳統希臘語的說法，愈來愈多土匪帶著武器「佔山為王」。權力漸漸集中到擁有土地、相當富裕的階級手中，雖然地區範圍不大，卻是社會上愈來愈普及的現象——即使在法律架構中，所有的財產仍只屬於蘇丹。在十八世紀，各省都能看到「包稅」的做法。官員把徵稅和上交稅金的義務分包給各地的重要人士，傳統上在英文裡稱為「首席主教」（primate）。這些首席主教當然樂於徵收比該上交的數額更高的稅金，利用差額過得豐衣足食。

在某些地方，例如伯羅奔尼撒，穆斯林人口稀少，東正教基督徒就有可能認領這個階級大多數的特權。少了警力之類的中央職權來維護各地的秩序，基督徒的首席主教要依靠當地招募的人力，就跟穆斯林的做法一樣。在伯羅奔尼撒，十九世紀開始時，搶劫變成嚴重的禍害，因此穆斯林和基督徒的地主在一八〇六年協力予以根除。這個政策很成功，十分出色。他們殺了很多土匪。有些土匪則躲到愛奧尼亞群島。等希臘革命爆發，土匪和搶劫才會回到伯羅奔尼撒，而在拿破崙戰爭期間，他們加入佔領島嶼的外國軍隊，得到軍事訓練，作戰能力更強。

當時的中央機構衰弱無力，各地的地主和包稅者善加利用這一點，從中獲利。但他們仍不算是威脅。有些首席主教犧牲了其他的首席主教，擴大勢力和財富，情況就變了。阿里帕夏是一個惡名昭彰的例子，他又叫泰佩列納的阿里（Ali Tepedelenli，泰佩列納是他的出生地，現在在阿爾巴尼亞叫作泰佩列納〔Tepelenë〕），外號是「雅尼納之獅」（Lion of Ioannina）。阿里出生於一個說阿爾巴尼亞語的家庭，才從東正教基督教改信伊斯蘭教，他活了很久，用狡詐的外交手腕搭配無情冷酷，在一七九〇年代成為實際的領袖，麾下的一大片領土涵蓋今日阿爾巴尼亞的南半部及希臘北部的大部分面積。他享有的龐大權力名義上仍隸屬於蘇丹。他的頭銜是「雅尼納的帕夏」，但這個頭銜跟之前的一樣，都是後來才授予的。大家都知道他強佔了土地，蘇丹只能不情願地默許。

即將進入十九世紀時，阿里帕夏已經有足夠的勢力接受朝拜、宣戰，甚至還能用自己的名義與其他強國進行外交，不需經過蘇丹同意。他不是唯一的一個。再往東走，根據地在多瑙河南邊維丁（Vidin）的奧斯曼・帕茲萬特奧盧（Osman Pasvanoğlu）也是率先公開挑戰蘇丹權勢的一名軍閥。他從一七九五年開始造反，花了三年的時間以及（根據某個資料來源）估計有二十萬人的軍隊來鎮壓——結果沒有定論，因為後來蘇丹赦免了帕茲萬特奧盧，讓他得以在一八〇七年善終。[2]帕茲萬特奧盧造反後過了二十年，七十多歲的阿里帕夏也想爭取完全獨立。這次的結果不一樣了。一八二二年，阿里被斬下的頭顱和知名的白色長鬍子會展示在伊斯坦堡的托普卡匹皇宮（Topkapı palace）外。在這個例子裡，前一年的希臘革命爆發後，鄂圖曼的中央機構就成功地重申主權。

奧斯曼・帕茲萬特奧盧和泰佩列納的阿里等軍閥構成的內在威脅與宗教無關，與今日所謂的種族忠誠也無關。兩人都是穆斯林，也都與鄰近的基督徒開戰，但他們也庇護和鼓勵東正教精英加入他們的的宮廷。據說，曾有一次，里加斯救了帕茲萬特奧盧的命，所以在里加斯執行死刑的前夕，帕茲萬特奧盧想出兵貝爾格勒，把他從監獄裡救出來，當作回報。故事或許是編造的。但里加斯的「戰歌」確實特別舉出帕茲萬特奧盧為例，說他是英勇的自由鬥士，值得希臘人仿效。

在雅尼納，阿里帕夏一心想建立「開明專制」的宮廷，吸引「東正教聯邦」各地的文人和藝術家。教師和教育家阿塔納西斯・普薩立達斯（Athanasios Psalidas）及詩人兼翻譯家雅尼斯・威喇拉斯（Ioannis Vilaras）都在那裡找到工作。雅尼斯・科萊提斯擔任阿里某個兒子的私人醫生，照顧他的健康，在希臘獨立後的頭二十年內，科萊提斯成為最有實權的一名政治領袖。阿里宮廷的正式函件都用希臘文寫成。說到底，阿里還是專制多於開明。從首席主教變成軍閥的人，有偉大的，也有渺小的，但跟所有人一樣，阿里帕夏最在意的就是自我擴張。他最後孤注一擲，不顧一切要反叛上頭的蘇丹，而阿里就像先前的帕茲萬特奧盧，只代表個人的野心。上述兩人會失敗，這一定是其中一個原因。

帝國的武裝力量也是另一個威脅蘇丹主權的因素。幾個世紀以來，土耳其禁衛軍是精英級的突擊部隊，負責護衛蘇丹的個人安全，在鄂圖曼擴張國土的戰爭中總是擔任先鋒。那時，招募的對象是基督徒族群。年輕男孩被迫離家，改信伊斯蘭教，在兵營嚴峻的生活中長大。禁衛軍本來不准結婚，才會絕對忠於君主。但規矩改了。到了十八世紀末，禁衛軍變成為個人利益服務的落伍編制、特權階級，享有無限制招募成員的權利，權利也遭到濫用。供養軍隊的成本愈來愈高，軍事效率卻愈來愈低。塞利姆三世（Selim III）為了改革，花了幾年的時間。但在帝國裡，軍力動用幾乎已被壟斷，禁衛軍佔了有利的位置，可以反抗。他們變得非常強大，成為首都裡叛亂的驅動力，結果在一八〇八年的幾個月內，謀害了兩名在任的蘇丹，就是想改革的塞利姆三世和他的繼承人穆斯塔法四世（Mustafa IV）。在這股狂流中，馬哈茂德二世（Mahmud II）登上了王位——果斷反轉這個職位的命運。

塞利姆在位時，禁衛軍只想把法律掌控到自己手裡。在帝國一個遙遠的角落裡，他們過剩的人數造成當地的衝突，最後預示了未來會發生的事。一八〇四年，塞爾維亞農民領袖（kneze）的反叛常被看成初次的「國族」起義，最後創造出現代的巴爾幹半島。但那是後見之明的詮釋。在貝爾格勒的省份，禁衛軍認為他們的權勢高過蘇丹的代表，引發了一連串常見的以牙還牙殺戮事件。在後續的衝突裡，東正教基督徒群體發現自己在為鄂圖曼的蘇丹對抗國內的敵人。一八〇四年的起義最後被壓服了，同時因為俄羅斯人介入，情況變得更複雜。

一八一五年，塞爾維亞的第二次起義首度成功讓東正教基督徒軍閥米洛斯·歐布雷諾維奇（Miloš Obrenović）站穩腳跟，掌管鄂圖曼的一省。馬哈茂德二世正在處理其他更嚴重威脅王位的事務，樂於接受這樣的事態，以換得新軍閥的忠誠。跟南方穆斯林的阿里帕夏相比，軍閥並不算威脅。不過，還是立下了先例。東正教的塞爾維亞人持續鬥爭，醞釀出頭幾次的擾動，最終這些擾動會發展成強大的公眾運動，追求民族自決。如此一來，極端保守的分權力量（禁衛軍）

發動數次事件，會比這股力量更持久。一八二六年，希臘革命來到最高峰，蘇丹馬哈茂德消滅了禁衛軍，在一位殘酷君王的統治下，算是最為驚人的成就。

儘管在歐洲流傳的前兆有時候挺可怕，但在十九世紀的頭二十年，帝國正在經歷內部緩慢的變動和改革。誰都不知道會有什麼結果。在社會的每個層級，尤其是在精英階級中，穆斯林和基督徒建立了共同的目標，要對抗他們察覺到會威脅生計的事物。勢力從一個中心或組織不斷轉移到另一個，完全無法預料，效忠的對象也隨之改變。在某種意義上，這也反映了一七八九到一八一五年間歐洲其餘地方的情勢。

在這一團混亂中，民族自決、公民權利、**自由**、**平等**、**博愛**的想法都開始流動，在受過希臘教育的東正教基督徒組成精英的邊境上最為明顯。不過，短期內，這些想法僅限於少數人。

革命觀念

最先把這些想法印成文字的是里加斯．維萊斯丁里斯，一七九七年，這名在劫難逃的謀反者遭到逮捕。我們對里加斯本人所知不多。他可能在一七五七或一七五八年出生在環境不錯的家庭裡，地點是色薩利的維列斯提諾村，離今日的沃洛斯城不遠。他的父母付得起教育費用，他也因此能接觸到鄂圖曼帝國受過希臘教育的精英。受洗後他被取名為安東尼歐斯（Antonios），父親名叫基里齊斯（Kyritsis），成年後他選擇用「里加斯」這個名字。這不是希臘人常見的名字，卻是「國王」的普通說法（大多出現在童話和卡牌中，不會用來指真正的皇室）。在里加斯出身的社會階級裡，沒有人有姓氏。但就像先前和之後的許多人，他用他的出生地發明了一個姓氏。令人困惑的是，里加斯有兩個這樣的姓氏：維萊斯丁里斯，意思是「維列斯提諾」，以及來自斐賴（Pherai）的「費拉伊奧斯」，這是跟地區有關的古老地名。在里加斯的肖像上，我們看到他的脖子粗短、有兩撇鬍子及黑色的鬈髮、臉色紅潤、大腹便便，烏黑的眼睛裡帶著一絲悲傷。

就我們所知，里加斯的生涯遵循「東正教聯邦」中常見的途徑：從鄉下的省份來到首都，從那裡前往多瑙河公國在布加勒斯特說希臘語的宮廷。他從布加勒斯特去過維也納好幾次。為了跟上「希臘啟蒙運動」的精神和做法，他的作品多半是西方原著的翻譯及改編。

但里加斯最終的選擇比任何作品都激進，他翻譯了一七九三年的法國大革命憲法。那時，對當時被里加斯的作品感動的人來說，他們感到震驚，將這些想法輸入希臘語言以及鄂圖曼帝國的思想世界，是新的做法，也能激勵人心（這就視個人觀點而定）。另一方面，對後來的歷史思想家和政治理論家來說，里加斯的翻譯中值得注意的，不是他取自原文的內容，而是他添加的想法。

書名裡就有譯者個人的戳記。在法文裡的書名用《憲法》（*Constitution*）一詞直言呈現，在希臘文裡變成《歐洲土耳其、小亞細亞、地中海群島及瓦拉幾亞和摩爾達維亞居民的新平民政府》（*New Civil Government of the Inhabitants of European Turkey, Asia Minor and the Mediterranean Islands and Wallachia and Moldavia*）。[3] 里加斯的藍圖並不是定義狹隘的祖國，而是「希臘共和國」，將涵蓋在歐洲的鄂圖曼省份及整個安納托力亞，包括今日的希臘、土耳其和巴爾幹半島大多數地區。里加斯最驚人的成就是以激烈的手段，讓巴黎「恐怖統治」（Terror）期間設計出的雛形適應鄂圖曼帝國多文化、多信仰的現實。

他的願景也周延到令人訝異，不光考慮到領土。制定憲法原則章節的第七條說：

> 主權者由這個王國內所有居民組成，不排除任何的宗教或語言：希臘人、保加利亞人、弗拉

赫人、亞美尼亞人、土耳其人和任何種族的人。

在其他地方，「主權者」則命名為「希臘人」（Hellenic）以及「Hellenes的子孫」（也就是古希臘人）[4]：這群人口顯然不會用統一的基因來定義，而是按共同的文化及共同的地理空間，以及自願的承諾，所有這些截然不同的語言群體和不同的宗教社群都有同樣的認同。

大家常說里加斯的想法是理想國，在某些方面確實是；但這方面就不一定了。里加斯的「希臘共和國」想利用確實存在的東西，也就是「東正教聯邦」。在這個時候，希臘語是通用的教育語言，已經在帝國的歐洲省份和安納托力亞大多數地區建立了特權。儘管里加斯的想法完全與宗教無關（他從法文原著裡去掉了「最高主宰」的說法）[5]，東正教階級制度及受過希臘語教育的法納爾人組成的網路，兩者現有的角色和可及範圍默默地鞏固了整個帝國。

第四條還要更加全面。幾乎任何人都可以**變成**里加斯所認定的希臘人，如果他（女性看似也可以）的服務對國家有利。就這個意思來說，里加斯第一次在希臘文裡用了**ethnos（族群）**一詞。居住地、宗教或語言也很重要：「說現代或古典希臘語的人，會輔助希臘，即使住在南半球（因為希臘引起騷動的因素已經傳遍南北半球），都是Hellenes，都是公民。」宗教寬容是最基本的。平等也是，里加斯推進了法文原著的意思，除了男性，也延伸到女性。女性甚至也可以從軍，「要是不能使用步槍，可以持矛」[6]。

這一切感覺非常壯觀。在某些地方，里加斯超前了他的時代（到了二〇一六年，英國或美國軍隊裡的女性才能申請參與全面戰鬥）。自十二世紀晚期，大家常很懷舊地把多元文化主義當成鄂圖曼帝國的特性，而在里加斯的《新平民政府》裡，多元文化主義變成現代化方案的動力，把東地中海地區的城市轉為多元主義、民主、有法治的社群，比倫敦、巴黎或紐約更早出現。里加斯的「希臘共和國」很「希臘」，就像英國詩人雪萊（Shelley）不久之後會主張整個歐洲是：古代傳統的**文化**繼承人。美國和法國的共和主義者按著古典希臘和羅馬的模式鑄造他們自己的認同和制度，大西洋另一邊不同的歐洲移民團體則找到了共同的身分，即美國公民，想像巴爾幹半島和安納托力亞會有類似的情況，未必就是不切實際。或許，正好相反？

一七九三年的法國憲法是大革命後特殊情況下的產物。不到兩年就被比較溫和的版本取代。鄂圖曼帝國的情況跟法國非常不一樣，而里加斯想移植到鄂圖曼帝國的條款，即使在法國也證實了行不通。我們知道里加斯明白這一點，因為他參考了自己那個版本裡後來加的條款。在一個基本上非常封建、神權政治的社會裡，如此純屬外國的想法，會有機會嗎？新的體系如何從無到有？

這就是里加斯藍圖裡真的太理想化的地方。他的文件裡幾乎找不到一絲實際的規劃，要有規劃才可能達成他提出的新事態。就算有的話，也是看似瑣碎或過分渲染。他加了一段文字，敘述謀叛的軍事組織，只告訴我們，每十個人由一個十夫長負責，每一百個人有一個百夫長，依此類推。士兵要炫示共和國的黑色、白色和紅色，分別用在他們的內衣、上衣和靴子上。紅色的靴子——認真的嗎？里加斯選的顏色也會用在共和國的三色旗上，後來希特勒的納粹黨徽採用了這三種顏色，不能算是里加斯的錯。里加斯在文件裡說，每一名士兵都要戴頭盔，市民則戴便帽，上面會裝飾共和國的標誌：球形頂端上有大力士海克力斯（Hercules）的棒子，再上面則有三個小小的十字。[7]

里加斯加進法文原著的其他文字則顯然是為了**說服**——在一七九三年的巴黎沒有這方面的需

要，革命已經開始，斷頭台就是執法形式。文字浮誇的前言細細訴說鄂圖曼帝國的暴政帶來的禍害。更有感染力、更訴求夢想的則是完全原創的「戰歌」，這是《新平民政府》的結尾——激勵眾人加入革命，法文的法律文字就不需要寫這一段。[8]在里加斯的計畫中，另一個他的原創是附上歐洲東南部和安納托力亞西部的地圖，印在十二大張紙上，古代的地名和歷史事件的圖畫則疊在這些區域當時的地形上。在前一個世紀，新的歷史地理學就已經透過希臘文積聚動力，里加斯想讓這些訊息更加流通，鞏固他前所未有的政治計畫。這些視覺相伴元素跟激勵人心的「戰歌」一樣，顯然就是為了說服群眾，或許目標是更廣大的人群，他們很有機會讀到正文，也能看得懂。

里加斯為想像中的「希臘共和國」撰寫的憲法一直形同虛設，他的革命是紙上談兵，胎死腹中。但解放希臘的想法還是會延續法國人革命的精神。從一七九八年的夏天開始，就是里加斯被處決的時候，這個想法又會被人採用，朝著相當不一樣的方向修飾。

一七九八年，亞達曼提歐斯．柯拉伊斯已經五十歲了，住在巴黎。他的公共知識分子事業尚未開展。柯拉伊斯知道里加斯跟同夥遭到逮捕和引渡，但還不知道他們最終的命運。他應該也還沒讀過里加斯那本帶來不幸的《新平民政府》。但他知道的也足夠了，向「那些勇敢的自由烈士」致敬。[9]在柯拉伊斯面前的辦公桌上，有一本希臘文的小冊子，來自君士坦丁堡普世牧首新成立的印刷廠；普世牧首是東正教教會裡最有權力的角色。小冊子提醒信徒，上帝為了東正教信仰的至善「從虛無間興起了偉大的鄂圖曼帝國」來治理他們，並保證「被揀選的人會得到救贖」。沒什麼特別的：這是教會自十五世紀以來的官方立場。接下來才是新的：警告信徒魔鬼最新想到的詭計，會在這一世跟下一世毀掉他們。這正是「自由備受稱道的政治規劃」。[10]這本小冊子叫作《父親的教導》（*Paternal Instruction*），並非第一本問世，卻是東正教階級制度對從法國傳來、危險新世俗想法最強烈的反應。這本小冊子問世，或許是為了回應里加斯謀反受阻的消息。

亞達曼提歐斯．柯拉伊斯本來是絲綢商人、受過訓練的醫生、自學的古典學者，並在他選住的城市裡密切觀察法國大革命的每個階段，於是他拿起筆反擊。他選擇匿名寫作。他把自己的駁斥命名為《手足的教導》（*Fraternal Instruction*），嘲弄攻擊目標的標題。法國大革命三位一體的第三個元素「博愛」進入了希臘文。就柯拉伊斯來說，他對《聖經》有虔誠而精深的知識。但他也推行了他從荷蘭新教徒教師那裡學到的原則，先是在他的家鄉斯麥納，後來也去了阿姆斯特丹。柯拉伊斯大聲斥責，服從上帝：

> 無非就是我們必須服從法律，因為法律就是人民一致通過且共有的意見，人民的聲音就是上帝的聲音。

因此，他做出結論，他們不該順從鄂圖曼人，「被暴君統治的人具有不可剝奪的權利，可以去尋找各種方法來脫離暴政的枷鎖，再度享受獨立自主的珍貴禮物。」[11]之後的三十五年，他成為最重要的知識締造者，全心投入希臘獨立，後來被擁立為「希臘國族之父」。

順理成章地，柯拉伊斯似乎就很自然地插進故事裡，成為里加斯的知識繼承人，延續里加斯開啟的工作。但事實並非如此。柯拉伊斯生於一七四八年，比里加斯年長十歲。兩人的學術觀點不一樣，背景、外型和性情也有出入。柯拉伊斯從小生長在城市裡，在國際都市斯麥納長大，這是鄂圖曼帝國的一座大城；而里加斯則來自鄉下。里加斯在帝國內習得學問，柯拉伊斯則到歐洲求學。在肖像裡，里加斯看起來就是很會享受人生的樣子。柯拉伊斯在畫像裡則穿著西式的服裝，高領給人樸實的感覺。他的胸口看似凹陷，肩膀扁窄（年輕時可能得過肺結核），鬍子刮得很乾淨，表情嚴肅，走經典的羅馬肖像風格。里加斯或許夢想著要親自實踐他的想法，自己擔任一群革命家的領袖。柯拉伊斯一生愛書如痴——都在讀書和寫作。他也做過其他幾件事，例如在阿姆斯特丹經營父親的業務，或到法國蒙佩利爾（Montpellier）學醫，據他自己的證詞，只是為了緩和「對學習的渴望」。[12]毫無疑問地，柯拉伊斯當然會積極參與政治事務。在法國大革命前一年，他定居巴黎，即使出外也不會離開很遠。的確，就我們所知，柯拉伊斯再也沒有踏足今日的希臘。他過著心靈的生活。

里加斯向前一躍，為想像中的共和國立法，但柯拉伊斯從未針對獨立希臘該如何運作提出具體的計畫——要過了很久，一八二一年革命開始後，才逼得他不得不動筆。一開始，法國的東方軍團（Army of the Orient）仍留在希臘，不久之後，柯拉伊斯與其他人率先發現可以透過法國戰爭來解放希臘。既然如此，能看到法國共和國政府統轄的對象擴展到他的同胞，他應該很滿意：在一七九七和一七九八年，愛奧尼亞群島就曾短暫被法國統治。不需要更進一步立法。但是，即使在柯拉伊斯政治思想最早的這個階段，有幾個新的特色依舊特別突出。這些特點就真的跟里加斯的做法不一樣。

里加斯的憲法裡提到法文裡的**國族**（nation），從上下文看來多半是**國家**（state）的意思，而柯拉伊斯用了希臘文中的同一個詞 **ethnos** 來翻譯當時正在萌發、更含糊的概念，便是今日的「種族」（ethnic）。[13]里加斯考慮到巴爾幹半島所有的宗教和語言本體都要接受新的「Hellenic」認同，在柯拉伊斯看來，按著邏輯，他把所有非希臘人都排除在他對「民族」的理解之外。

在十八世紀和十九世紀初，柯拉伊斯仿效愛德華・吉朋（Edward Gibbon）和其他古代世界的西方歷史學家，認為古希臘世界很早就滅亡了。他堅持，在羅馬帝國統治下，希臘人已經變成順民。在西元開始後的一千年，他們一直是臣民，而說希臘語的君王從君士坦丁堡統治帝國。柯拉伊斯在一八〇一年寫了另一篇挑起爭端的短文，也用筆名出版，強烈譴責拜占庭留給同時代希臘人的遺產：

> 一次又一次，（拜占庭的）軍隊並不把真正的羅馬人推上王位，而是色雷斯人、布爾加人、伊利里亞人、特里巴利人、亞美尼亞人，以及其他此類野蠻度是三倍的暴君，他們的枷鎖變得愈來愈重，同時（古）希臘的光一盞又一盞熄滅……[14]

自由現在與民族的血脈連在一起。里加斯的政治願景以今日所謂公民的（或自願的）國族主義：個人和團體為了所有人的利益，選擇放棄君權的某個元素。這就是四十年前盧梭在《社會契約論》（*The Social Contract*）裡的提議。然而，柯拉伊斯認為，民族由遺傳來定義——順帶一提，這也解釋了為什麼他的智識精力多半投入到他口中「民族最不可分割的一種所有物」，也就是希臘的語言。[15]在柯拉伊斯從十九世紀一開始的作品裡，希臘民族的概念已經用今日所謂的「種族」來定義。

柯拉伊斯這些想法最完整的早期陳述對象並不是希臘同胞，而是巴黎的一個學術協會，叫作「人類觀察者學會」（Society of the Observers of Mankind）。這些人是現代人類學家的前輩。除了柯拉伊斯以外，所有人都生在法國。學會在大革命期間成立。一八〇三年一月六日，柯拉伊斯讀了一篇論文，標題是〈希臘現今文明狀態的專題論文〉（Dissertation on the present state of civilization in Greece）。[16] 在這篇文章裡，能明顯看到他已經偏移了里加斯的想法。里加斯的「希臘共和國」本來是**新的**東西。「具有主權的人」或許是古代「Hellene 的後代」，但他們的政治系統跟之前存在過的完全不像，或許只有一個例外，就是剛成立的美國。相反地，就重現過去來說，柯拉伊斯似乎是展望未來獨立希臘的第一人。這篇論文用法文寫成，在開頭的段落裡，他提出了定義後來政治軌跡的術語：「民族」、「重生」、「文明」。最後一個則是啟蒙運動最鍾愛的概念。儘管古代的希臘人通常被視為文明的發明人，但在希臘語裡面沒有對等的字眼。柯拉伊本人率先發明了一個說法，到了現在仍是標準。柯拉伊斯勉強承認，希臘的「民族」呼應十八世紀法國和英國旅人的術語，「從祖先的品德退化了」，現在在一種「野蠻狀態」中「停滯不前」。[17] 但這種可悲的狀態從前一個世紀中就開始出現變化。

論文大部分的篇幅都在討論之前幾十年「希臘」的教育和商業進展。柯拉伊斯認為，這些進展合在一起無異於一場「革命」——僅僅是「道德的」革命。[18] 在法國發生的真正革命則在最近刺激了這個過程。但論文完全沒提到激烈的行動。相反地，柯拉伊斯敘述希臘人的「覺醒」，要負起責任，無愧於他們繼承了名字的歷代祖先（用法文敘述比用希臘文容易，那時的希臘語使用者仍是 **Romioi**，而柯拉伊斯則喜歡用 **Graikoi**，不用古代的名字「Hellenes」）。「祖國的重生」開始了。最後，柯拉伊斯對著祖國的化身發表結論，他的人生目的來自於「希望能看到您在國族間找回您該有的地位」。[19]

之後的二十年中，柯拉伊斯會竭盡全力向希臘語使用者推廣這個看法，尤其是身在鄂圖曼帝國的人。為了這個目的，他策劃編輯了一系列古代的文本，取名《希臘文庫》（*Hellenic Library*）。以古典學術的最高標準製作，文本的前言是現代語言寫成的長篇論文，柯拉伊斯詳細說明他對語言、教育和道德改革的想法，希望這些改革能帶來他夢寐以求的復興。在柯拉伊斯早期未署名的辯論中，常提到暴力和革命，但在這些論文中，則避開了此類的文字。最早的「重生」概念寫成法文，他繼續長篇大論，竭力充實這個概念。他並不期望在自己有生之年能看到結果。確實，在過世前，他承認他並不期待希臘人會在一八五一年之前準備好迎接獨立——革命真的爆發後還要再過三十年。[20]

與他想法相同的人，並非每一個都能這麼有耐心。《希臘的諾馬奇》（*Hellenic Nomarchy*）或《自由論》（*Discourse on Liberty*）是一本激昂的作品，有時激烈過度了。這本書於一八〇六年匿名出版，地點有可能是義大利的港口都市利佛諾，篇幅有兩百五十多頁，印著密密麻麻的現代希臘文，沒有分章節，連段落都不分。作者是誰，一直沒有令人信服的結論。[21]

這本書獻給里加斯，說他是一位「偉大的希臘人（Hellene）」、「英雄」、「愛希臘、愛國」以及「希臘的解放者」——都是因為「他討厭的同志既卑鄙又懦弱，最沒用的叛徒」，向奧地利人告發了里加斯。從這些詞組，能看出這本書的韻味。雖然這位匿名的作者非常崇拜里加斯，但除了之前的柯拉伊斯，看不出來他怎麼能取得里加斯政治理念的細節。《希臘的諾馬奇》作者知道且崇拜的是革命的「戰歌」，戰歌作者死後便在法國統治的科孚島出版了，里加斯受到背叛和處決的故事這時已經廣泛流傳。[22]另一方面，跟他崇敬的里加斯比起來，論點的推動力則極為貼近柯拉伊斯，提到柯拉伊斯時也充滿了尊敬。

這本書的基本前提說，人類的快樂和進步只有一個保證條件，就是法治。「諾馬奇」（nomarchy）是作者自己發明的詞，玩弄「君主政權」（monarchy）的文字遊戲，在希臘文和英文裡都行得通。改變兩個子音的位置，俐落地倒轉了意思：不是「一個人」（**monos**）的治理，而是「法律」（**nomos**）的治理。整本書是對解放的訴求——解放所有的人，但尤其是作者毫無懸念稱為「Hellenes」的人口。這個名詞在希臘文裡仍專門用來稱呼古希臘人。即使是柯拉伊斯，在這個時候仍用拉丁文衍生的 **Graikoi** 來稱呼同時代的人。但在《希臘的諾馬奇》裡，現代人再也不只是 Hellenes 的**後代子孫**，雖然這是柯拉伊斯和里加斯的想法。在菲力皮迪斯和康斯坦塔斯一七九一年出版的《現代地理學》裡，提到了「新的」或「現代的」Hellenes，但這也不是現代希臘人的定義。他們就是 Hellenes。對今時今日的我們來說，可能很難體會在一八〇六年，這是一個非常激進的想法。實際上，這本書把一個在其餘歐洲語言中的標準用法轉移到希臘文裡，在歐洲語言裡，同樣的字詞（「希臘」〔Greece〕和「希臘人」〔Greek〕）就等於歷史文明、地理區域和現今的居民。

對《希臘的諾馬奇》作者來說，這些「Hellenes」自然跟祖國連在一起。幾乎每一頁都會提到希臘文的「Hellas」，就像柯拉伊斯的法文作品裡會提到 la Grèce。兩位作者都沒有確切指出這個祖國的邊界可能在哪裡——當時的政治地圖上當然也找不到這個國家。相反地，里加斯精確多了，指明鄂圖曼帝國在歐洲和安納托力亞構成「希臘共和國」的省份，還在地圖上畫得很明白。里加斯準備以他那個時代已經存在的政治真相為起點。柯拉伊斯及《希臘的諾馬奇》的作者寫作時都不在帝國的界限內，認為帝國的制度沒有正當性。《希臘的諾馬奇》顯然在回應柯拉伊斯的分析，國族「重生」已經開始了，熱烈期待能看到終點，最後則反覆呼求「國族的復位」。[23]

跟兩位前輩相比，匿名作者舉出了更多的方法和手段，講到「被奴役的 Hellenes」有哪些實用的資源或許能幫他們找回自由。這些資源也包括希臘人本身的「性格」及「道德」。再次呼應柯拉伊斯，儘管從古羅馬時代開始，希臘人就被外籍君主的暴政統治了無數世代，但他堅持這些資源並未失效或減損。他在此預先想到十九世紀對「民族性」的想法。在其他地方，他引用近代歷史，主張幾位同時代的人仍懷有古代斯巴達人的鬥志，公元前四八〇年，斯巴達人在溫泉關（Thermopylae）山口對抗入侵的波斯人，戰至最後一人。他引蘇利特人（Souliot）的英勇抵抗為例，這些人住在山裡，過去二十年來與阿里帕夏作戰，已經成為傳奇。他主張，在蘇利特人身上可以看到「在受奴役的希臘，有英雄及榮譽，開啟和催化她即將到來的解放」。還有山裡的土匪，也就是山賊。這些人的習性就是掀起游擊戰，已經得到里加斯的欽佩。《希臘的諾馬奇》作者繼續發揮，他應該是第一個頌揚這些歹徒德行的人，把他們描繪成初期的自由鬥士，以及本土的戰鬥力核心，後來他們也真的發揮了這個作用。[24]

來自國外的資源也很重要。但這些資源跟期待的不一樣。作者警告，相信外國的政府會來救助我們，那就太傻了，因為這些政府的首腦都是「暴君」，只在乎自己的利益。為什麼要用新的暴君取代舊的？這是對帝制的俄羅斯及拿破崙新成立的法蘭西帝國指桑罵槐，並未指明對象是這兩個國家。作者沒有把希望放在外國人身上，而是那些在外國讀書或做生意的希臘人身上，可能也把自己包括在內了——看來他的書也是寫給這些人看的。他花了不少篇幅鼓勵他們回家，把在國外習得的技能貢獻給祖國。另一個力量的源頭則能在敵人的弱點中找到。《希臘的諾馬奇》的匿名作者可能是第一個用希臘文寫作的人，讓西方人注意到即將浮現的「近東問題」。他向讀者保證，鄂圖曼帝國的內部非常腐敗，像一伸手就能摘下的果子。在前面，他提出了統計數字，證實在很多地方，東正教基督徒的人口總計約為百分之八十：希臘人甚至在數目上也佔優勢！[25]

這本書裡還有另一個新說法，通報未來會出現的分歧，便是作者對內憂的強烈譴責。背叛里加斯的商人原來是其中最微不足道的：匿名作者把幾個最嚴厲的說詞留給東正教教會的階級制度。不論是哪一個時期，只有少數的希臘文傳單呼應了法國革命分子的反教權主義，《希臘的諾馬奇》就是其中之一。從普世牧首（「荒唐的頭銜」），到神聖宗教會議（Holy Synod）腐敗的運作，還有修士的無知及瑣碎弊病，作者只能對神職人員表示輕蔑。除了無知和圖謀私利，在鄂圖曼的體系中，他們也是叛徒；法納爾人階級和首席主教也一樣。這些人：

> 為了讓我們的國家更不快樂，一個邪惡的機遇讓他們成為 Hellene，而且生長在希臘的土地上只有一個目的，就是要延長祖國受到奴役的時間。

在這些精英分子心目中，這當然不是他們對自己的看法。對大多數人來說，「希臘土地」的概念很奇怪。作者嚴肅地做出結論，這些人「對後來的人來說，就是恥辱的例子」。[26]我們已經收到了警告。希臘的革命計畫跟所有的革命計畫一樣，渴望代表最有權勢的個人和團體，但其中某些人會為革命帶來威脅。里加斯是匿名作者的英雄，他想像的憲章無所不包，可是已經消失無蹤。

在黑暗中生長之物

這些想法對公眾有什麼衝擊？希臘語人口的性質各異，有農民階級、漁夫、農夫和修士，有多少人會參與革命的計畫？就里加斯的案例來說，他所提議的真正要義會在奧地利人的檔案中埋藏將近一個世紀之久。柯拉伊斯未署名的辯論小冊及《希臘的諾馬奇》原版今日只留下少數幾本。另一方面，兩者都是祕密刊物，留在身邊非常危險，應該多數遭到沒收、隱藏或銷毀。在一八二一革命前的那些年，不知道有多少人讀過這些刊物，又有多少內容靠著口述傳播出去。《希臘文庫》的二十五卷書涵蓋柯拉伊斯對教育和語言的著述，由想法相近的家族資助，期待能在鄂圖曼帝國內廣為流傳。內容沒有明顯的顛覆文字，當局似乎也未施加鎮壓。一次會印一千本到一萬五千本，對當時的希臘文書籍來說是相當大的數字。即使在革命前真的只散布了一半出去[27]，仍是很高的流通數量。一定也發揮了影響力，因為在一八二〇年代初期，國族復興的想法已經非常穩固，至少受過教育、支持革命的人都有這種想法。但以整體的人口來看呢？

把經歷寫下來的外國旅人再度提供寶貴的資訊，有些人寫得還相當詳細。在新世紀的前二十年，由於拿破崙戰爭阻擋了英國旅人前往歐洲的途徑，有更多人來到以「希臘」概稱的這些土地上。一八〇九年底，二十一歲的拜倫勳爵和他的旅伴約翰·霍布豪斯（John Cam Hobhouse）到了伯羅奔尼撒，待在當地首席主教的家裡，他們在那裡初次聽到柯拉伊斯的名字，以及眾人對他的崇敬。光是提到里加斯的名字，就足以讓他們的東道主「欣喜若狂」。從霍布豪斯的日記裡，我們知道，里加斯遭處決後才過了十一年，由拜倫翻譯並使之聲名大噪的歌詞在伯羅奔尼撒已經配上《馬賽曲》（*Marseillaise*）的曲調開始傳唱：

希臘人的後裔，站起來！
光輝的時刻已經展開，
無愧於這樣的聯繫，

炫示賜予我們生命的祖國。
希臘人的後裔！走吧
反抗我們的仇敵，
直到他們被我們厭惡的血液流出來，
在我們的腳下流成河。[28]

事實上，這些歌詞可能不是里加斯寫的；但跟他的名字扯上關係，也很重要。一八〇九年的十二月，有種風雨欲來的感覺。上述的旅人和其他人告訴我們，許多愛國心強烈的希臘人，都唱起了法國大革命頌歌的曲調。

其他的外國訪客也約莫在此時聽到了類似的言論。作品在一八一五年出版的亨利．霍蘭德（Henry Holland）認為，這是「很有意思的推測，或許透過當地人民的努力，或許透過外國的力量，在歐洲的這個地方能否創造出　個國家？這個國家能夠承擔一些文明世界的事務和事件」。總的來說，根據霍蘭德一八一二年在當地旅遊數月的經歷，他下結論這推測有可能發生。[29]

新世紀的第一個十年即將結束時，顯而易見的是，某個種子得到了養分，開始發育。沒有人知道成果會是什麼，也不知道能否存活，或者又像里加斯的謀反一樣胎死腹中。按著柯拉伊斯的說法，「覺醒」的不光只有希臘人。在一八〇〇到一八二一年間，旅遊書籍大量出版，也在各地提升了對這個題目的意識，尤其是在倫敦。縮小範圍來說的話，在法國和德國各邦都能看到這種情況。跟前一個世紀比起來，這些書的作者更會細細談論他們經過那些國家當前的狀態，以及居民的景況。結果，除了東正教的希臘語使用者，歐洲更偏遠的地方也包括在內，讓拜倫及霍蘭德等旅人迷惘的「推測」愈來愈普遍。

在西方，拜倫詩作《哈洛德公子遊記》（*Childe Harold's Pilgrimage*）的頭兩章在一八一二年問世時，帶來了極大的影響。這本書立刻在出版界造成轟動。出版後，作者立即名動天下，成為第一位現代名人。但「一炮而紅」的不光只有作者。希臘和希臘人也一夜成名。《哈洛德公子遊記》的第二章是拜倫在希臘諸島「壯遊」的詩歌遊記。詩作裡也有他調查及推測希臘當時及未來狀態的結果。《哈洛德公子遊記》出版後的幾年內，會有一系列用詩節寫成的冒險傳奇暢銷書。這些書是拜倫的「東方」或「土耳其故事」，都講到他前一陣子的旅行。跟《哈洛德公子遊記》一樣，很快就出現譯本，在歐洲各地飽受讚美。在這個時候，拜倫並不是希臘人的支持者（後來才是）。在一八二一年以前，他的作品都不會毫無顧忌地支持希臘革命。但在讀者的心目中，不論他們住在哪裡，這個問題突然變成了最重要的話題。經歷了這一切以後，希臘**有可能**復興嗎？

從一八一四年十一月到一八一五年六月，拿破崙戰敗後，各國參與了維也納會議，決定歐洲的樣貌，講究實際的政治人物、君主，以及他們參與維也納會議的顧問和外交官，都不會費心考慮這一類的問題。維也納會議提出「歐洲協調」的必要條款，在拿破崙戰爭結束後重新建立的邊界必須是永久的。事實上，奧地利總理克萊門斯・梅特涅（Klemens von Metternich）是這些安排的主導人，過了幾年，他做了一件惡名昭彰的事：否認義大利的存在，說這個國家只是「地理上的概念」。鄂圖曼帝國並未派出代表參加會議，帝國歐洲各省的未來似乎也不在議程上。但歐洲各國邊界須經四個（後來是五個）強國同意才能改變的原則也暗暗延伸到鄂圖曼帝國了。拿破崙最後於一八一五年在滑鐵盧戰敗時，整個歐陸的未來已經成為定局。只有詩人和幻想家會繼續推測。這就是當時的現實。

同時，在受過希臘文教育的精英中，希臘復興的計畫默默地凝聚了動力。報社和學會等協力事業愈來愈多。第一家希臘文報社早在一七九〇年就在維也納成立。這家報社開了七年，雖然不走顛覆路線，在里加斯的謀反曝光後，當局便有了下令關閉的藉口。一八一一年，最具權威性、開業最久的後繼報社成立了，名為「博學的水星」（Learned Mercury）。接下來的十年內，多半兩星期出刊一次，「博學的水星」吸引了不少受希臘教育的佼佼者投稿。報社的題材主要是「文獻學」，絕對不會公開走政治路線。但投稿者後來有很多人都在革命時扮演知識領袖的角色。

最出名的學會則是愛詩人學會（Philomuse Society），一八一三年在雅典成立。一名主要成員之前是拜倫勳爵的現代希臘文教師，他叫雅尼斯・馬馬羅圖瑞斯（Ioannis Marmarotouris）。隔年，同名的類似事業在維也納突然出現，得到雅尼斯・卡波迪斯特里亞斯伯爵的資助，這位伯爵來自科孚島，這時正代表沙皇亞歷山大參加維也納會議。這些學會都宣稱目的是促進教育和藝術的發展。希臘的復興就某種程度而言也是政治計畫，這些學會有可能參與祕密行動。但跟報社一樣，它們公開運作，陳述的目的也是文化類別，與政治無關。

很不一樣的則是友誼社（Society of Friends 或 Friendly Society），在英文裡使用希臘文名字的音譯 Philiki Etairia。這是一個祕密會社，全力推動解放戰爭。友誼社的儀式、階級和密語都有很多書面記載。跟當時歐洲其他地方暗中行事的政治團體一樣，這個會社最終仍根據共濟會的制度。發源地向來說是奧德薩，年份則是一八一四。奧德薩位於新「邊境」的中心，將近半個世紀前就向黑海北部開放。自凱薩琳大帝時期以來，就鼓勵說希臘語的商人搬到那裡，已經發展成相當有影響力的社群。事實上，友誼社應該在一八一七年才開始正式運作，地點則是君士坦丁堡。[30]

創立人營建出神祕的感覺，刻意誇大他們與俄羅斯的關係。他們慫恿支持者相信友誼社背後的資助來自沙皇政府，事實不然。解放才是他們的目標。但要如何達成？

組織內不同階級的新加入者在宣誓時都要念出相當冗長的誓言，從誓詞中可以看到十分可靠的當代證據。內容最實在的段落如下：

> 我發誓，我會針對統治祖國的暴君、其支持者以及意見與其一致的人，在心中培育出堅定不移的恨意。碰到適當的時機，我會採取各種行動來傷害他們，讓他們完全毀滅。

沒有妥協的空間。「國族」（**ethnos**）、「祖國」和「自由」頻繁出現。成員稱為「Hellenes」。外國人無法加入。組織的目的是「復甦我們受苦的祖國」。就像之前里加斯寫的憲法，友誼社的程序、儀節和祕密都沒有特別完整的留存紀錄，即使在祕密行事的那些年間也沒有。[31]

友誼社重要性跟成員數目完全不成比例。據估計，一直到一八二〇年代中期，數目不超過七百人，在革命開始前的幾個月，則增加到兩千到三千人之間。在不完整的紀錄裡，只留下了一千多個名字。其中，只有一個人是鄉間的農民。所以並不是群眾運動。[32]但重要的是，友誼社是一個**組織**，致力於革命。

這個組織的本質在某些方面有點矛盾。會社精密的**奧祕**就是要說服新加入的人，他們會進入一個分階層的結構。升得愈高，就愈神祕。只有被選定的少數幾個人能得知最神祕的事，也就是「最高領袖」（Archi）。整個守密的作法就是為了這個目的：與其說是保護這些地位高到無法想像的人，不如說是向成員隱瞞他們在現實中的地位有多低。整個結構完全不是從上而下，而是自下而上。這些教唆謀反的人來自剛出現的商人中產階級，在友誼社裡不會擔任受人尊敬的位置。不過，在他們成功招募的成員中，商人只佔了一半，還有為數不少的醫生和教師，伯羅奔尼撒則算是個特例，當地也有地主和教會的高階成員。

在最頂層，就有了個空缺。沒有可信的、地位崇高的領袖能在開始行動時發號施令。友誼社的核心成員都還不能接下這個位置。要找到他們需要的人，也已經夠難了。當時，整個世界上最有影響力的希臘人是科孚島的雅尼斯．卡波迪斯特里亞斯伯爵，在一八一六年升職，與另一人一起擔任沙皇的外長。社員會想辦法讓新加入的人相信伯爵確實是他們隱身幕後、不能具名的領袖。但是再怎麼遊說，卡波迪斯特里亞斯依然拒絕跟友誼社扯上關係。但卡波迪斯特里亞斯先說了，「我們要先有 Hellenes，才能有 Hellas」；後來義大利統一時，也有類似的評論。33

就友誼社本身來說，比較像是一個表徵，而不是事業。當時在歐洲其他地方，也有類似的祕密會社。這些祕密會社會成立，都是因為不滿意一八一五年在維也納達成的協議。革命確實爆發了——一八二〇年一月在西班牙、同年六月在首都位於拿坡里的兩西西里王國（Kingdom of the Two Sicilies）、一八二一年在薩丁尼亞（Sardinia）和皮厄蒙（Piedmont）。但這些革命都是憲政主義者的和平政變，要求政治改革，不是祕密會社謀劃的那種全面戰爭。每一場革命的壽命都很短。在歐洲大部分地區，要等到一八四八年才能看到革命的改變。

所以，為什麼鄂圖曼帝國不久之後變成希臘的邊境會不一樣？也可以假設，那兒的暴動混亂已經結束了。在帝國內，上頭穩定地重新實施集權——但對最底層的很多人來說，或許不是那麼明顯。法國大革命來了，又走了。拿破崙跟他的佔領地也一樣。對東正教的群體來說，自由的誘惑力一定跟一七九八年《父親的教導》裡說的一樣虛幻。但有些東西**確實**永久改變了。第一，在這一塊地方，沒有可以回歸的穩定現狀。過去五十多年來，變化持續不斷。拿破崙戰爭的不確定性只增加了變化的步調，也提高了不確定性。最基本的變化就是眾人對自己的想法。**自由**、**平等**、**博愛**一度帶來的狂熱或許減弱了，但有更多人開始認定自己是「Hellenes」。一八〇三年，柯拉伊斯在巴黎寫的「論文」裡指出，船東和船長有了用古代英雄名字為船隻命名的新慣例；人名也開始採用同樣的慣例。同時採用古希臘的名字及傳統的洗禮名，也象徵同樣的過程。

意識也出現極大的轉變，但不能稱為一致。對很多人來說，他們依舊渾然不覺；有些人則是非常抗拒。至於信奉這些意識的人，聲量最大的都不住在鄂圖曼帝國，或有生意上的連繫，必須來來去去。「希臘」認同這種新的、未完全成形的、分布不均勻的意識，並未讓十八世紀迥然不同的社群在進入十九世紀的頭幾十年內提高同質性。要說有的話，新的思維其實讓社群更加分裂。但是，不論個人或整個社群如何調適，變化仍在逼近。

這並不是說只要改變意識，就足以引起革命。當然，少數人非常期待暴力混亂，也會如其所願。這是柯拉伊斯和卡波迪斯特里亞斯等漸進主義者的訓誡。即使在敵對開始後，也有人認為革命沒有必要，少了戰爭也可以達到希臘人自治的目標。那麼，革命為什麼會開始？開始時又有什麼理由？從一八一五年到一八二一年，有三件本來不需要做的事湊在一起。本質上沒有關聯，結合在一起，就變得很有煽動力。

第一件事是長期的，跟經濟有關。航運和經由陸路的商業原本被鄂圖曼帝國歐洲各省的東正教基督徒掌控，在拿破崙戰爭期間繼續表現得很好。戰爭結束時，屬於西方國家的商業艦隊開始返回地中海東側。這時，各國政府採取愈來愈強的保護主義。希臘人在帝國內和外國的商行因此遭到嚴重衝擊。一名歷史學家甚至把這個情況比擬成希臘今日的經濟危機。[34] 有些外國旅人也注意到這些效應。有些家族和社群歷經了兩代以上，財富不斷增加，發現自己的運氣開始走下坡。期待落空了。這個世代在成長過程中，再也不能認定兒子一定會比父親有成就，女兒一定會嫁得比母親好。在最糟糕的案例中，甚至有可能變得一貧如洗。最好的情況就是保住自己的財產。對某些人來說，半個世紀以來的向上流動突然就結束了。有方法、決心和才華的人發現自己走投無路。

那不是突然出現的，已經隱伏了一陣子。然後，在一八二〇年的春天，兩件事發生了，打破了之間的平衡，偏向了暴力。說阿爾巴尼亞語的阿里，以及雅尼納的穆斯林帕夏，公開起義對抗鄂圖曼帝國。四月二十四日，友誼社找到了他們尋覓已久的領袖。

---

1 帕納約提斯．奇歐提斯（Panagiotis Chiotis），《歷史回憶錄系列：第三卷》（*Σειράς ιστορικών απομνημονευμάτων, τόμ. Γ*，科孚島：政府印刷廠，一八六三），頁五七二（引述）、五八四、五八六；J. P. 貝雷爾（J.-P. Bellaire），《黎凡特法國基地一般軍事行動的細節》（*Précis des opérations générales de la Division française du Levant*，巴黎，一八〇五），頁一一。

2 克莉斯汀．菲利烏（Christine Philliou），《帝國傳：在革命時代中執政的鄂圖曼人》（*Biography of an Empire: Governing Ottomans in an Age of Revolution*，加州柏克萊：加州大學出版社，二〇一一），頁四九～五一。

3 里加斯．維萊斯丁里斯，〈努美利，小亞細亞，地中海群島和弗拉喬博格達尼亞居民的新政治行政管理〉（*Νέα πολιτική διοίκησις των κατοίκων της Ρούμελης, της Μικράς Ασίας, των Μεσογείων Νήσων και της Βλαχομπογδανίας*），

P. M. 奇卓米利德斯（P. M. Kitromilides）編著，卷五，出自《里加斯・維萊斯丁里斯：現存作品集》（*Ρήγα Βελεστινλή.Άπαντα τα σωζόμενα, Rigas Velestinlis: Complete Surviving Works*，雅典：希臘議會，二〇〇〇），加入了簡介、評論及附錄，包括一七九三年憲法的法文文本。之後簡稱：《里加斯》。英文翻譯的大量摘錄可參見理查・克羅格（Richard Clogg）編著及翻譯，《一七七〇至一八二一年間的希臘獨立運動：文件集》（*The Movement for Greek Independence, 1770–1821: A Collection of Documents*，倫敦：Macmillan，一九七六），頁一四九～六三。

4《里加斯》，頁四八（《憲法》第七條）；頁三三（前言）；頁四五（《憲法》第一條、第二條）。

5《里加斯》，頁三五、一一九。

6《里加斯》，頁四六～七（《憲法》第四條）；頁六七（《憲法》第一〇九條）。

7《里加斯》，頁四四（《人權》第三十五條）；頁七〇～一。

8《里加斯》，頁三三～五（前言）；頁七三～七（「戰歌」〔Thourios〕）。

9 亞達曼提歐斯・柯拉伊斯，《原著全集：第一卷》（*Άπαντα τα πρωτότυπα έργα, τόμ.Α*），G. 瓦列塔斯（G. Valeta）編著（雅典：Dorikos，一九六四），頁四〇。之後簡稱：柯拉伊斯，《全集》。

10 在柯拉伊斯《全集》中引述，頁四四～五；克羅格編著及翻譯，《希臘獨立運動》，頁五六～六四。

11 柯拉伊斯，《全集》，頁五四、五六～七。

12 柯拉伊斯，《全集》，頁一（《自傳》〔*Autobiography*〕，一八二九）。

13 其他細節請參見斯特拉托斯・米洛雅尼斯，《一七〇〇至一八二一年間，希臘認同的浮現》（新堡：Cambridge Scholars，二〇一二），頁一四二～五〇。

14 柯拉伊斯，《全集》，頁六五～六（《戰爭的號聲》〔*Martial trumpet-call*〕，一八〇一）。

15 柯拉伊斯，《全集》，頁八五三（《即興寫下的想法：第一部》〔*Improvised thoughts I*〕）。

16《希臘文明現狀報告》（*Mémoire sur l'état actuel de la civilisation dans la Grèce*），柯拉伊斯著（巴黎，一八〇三），照相印刷，新希臘研究國家基金會（National Foundation for Neohellenic Research），雅典（一九八三）。英文翻譯請參見亞達曼提歐斯・柯拉伊斯，〈希臘文明現狀報告〉（Report on the present state of civilization in

Greece），出自E. 坎度理（E. Kedourie）編著，《亞洲及非洲的國族主義》（*Nationalism in Asia and Africa*，倫敦：Weidenfeld and Nicolson，一九七一），頁一五三～八八。

17《希臘文明現狀報告》，頁一；柯拉伊斯，〈希臘文明現狀報告〉，頁一五三。

18《希臘文明現狀報告》，頁三三、三七、五二；〈希臘文明現狀報告〉，頁一六九、一七二、一七九。

19《希臘文明現狀報告》，頁三三、三七、五二、六三、六五；〈希臘文明現狀報告〉，頁一八〇、一八三～四、一八六（引述）。

20 柯拉伊斯，《全集》，頁八、九（《自傳》，一八一九）。

21 匿名，《希臘的諾馬奇》或《自由論》（*Ανωνύμου του Έλληνος, Ελληνική νομαρχία, ήτοι λόγος περί ελευθερίας*），G. 瓦列塔斯編著（雅典：Vivlioekdotiki，一九五七，初版於一八〇六）。之後簡稱：匿名。翻譯摘錄可參見克羅格編著及翻譯的《希臘獨立運動》，頁一〇六～一七。

22 匿名，頁五二、八二～三（引述）、二一八。

23 匿名，頁一九七、二〇〇、二〇二、二〇五、二一七、二一九。

24 匿名，頁七八～八二（引述頁八一）、二一〇～一七。

25 匿名，頁二〇五～七，另請參見頁一三六及二一七。

26 匿名，頁一五〇～四、一六三～八二（引述頁一六三）、二〇一、二〇四（引述）。

27 科斯塔斯·科斯蒂斯（Kostas Kostis），《歷史寵壞的孩子：現代希臘的成形》（*History's Spoiled Children: The Formation of the Modern Greek State*），賈寇柏·莫伊（Jacob Moe）譯（倫敦：Hurst，二〇一八；希臘文初版於二〇一三），頁四一。

28 拜倫勳爵，《詩作全集》（*Complete Poetical Works*），傑羅姆·麥坎（Jerome McGann）編著，共七卷（牛津：Clarendon Press，一九八〇～一九九三），卷二，頁三二〇～三二。

29 亨利·霍蘭德，《一八一二至一八一三年間在愛奧尼亞海群島、阿爾巴尼亞、色薩利、馬其頓的旅行》（*Travels in the Ionian Isles, Albania, Thessaly, Macedonia, &c. during the Years 1812–1813*，倫敦：Longman，一八一五），頁五三〇～三一。

30 最早、最完整的記述來自雅尼斯・菲勒蒙（Ioannis Philemon），《友誼社的歷史論文》（*Δοκίμιον ιστορικόν περί της Φιλικής Εταιρίας*，納菲爾，一八三四）（之後簡稱菲勒蒙的《友誼社》），及《艾曼努伊・克桑托斯的回憶錄》（*Memoirs of Emmanouil Xanthos*）（一八四五），翻譯收入克羅格《希臘獨立運動》，頁一八二～二〇〇。另請參見K. 斯沃洛普洛斯（K. Svolopoulos），〈友誼社的建立：再評估〉（*Η σύσταση της Φιλικής Εταιρείας.Μια επαναπροσέγγιση*），《歷史》（*Ta Istorika*）三五（二〇〇一），頁二八三～九八。

31 菲勒蒙，《友誼社》，頁一五五（引述）、一七二、一七三。

32 科斯蒂斯，《歷史寵壞的孩子》，頁四九～五一。

33 菲勒蒙，《友誼社》，頁一二八。比較馬西莫・達澤里奧（Massimo d'Azeglio）在成就義大利獨立**之後**的名言：「L'Italia è fatta.Restano da fare gli italiani.」（義大利已造出來了。現在會繼續製造義大利人。）

34 瓦西利斯・克雷米達斯（Vasilis Kremmydas），《一八二一年的希臘革命：文件、調查研究、解讀》（*Η ελληνική επανάσταση του 1821.Τεκμήρια, αναψηλαφήσεις, ερμηνείες*，雅典：Gutenberg，二〇一六），頁三八～九、四九～五三、五八。

3 浴血而生

一八二一～一八三三

簡單說，就是一場大屠殺。

到了規劃獨立戰爭的時候，幾乎從一開始一切就脫離了規劃者的掌控。不論什麼情況，計畫都是匆匆擬定。打這場仗的領袖沒有目標。不是國與國之間的戰爭，甚至也不是一個國家內有數個清楚分明的團體在作戰。希臘之外的歷史學家通常稱之為「獨立戰爭」。但一點組織也沒有。在希臘文中，傳統上稱為「革命」，或者通常只提年份，在後續的希臘歷史中迴響不斷：「一八二一」。

開始殺戮後，高潮爆發，所展現出的集體憤怒和恐懼在地球上沒有力量能控制得住。每一方（有很多方，在不同地點跟不同時間）都習慣訴諸最極端的暴力手段。戰爭傳統上定義為「靠其他手段延續的外交手腕」，但這場戰爭不一樣，墮入了兇殘。雖然常常援引啟蒙運動提倡的理性、自由價值，但在受到影響的區域裡，看不到這些價值在運作。希臘革命的故事跟理性行動與反應沾不上邊。比較像真實的生產過程，或自然界的劇變。

暴力的受害者多是平民和無法自衛的人。雙方都殺了不少犯人和人質，不分性別和年齡。通行證通常也不能讓人暢行無阻，除非有外國人在場，才能強迫發揮效力。在小規模戰鬥後，雙方都會砍下受害者的頭顱當成戰利品。從鄂圖曼政府的執刑者，到猛烈攻擊穆斯林俘虜的基督教暴民，跟死亡扯上關係的人都有同樣的衝動，將這種終極的懲罰加上不必要的羞辱，有時候也伴隨著極其邪惡、持續很久的痛苦。據估計，自戰爭爆發，到了一八二八年，構成現今希臘各區的平民人口減少了百分之二十。農業人口維持生計所需的作物、畜群、磨坊和房屋甚至遭到更大規模的毀壞，像家畜就高達百分之九十。[1]戰爭快結束時，在大多數區域已經找不到穆斯林。宣禮塔被拆毀，清真寺被改成倉庫、市政廳或（過了較長時間後）電影院。今日，通常只能從建築物是否朝著麥加的方向，與周圍建築物有別，才能猜出原本的目的。刻了舊時鄂圖曼聖經的紀念碑或碑文，以及鄂圖曼時期的墓碑或建築，在希臘一八二〇年代贏得獨立的地區，都幾乎銷聲匿跡。

過了幾十年，率先記錄這場衝突的希臘歷史學家為同胞的行為辯護，他認為「希臘人做的壞事是給土耳其贊成奴役的學派一點教訓」。[2]當時的外國觀察者將信將疑。更接近現時、非希臘人的記述則想展現戰爭雙方訴諸極端暴力的程度不相上下。就地方而言，這絕對是真話。但並非所有的暴力形式都是對稱的。鄂圖曼帝國從一開始就建立了報復的模式，有可能讓他們想控制的威脅愈發惡化。一八二一年的四月到五月，不到幾個星期的時間，法納爾人階級消失，一個多世紀的成果就這樣毀了。那時在君士坦丁堡執行的處決中，最惡名昭彰的就是東正教教會的年老普世牧首，四月二十二日的復活節，他被吊死在自己的教區大門上。那幾個星期，有一百多個知名的法納爾人在城裡被公開斬首。

鄂圖曼政府或許有些恐慌了，採取的措施過分且盲目，也損害了鄂圖曼本身的利益。之後的幾百年，鄂圖曼政府幾個本來由法納爾人擔任的高階官位都空著。一年後，同樣的自殘行為再度出現，基歐斯島上栽種乳香脂的村子被另一座島上的希臘叛亂分子侵入，當局的懲罰手段就是剷平這些村落。基歐斯島在一八二二年四月到六月間的屠殺因另一種報復而雪上加霜，而且這種制度早就深植到鄂圖曼的體系裡：奴役。在一八二二年的夏季和秋季，黎凡特的奴隸市場因為數萬名來自基歐斯島的女人和小孩而供過於求。這些事件震驚了整個歐洲，兩年後，法國畫家德拉克洛瓦（Eugène Delacroix）畫完了《基歐斯島的屠殺場景》（*Scene of the Massacres of Scio*），用這幅有名的油畫留下永久的紀錄。但還有另一件痛事，君士坦丁堡上流社會的淑女習慣了要嚼基歐斯島密集種植、有醫療功效的乳香脂。現在，因為鄂圖曼的報復，她們得將就著過。

相反地，在希臘這邊，沒有對等的國家當局來執行同等規模的懲罰或報復。臨時政府或在各地掌權的地方領袖都無法命令人民施加懲罰。起碼理論上來說，在一八二二年的臨時憲法裡，奴役制度不合法。當時的暴行不斷，則該歸因於失敗的領導。喬治・芬利（George Finlay）是眾人心中最有見識、也是最具權威性的希臘革命歷史學家，他猛烈抨擊狄奧多羅斯・克羅克特洛尼斯或佩特羅比・馬夫羅米哈利斯（Petrobey Mavromichalis）等強大的軍閥，認為他們沒有能力。但這些領袖一點稱不上弱勢。他們很了解自己指揮的人。作為領袖，他們了解自己是靠著什麼得到屬下的信任，也知道這種信任有多麼薄弱。一八二一年十月在的黎波里，以及一八二二年七月在雅典，投降的條款先後遭到違反，對歐洲造成的震驚不亞於鄂圖曼在基歐斯島犯下的暴行。但我們當然會納悶，不論多麼有才幹和有魅力，到底是否有**任何**希臘領袖能在這樣的場合控制住眾人的暴力慾望，同時還能保住自己的勢力。

芬利相信，「希臘革命真正的光輝在於大批人民不屈不撓的幹勁，以及永不倦怠的毅力」。[3]他有革命的第一手資料，在撰寫歷史時，已經在獨立的希臘住了大半輩子。他的看法從那時候起就勝過了其他人。但身為精明的蘇格蘭人，個人的格言是「我會小心」，卻還是加入了浪漫的色彩。芬利眼中的英雄是「大批人民」，而無情的事實是他們在極端的情況下，一定會被最原始的人類本能驅動，集體成為暴力病狀的受害者——不論是基督徒還是穆斯林，都感染了這個病狀。在恐怖、互恨和殺戮的狂熱中，希臘的民族國家終於誕生了。

友誼社的終結

亞歷山德羅斯・伊普西蘭提斯（Alexandros Ypsilantis，也可以拼成 Hypsilantes）是瓦拉幾亞前任王子的長子，一八〇六年俄土戰爭開始後便逃到俄羅斯。亞歷山德羅斯在那裡接受軍事教育，又在俄羅斯對拿破崙的戰爭中服役，表現優異。在德勒斯登（Dresden）郊外作戰時，他失去了右臂。從那時候起，他加入俄國代表團，去參加維也納會議。據說，沙皇亞歷山大很信任亞歷山德羅斯・伊普西蘭提斯。之後，儘管再也不適合擔任現役軍官，他仍被升職成帝國軍隊的少將。休假時，正好能擔任友誼社的間諜。一八二〇年四月，就是這名二十七歲的男子，同意填補友誼社最頂端的空缺，成為他們尋覓已久的領袖。到了一八二〇年末，伊普西蘭提斯在基希涅夫（Kishinev，今日的 Chişinău，摩爾多瓦的首都）設立祕密總部，就在俄羅斯的領土範圍內，很靠近鄂圖曼治下摩爾達維亞一帶的邊境。

突然之間，對社員來說，他們碰到了前所未有的契機。有了一位領袖。鄂圖曼的軍力已經上路，準備包圍叛國賊阿里帕夏的首都雅尼納。互相衝突的穆斯林勢力已經開戰，吞沒了整個努美利（伯羅奔尼撒北邊的本土）：阿里對上了蘇丹的集權。看似完美的出擊時刻。但要在哪裡起義？怎麼起義？一開始的計畫是遵循里加斯的例子。伊普西蘭提斯要偽裝潛入的里雅斯特，從那裡搭船去伯羅奔尼撒。友誼社的密使在這一帶已經成功招募大多數的基督徒地主（「首席主教」）加入他們的事業。要是伊普西蘭提斯和《友誼社》照著里加斯的路走，他跟會社的命運，或該說革命的前進方向，是否就改頭換面了？不過，計畫在最後一刻變了。伯羅奔尼撒人自己做了安排。叛亂的大旗改成在多瑙河公國舉起。

亞歷山德羅斯·伊普西蘭提斯穿著俄羅斯的制服，身邊就幾個侍從，在一八二一年三月六日搭船過了普魯特河（Pruth），進入鄂圖曼的領土。那天傍晚，他就到了摩爾達維亞的首都雅夕。法納爾人王子歡迎他的到來——王子原本擁戴統治當地的蘇丹，便藉此背約。兩天後，他們印了一份宣告，最後也翻譯成其他語言，刊在歐洲的報紙上。

希臘革命開始了。

抵達摩爾達維亞的第一天結束時，伊普西蘭提斯已經召集了兩百名當地的支持者，組成武裝部隊。不到一個星期，這個數字就變成原來的四倍。六月前，他的軍隊增長成五千至八千人之間的數目，包括兩千多名騎兵。這是一項引人注目的成就。受招募的人幾乎都來自摩爾達維亞和瓦拉幾亞兩個公國。任憑鄂圖曼當局做出了什麼假設，陪同伊普西蘭提斯從俄羅斯過來的，真的只有幾名軍官，沒有作戰部隊。

這支軍隊的組成更值得注意。核心是來自歐洲各地的五百名希臘人組成的兵團——《希臘的諾馬奇》匿名作者就是對著他們喊話。他們的外號是神聖部隊（Sacred Battalion），穿著黑色的制服，舉著里加斯的紅白黑三色橫幅前進，但用了新的符號，一隻從火焰裡飛起的鳳凰，口號是「我從我的骨灰裡，重生了」。從巴爾幹半島所有語言群體（或種族）的自願新兵數目更多：塞爾維亞人和保加利亞人、阿爾巴尼亞人和弗拉赫人（羅馬尼亞人）、來自俄羅斯那兒邊境區域的哥薩克人。這就是歷史上唯一一次加入戰火的「東正教聯邦」。如果成功了，里加斯的願景，一個世界性的「希臘共和國」或許就變成現實。

但伊普西蘭提斯的事業有致命的缺陷。友誼社成立的前提是領導階層能得到俄羅斯的支持，但事實並非如此。伊普西蘭提斯或許以為他個人在沙皇和宮廷面前的地位足以造成改變。但時機真的糟透了，摩爾達維亞境內發生叛亂的消息傳到來巴赫（Laibach，今日的盧比安納，斯洛維尼亞的首都），沙皇亞歷山大正在那兒參加「歐洲協調」的例會。偏偏就在這裡，在其他強國代表的陪同下，俄羅斯的獨裁者絕對不可能去支持鄰國的革命。畢竟這些會議的目的就是要加固一八一五年建立的現狀。沙皇亞歷山大立刻將伊普西蘭提斯從宮廷中遣退，免除他所有的軍階和頭銜。他甚至願意支援鄂圖曼政府，鎮壓造反。

儘管如此，伊普西蘭提斯仍盡力維持假象：沙皇只是說給別人看的。私底下，伊普西蘭提斯宣稱，他的主子已經提出保證，俄羅斯的援助立刻就到了。但戰爭的動力已經掉了一大半。很快就結束了。六月十九日，在瓦拉幾亞的德勒格沙尼（Dragashani）作戰時，友誼社的軍隊被人數較少的鄂圖曼軍力擊潰。伊普西蘭提斯逃過邊界，到奧地利避難。他在公國招募的軍隊殘員只能想辦法活命。有些力戰身死，有些遭俘處決。伊普西蘭提斯本人則被奧地利人拘留。心灰意懶之下，雖然沒在獄中身死，出獄後不久就過世了，得年三十五歲。

多瑙河公國的希臘革命失敗了，非常不光彩。

同時，在巴爾幹半島的南端及愛琴海，情勢則非常不一樣。在伯羅奔尼撒，以及最大型商船停靠的島嶼，當地的領袖注意到友誼社的呼召，而且人數比其他地方都多。其中的原因倒不是很明顯。有可能這些人在那個時候碰到了財務難關。對島民來說，自從拿破崙戰爭結束後，生意就很差。在本土，靠著出口黑醋栗和絲綢等產品的富裕地主也碰到了難關。在友誼社代表的慫恿下，其中有些人跟鄂圖曼當局簽了幾十年的合約，一開始也確實贏得特權，現在卻準備廢除，然後與當過土匪的狄奧多羅斯．克羅克特洛尼斯攜手合作——克羅克特洛尼斯之前被流放到愛奧尼亞群島，現在要回來了。

伊普西蘭提斯在摩爾達維亞發動叛亂的消息一傳開，伯羅奔尼撒好幾處也同時有人起義。友誼社的密使原本設定一八二一年三月二十五日（西曆的四月六日）是革命開始的日子，正好也是天使報喜的宗教節日，有象徵性的共鳴。從此以後，三月二十五日就變成希臘的國慶日。常聽到的傳奇說，那一天老帕特拉斯的耶爾馬諾斯主教（Bishop Germanos）抬高了起義的標準，地勢很高，在卡拉夫里塔山上的聖拉夫拉修道院（Monastery of Agia Lavra）。伯羅奔尼撒率先宣稱脫離鄂圖曼統治的城鎮是南方的卡拉馬塔和北方的帕特拉斯。其他小鎮也跟進了。到了四月中，整個區域都加入起義。

這不是組織好的軍事活動，不像伊普西蘭提斯在公國的叛亂。這是游擊戰，通常規模不大。領袖是當地的「首席主教」和黨國土匪的人，在頭幾個月陸陸續續有懷抱著理想主義的志願者從國外回來協助，這些人的故事後面也會提到。游擊隊彼此之間並無協調或協議，而在伯羅奔尼撒多山的地形中，這種叛亂手段非常有效，破壞力很強。

即使到了此刻，並非所有希臘人居多的區域都準備聲明贊成革命。在北方的努美利，阿里帕夏和蘇丹的軍隊都是穆斯林，他們的衝突讓情況更複雜。在這一帶，已經有幾十年的時間都由基督徒組成的武裝民兵壓制土匪，通常招募的對象便是他們想掌控的那群盜匪。這些民兵已經發展出一個流動的體系，在當地的權力中心之間轉換效忠的對象。只要阿里能在雅尼納堅持下去，可以收買一些兵團到麾下，鄂圖曼的軍隊也會做同樣的事。拖到夏天，大多數的地方民團才開始為希臘的新局努力。但只要革命尚未成功，很多人為了保有所在地的權力基礎，就不會放棄策略聯盟的習慣。

在海軍駐紮的島嶼中，最富裕的伊德拉島地位也最重要，對傳統的船東寡頭統治發動武力奪權後，才加入革命。等船東再度掌權，已經無法逆轉伊德拉島對革命的認同。在伊德拉島、附近的斯佩察島和愛琴海另一邊的普沙拉島，三地的武裝商船艦隊很快就聯合起來，結果也證明他們強過鄂圖曼的艦隊。希臘的火戰船威力特強，也是鄂圖曼水手特別害怕的武器——舊的廢船上了一層瀝青後點火，巧妙地設定路線，撞上目標，水手只能跳上小船棄船逃走。短短幾個月，這些非正規的艦隊幾乎控制了整個愛琴海。儘管無法完全封鎖，防止敵人在海上移動，但從一八二一年夏天開始，他們已經能在愛琴海各處有恃無恐地發動攻擊，在西邊的愛奧尼亞海甚至能繞著海岸移動。

在愛琴海許多小島上，鄂圖曼的權威一向不如在本土那麼有力，民眾的反應也比較冷淡。基克拉哲斯群島包括夕羅斯島、提諾斯島及桑托里尼島，島上自中世紀晚期就建立的羅馬天主教社群不想冒著失去生命和生計的危險，去支持東正教的同胞。再向北去，到了本土的派里恩山，這裡幾十年來都是商業和學習的中心，暴動也迅速遭到壓制。薩洛尼卡的腹地也有反抗行動，鄂圖曼在這裡的報復特別殘忍，但也很有效。同樣的過分手段在南方只點燃了革命的熱誠，而在更北邊的地方卻帶來相反的效果。

在南邊和東邊，克里特島和薩摩斯島的基督徒前仆後繼加入革命，不過這兩座島嶼要到二十世紀才會變成獨立希臘的國土。在愛琴海的其他兩座大島，萊斯沃斯島和基歐斯島，基督徒人口堅決避免捲入糾紛（前者成功了，後者不成功），前面已經提過基歐斯島非常不幸的結果。在安納托力亞沿岸的艾瓦勒克和斯麥納，反叛行動受到鎮壓。再往更遠的地方走，來到賽普勒斯，並無反叛的行動，但領導的教士只因為被懷疑是友誼社的共謀，仍遭到處決。

到了一八二一年底，伯羅奔尼撒的鄉間和努美利的南部都碰到今日會稱為「種族淨化」的行為。沒逃走或沒被殺的穆斯林，或幫自己贖了身的高層人士，都躲到十字軍或拜占庭時代留下來的許多堡壘裡。戰爭第一年，十月初，摩里亞的首都要塞的黎波里投降，可說是決定性的勝利。這座城投降後，約有八千名穆斯林和猶太居民遭到屠殺。按當時的說法，不論今日他們會用哪個名稱表示自己的種族，所有的穆斯林都是「土耳其人」。這些被殺的人，可能包括了所有的猶太人，都以希臘語為母語；穆斯林大多不是說希臘語，就是說阿爾巴尼亞語。宗教決定了誰死誰活。到了一八二一年底，衝突的本質定下來了，不可逆轉。革命的地理心臟地區也定了，許多干涉命運的變化出現後，這塊地方差不多就是一八三〇年代初期第一個獨立希臘國家的領土。

這時，希臘的領袖已經逐漸進入新的階段。在一八二一年三月和四月，拔得頭籌的人或許全都是友誼社的成員。但友誼社這個組織跟伊普西蘭提斯一起陷入泥沼、動彈不得，伊普西蘭提斯在北方瓦拉幾亞發起的戰爭很快就敗得一塌糊塗。在伯羅奔尼撒，沒有來自領袖的指導。沒有單一的當權者負責監督。到了六月，友誼社的全權代表才到達解放後的希臘，以會社的名義索取控制權。這名代表是亞歷山德羅斯．伊普西蘭提斯的弟弟，迪米特里歐斯（Dimitrios）。他跟他哥哥一樣，也曾在俄羅斯帝國軍隊服役。在伊德拉島下船登岸時，年僅二十五歲的迪米特里歐斯受到熱烈無比的歡迎——民眾相信他會實現承諾，帶來俄羅斯的援助。就連摩里亞最重要的軍閥、瑪尼的戰士首領佩特羅比．馬夫羅米哈利斯及當過土匪、五十一歲的狄奧多羅斯．克羅克特洛尼斯，都準備好接受他的指揮。

可惜的是，迪米特里歐斯．伊普西蘭提斯到伊德拉島的那天，他的哥哥也在德勒格沙尼慘敗。過了不久，消息就傳進了伯羅奔尼撒，而迪米特里歐斯此時已經在伯羅奔尼撒設立了總部。眾人得知年長的伊普西蘭提斯拋棄了志業，在奧地利尋求庇護，年輕的伊普西蘭提斯來到後，不代表俄羅斯的政策會出現有利的改變，迪米特里歐斯不僅不可能抓得住以友誼社名義拿到手的權勢，友誼社本身也似乎變成局外人了。更糟的是，感覺也很難堪。

接著上場的這位，至少在剛開始的那幾年內，做的比其他人都多，立定了未來希臘這個國家要採取的方向。亞歷山德羅斯・馬夫羅科扎托斯的祖先是第一位、也是最著名的法納爾人王子，前一個世紀統治過多瑙河公國，他的叔父也在蘇丹麾下擔任過瓦拉幾亞的王子，快三十歲的他曾為叔父服務，也有了政治經驗。在革命期間，有許多位領袖從未造訪過他們為之奮鬥的土地，馬夫羅科扎托斯便是其中一位——在領導的人之間，有些人便因此十分不滿。馬夫羅科扎托斯非常聰明，能說八種語言，立刻成為希臘唯一身著歐洲大禮服的重要人物——而迪米特里歐斯・伊普西蘭提斯則跟他哥哥一樣，穿著俄羅斯帝國的制服，其他人（包括西方志願者在內）則穿著當地的鄂圖曼服飾。馬夫羅科扎托斯是名真正的政治人物——我們之後會再提他的故事。

十月，的黎波里遭到洗劫後，區域領袖各自圖謀權力和影響力，督促解放後的國家舉辦國民大會的聲浪愈來愈高。迪米特里歐斯・伊普西蘭提斯全力支持，期待這場會議能確保他享有至高的地位。馬夫羅科扎托斯也贊同，但他心裡的目標不一樣。大會進入準備過程後，十一月初，馬夫羅科扎托斯細細寫了一封極為坦誠的信給友誼社的主要代表。他說友誼社犯下的錯誤：

> 讓歐洲所有的強國都反對我們，他們也沒錯，把我們認成歐洲雅各賓黨人（Jacobin）的工具。我們因此跟俄羅斯疏遠了，不然俄羅斯人會很樂意援助我們。

而馬夫羅科扎托斯的解答如下：

丟下「領袖」和「全權代表」和「助手」等頭銜，盡可能在我們的引導下，由當地人組織政府……只要會讓歐洲強權懷疑我們傾向雅各賓黨人的因素都拋下……向歐洲提出我們公正的要求，不誇大其詞，而是用配得上祖先的簡潔文字，要求也要適度。

馬夫羅科扎托斯強調，最重要的是「竭力讓眾人團結起來，以便組成政府」。[4]會議適時舉辦了。一八二二年一月十三日（在東正教日曆上則是元旦），會議結束時，在埃皮達魯斯古代聖殿遺跡附近宣布了第一版《獨立希臘臨時約法》。這份文件跟里加斯的版本一樣，大量利用法國大革命在一七九三和一七九五年的憲法。新國家的名字正式制定為 Hellas，人民則是 **Hellenes**。根據首先在美國實施的分權主義，他們建立了行政權和立法權。選出的第一總統（對應美國的國家元首）是亞歷山德羅斯・馬夫羅科扎托斯；第二總統（對應到美國的眾議院議長）則是迪米特里歐斯・伊普西蘭提斯。《臨時約法》並未提到友誼社。同時，里加斯的紅白黑三色則換成藍色和白色，但設計則沿用到今日的希臘國旗。

現在誰爬到最上頭，就不用說了。

從實用的角度來看，第一版的《臨時約法》基本上形容虛設。四十年後，喬治・芬利的著作為後來的歷史學家定下基調：「希臘人在埃皮達魯斯費盡苦心來欺騙歐洲；根本不是為了組織希臘。」[5]就各方面來說，**確實**是欺騙。《臨時約法》的宣告並不是實際的政策，比較像是抱負，在上面簽名的人應該都知道。但從政治觀點來看，如果革命運動要在十九世紀上半歐洲的氛圍中贏得接納，就**必須**欺騙。友誼社功成身退。革命現在正要變成一位歷史學家口中的「一場歐洲的事件」。[6]

什麼樣的自由？

在這段期間，鄂圖曼軍隊一直在北方鎮壓阿里帕夏的叛變，持續的戰爭讓革命在南方得益。但在一八二二年一月，蘇丹的軍隊進入了阿里的首都雅尼納。阿里是拜倫勳爵口中經驗豐富的「穆斯林拿破崙」，二月五日被俘虜他的人殺害。叛亂結束了。鄂圖曼政府派出大量軍力來對付阿里，現在這些人可以去解決希臘人的問題，也有不少人已經到了希臘。一八二二年六月，鄂圖曼軍隊第一次齊心協力以大量兵力反攻羽翼漸成的希臘。

鄂圖曼派出一些軍力通過努美利東部，往南前進到伯羅奔尼撒。他們的目標是救出在科林斯和納菲爾被包圍的鄂圖曼駐軍，與他們一起攻佔兩者之間的土地。另一支軍隊沿著品都斯山脈的西側南下。這裡的主要目標是邁索隆吉（Missolonghi）的貿易港口，前一年馬夫羅科扎托斯到了以後，主要都在這裡活動。在勒班陀（今日的納夫帕克托斯）及努美利堡（今日的安提里翁），也有需要被圍困的鄂圖曼前哨需要拯救。在兩場戰爭中，希臘人的人數都遠遜於鄂圖曼人。

在西邊，鄂圖曼的控制權指派給取代阿里帕夏的人。歐瑪・弗里奧尼斯（Omer Vryonis）是雅尼納新的帕夏，完全沒有前任的野心，但在接下來幾年內，他熟練地反覆襲擊作亂的希臘人，儘管當地說希臘語及阿爾巴尼亞語的民兵會一直改變效忠的對象，卻也遭到他的剝削。在這場戰爭中，只有少數幾場相對而言比較傳統的激戰，其中一場的日期是一八二二年七月十六日。在城外名叫佩它的地方，位於亞爾塔的戰略渡口，弗里奧尼斯的部隊碰上了一般的希臘軍力，含有西歐和愛奧尼亞群島的志願者，接受馬夫羅科扎托斯的指揮。他們全軍覆沒。外國的志願兵嚴格遵守他們的西式訓練，最高統帥沒下令，就不會行動，但指揮官不在現場；非正規的民兵應該要在山上提供掩蔽，但他們誰的命令也不聽，就消失無蹤。佩它一戰對革命造成沉重的打擊，但更嚴重地打擊了外國志願兵的士氣，他們才剛到希臘加入革命事業。最重要的是，正規戰事的概念毀了，過了很多年，都無法創造出屬於國家的軍隊，只聽一人的命令。

在這個國家的另一邊，則有截然不同的結果。馬哈茂德．德拉馬里（Mahmud Dramali）帶領兩萬多名鄂圖曼的強兵，包括八千名騎兵，成功地深入伯羅奔尼撒。在這裡，負責抵抗的是克羅克特洛尼斯和當地的游擊隊「船長」。意想不到的是，他們沒讓攻擊者進入納菲爾，在敵人穿過德凡納基亞（Dervenakia）關口退往北方時，在伏擊中殺死大批敵軍。在佩它敗陣後才過了十天，游擊隊非正規的戰術和無情的手法打出響亮的戰績。儘管其他人也很盡責，包括現在名聲愈來愈黯淡的迪米特里歐斯．伊普西蘭提斯，但德凡納基亞一戰而勝的主要功勞還是歸給克羅克特洛尼斯。不論是否正當（芬利覺得不正當），克羅克特洛尼斯在希臘人之間的政治地位絕對大大抬升了。到了一八二二年夏末，在整個希臘東半部，已經看不到明顯的軍事威脅。

西半部則花了比較長的時間才穩定下來。在佩它戰敗後那幾個月，馬夫羅科扎托斯認真防禦當地的主要城鎮邁索隆吉，挽救他的名聲；依舊效忠的殘存部隊也在那裡重新整編。傾盆大雨、伊德拉島來的船隻，以及防守方純粹的決心都是助力，他們成功在一八二三年一月六日突破鄂圖曼的圍困，這天在東正教曆上是耶誕節。整場戰爭中至少出現了三次圍困，而這是第一次，也讓邁索隆吉的名字傳遍歐洲。第一次圍城結束後，意味著在一八二三年到來前，從險境中誕生的希臘賺得了一點喘息的空間。

這個喘息的空間持續了整整兩年，而持續的理由基本上也不是叛亂分子能控制的。確實，在這段期間，邊境中的小規模戰鬥持續不斷。除了伯羅奔尼撒，其他的邊境不論如何都很容易滲透，會一直改變。偏遠的島嶼尤其難防守。一八二四年夏天，普沙拉島和卡索斯島的居民全被殺害。同年，克里特島再度回到鄂圖曼人手中。但除了這些值得注意的例外，從一八二三年初到一八二五年的春天，叛亂分子占據的希臘相對來說還算安全。

但一點也不平靜。時機已經成熟，希臘人可以進行內部的清算。在「不自由毋寧死」的旗幟下，所有人都非常團結。但獲得勝利後，這個「自由」究竟**是**什麼？他們未來會享受**哪一種**自由？

其中一個答案是根據啟蒙運動的想法。馬夫羅科扎托斯和想法相近的人決心要提倡的方案有中央集權政府、現代且進步的機構、法治、民主當責——都是埃皮達魯斯制定的《臨時約法》中供奉的想法（芬利等人斥之為「欺騙」）。對這些人來說，他們要把抱負變成現實。今日的歷史學家多半稱這群人是「現代化推進者」；跟他們相反的則是地方領袖的傳統價值觀和觀念，這些人合稱為「軍閥」。對克羅克特洛尼斯和馬夫羅米哈利斯等人來說，自由意味著全然的自給自足，拒絕承認自我之外的權威。在他們的分級中，領袖最有權力，也最有魅力，領袖說的話就是法律。他們的權力根本就在當地，至多就是一個區域。他們並不想擴大衝突，更不想鼓勵外國人來介入——不過俄羅斯是個特例，只是並非每個人都想拉攏俄羅斯。他們對自由的概念來自口述的傳統，也就是山賊的歌曲，這時開始有人收集、出版和翻譯，以後也會在國家慶典上表演。

一八二三年，這些對立的想法都浮上了檯面。那時，希臘人舉辦了第二次國民大會，舉辦的地點離納菲爾不遠，一個當地人稱為「聖約翰小屋」的地方，為了國民大會，還改回成古代的名字，阿斯特羅斯（Astros）。新的選舉把行政權力交付給最著名的軍閥，馬夫羅米哈利斯和克羅克特洛尼斯。馬夫羅科扎托斯被降級到一個曖昧的位置。他被選為立法權的總統，但克羅克特洛尼斯脅迫他退到一個荒謬的境地。分權也不順利。

在一八二三年末和一八二四年出的那幾個月，希臘有兩個政府，都想把另一個政府從不同的權力根本上壓倒。從一八二四年三月到六月，分別效忠於兩個敵對政府的部隊開戰了。千辛萬苦後終於休戰，交戰雙方趁機重組。十一月，在伯羅奔尼撒爆發了第二次內戰。在這些事件中，最引人注目的傷亡，是克羅克特洛尼斯的長子帕諾斯（Panos），在的黎波里外與希臘同胞作戰時殞命；另一個則是到希臘支持獨立戰爭的外國志願者中最有名者，這人就是拜倫勳爵。

一八二四年四月十九日，拜倫在邁索隆吉過世，創造了傳奇——但他對希臘鬥爭真正的貢獻也因此模糊了焦點。拜倫來到希臘時，而對的難題跟敵對的希臘領袖一樣：他來爭取的是**哪一種**自由？仔細權衡其他方案後，拜倫選擇用他的個人名聲和私人財富來支持馬夫羅科扎托斯，以及伊德拉島和斯佩察島力行現代化的船東。在獨立的希臘，拜倫只支撐了三個月，就因為發燒而倒下了。但他的策略選擇及資金的流動與伴隨而來的國際宣傳，都有很重要的結果。一個是邁索隆吉第二次圍城在一八二三年末結束，一槍都沒有開，傳聞只靠著這位英國勳爵為希臘船隻的中隊籌措資金，危機就解除了。長期來說，在這場拖到年底才結束的戰爭裡，更重要的是拜倫堅決支持現代化推進者對抗伯羅奔尼撒的軍閥。

一八二五年開始時，單一集權政府的權勢得到確認。在這個過程中，現代化推進者的政治領導地位從馬夫羅科扎托斯傳給新的人物。在內戰時，要指揮部隊對抗同胞，剛滿五十歲的雅尼斯・科萊提斯證實自己比馬夫羅科扎托斯更無情、更處變不驚。科萊提斯在阿里帕夏的封地出生，屬於弗拉赫語的社群。他利用東正教教會提供的希臘文教育，後來到義大利學醫，返鄉後在雅尼納擔任御醫。科萊提斯在那裡學到了各種詭計，懂得如何在阿里帕夏的宮廷裡生存，當然也很了解主子在拿破崙戰爭期間與敵對的英國和法國採用哪些複雜的外交手腕。如此一來，科萊提斯能夠結合阿里帕夏的政治傳統與西方、現代化的展望。從此刻到他一八四七年過世時，科萊提斯和馬夫羅科扎托斯一直是相互仇恨的政治對手，但同樣都在推動現代化。跟飽讀詩書的馬夫羅科扎托斯比起來，科萊提斯比較像是民粹主義者，通常也比較佔優勢。

根據一名希臘歷史學家在二十一世紀的大膽重新評估，「內戰的結果救了希臘革命」。[7] 如果說內戰決定了希臘民族國家未來的模樣和方向，確實沒錯。但那個結果的代價則是在希臘社會的構造中開了一道斷層線，自那時候起一直都不會消散。一邊是一八二〇年代「現代化推進者」的後代：政治的、中央集權論、務實的和整合主義的；另一邊則排著傳統主義者，懷念山賊歌曲中盛讚的絕對自由，以及革命期間某些軍閥短暫而光輝的自給自足時刻。在民族國家誕生的鬥爭中，這些動態首次出現，而在後續的希臘歷史中發生的事情，多半只能以這些動態來解釋或理解。

首先，如果革命要得到拯救，必須先存活。

幾乎熄滅了

現代化的中央政府才在與軍閥的內戰中佔了上風，鄂圖曼等了很久的反擊就開始了。馬上就能看到致命的效應。在一八二二年，蘇丹一直仰賴從北方經由地面進行雙管齊下的攻擊。策略失敗了。一八二五年，除了透過熟悉的地面路線再度突擊，還同時從南方的海上攻擊。在故事這一段的主要參與者是埃及總督穆罕默德・阿里（Muhammad Ali），和他的兒子易卜拉辛（Ibrahim）。穆罕默德・阿里小時候叫梅麥特（Mehmet），是個說阿爾巴尼亞語的穆斯林，來自今日希臘北部的卡瓦拉。十年前，他罷免並除去了統治埃及數個世紀、本是鄂圖曼帝國附庸國的馬穆魯克王朝。中間那些年，穆罕默德・阿里按著歐洲的作法，徹底檢修和現代化他的武裝部隊，也得到西方國家的協助，尤其是法國。蘇丹和總督決定合作，滅絕來自希臘的威脅。穆罕默德・阿里的兒子易卜拉辛這時已經當上摩里亞的帕夏，他負責指揮亞歷山大港派出的第二隊運輸船和戰船，為基地在君士坦丁堡的鄂圖曼海軍助力。

一八二五年二月二十三日，易卜拉辛開始讓埃及的軍隊在莫東（今日的美索尼，位於伯羅奔尼撒的東南部）登陸。該區的兩座要塞在莫東和科羅尼，戰爭期間一直由鄂圖曼帝國掌控。解救駐軍後，易卜拉辛的五十艘船帶來這個戰區前所未見的援軍規模。速戰速決下，希臘人不得不離開附近位於納瓦里諾的根據地，這場行動讓馬夫羅科扎托斯差點喪命。納瓦里諾灣的錨地位於本土和斯伐克提瑞亞島（Sphaktiria）中間，接下來兩年內，來自亞歷山大港和君士坦丁堡的聯合艦隊都能在此安全駐紮。

同時在北方，新的最高統帥取代了歐瑪・弗里奧尼斯。在佩它一戰中擔任領袖的雷希德帕夏（Reshid Pasha）一八二五年四月底圍住了邁索隆吉。自此開始了第三次，也是最後一次圍城，會持續一整年。在努美利南部其餘地方的零星戰爭，讓科林斯峽北邊各處的希臘人都成為敗戰之徒。只有西邊的邁索隆吉和東邊的雅典衛城還撐得住，兩者都被鄂圖曼人團團包圍。雷希德和其他地方帕夏劫掠努美利時，易卜拉辛再度有組織地征服伯羅奔尼撒，所到之處的作物和村莊都被燒毀。到了一八二五年夏末，希臘人不得不放棄的黎波里。易卜拉辛的推進來到最高峰時，埃及軍隊節節逼近希臘人在納菲爾的堡壘和臨時首都。喬治・芬利的結論帶著諷刺，「埃及人繼續滅絕之戰，希臘人則應以土匪行為。」他認為，結果一定是感覺避免不了的：「逃過了刺刀，也逃不過飢荒。」[8]

快到一八二五年底的時候，雙方的兵力都集中在邁索隆吉的圍城。在鄂圖曼這邊，易卜拉辛現在與努美利的雷希德聯合，陸路和海路都封鎖了。來自伊德拉島和斯佩察島的希臘船隻數月來都必須突破封鎖線，為守城的人提供補給。統治愛奧尼亞群島的英國人明令禁止扎金索斯的志願兵去支援，但他們還是貢獻了力量。納菲爾殘存的堡壘是個沉重的負擔，希臘政府也無力干預，只能想辦法募款，繼續補給守城的人。但套索還是無情地拉緊了。

一八二六年四月中，城裡的人只剩下幾個選擇：餓死、投降，或想辦法突圍。他們選了最後一個方案。四月二十二日是棕枝主日（Palm Sunday，復活節前的星期日），他們在那天晚上行動。那是一場注定失敗的英雄行動。據估計，到目前為止，圍城內倖存的大約有九千人，但活著逃出來的不到兩千人。「易卜拉辛自誇砍了三千顆頭，有三、四千名女性和小孩成為奴隸。」幾百名體弱而無法離鎮的人最後躲進赫里斯托斯・卡普薩里斯（Christos Kapsalis）家裡，兩年前，拜倫便是在此去世，他們家也在這段期間內變成貯藏火藥的地方。後來，可能因為大家都同意，不要落入敵人手中，年老的卡普薩里斯自己點了火柴，丟進一桶火藥裡，殺死房子裡所有的人。

在希臘立下戰功、並率先記錄革命的歷史學家湯瑪士・高登（Thomas Gordon）向來含蓄，但他也把邁索隆吉的淪陷稱為「光榮的悲劇」。喬治・芬利在希臘住了三十年後充滿厭煩，而他也在年輕時見證過這個國家的掙扎，對守城的人獻出下面的頌詞：「希臘英雄主義的精神傳遍每個人的胸口，在希臘革命中非常少見——在人類的歷史中也非常少見。」[9]在希臘文裡，「出邁索隆吉記」很快就變成史詩和紀念繪畫的材料。從此以後，這場事件也被奉為神聖的歷史。一九三七年，希臘政府將這座自治市封為「聖城」，這也仍是邁索隆吉今日的正式名稱。

後來那幾個月是革命最黑暗的時刻。在納菲爾、伊德拉島和斯佩察島，彷彿一切都化為烏有。易卜拉辛的部隊遲早會回來。納菲爾的防禦比邁索隆吉好多了。但他們無法防禦飢荒。伊德拉島和斯佩察島的居民每天提心吊膽地等著埃及艦隊的猛攻，就像他們在普沙拉島的戰友一樣，一八二四年夏天，整座島上的人全部戰亡。據說，有些地位比較高的市民甚至想過要逃到英國統治的愛奧尼亞群島。斯佩察島的人比較少，全部撤到伊德拉島待了幾個星期。

邁索隆吉失陷後一年多的時間內，事態是每況愈下。解救雅典圍城的反覆圖謀帶來了代價高昂的失敗。即使來了高知名度的外國志願軍，從國外投注金錢和船隻，依舊無法挽救希臘軍隊的命運，只能無法遏止地下滑。在走投無路時，招募來的局外人是雅尼斯·卡波迪斯特里亞斯伯爵，這位來自科孚島的貴族曾在俄羅斯擔仕了六年的外長，在一八二二年被撤職。一八二七年四月十四日，充滿怨恨的第三次國民大會在伯羅奔尼撒東北部的達馬拉（特洛曾）舉辦，投票將政府中最高的權力職位交給卡波迪斯特里亞斯。這正是十年前友誼社圖謀過卻未達成的結果。這次，或許大家都沒想到，鑑於希臘的情況，卡波迪斯特里亞斯點頭了——不過不是立刻，他過了快一年才上任。當時選出來的臨時政府相當軟弱：到處都出現了不法活動和飢荒；海盜也相當猖獗。

這時，有兩件事結合而救了革命。缺一不可。其一是有足夠的希臘人和他們的領袖都堅持一定要繼續打下去。鄂圖曼人拒絕讓步，也不肯答應叛亂分子的條件，希臘人的決心自然更堅定了——除了在努美利，當地已經有了安排，革命也因此潰堤。另一個則是馬夫羅科扎托斯、科萊提斯、之前的法納爾人及受過教育的人、商人、船東等人成功地擴大了衝突的邊界，超出他們自己的海岸。擴大成國際事件後，革命才有決定性的結果；也加深了革命造成的斷層，以致後來也無法消除。

國際範疇

從一開始，希臘革命從來不是單純的本地事件，僅限於希臘人。友誼社的領袖曾經承諾，要尋求俄羅斯的軍事援助。或許，更出乎意料之外的是「佩特羅斯・馬夫羅米哈利斯對歐洲的宣言」，時為一八二一年四月九日，在一個星期前，他的瑪尼亞特（Maniat）部落成員才拿下卡拉馬塔小鎮。佩特羅比（佩特羅斯是歷史上較常見的暱稱）給自己的封號是「斯巴達部隊的最高統帥」，要求「歐洲所有文明國家提供協助」。「希臘，我們的母親，」他繼續說，「是照亮你們的明燈。」前一個世紀的歐洲旅人就開始了這種逼債的說法。還債的時候到了：「武器、金錢和忠告，是她期待你們提供的東西。」[10] 拿破崙戰敗後過了六年，法國大革命的語言在歐洲這個偏遠的地區紮根。

事實證明，佩特羅比並未認真實行國際主義。他的宣言就跟幾個月後埃皮達魯斯的《臨時約法》一樣，都是充滿想像力的創作。不過值得矚目的是，兩者都得到注意。《臨時約法》不久之後會到達倫敦，資深政治哲學家傑瑞米・邊沁（Jeremy Bentham）讀過以後又送回給希臘政府，提供了豐富且經過認真推敲的評論。邊沁當然對革命的實情一無所知，不然就可以省下這份心力了。但重點是這位偉大的人物居然會費心看這份文件。同樣地，更讓人想不到的是，佩特羅比對國際協助的呼求也帶來了回應。

從歐洲各地，甚至遠從美國，都有志願者來到希臘。有些人已經在前文出現過。其中兩位是最早開始記錄革命的優秀歷史學家，湯瑪士・高登和喬治・芬利，兩人都是蘇格蘭人，還有更出名的拜倫（「有一半的蘇格蘭血統——但從小在蘇格蘭長大」）。[11]在邁索隆吉的英雄花園（Garden of Heroes）中，還有其他很多人的墳墓，上面放了多種語言的紀念碑，仍是一個美麗寧靜的景點，瀰漫著濃重的歷史光輝。英國冒險家理查・徹奇（Richard Church）及湯瑪士・考科藍（Thomas Lord Cochrane）勳爵受託擔任高級軍官，一個在陸上，一個在海上。還有參與拿破崙戰爭的法國老將夏爾・法布維埃（Charles Fabvier）。最有效的軍事貢獻或許來自法蘭克・亞布尼・哈斯廷斯（Frank Abney Hastings）。哈斯廷斯因為抗命而被英國海軍開革，後來證實自己是足智多謀的海軍戰略家，當上全世界第一艘蒸汽戰船卡特瑞亞（Karteria，意思是堅忍不拔）的船長，直到一八二八年為奪回邁索隆吉而喪命。

這些志願者後來被稱為希臘人之友，他們不是傭兵。他們在希臘，也不是為了服務自己的國家。的確，家鄉的國安單位會竭力阻擋他們去希臘，他們常常得想方設法避開，尤其是在革命的前五年。幾乎在每個國家，當局都極為恐懼今日所謂的「激進」會擴散開來，因為他們認為激進與革命脫不了關係。希臘人之友的數目向來不多，總數可能就在一千到一千兩百人之間。

有些歷史學家認為，現代的「人道干預」就從一八二〇年代的希臘人之友開始。但這個想法就誤解了志願者的動機。一個世紀後，到西班牙支援作戰的人數跟希臘人之友差不多，希臘人之友做好準備，要為他人的戰爭冒生命的危險，因為他們相信這場衝突與他們也有利害關係。根據法國商人奇斯遊記的匿名譯者、佩特羅比・馬夫羅米哈利斯和詩人雪萊的說法，這些希臘人之友受到感動，他們覺得對自身文明的起源有所虧欠，必須償還這筆債。在希臘革命爆發幾個月後，雪萊寫下了「我們都是希臘人」（We are all Greeks），就是這個意思，令人記憶深刻。鄂圖曼人阻擋了新歐洲現身的道路，這個歐洲建立在古典的基礎上，希臘人之友也認定這是他們的歐洲。這就是志願者回應的呼召。

這並不是說希臘人之友對他們之中有些人親眼見證的人類苦難無動於衷，還有更多人在家安全待著聽消息的人。瑞士人和美國人在這方面的表現非常突出。邁索隆吉淪陷後的那年冬天，瑞士銀行家尚－加百列・艾納爾（Jean-Gabriel Eynard）組織了大規模的飢荒救助。美國則有充滿活力和人道精神的塞繆爾・格里德利・豪威（Samuel Gridley Howe）於一八二七年在波羅斯島建立醫院。後來，他先放下對古典傳統的敬奉，專注於實用的解決辦法，在愛吉納島的港口（當時的首府），他策劃拆除了岬角上古廟的遺跡，讓港口能開始作業，為數千名離鄉背井的勞工提供就業機會，不然他們可能會餓死。

至於對衝突的直接效應，希臘人之友的貢獻不多。他們未贏得決定性的戰役。志願者中差不多有三分之一的人因戰鬥或疾病而喪命。但他們會在那裡，就是因為踏出了成功的第一步，繼而有更多國家參與，帶來更高的效應。

希臘人之友帶來的不光只是士兵。很多人除了志願工作，也在歐洲和美國打起積極的宣傳戰，當時媒體影響民意的力量才開始展露出來。親希臘人的委員會募款買了三艘輪船，在美國建了巨大的巡防艦，邁索隆吉淪陷後過了幾個月，也靠他們的資金成立了第一支希臘人的常備軍。一八二四年和一八二五年，臨時政府也從倫敦股市的私人投機者募得貸款。不光在希臘，募得款項的國家也是，這些作法都被醜聞玷汙了，浪費的規模非常驚人。雖然如此，在革命最悲觀的那幾年，絕對是靠著這些人才能持續下去。

但個人乃至私人資金的力量畢竟有限。如果說希臘人之友起了個頭，路還是有可能走不下去。最重要的人應該是馬夫羅科扎托斯，他看到了該怎麼辦。透過厚厚的眼鏡凝望，穿著不合適的歐洲大禮服，馬夫羅科扎托斯堅持到底，讓歐洲的強國加入。

一開始看似無望。「歐洲協調」一八二二年秋天在維洛納（Verona）舉辦第五次大會時（也變成最後一次），希臘的臨時政府也想派代表參加。但希臘人還沒到，就被拒絕參與聽證會。叛亂分子不知道的是，儘管如此，在維洛納的會議中，協調好的強國再也無法團結一致，裂痕出現了——所以這次大會才會變成最後一次。爭議的起因是西班牙，不是希臘。也在此時，大不列顛制定了不干預的政策，拉開自己跟「協調」的其他國家的距離。卡斯爾雷勳爵（Lord Castlereagh）是英國超級保守的外長，一八二二年割喉自殺前，他曾經向威靈頓公爵（Duke of Wellington）做過簡報，或許他們應該把公海上的希臘船隻認定為交戰國；威靈頓公爵是英國派往維洛納的代表，不支持希臘革命。隔年三月，繼任卡斯爾雷外交大臣職位的喬治．坎寧（George Canning）宣布了這個小小的躍進。坎寧雖然是保守黨成員，但跟前任的風格很不一樣。他是一位技術高超的演說家，對立的輝格黨（Whig party）中也有許多人很敬佩他，拜倫就是其中一位。在坎寧擔任外交大臣的期間，隨著希臘衝突的擴大，他會繼續扮演關鍵的角色，然後接任首相，一直到他在一八二七年八月過世的時候，不過再過兩個月，他的希臘政策就會取得最終的勝利。

認定公海上的交戰權利或許聽起來沒什麼，還不足以認同希臘是獨立的國家。大不列顛在衝突中仍保持中立。至少在名義上，愛奧尼亞群島的英國領地仍堅持中立。但意思是，在法律上，全世界最強大的海軍再也不會把帶著武器的希臘人當成海盜或罪犯。勉強算是認同。對希臘人的行為，給予某種程度的正當性。

英國政策的改變公諸於世後，馬夫羅科扎托斯迅速採取行動。他在一八二三年六月和七月連續寫了很多信給坎寧和其他高階英國軍官，闡述他的願景，讓剛獨立的希臘和大不列顛結為同盟。兩國有共同的海事和貿易利益。不過馬夫羅科扎托斯又更進了一步。他原本期待革命的外援來自俄羅斯，大多數希臘人也有同樣的心思。馬夫羅科扎托斯發覺，該國與歐洲敵手間的競爭才是關鍵。「近東問題」難解的程度到惡名昭彰，但希臘人握有解決辦法。大不列顛如果在地中海東邊有一個自由而獨立的盟國，對歐洲的勢力均衡來說就是最佳保證，鄂圖曼帝國終究會衰落，這個盟國可以限制俄羅斯的擴張。

馬夫羅科扎托斯最初的行動都在私底下進行。他的提議在這時嚇壞了不少希臘人。還有很多人不信任這些提議的作者，把他當成局外人、狡詐愛擺佈他人，而且只求自己的利益（在這些指控中，只有最後一項在當時最有影響力，就歷史的觀點而言可以排除，並無大礙）。關於這些計謀的謠言四起，不久之後便激得克羅克特洛尼斯不讓馬夫羅科扎托斯擔任立法權的總統，並脅之以暴力。自始至終，坎寧都沒有回信。

馬夫羅科扎托斯只得暫且罷手，先推動申請第一筆高額國外貸款，提出的地點在倫敦也不是巧合。這個動作跟之前的不一樣，在前幾個月召開的第二次國民大會上得到強力支持。就連克羅克特洛尼斯也投了贊成票——不過「摩里亞的老人」早有先見，拜倫的密使不久之後來訪時，他吐露了自己的疑慮，反對的理由是：

> 大不列顛或許會因此在希臘取得過度的優勢，而他希望這個國家可以完全得到自由，可能還會助長馬夫羅科扎托斯和法納爾人的陰謀，他們……會想方設法挪用大部分的金額。[12]

國際化總有不利之處。

一年後，一八二四年八月，現代化主義者贏了第一場內戰。接近英國外交大臣的手法換新了，也一路無阻。這次相當公開，用希臘政府的名義。到這個時候，「歐洲協調」團結中的裂痕又擴大了。祕密的俄羅斯備忘錄內容遭到洩露。俄羅斯的倡議是要鎮壓革命，把獲利分配給歐洲強權個別的「影響區」，每一區名義上仍隸屬於蘇丹。如此一來，表象仍是維護現狀。剛掌權的希臘政府立刻抓住了機會，給坎寧的信嚴厲斥責俄羅斯倡議，要求英國人協助。這次，外交大臣真的回信了，但仍不肯承諾。馬夫羅科扎托斯就是要利用俄羅斯和西方強國間的彼此不信任，這個政策開始運作了。

到了易卜拉辛和埃及部隊抵達伯羅奔尼撒的時候，不能再拖延了，現代主義者贏得第二次內戰後，也更佔優勢，大多數希臘的領袖都願意讓一個或好幾個歐洲強國插手。問題是，哪一個好？這個問題極為關鍵，因此，在獨立的希臘若有現代的政治黨派出現，第一個徵兆就是敵對團體催促著要去依附大不列顛（在希臘的名字一直都是「英格蘭」）、法國或俄羅斯。接下來的二十年內，會有馬夫羅科扎托斯領導的「英國」黨、科萊提斯的「法國」黨和克羅克特洛尼斯提出的「俄羅斯」黨，不過這些都不是正式的名字。像馬夫羅科扎托斯一樣精明的人不多，他看到答案並非其中一個國家，而是利用三個國家彼此之間的利益衝突。這或許可以解釋，即使馬夫羅科扎托斯個人在政府內的地位變得無足輕重，他的策略仍會馬上得到澄清。

隨著一八二五年一天天過去，易卜拉辛的軍隊逼近納菲爾和邁索隆吉，雅典遭到包圍，敵對黨派之間的競爭日趨白熱化。一個團體正私下與法國談判，要把希臘王位送給法國的聶姆爾公爵（Duke of Nemours）。克羅克特洛尼斯向俄羅斯表達順服的意願，對方充耳不聞。七月，很難得地達成了協議，所有的領袖簽訂的文件不久之後就會送到倫敦。這份文件的日期是一八二五年八月一日，宣布「希臘民族國家將其自由、獨立及政治生命的神聖攢積全部交給大不列顛保護」。[13] 即使在一八二五年，三大強國都還不肯承認希臘叛亂分子的任何權利，干預的意願更低，但革命已經進入了全新的階段。

英國外交大臣讓他的堂弟斯特拉福・坎寧（Stratford Canning）爵士擔任大使，前往君士坦丁堡。大使受命要經過愛奧尼亞群島和希臘。在那裡，他要跟希臘臨時政府進行商議。一八二六年一月九日，在伊德拉島對面，伯羅奔尼撒的無人海岸，他跟馬夫羅科扎托斯碰頭。會面才結束，兩人分別搭乘的船隻都突然捲入了暴風雨。大使的船帆都被吹掉了，馬夫羅科扎托斯的船沉了，他必須游上岸自救。[14] 然而，他們首次建立了一個基礎，讓國外勢力涉入。馬夫羅科扎托斯做的讓步傳到國內後，很難得到眾人的諒解。首先，所有的「土耳其人」（指穆斯林）要撤出（範圍尚未確定的）「希臘」。另一方面，希臘必須每年付給蘇丹貢金，依舊隸屬於鄂圖曼帝國。這不是希臘人爭取的全面獨立。但在接下來的四年內，這就是全部的外交議案。馬夫羅科扎托斯有足夠的外交手腕，知道如何保持耐心。

而在倫敦，外交大臣也在等待這次會面的結果。前一年十二月，尼古拉一世（Nicholas I）接替了亞歷山大的王位成為新沙皇，坎寧以祝賀為藉口，派威靈頓公爵去俄羅斯，根據上述條款達成雙邊協議。一八二六年四月四日，邁索隆吉的圍城再幾個星期就要結束，協議也在聖彼得堡簽訂了。俄羅斯和大不列顛的政府都要負責跟蘇丹調停，達成馬夫羅科扎托斯代表希臘政府同意的正式協議。

同時，鄂圖曼的立場愈來愈強硬。之前，在一八二四年，拜倫高調參與革命，還有在倫敦為希臘申請的第一筆國外貸款，都在君士坦丁堡引發強烈抗議。鄂圖曼政府由上而下都看清楚了現實，但歐洲各國一開始卻不肯承認。即使上述都是未經官方批准的個人行為，又算是哪一種「中立」？那年五月，俄羅斯的分割提議公開了，情況變得更糟。原本在鄂圖曼體制內，有人提倡以更寬大的手段重獲希臘叛亂分子的人心，但從這時候起，這些聲音也被壓下了。[15]希臘人的口號則相反，「不自由毋寧死」。不是全然的臣服，就是全然的滅絕。

即使在外交上，從一八二六年的冬天到一八二七年的前半年，看起來只能選擇死亡。的確，這個可能性毫無掩飾，發生的機率也愈來愈高，推動了下一輪的外交。在歐洲各首都流傳的謠言說，易卜拉辛想大幅減少整個伯羅奔尼撒的人口，讓來自北非的穆斯林進駐，也就是反轉希臘人在一八二一年開始的「種族淨化」。這些謠言不論是真是假，都引起強大的迴響。邁索隆吉的命運在整個大陸留下不可磨滅的痕跡。兩年前拜倫在當地離世，也確保這個地名在全世界都有「識別度」。作為西方文明起站的雅典正遭圍困，最後在五月投降。就連講求實際的政治領袖和政府再也無法漠視一種模糊的感受，他們自己的某個東西受到了威脅——尤其在某些國家，支持希臘的媒體有足夠的自由，可以表達或鼓動輿論。

這並不是說每個人都支持干預。最早在一八二四年一月，美國國會為了回應公眾對希臘革命的狂熱，就辯論過這個議題，他們不考慮在一開始就認同希臘獨立，因為這樣可能需要付出美國人的性命。在法國，此時對希臘親善的情緒來到了高點，政府在祕密為埃及艦隊建造戰船，甚至在一八二七年戰船開始服役時，派出法國軍官隨行擔任顧問。[16]在大不列顛執政的保守黨，除了坎寧之外，對帶著革命意味的東西通常都充滿敵意。威靈頓公爵的直覺反應也是如此，因此他在結果中扮演的角色也有點諷刺。

儘管各種趨勢彼此衝突，強權國家之間的情緒卻在慢慢變化。法國政府也接到了希臘的懇求，也因未參與聖彼得堡的雙邊協議而十分憤怒。一八二七年初，法國人擬定了自己的國際條約草稿。最後在七月六日，當時坎寧是英國的首相，英國、法國和俄羅斯的代表在倫敦簽訂了三方條約。條款跟之前差不多。由於鄂圖曼人認為這是內部事務，蘇丹也會繼續排除國外的干預，要如何強制交戰方進行調解，條約便寫得不是很明確。由於未用心擬定指令中的精確用詞，眾強國派出聯合海軍部隊前往地中海，支持他們的承諾。這當然會引發對峙。結果也確實如此。

一八二七年十月二十日，決定希臘革命結果的戰爭在納瓦里諾灣打了起來。英國、法國和俄羅斯的特遣部隊船隻數目是對方的三分之一，但火力強多了。埃及和鄂圖曼的聯合艦隊在錨地全軍覆沒。關於這次接戰，專門的著述至少有一整本。從那時候起，眾人就一直在激烈爭辯是誰先開了第一槍，最高統帥皇家海軍上將艾德華．科德林頓（Edward Codrington）該負的責任也沒有定論。革命期間的精彩戰爭只有少數幾場，這就是其中之一。納瓦里諾改變了一切。而且參戰的也沒有一個希臘人。馬夫羅科扎托斯和其他人一心將鬥爭推向國際化，帶來的影響力非常驚人。

從這時起，革命的結果便牢不可破地與歐洲強權的外交手腕和高階政治交織在一起。但是，不是**某一個**強權。從希臘人的觀點來看，這就是好處。即使在希臘，敵對黨派因著偏好的忠貞對象而起了爭執，但納瓦里諾之戰帶來的動力勢不可擋，也不會偏袒任何一方。如果革命的命運現在要在離希臘很遠的地方決定，決定權也不在某一個國家手中，而是取決於各國與對手之間的相互作用。這就是三大強國代表與會的真實意義，這場會議稱為「倫敦希臘會議」，第一次於一八二六年底舉行，一直舉辦到一八三二年。從一八二七年的夏天到一八二九年的秋天，三大強國輪流領導軍事行動，支持他們的外交倡議。

大不列顛在納瓦里諾駐紮的中隊最大，也擔任總指揮。那場行動的結果去掉了希臘所有的海上威脅。一年後，在英國，威靈頓公爵成為新的首相，推翻大多數坎寧的政策。威靈頓公爵可能也建議喬治四世在隔年一月對議會演說時，為納瓦里諾的「不當活動」向鄂圖曼人道歉。但倫敦會議宛若一種三向搖動。英國對希臘的支持減弱，法國和俄羅斯的力量就升高了。

尼可拉．梅森（Nicolas Maison）將軍帶領的法國部隊在一八二八年夏天受命驅除伯羅奔尼撒最後的鄂圖曼勢力。希臘人之友的干預仍在繼續，但這場行動很不一樣：梅森將軍直接從巴黎領命。然後，從那一年的春天到一八二九年九月，俄羅斯向鄂圖曼帝國發起新的戰爭。這就是友誼社一度密謀的行動，但現在的情況很不一樣了。也有人認為，在幫助希臘獨立時，俄羅斯比其他國家投入了更多軍事行動。的確，俄羅斯的海軍也繼續在愛琴海行動，鎮壓海盜。[17]但在這場新的俄土戰爭中，戰鬥地點僅限於巴爾幹半島，以及高加索地區黑海遙遠的岸邊。這一系列的戰爭橫跨一個多世紀，在這最後一次爆發時，止好決定了希臘的命運。

一八二九年八月，沙皇尼古拉的部隊到了阿德里安堡，也就是今日的愛第尼，離鄂圖曼的首都不到一百英里，效應令人震撼。有好幾個星期，看似俄羅斯軍隊就要一路攻進君士坦丁堡。輪到最為保守、與希臘不親善的威靈頓公爵來介入。「我們必須重建希臘帝國，」這名首相在九月十一日寫信給他的外交大臣亞伯丁勳爵（Lord Aberdeen）；「在歐洲的強權都不該拿走任何東西，除了俄羅斯的君主應該為自己的花費收一筆金額。」[18]到頭來，並不是這種結果。蘇丹求和，接受《阿德里安堡條約》中一些相當羞辱人的條款，在鐵公爵（Iron Duke，指威靈頓公爵）寫了信後三天簽訂。條約還有接受希臘的交易，精神近似斯特拉福．坎寧爵士和馬夫羅科扎托斯在一八二六年初會面的決定，就是在伊德拉島對面碰上暴風雨那天。希臘會變得獨立自主，但仍隸屬鄂圖曼，每年支付貢金。

威靈頓公爵現在終於相信馬夫羅科扎托斯在一八二三年向英國外交大臣首次提出的事實：鄂圖曼帝國已經走上窮途末路。歐洲的和平在於找到替代品來抵消俄羅斯的勢力，希臘是唯一的選擇。英國政府雖然不甘不願，也不信任同盟，才踢出最後意外的臨門一腳。為什麼這個新的希臘不能完全獨立呢？那麼一來，三大強權跟鄂圖曼帝國一樣，都必須放棄原本想把希臘當成附屬國來統治的要求。

沒有人敢反對。至於蘇丹本人，受限於《阿德里安堡條約》的條款，因此不得不接受已經做出的決定。也沒有人問希臘人的意見。一八三〇年二月三日由大不列顛、法國和俄羅斯政府簽訂的《倫敦協議》（Protocol of London）首次提出主張，並有三大強權的保障：「希臘會組成獨立的法理國家，享受完全獨立附有的所有權利——政治、行政和商業。」[19]

最後的助力

在這時，希臘的事件幾乎完全繞著一個人的個性和行動在轉。希臘的生命懸於一線，卡波迪斯特里亞斯在集體恐慌的時刻被選為最高權威。一八二七年的第三次國民大會為他設計了一個希臘前所未有的職稱，之後也不會有人再用。希臘文的 **Kyvernitis** 就是拉丁文的 gubernator，衍生出「總督」（governor）一詞。Kyvernitis 原本是「舵手」的意思，今日專門用來指船長或機長。英文的記述裡多半給卡波迪斯特里亞斯「總統」的頭銜；但希臘的對等詞已經有用途了，根據一八二〇年代的臨時憲法，用來指政府裡其他最高的職位。選出卡波迪斯特里亞斯，一開始就是暫時的解法，一種緊急措施，最多不會超過七年。在希臘文裡，卡波迪斯特里亞斯從來不是希臘的「總統」。在革命最終的結果出來前，他是希臘的總督。

卡波迪斯特里亞斯該向誰負責，一直都不清楚。默許他任命的強權國家是他的上司嗎？還是希臘人呢？他是根據《臨時約法》選出來的，還是該向《臨時約法》負責呢？之後他就會廢除這部憲法。卡波迪斯特里亞斯來自科孚島，出生時該地尚由威尼斯人統治，身為貴族的他同時是圈內人和圈外人。他是「東正教聯邦」的產物，但他成年後幾乎都住在國外，也在國外累積政治經驗，一開始在俄羅斯，後來被放逐到瑞士。在他的選民眼中，這就是他該掌權的理由。卡波迪斯特里亞斯的教養或態度都無法幫他融入一八二〇年代晚期的伯羅奔尼撒。無論如何，他也不在乎融不融入。

卡波迪斯特里亞斯是個難以捉摸的人。過了兩個世紀後再看，他統治的本質也一樣令人費解。獨裁、孤獨、嚴厲的他在當時和現在都是某些人心目中希臘的救星，從混亂中帶出秩序。他掌權的三年半前後，希臘都經歷了暴亂的無政府狀態，也證實了上述的看法。這些混亂的時期不像一八二四年的內戰，因為革命的本質和目的不同，藉口也不一樣，內戰把真實且避不開的緊張狀態帶上檯面。卡波迪斯特里亞斯在一八二八年一月抵達伯羅奔尼撒，這裡在那之前已經陷入了武裝衝突。在三大強權的戰船護送下，他航行到納菲爾，看到民兵從俯瞰港口的兩座大要塞轟炸敵軍和小鎮。這或許能幫我們解釋為什麼卡波迪斯特里亞斯一直努力為大眾付出——另一方面，他對人民似乎有種略為浪漫、且肯定是家長式的情感。在他統治的那幾年，要保障秩序，或許只能靠這位總督了。另一方面，即使是對他忠誠的希臘領袖也得不到他的信任，或許這就是他最後垮台的理由。

也是在卡波迪斯特里亞斯統治時期，對外戰爭終告結束。這些戰爭可說是虎頭蛇尾。在伯羅奔尼撒，最終與易卜拉辛在一八二五年登陸的鄂圖曼部隊，最後由能幹的梅森將軍和他的法國正規軍肅清。一八二八年的前幾個月，眾人則努力在努美利找回立足點，奪回邁索隆吉，將希臘的勢力繼續向北推進。與希臘人友好的英國人法蘭克·哈斯廷斯和理查·徹奇在這些行動中扮演很重要的角色，哈斯廷斯也因此喪命。一旦俄羅斯在四月底向鄂圖曼帝國宣戰，相當難對付、已經征服邁索隆吉和雅典的雷希德帕夏帶著所有可以調動的部隊到了巴爾幹半島。雷希德離開後，說希臘語及阿爾巴尼亞語的民兵就能大膽行動了，後者有基督徒也有穆斯林，他們可以適其所需分個勝負，或組成新的同盟。

一八二九年九月，在底比斯和利瓦迪亞之間的山隘，進行了最後一場戰役。僅是一場小衝突。榮耀要歸給迪米特里歐斯·伊普西蘭提斯，亞歷山德羅斯的弟弟，在八年半以前開始革命。但現在沒有關係了。在同一個月簽訂的《阿德里安堡條約》中，俄羅斯人給鄂圖曼人的條款中指明，峽口北邊要成為希臘國家一部分的領土範圍不會由軍事行動決定，而是遠在歐洲，在地圖上畫線決定。

卡波迪斯特里亞斯最重要的任務就是推進馬夫羅科扎托斯在一八二三年開始的外交活動。即使在這裡，儘管充滿決心和毅力，他的行動自由仍然有限。倫敦會議養成了一個習慣，不諮詢希臘人的意見就作出決定。但卡波迪斯特里亞斯是受過訓練的外交官，應該有足夠的地位為他的國家贏得最高的優勢。但他最重要的優勢到頭來卻是障礙。總督在俄羅斯服役時，學會了這些外交技能。英國人和法國人一直不相信他能真誠代表希臘談判，而不是私下為俄羅斯謀利。可惜的是，雖然沙皇尼古拉讓他榮譽退伍，以便回到希臘擔任公職，但沙皇似乎也不信任他。審視卡波迪斯特里亞斯在外交上花的心力，很難指出在最終的協議裡，有哪些元素出自他一開始的提議。

他在祖國採取的行動才是關鍵。喬治．芬利等批評家指責卡波迪斯特里亞斯是暴君，動機出自私人的野心。[20]從正面的角度來看，他提倡教育，推動建立新學校，使用英國和歐陸最新的實驗方法。他用一種叫「鳳凰」的硬幣推行希臘最早的現代貨幣，以及設立初期的國家銀行。他組織了司法機關。他開始制定土地登記的方法，在當時非常有需要——過了幾乎兩個世紀，在本書撰寫時仍有迫切的需求，而且還不完整。他也開始推行每家希臘客店（taverna）及後來的餐廳提供的主食馬鈴薯。

所有的記述都同意，卡波迪斯特里亞斯在政治上傾向他在俄羅斯已經很習慣的那種獨裁政體。就那種程度來說，他的總督職位與革命期間浮現的民主和多元主義相反。他的政見與友誼社相去不遠，友誼社也曾想招募他擔任領袖。在卡波迪斯特里亞斯的領導下，希臘的政治走了回頭路。他被稱為「開明的暴君」，可說是相當中肯。[21]雖然才五十出頭，卡波迪斯特里亞斯在獨立的希臘已經追不上潮流。或許在他統治之下，最持久的遺產便是權威主義的模範，未來有希望成為希臘「救主」的人可以模仿。

在一八三一年開始前，卡波迪斯特里亞斯就要降服敵對雙方兩股不同的叛亂。一邊是伊德拉島的船主和商人，另一邊則是瑪尼驕傲的戰士，由馬夫羅米哈利斯家族帶領。兩個群體的重點都是徵稅。中央政府仰賴最富裕的子民，為行政運作提供必要的資金。尤其是提瑪尼亞特人，他們從未付稅給鄂圖曼人，現在也拒絕付給卡波迪斯特里亞斯的雇員。島上的船東在革命前就有自己的安排，也相當順利。以前從來不付稅的他們，現在也受到徵稅的威脅。這些團體和其他陸地上的利益團體並未補貼共同的財庫，而是從政府榨取更多的財富。他們也有理由——歷經十年的戰爭，直接衝擊到他們的生計。十年的蹂躪，每個人都變成赤貧，包括中央財庫在內。對抗卡波迪斯特里亞斯的叛亂分子基本上也是反稅分子。

但他們的重點不光是錢。馬夫羅科扎托斯跟島上自行創業的中產階級一向很接近，這時也變成反對總督的政治領袖。卡波迪斯特里亞斯的選舉依據是《臨時約法》，但他拒絕恢復其效力，對馬夫羅科扎托斯來說太過分了。另外也因為大家都懷疑這位總督會讓俄羅斯為所欲為。伊德拉島的米奧烏利斯（Miaoulis）上將公然反抗政府，將問題推到緊要關頭。俄羅斯的中隊在波羅斯島的港口包圍他的船隻。米奧烏利斯不肯屈服，反而炸掉了希臘艦隊的旗艦「希臘號」（Hellas），這艘船的資金來自美國的希臘人之友，造價昂貴。非常愚蠢，非常浪費。

到了夏末，兩股叛亂勢力都成功鎮壓。但卡波迪斯特里亞斯的勝利只是一時的。到了十月，佩特羅比．馬夫羅米哈利斯和他的兩名親戚仍被政府關在納菲爾，實際上就是人質。佩特羅比是族長，也是瑪尼亞特人毫無異議的領袖。看起來，他沒有直接捲入抗稅。他的弟弟康斯坦蒂諾斯和兒子尤格斯是否加入了抗稅，則不得而知。但佩特羅比在牢裡，另外兩人則被軟禁，能在小鎮裡自由活動，身邊也總會有武裝警衛看守。

一八三一年十月九日，這個星期天的早晨，卡波迪斯特里亞斯正要走近納菲爾一條偏僻街道上的聖斯皮里東（St Spyridon）教堂，康斯坦蒂諾斯和尤格斯帶著武器，分別站在門的兩側等他。兩人都有警衛看著，但顯然行動不受控制。接下來的事件，有種受人指揮的感覺。總督看到他們，遲疑了一下，又繼續前進，彷彿自願走向死亡。他就在那裡倒下。據說其中一顆對著他發射的子彈在教堂門口留下了孔洞，現在也是觀光景點。一名殺手在現場被私刑處死——進一步證實卡波迪斯特里亞斯雖然跟其他政治領袖合不來，仍是許多民眾效忠的對象。另一名殺手被捕，依正當程序處決。

一個多世紀後，一九四四年，詩人兼小說家尼可斯・卡山札基斯（Nikos Kazantzakis）來到另一個希臘歷史的轉捩點，他會改寫這些事件，將之搬上舞台，卡波迪斯特里亞斯之死被描繪成為了分裂的國家、像基督一樣犧牲生命。那時，政治理念粗略歸為自由派和革新派的人反應很強烈。在某些地區，殺手被尊為哈莫狄奧斯（Harmodios）及亞里斯多耶頓（Aristogeiton）的繼承者，他們在古典時代的雅典殺死了暴君。曾率先清楚表示希臘是個現代國家的柯拉伊斯已經邁入八十大關，他無情地在著作中抱怨，殺手「讓違反希臘法律的罪人避開比死更可怕的懲罰：恥辱滿滿地被逐出希臘」。[22]

總督遇刺的消息傳出去以後，伯羅奔尼撒回到極度混亂的狀態。

後來的一年多，獨立希臘的政治生命變得四分五裂。團體或領袖都不肯讓敵手佔優勢，也付不起這個代價。這就像把強權國家之間的敵對狀態畫成激烈的諷刺漫畫，最有遠見的革命人士早就成功地加以利用。連續舉行的國民大會最後一場在一八三二年八月舉辦，結束得很難堪，武裝士兵「衝進會堂……抓走總統和幾名民意代表，作為欠款的人質」。[23]這場命運多舛的集會在納菲爾城外的貧民區舉行，卡波迪斯特里亞斯設立了這處所在，讓希臘其他地方因為逃避戰亂而來的難民有地方可以住。貧民區叫作普羅諾亞（Fronoia），意思是「天命」。卡波迪斯特里亞斯一直很相信天意。八月的那一天，在場的人有沒有注意到這其中的諷刺，就無人記錄了。

革命的結尾就跟開頭一樣，社會秩序蕩然無存。這一次，起衝突的不是希臘基督徒和土耳其穆斯林，而是同為希臘人、同為基督徒的人。說真的，恐怖的規模沒有那麼高。但人民仍喪失了生命，很多人也因此失去了生計。最後的戰爭日期是一八三三年一月十六日，地點是離首都納菲爾不遠的小鎮阿各斯，再過幾天，希臘的新國王就會到來，帶著德國軍隊來恢復秩序。

雖然一八三〇年就簽訂了倫敦協議，三大強權卻花了一點時間才完成後續動作。在卡波迪斯特里亞斯遇刺前，法國、比利時和波蘭的混亂，以及大不列顛的執政黨更替，導致希臘失去了大眾的關注。但是，又是在歐洲北部的首都裡，會決定這個新國家的命運。也有可能因為希臘這個國家得到了認可，與其他因素一起促成群眾造亂。

到了一八三二年初，在倫敦重新召開的會議同意將希臘王位交給奧托（Otto），他是巴伐利亞國王路德維希（Ludwig）未成年的次子。這個位子原本要給薩克森—科堡（Saxe-Coburg）的利奧波德王子（Prince Leopold），他想了很久，還是拒絕了。利奧波德會成為比利時人的第一位國王，在歷史上佔有一席之地。各方都公開表示，他們很滿意奧托接下這個位置。再一次，沒有人想到要聽取希臘人的意見；到了這個時候，希臘的個人或團體仍沒有權限代表他們的國家。奧托就像二十世紀希臘詩人知名詩作中的野蠻人，可以看成「某種解決辦法」。

一八三二年五月，強權國家在倫敦簽訂的新協議更新了一八三〇年那份協定的條款。奧托在一八三五年成人後，就會成為國王。在那之前，權力先握在巴伐利亞攝政團手中。這一次，新國家的邊界畫得比之前更大了，不過界外的東正教希臘語使用者人數仍是界內的三倍。北邊的邊界東邊是沃洛斯的南部開始，西邊是亞爾塔的南部。也終於決定了哪些島嶼會併入這個新國家。在愛琴海這一側最靠近本土的島嶼，向北到斯波拉迪斯群島，都包含在內；克里特島、薩摩斯島和基歐斯島等參加過革命的大島，則不包含在內。在希臘文三千五百年的歷史記載中，希臘首次在歐洲地圖上成為政治實體。

一八三三年二月六日，奧托搭乘英國的戰船抵達納菲爾，一個新的國家誕生了。這個國家不是任何人的腦力創作品，也是計畫之外的子女，更是歐洲和鄂圖曼帝國共同的孩子，而且親代的血緣無法否認。但跟人類的孩子一樣，也是新的實體，會慢慢長大，發展出自身獨一無二、無法預知的個性。

---

1 科斯塔斯．科斯蒂斯，《歷史寵壞的孩子：現代希臘的成形》，賈寇柏．莫伊譯（倫敦：Hurst，二〇一八；希臘文初版於二〇一三），頁五九；湯瑪士．加蘭特（Thomas Gallant），《希臘人的愛丁堡歷史：一七六八至一九一三年》（*The Edinburgh History of the Greeks, 1768 to 1913*，愛丁堡：愛丁堡大學出版社，二〇一五），頁一一七；湯瑪士．加蘭特，《現代希臘：從獨立戰爭到現在》（*Modern Greece: From the War of Independence to the Present*），第二版（倫敦：Bloomsbury，二〇一六），頁一一九。

2 斯皮里東．特里庫皮斯（Spyridon Trikoupis），《希臘革命史》（*Ιστορία της Ελληνικής Επαναστάσεως*），共四卷，倫敦：一八五三～一八五七，卷一，頁九，迴響可參照瓦西利斯．克雷米達斯，《一八二一年的希臘革命：文件、調查研究、解讀》，雅典：Gutenberg，二〇一六，頁九九。

3 喬治．芬利，《希臘革命史》，共兩卷（愛丁堡：Blackwood，一八六一），卷一，頁二八三；另請參見卷一，頁一一九、一七七～八、一九五；卷二，頁一九四、三八一。

4 馬夫羅科扎托斯致迪米特里歐斯．伊普西蘭提斯，一八二一年十月二十七日（新曆的十一月八日），最早出版於雅尼斯．菲勒蒙，《關於希臘革命的史論》（*Δοκίμιον ιστορικόν περί της Ελληνικής Επαναστάσεως*），共四卷（雅典：Karyofyllis，一八五九～一九六一），卷四，頁五一三～四。

5 芬利，《希臘革命史》，卷一，頁二九九。

6 佩特羅斯．皮藏尼亞斯（Petros Pizanias）編著，《一八二一年的希臘革命：一場歐洲的事件》（*The Greek Revolution of 1821: A European Event*，伊斯坦堡：Isis Press，二〇一一；希臘文原版於二〇〇九年出版）。

7 皮藏尼亞斯，《一八二一年的希臘革命》，頁六四。

8 芬利，《希臘革命史》，卷二，頁八一。

9 赫里斯托斯．伊凡耶拉托斯（Christos Evangelatos），《邁索隆吉的歷史》（*Ιστορία του Μεσολογγίου*，雅典：Govostis，二〇〇七）；湯瑪士．高登，《希臘革命史》，共兩卷，（愛丁堡：Blackwood，一八三二），卷二，頁二五六、二六〇；芬利，《希臘革命史》，卷二，頁一〇五；另請參見卷二，頁一一一。

10 高登，《希臘革命史》，卷一，頁一八三。特里庫皮斯（《希臘革命史》，卷一，頁三六八～九）提供的希臘文本，據推測是原版，未包含引用的最後一句。

11 拜倫勳爵，《唐璜》（*Don Juan*），第十章，行一三五～六。

12 羅德里克．比頓，《拜倫的戰爭：浪漫的叛亂，希臘革命》（劍橋：劍橋大學出版社，二〇一三），頁一五二～三，引用詹姆斯．漢米爾頓．布朗（James Hamilton Browne），〈一八二三年至希臘戰場造訪的記述〉（Narrative of a visit, in 1823, to the seat of war in Greece），《布萊克伍德愛丁堡雜誌》（*Blackwood's Edinburgh Magazine*），卷三六，二二六號（一八三四年九月），頁四〇四。

13 高登，《希臘革命史》，卷二，頁二八三～四。

14 高登，《希臘革命史》，卷二，頁二七八～九。

15 侯賽因．蘇克魯．伊魯賈克（Hüseyin Sükrü Ilıcak），〈帝國的根本反思：一八二一至一八二六年，在希臘獨立戰爭期間鄂圖曼的狀態及社會〉（A radical rethinking of empire: Ottoman state and society during the Greek War of Independence [1821–1826]）（哈佛大學博士論文，二〇一一），頁一六九、一九三、一九六、二五七～六〇。

16 蓋瑞．貝斯（Gary Bass），《自由的戰爭：人道干預的起源》（*Freedom's Battle: The Origins of Humanitarian Intervention*，紐約：Vintage，二〇〇九），頁九二～七；威廉．聖克萊爾（William St Clair），《那個希臘或許仍能自由：獨立戰爭中的希臘人之友》（*That Greece Might Still Be Free: The Philhellenes in the War of*

Independence，劍橋：Open Book，二〇〇八；一九七二年初版），頁二七四～六。

17 路西安．弗雷利，《一八二一至一八四四，俄羅斯及現代希臘認同的形成》（牛津：牛津大學出版社，二〇一五），頁四四、五三。

18 道格拉斯．達金（Douglas Dakin），《希臘人為了獨立的奮鬥，一八二一～一八三三》（*The Greek Struggle for Independence, 1821–1833*，倫敦：Batsford，一九七三），頁二七三。

19 希臘外交部，歷史檔案管理部，《現代希臘的建立：主要的條約與會議（一八三〇－一九四七）》（*The Foundation of the Modern Greek State: Major Treaties and Conventions [1830–1947]*），Ph. 康斯坦托普魯（Ph. Constantopoulou）編著（雅典：Kastaniotis，一九九九），頁三〇（內容為法文）。原版的摹本出自 J. M. 瓦格斯塔夫（J. M. Wagstaff）編著，《希臘：種族及主權，自一八二〇年至一九九四年。地圖集及文件》（*Greece: Ethnicity and Sovereignty, 1820–1994. Atlas and Documents*，檔案版，劍橋：劍橋大學出版社，二〇〇二），頁一四一～五。

20 芬利，《希臘革命史》，卷二，頁一九九、二〇九、二一七～八、二二〇、二二七。

21 克雷米達斯，《一八二一年的希臘革命》，頁一九八～九。

22 彼得．比安（Peter Bien），《尼可斯・卡山札基斯：精神的政治》（*Nikos Kazantzakis: Politics of the Spirit*），卷二（紐澤西州普林斯頓：普林斯頓大學出版社，二〇〇七），頁一九七～二二三；亞達曼提歐斯・柯拉伊斯，《原著全集，第一卷》，G. 瓦列塔斯編著（雅典：Dorikos，一九六四），頁八〇二；《卡波迪斯特里亞斯對話，第5號》（*Καποδιστριακοί διάλογοι Ε΄*），日期為一八三一年十月三十日）；C. M. 伍德豪斯（C. M. Woodhouse），《卡波迪斯特里亞斯：希臘獨立的奠基者》（*Capodistria: The Founder of Greek Independence*，倫敦：牛津大學出版社，一九七三），頁五〇二～三。

23 芬利，《希臘革命史》，卷二，頁二七五～六。

4 邁出生命中的第一步

一八三三～一八六二

那是一個冬日，在希臘文裡叫作「halcyon」（意思是「歌舞昇平」）。陽光暖暖的，大海很平靜，藍得徹底。三千名士兵，從德國聯邦招募來的傭兵，都已經上岸了。數個國家派來的七十多艘船停泊在納菲爾港外，索具上繫著旗子。禮砲一發接著一發，向剛到來的年輕未來國王致敬。砲口飄出的白煙阻擋了視線。所有居民都出來迎接剛到的這些人，他們在提林斯（Tiryns）的史前城牆附近上岸，被護送到鎮上。當時的情景色彩繽紛，歡慶的聲音十分喧鬧，十二年的戰爭終於以勝利終結。十七歲的奧托個子高瘦，穿著天藍色的制服，騎在隊伍最前面，由騎著馬的輕騎兵護送，後面跟著三名巴伐利亞的攝政王，在奧托成年前由他們掌權。

革命所有的政治和軍事領袖都到場了，對這個盛典表示敬意。戴著浮誇頭盔的克羅克特洛尼斯似乎轉開了頭。戴著禮帽和厚厚眼鏡的馬夫羅科扎托斯，以及戴著紅色土耳其氈帽的科萊提斯，都轉了一百八十度，面對他們從現在起要服侍的君主，敬畏表情中帶著詫異。這些人最近才塑造出世界上這個地區的未來，也已經開始行動，把他們的位置讓給命定之人，在場地的邊上，駱駝耐心等待著負上牠們的重擔。無論如何，之後不久，這個時刻就被畫在超過四公尺長、兩公尺高的畫布上，今日則掛在慕尼黑的新繪畫陳列館裡。畫家彼得·馮·黑斯也在上岸的隊伍中。

另一位見證人喬治·芬利在他的著作《希臘革命史》裡，用少見的抒情文字專門描述這個場景。「眾多陸軍和海軍的制服，許多語言的聲音，證明最文明的國家派來代表，開展希臘重生的慶典，」他在過了快三十年後寫道。芬利繼續回憶，那個時候的「期待是第三個希臘的誕生，再度在世界的年鑑上佔據輝煌的地位」。在歐洲受教育的年輕作家帕納約提斯・蘇奏斯（Panagiotis Soutsos）在這個獨立王國即將出版的第一本小說裡，用希臘文寫出他心中的感受，才過了一年，所以也不算後見之明。小說中的主角接著了一段熱烈的聲明：

> 噢！希臘的王！古老的希臘將學習的光芒遺留給德國；透過你，德國要連本帶利償還這份禮物，而且對你滿心感激，看到你們之中有人要讓地球上初生的人復活。[1]

歐洲蒙受希臘恩惠的說法從前一個世紀的歐洲旅人開始，也實實在在地進入了現代希臘人的意識裡，就留著不走了。歐洲的未來和希臘的未來已經纏繞在一起，這個想法也扎下了根基。贏得獨立的方式，僅僅出現了這一個符合邏輯的後果。兩種說法的主題重點都是「重生」或「復甦」，一樣深入人心。

騎上革命之虎、又生存下來的希臘領袖成功完成了不尋常的政變：說服現代三個最保守的政權，希臘的革命完全不是自由的國家革命（事實上當然是），而是回復古代的現狀。他們做到了。在歐洲各地的「復辟」氛圍中，一個全新的希臘誕生，可以被當成終極的復辟——比任何國家都古老的某樣東西。

這樣東西並不存在。一八三〇年，希臘獨立得到認同後，歐洲的地緣政治學出現了新的動態：民族國家。一年後，歐陸有第二個國家得到承認，也就是利奧波德國王統治的比利時。這個變化的深遠影響要到一八四八年才會變得明顯，這一年，歐陸各地都出現了革命。一八六〇年代，義大利和德國成功「統一」後，民族國家開始變成新的模式，之後在十九世紀和二十世紀初繼續消除多民族的帝國——在二十一世紀的前幾十年，這個概念仍屹立不搖。希臘是民族國家的先驅。

但是，在一八三〇年代初期的政治氛圍裡，整個企劃能否成功，要看能不能淡化這一點。的確，此刻扎下根基的官方說法太有效、滲透力也太強，對於一八三〇年希臘獨立的成就，歐洲國族建構的歷史學家尚未給出恰當的評價。希臘的歷史學家也幫不上忙，他們到二十世紀後期仍寧可把自己的國家當成特例，獨一無二的古國，跟其他國家不一樣。在這個新王國成立後的二十年，會慢慢錘煉出兩個持久的概念：第一，希臘是個國家，第二，更廣泛、更難定義的希臘**民族**。這兩個概念一直持續到現代。

西方人的看法

選擇巴伐利亞的奧托擔任希臘的第一任國王，這主要是出於現實政治（Realpolitik）的考量，或許也有一點點其他因素。也是因為機遇吧。路德維希一世的次子正好有空。負責擔任新王國保證人的三個強權國家跟巴伐利亞的維特爾斯巴赫（Wittelsbach）王朝都沒有密切的聯繫。因此，這個選擇大家都能接受。選出來的人有什麼個人特質，似乎不是考慮的重點。年輕的奧托據說「極度自負、倔強和輕佻」，後來則為「無法治癒的優柔寡斷」所苦。[2] 在這種情況下受命的君主別無選擇，只能邊做邊學，就像奧托這樣。他統治這個國家將近三十年，而他的個性對希臘的政治方向有多大的影響，則尚無定論。以奧托所有的缺點來說，他比之前的卡波迪斯特里亞斯做得好多了。毫無疑問地，他對移居國養成了深厚的情感，即使被逐回家鄉巴伐利亞，仍會繼續穿著他們的民族服飾，一直穿到過世。

一八三二年，強國提出這個機會時，有一個特別有說服力的理由，讓這名年輕的王子必須點頭——應該說是他的父親幫他答應了。在前十年，全世界只有在巴伐利亞對希臘人的親善上達政府頂層，也影響邦國政策的許多面向。Philhellenism 意味著「喜愛所有屬於希臘的東西」。在革命前，受到溫克爾曼想法激勵的人都是希臘人之友。在德國，希臘人之友仰慕的對象幾乎全是**古典**希臘的成就。這些成就最明顯受到推崇的地方就在巴伐利亞的首都慕尼黑——在今日依舊很明顯，從慕尼黑許多在十九世紀上半建立的歷史遺跡上可以看到。

路德維希個人對奧托的王國很有興趣，三名攝政王也是他指派的（當然都是巴伐利亞人）。路德維希連實務的決定也要管，例如皇宮在雅典的地點。他還決定，他的兒子當國王的時候，不需要議會或憲法的輔助。一八三二年的條款中，並未具體指出君主權力的限制。考慮到當時目無法紀的狀態，以及政治流程墮入的僵局，路德維希要確保奧托得到恰當的支持，所以他才帶了三千名德國士兵一起去，這些士兵會在希臘待好幾年。他也帶了一群合格的顧問，幫助這個新國家站穩腳步。

希臘王國成立後的十年，比較像一個殖民地，而不是條約中描述的獨立主權國家。歷史學家常常討論這一點，確實也是大眾的記憶點，這個時期因此被稱為「巴伐利亞統治」（Bavarocracy），不是暱稱，反而帶著一絲悲傷。但這些安排不只有政治意義。如果，殖民地統治者的本質就是要強加一些東西在人民身上，在這個例子裡，則是在路德維希慕尼黑的宮廷裡十分盛行的德國親希臘主義。希臘民族國家像個嬰孩，在保護心強烈的保母照顧下邁出生命中的第一步，這位保母以自己的人生當作榜樣，要她照顧的小寶寶長大後變得跟她一樣。就像英語的俗話說，「保母什麼都懂。」

希臘要變成西方的、歐洲的、現代的。但矛盾的是，要達到這個目標，卻必須走回頭路，回到遙遠的過去：「古代人帶領現代人走向現代化。」[3]現代化有個代價，希臘和希臘人必須體現出革命期間用來自我拉抬的說法。統治者和平民中的精英大多也同意這一點。新的國家必須方方面面都要「很希臘」(Hellenic)。我們也要記得，採用這個古名，本身就是很**新的**進展，在一八二二年的《臨時約法》中初次編入法典。除此之外，這個新國家各方面都要很「國族主義」。

在拿破崙戰爭期間，德語使用者由法國人統治，民族主義這種意識形態在德國各邦發展得最為成熟，表達得最明確。不論是否期待有個統一的德國，一八三三年來到希臘的巴伐利亞人大多數都在這種風氣中長大。而在希臘，正好有完美的機會，可以實驗在家鄉還要等三十年才能嘗試的想法。再一次，才剛出世的希臘又當了先驅——不過，大家可能會想到「實驗用的白老鼠」這種比較不好聽的比喻，這在二〇一〇年金融危機開始後常常聽到。果真如此，這隻白老鼠的血統也夠純正了。

甚至在奧托成年前，攝政團就打好基礎，成立國家的軍隊，國家行政、司法和教育系統至少理論上也拓展到王國的每一個角落。也預備要成立國家銀行。他們擬定發展出「國家」土地的政策，這些土地之前屬於鄂圖曼政府或穆斯林地主。卡波迪斯特里亞斯制定的國家貨幣，也就是鳳凰，則改回成古希臘硬幣的名字，德拉克馬。

早期開始的倡議有很多要過了幾十年才有成果。土地分配要到一八七〇年代初期才會完成。德拉克馬也同樣花了很長的時間來取代王國各地日常使用的傳統鄂圖曼鑄幣，這再次讓我們看到，種瓜不一定得瓜，種豆不一定得豆。但決心一開始就立下了。這些國有化的方案最後都會實現。

國家軍隊的優先順序排在第一位。重本投資在軍隊上，並不是為了保護國家對外的邊界，因為這些邊界在國際上已經受到保障。敵人來自內部。跟之前的卡波迪斯特里亞斯一樣，巴伐利亞人決心消滅軍閥的基地，以及僅效忠自家領袖的非正規民兵。在成立國家軍隊時，他們想辦法確保在王國內能完全控制武力，對順利運作的現代國家來說，這應該是最重要的先決條件。這件事也要過幾十年才會看到成果。不過，不久之後，新的國家體制就變得比巴伐利亞王朝更強大，最後種下了禍根。從一八四三年到一九七四年，軍隊會一再干預希臘的政治生命。那是巴伐利亞統治十年後留下的另一項遺贈。

連東正教教會都變成國有。希臘公民中壓倒性的多數突然發現自己脫離了「東正教聯邦」。但在巴伐利亞人眼中（很多希臘的愛國者也有同感，例如在巴黎的柯拉伊斯），聯邦的統治階級，尤其是在君士坦丁堡有席位的普世牧首，必須繼續對眾人痛恨的鄂圖曼帝國效忠，就有了瑕疵。這個做法最後引發起了爭議。畢竟，大多數鬥士是為了信仰而冒著生命危險加入革命，動手屠殺和驅逐穆斯林。雅典的「希臘自主教會」和位於君士坦丁堡的牧首之間正式起了嫌隙，但在一八五〇年就會結束。但即使到了今日，雅典和全希臘總主教的職權涵蓋希臘在十九世紀屬於王國的地區，其餘則歸牧首管轄。在希臘，教會和國家一直都無法完全切割。兩者之間的一體感從革命時就已經存在。但在巴伐利亞王朝攝政時設立了制度，在一八三三年建立「自主的」、國家的教會。

發展雅典成為首都的計畫大大提升新王國的可見度和持久度，這是在其他地方看不到的。一八三三年，王國決定把首都從納菲爾搬到雅典。駐紮在雅典、撐到最後的鄂圖曼軍隊在衛城的要塞堡壘堅持了夠久，才向巴伐利亞人而不是希臘人投降，接著就被送過了邊界。雅典於隔年十二月正式成為首都。城裡一片殘破，比山丘上的古廟更像遺跡。在革命中，雅典有兩次被希臘軍隊包圍和劫掠，還有一次則是鄂圖曼人。在這裡建立現代的首都城市，確實需要不尋常的信念。

跟小小王國的尺寸或資源比起來，城市計畫的新佈局和公共建築的規模完全不成比例。即使在執行過程中會有很多刪改，一開始的野心能實現的幅度仍令人讚嘆。要進入下一個世紀時，新首都的城市風光才能完全實現。但同樣地，也果真如此，基礎奠定都在奧托統治的頭十年。不光是建造而已，也要考慮到保存。選擇雅典作為首都，主要是因為當地的歷史遺跡十分卓越，這座城市在古希臘文明（因此也影響到整個歐洲文明）的歷史中也扮演很重要的角色。遺跡必須變成焦點。但就像這個國家一樣矛盾，雅典要立刻成為完全現代的城市，並重現丟失很久的古代榮耀。因此，新政府規劃的重點，就是保存遺留的榮耀，並以最完整的方式展現。

為此，新的體制將新造的詞植入希臘文，也將新的觀念灌輸到市民的心裡和腦海裡。這個詞就是「考古學」（archaeology）。「考古學」一詞造自希臘文的字根，意思是「對古代的研究」，最近才進入西方語言的詞彙裡。用來表達這個意思的時候，在希臘文裡完全就是一個新詞。「考古單位」在一開始時就成立了，時為一八三三年。隔年，希臘通過了第一條「考古法」，接下來還有一系列相關法規。雅典考古學會（Athens Archaeological Society）及《考古學期刊》（*Archaeological Journal*）於一八三七年登場。考古學是一種新科學，連起對未來的規劃以及發掘和展現古老的過去。到目前為止似乎都沒問題，卻出現了意外。國族復興以及新時代與古代無縫並列的邏輯，就是雅典在中間這兩千年的所有人類活動痕跡都必須消除。保存遺跡和新造建築的計畫已經令人屏息，但更驚人的則是後續的破壞。

據說，在希臘立國後的頭幾年，幾十座美麗且具有歷史意義的拜占庭教堂被夷為平地，讓路給新的雅典城市計畫。損壞的程度也遭到誇大：很多「珍品」其實都被豁免，例如艾爾穆街（Ermou Street）上隸屬東正教的卡普尼卡瑞亞教堂（Kapnikarea church，雅典最古老教堂之一）。在消滅「野蠻狀態的所有殘渣」時，最為激烈的行為則出現在衛城上。[4] 遷都後，幾乎就立刻開始行動。這座堡壘之前非常擁擠，街道、房屋和花園緊靠著古代的建築，所有在羅馬時代以後建造的東西都清掉了。地面真的清到只剩下現今遊客行走於上的地基，在人類佔用的這三千多年以來，應該從未完全暴露出來。一八四三年，建在帕德嫩神廟外殼內的小清真寺消失了。佛羅倫斯公爵在十四世紀建造的「法蘭克」塔，本是雅典最顯眼的建築，保持到一八七四年。巴伐利亞建築師利奧．馮．克倫澤推動的方案得到當時帶頭希臘知識分子的熱烈支持，也發展出特有的衝勁。從十八世紀下半的照片中可以看到大堆廢土靠在衛城南邊的牆上，從上面開始清理和往下倒，準備用推車載走。今日的考古學家窮極一生都在詳查此類證據。但一八三〇年代的傳統便是去掉城裡所有可能威脅到極古老與極現代無縫並列的所有東西。

他們準備畫出寬闊筆直的大道。新的建築物開始豎立。第一個就是皇宮，也是最大的建築物。基石於一八三六年奠定。奧托的宮殿在一八四二年落成，極其廣大，有些人比喻為兵營（現在則是希臘議會所在地）。接下來則建了希臘的第一所大學，過了快一個世紀才出現第二所；還有一座天文台。新國家的優先順序以最具說服力的方式排定。除了一八六二年完工的新拜占庭東正教大教堂，所有的公共建築都以古典風格設計——所有的建築，就連大教堂也包含在內，都由在德國接受訓練的建築師設計，他們不是德國人，就是丹麥人。私人住所也遵循這個原則，其中最宏偉的於一八四二年在皇宮對面的廣場落成，之後則改成布列塔尼大飯店（Grande Bretagne Hotel）。在雅典的中心和大多數外省的城鎮，雖然規模不如上述公共建築，但「新古典」住宅仍如雨後春筍般冒出，成為希臘都市景觀的主流，一直到一九五〇至一九七〇年代開始混凝土的熱潮，取代了新古典建築。

不論是公共還是私人，這些建築的設計都恢復了古典建築的**形式**。同時，則在其他國家復原了哥德復興式（Gothic Revival）**精神**的建築物，靈感來自羅馬時代。這是對過去的致敬，僅僅是表面上看起來像歐洲前一個世紀的新古典主義，並不表示希臘落後了。建築師非常了解浪漫主義運動（Romantic movement），以及這項運動對本土傳統的吸引力。但在希臘，本土傳統直接等同於古希臘文化——中間那些同樣都不准插一腳。由此可以斷定，宮殿、天文台、科學院、國家圖書館、國家議會（在實際成熟時）、考古博物館、理工學院、雅典市立劇院、扎皮翁宮展覽館（Zappeion Exhibition Hall）都得看起來像為古希臘景色增添光輝的神廟。

就連新國家的語言也用同樣的方法處理。語言的障礙更難克服。語言有自己的生命，跟建築物不太一樣。要再過一段時間，後座力才會在這個世紀稍晚出現。但在王國剛成立的那幾十年，儘管現代希臘文的詞彙、文法和語法都與古代的前身有許多差異，卻無人費心讓現代希臘文盡量**看起來**更像古希臘文。發音也有重大差異，但沒有人考慮這方面的問題，因為只有**書寫**形式受到影響。無人建議改革書寫系統，便跟古希臘文一模一樣（今日仍大同小異）。跟建築物一樣，在乎的是形象。在這個案例中，除了最開始，建築師都不是德國人，而是受過歐洲教育的希臘人。

一八三四年制定的法律裡，規定國民要受七年的義務教育，也規定孩童必須按著古希臘文的規則學習讀寫，而不是現代希臘文。除了受過教育的人，這股流行也立刻傳遍各行各業，用古代對等的字詞來取代日常事物的常見說法，以及文法和語法的日常元素。儘管十九世紀並未制定正式的政策，基本上柯拉伊斯在十九世紀初從巴黎提倡的計畫就是這樣，「修正」和「粉飾」過去幾個世紀來已經大量流失古代優美的現代語言。以柯拉伊斯的理論和日常使用來說，這個程序聽起來就是裝飾性的——如同把古代的山形牆加到現代的建築物上，一個世紀後，詩人喬治・塞菲里斯觀察到這一點，評語也相當苛刻。

在奧托及巴伐利亞人來到時大加讚揚的小說家兼詩人帕納約提斯・蘇奏斯在一八五〇年代更進一步宣布，「古代希臘語言真的復活了」。蘇奏斯在一八五三年的小冊中宣告：「古希臘人的語言跟我們的如出一轍；他們的文法和我們的也會一模一樣。」[5]他用的未來式完美抓住當時的精神：不著痕跡地承認與承諾相反的東西。再一次，**看似**要復甦消失的過去，為未來鋪路。

但這種復興的做法就過頭了。柯拉伊斯本人也接受死去的語言不可能復活。柯拉伊斯這種一片一片完成、裝飾性的作法，在幾乎整個十九世紀都佔了上風。過了不久，這種混合的書寫形式（塞菲里斯將其與「雅典科學院的建築物」比較）會命名為「純正希臘語」（katharevousa），字面意思是「正在經歷清理的語言」。

這些激進的革新都是最上層頒布的。大多數由巴伐利亞人制定，他們制定了成見，就是歐洲的希臘人之友熱愛古希臘，並用這些偏見奠定現代希臘運作的基礎。支持和執行這些措施的希臘人都在歐洲受教育。對他們來說，跟巴伐利亞人一樣，新的希臘理所當然是個**西方**國家，也會盡力讓希臘至少**看起來**像個西方國家。國族建立基本上就等於國家的建立。希臘國族的意義就是希臘這個國家。

但並非每個人都這麼想，就算真這麼想，也不一定能貫徹始終。

東方的地平線

巴伐利亞人啟動的建國過程一直只是事情的一面。國家的新體制或許可以定義為「國族的」，但國族本身卻更難定義。國家的邊界固定了，但也會變化。一直到最後一刻，在簽訂一八三二年的協議前，並不確定哪些希臘人口會納入希臘的國界。從語言、宗教或同時從上述兩個條件來看，夠資格稱為「Hellenes」的人約莫有三倍住在邊界之外：最西邊是愛奧尼亞群島（仍是大不列顛保護的領地），向北、南、東三方都在鄂圖曼帝國境內，尤其是向東。因此，在很多地區，王國的建立肯定是未完成的事務。的確，從那時候起，這個看法在希臘就非常盛行。二〇一三年出版、為兒童寫的一本革命通俗歷史有個副標題：從未完成的開頭。[6]

在革命期間，有很多人認為，整個說希臘語的東正教世界解放後，鬥爭才能結束。數個世紀以來，那個世界的歷史首都均為君士坦丁堡。君士坦丁堡的意思就是「君士坦丁的城市」，傳統上在希臘文裡縮寫成「城市」。君士坦丁堡本是東正教教會普世牧首的所在地，現在也是。在十八世紀和十九世紀初的「東正教聯邦」裡，一直只有一座「城市」。雅典在革命前的人口約有一萬兩千人，一直稱不上東正教聯邦的一個中心。難怪，一八三三年要把國家首都從納菲爾遷到雅典的決定一開始無法定案，革命老將雅尼斯·科萊提斯反對，因為希臘可能定都的地方就是君士坦丁堡。科萊提斯抗議說，如果不能建都君士坦丁堡，這個國家應該沒有首都。五年後，在雅典第一次慶祝革命爆發紀念日的時候，群眾自發大喊：「向『城市』致敬！」

在一八二一年革命開始前，眾人就有贏回君士坦丁堡的抱負。最早從一八二四年，在希臘快速擴張的印刷廠就堅持這項改革。[7]一八三三年後，最不滿意巴伐利亞人西方化統治的人則是所謂「俄羅斯」黨的領袖，也稱為「納皮斯特」（Napist）。以老軍閥狄奧多羅斯・克羅克特洛尼斯及其子耶內奧斯（Gennaios）為首的這些人，繼承了來自山中土匪及後來游擊隊鬥士（山賊）歌曲中自給自足的理想。這是一直以來最嚮往東方的陣營，除了俄羅斯的保護，也想犧牲鄂圖曼帝國以圖謀希臘的利益。

從一開始，新政府就決心拿這些異議分子開刀。巴伐利亞人到希臘後才過了七個月，克羅克特洛尼斯和幾位同夥就被捕了。一八三四年，他們接受做樣子的公審，判了死刑。被定了死罪的人也是革命中廣受尊敬的英雄，所以宮廷也冒了很高的風險。或許計畫本來就是要讓奧托展現仁慈，他也確實先讓這些人坐了一年牢。同時，一開始給予的新聞自由也加上了幾項控制。作秀公審和赦免的寬大行為其實是力量的展示，其下的那條裂痕在十年前的內戰中就開始了。克羅克特洛尼斯和同夥計畫要背叛**王朝**。他們想向俄羅斯鼓動大眾的訴求，趕走奧托和攝政王，也在鄉間發動劫掠。巴伐利亞人必須制服這個威脅，才能生存。但克羅克特洛尼斯依然效忠於**國族**的想法，他的國族主要由東正教的信仰來定義，也超越了希臘的過境。

克羅克特洛尼斯被捕、受審和入獄，把這條斷層凸顯到了極致。但同樣有這些抱負的人不一定每個都反對巴伐利亞人或他們的建國大業。在帕納約提斯・蘇奏斯熱烈讚揚奧托來到的那本小說裡，一位農民陳述他對新國王職權的簡單信念：「他的手所及之處，會讓從博斯普魯斯到克里特島、所有的希臘人採取行動，他的頭一點，就代表著全民的革命。」群眾放下敵對，以這個精神慶祝一八二一年的革命紀念日，一起吟誦著口號，「敬這座城市。」隔年，馬哈茂德蘇丹死了，就連奧托也忍不住想搭船去君士坦丁堡，以繼承人的身分接收王位——這是當時的人要我們相信的一個說法。[8]

過了不久，就有機會在國際政治的世界中來測試這種思維有哪些可能性。一八三九年，馬哈茂德的繼承人阿卜杜勒馬吉德（Abdulmejid）蘇丹面臨埃及總督的挑戰，這位總督就是大肆破壞伯羅奔尼撒，並出力鎮壓邁索隆吉的易卜拉辛。有一段時間，強權外交陷入混亂。雅典出現了許多祕密會社，模仿推動革命的友誼社。其中一項是「納皮斯特」的作為，他們堅信要與俄羅斯建立更密切的關係，對鄂圖曼帝國則要採取更好戰的態度。克羅克特洛尼斯的兒子耶內奧斯也是會社的一名領袖。愛東正教社（Philorthodox Society）很快就名譽掃地，因為他們密謀要罷免奧托一世。一直到今日，實情仍淹沒在指控和反控中。無庸置疑，愛東正教社的目的就是要在鄰近的鄂圖曼省份組織祕密戰事，把這些省份併入希臘。

不久之後，色薩利和克里特島就爆發了叛亂。雅典的報刊展現出少見的團結精神，儘管新聞自由受到嚴重壓制，仍極力煽動戰爭。在一八四〇和一八四一年有一段短短的時間，克里特島的情況似乎還好，至少能和希臘統一。強權國家之間起了歧異，鄂圖曼帝國的未來尚無定論，希臘或許還能期盼更大的利益。奧托本人一開始就被打得手忙腳亂，改為一心追求前述目標。的確，這位巴伐利亞君主在位時，只有極少數幾次機會真正受到子民的愛戴，這就是其中一次——我們應該可以相信一份報刊的證據，流通對象只有首都內小小的外來精英圈。

接下來發生的事，對奧托和他的顧問而言應該是個警告：再一次，危機解除的地點是在歐洲其他遙遠的首都裡。在一八四一年以前，強權國家又達成協議，回歸舊有政策，維護鄂圖曼帝國的完整。奧托遭到兩面夾攻。強權國家覺得他把自己國家的利益放在「歐洲協調」前面，對他很失望。但在本國，這正是民意對他的期待，他卻沒做到。是清算的時候了。奧托作為專制君主（不受憲法或議會約束）的日子進入倒數。半殖民的「巴伐利亞統治」要讓路給比較像自治體制的東西。這年輕的王國本能上就偏向東方，才會激起這樣的改變——如果可以用生物來比喻，說得誇張一點，就是偏向母親。

變化一開始的形式是金融危機。一八三二年的協議帶有贈品，由強權國家同意的一筆六萬法郎的新貸款。希臘建國以來，預算中的高額項目就包括這筆債務的服務金。每年，希臘都必須再借額外的貸款，才能付出服務金。一八四三年，經歷了一場國際危機後，強權國家變得很強硬。他們不同意像以前一樣讓希臘另借一筆貸款來付差額，重新召開了在一開始保障希臘獨立的倫敦會議。絕望之下，奧托施行緊縮措施，立刻引來深切的不滿。但這些措施遠遠不夠。一八四三年夏天，奧托不得不接受令他們蒙羞的條款。希臘未來的稅收有一部分要撥給債權人，直接付給他們在雅典的代理人。還要繼續緊縮，一直到省出三百五十萬法郎。相當離奇地，情形跟情況都跟二〇一五年七月所謂的「第三波紓困」很像——希臘政府再度必須將財政自治權交給歐洲的債權人。

在一八四三年，可以用這個方法表現強權國家保障的對象是王國，而不是某位君主，更不是無法循規蹈矩的國王。現在，輪到奧托在國內的敵人發動攻擊了。九月十四日傍晚，駐紮在雅典的騎兵隊隊長迪米特里歐斯．卡勒瑞斯（Dimitrios Kallergis）去看了表演，最近初次上演的歌劇，葛塔諾．董尼采第（Gaetano Donizetti）的《露克蕾琪亞．波吉亞》（*Lucrezia Borgia*）（這就是巴伐利亞人來了十年後，雅典變得很「文明」的模樣）。結束後，隊長去了他的兵營。「遲疑了片刻後，他結結巴巴說了幾個不連貫的字，舉起劍大喊，『憲法萬歲』。」[9] 騎兵和步兵一起朝著皇宮前進。透過窗戶，他們把他們的要求交給國王。這是一場不流血的革命。在奧托獨裁統治下只能旁觀的政治人物提出了這些要求。巴伐利亞人成立軍隊來維護他們的新秩序，但這支軍隊卻負責執行命令，確保革命成功。奧托暫時可以留著王位，但提出條款的是軍方和政治人物。十年的獨裁即將結束。贏得獨立後，希臘將有第一部憲法。根據某些人的說法，政變的隔天（當時日曆上的九月三日）就是希臘革命真正的結束。雅典市中心的一條主要街道仍以這個日期為名。皇宮前的開放空間當時有一個迷人的稱呼，就是「繆思的花園」，此刻則改名為憲法廣場（Syntagma Square）。

王國各地選出的代表在一八四三年十一月到達雅典。憲法起草的工作在一八四四年三月底前結束。跟希臘的統治方式比起來，有一個詞的影響力更加深遠：「崇高的理想」（Grand Idea）；這個詞出現在當時的審議中，自此之後，從一開始建國時放在反面、那些未成形的希望、渴望和抱負都被奉為神聖。

當時的情境則是計畫在王國內出生的人才能擁有完整的政治權利。這會變成更進一步的國有化，就像東正教教會已經碰到的情況。效應則是把國族的定義完全限制在法理國家的界線內。國民大會的主席是現年七十歲的科萊提斯，他如以往一般穿著家鄉伊庇魯斯山脈的男用短裙，這一帶仍由鄂圖曼統治。他的對手是在君士坦丁堡出生的馬夫羅科扎托斯，而這位大會主席與馬夫羅科扎托斯和許多其他知名的成員都差點因為上述提議而遭到排除。與科萊提斯同時期的人讚揚他對公眾的情緒有準確的直覺，還能把這種直覺轉為政治上的優勢。在革命期間，對一八二四年的內戰，他是現代化主義者贏得勝利的主要締造者。過了二十年，依舊是令人敬畏的力量。

一八四四年一月，在國民大會演說時，科萊提斯一開始就引用他跟許多已經死去的人在革命早期發表的宣誓，「支持祖國自由的宣誓，我們發誓為了希臘的自由，願意犧牲一切，甚至是我們自己的性命」。他接著定義了在當時那個世界裡祖國的位置：

就地理位置而言，希臘是歐洲的中心；東方在她的右邊，西方在她的左邊，透過她的衰落與瓦解，注定要啟發西方，但透過她的重生，注定要啟發東方。我們的祖先已經成就了第一項使命，現在第二項落在我們身上。

他的話重新斷言，希臘的鬥爭是國際性的。在這個世界上，希臘一點也不孤單，因為她在世界的中心。科萊提斯繼續說：

……根據這份誓詞和這個崇高的理想，我看著希臘國族的全權代表聚在一起，不只決定國家的命運，而是整個種族的未來。10

科萊提斯並未用國界來定義國族，而是以當時的國族運動語言來主張以種族為基礎的認同。說到那個程度，就很清楚。比較不清楚的是，這種認同究竟如何與「崇高的理想」連在一起，所謂的理想仍沒有精確的定義。

過了幾行又會看到這個詞，這次則是譴責「在里加斯的歌中，我們第一次看到崇高的理想，但我們偏離祖國的理想太遠了」。這裡指的是「戰歌」，里加斯的政治方案命運多舛，廣為流傳的只有這首歌。今日，我們對科萊提斯或同時期的人做了什麼，則更加了解。「戰歌」事實上並未清楚闡述「祖國的理想」。但這首歌的對象確實是鄂圖曼帝國中形形色色的族群。里加斯「戰歌」的地理範圍從貝爾格勒一直延伸到埃及。里加斯當然**沒有**提倡任何族群的目標，其實正好相反。但進入一八四〇年代的新視界後就別管了。畢竟，最明顯的是，里加斯的使命是解放由君士坦丁堡統治的整個帝國。這一點也會跟「崇高理想」的意義連結在一起。

現在通常在英文裡會把首字母大寫的「崇高理想」在短短的時間內也就代表了全新的使命：不光是「教化」東方，而是要把國家的邊界擴展到涵蓋國族的所有成員，不論他們在哪裡。到了一八四〇年代末期，這種使命感非常強大，以至於出現了新的政治陣容。日漸衰退、從未體制化的「英國」、「法國」和「俄羅斯」黨被歸入新的二元對立：不是贊同和反對崇高理想的兩方，而是為達到崇高理想所以彼此競爭的政策。在接下來的八十年裡出現了一連串的領袖，馬夫羅科扎托斯是第一人，提倡以「耐心細緻」的手法，合併已經到手的利益，透過外交手腕來長期擴展他們的王國。科萊提斯成為根據一八四四年《憲法》選出的第一任總理，他偏向比較積極的態度，不過他對大會演說時卻非常謹慎。

一八四七年科萊提斯過世，一直到一九二〇年代的初期，「崇高的理想」變成國家擴張方案的簡寫。地平線對著東方開展。年輕的希臘王國為什麼不能長成像之前的拜占庭帝國一樣，屬於**東方**的基督徒勢力，而首都卻在君士坦丁堡？

國族的新敘事

到了一八五〇年代初期，傾向西方的希臘國家與散布廣泛的希臘國族更難協調一致，希臘民族大多仍是鄂圖曼的子民，中心地帶仍屬於東方。這個國家以復興的敘事為建立的基礎，把中間兩千多年的歷史推在一旁。而這個國族尚未建立清楚的敘事或政治方案。

巴伐利亞人啟動的計畫已經飽受攻擊，諷刺的是，攻擊都來自巴伐利亞內部。一八三〇年，希臘獨立初期由強權國家保障的時候，巴伐利亞人尚未被提名為該國的第一任國王，一名年輕的奧地利教師雅各布・菲利普・伐爾麥耶（Jakob Philipp Fallmerayer）在慕尼黑出版研究的第一卷，名為《摩里亞半島在中世紀時的歷史》（*History of the Morea Peninsula during the Middle Ages*）。故事的第二卷在六年後寫成。這是一本用來辯論的歷史，帶有政治議題。伐爾麥耶在一八二〇年代開始研究，目標不是直接針對那時基本上還不存在的希臘。移居巴伐利亞後，發現親希臘的態度在各地都十分盛行，引發他的怒火。伐爾麥耶便著手證實，對希臘人的親善其實來自虛假的前提。古希臘精神的痕跡、古希臘人流的每一滴血，過了那麼多世紀，已經被後來連續征服伯羅奔尼撒的人徹底消滅：羅馬人、哥德人、斯拉夫人、阿爾巴尼亞人。因此，復興或復甦自然合情合理，因為沒有能夠恢復的東西。

伐爾麥耶的論文找不到證據，基本上也不重要，因為現在沒有人認為文化要由種族來決定。但他的肆意謾罵確實凸顯了國族敘事的弱點。讚揚古人失落已久的文明得以「復興」或「重生」，甚至將首都城市設計為古文明的視覺表現，自然很不錯。但有歷史概念的人遲早會問：是啊，但中間發生了什麼事？畢竟，根據十九世紀上半出版的歷史，包括希臘文版本在內，大多認為古典文明的光輝時代終結於腓力二世（Philip II，亞歷山大大帝〔Alexander the Great〕的父親）在波也奧西亞的奇羅尼亞（Chaeronea）的喀羅尼亞戰役中打敗了希臘城邦的聯軍。這是公元前三三八年的事了。從那時到一八二一年希臘革命爆發，中間是一道很長的鴻溝。所以需要解釋。

其他的歷史學家找到比較沒有爭議的方法來講故事。[11] 但鴻溝一旦開了，就關不起來了，儘管雅典的建造和造景方案或語言改革的計畫不在意這一點，還是開開心心地繼續下去。到了一八五〇年代的開頭，這個新的國族和新的國家需要自己的**國族**歷史。不光是「漏掉的」世紀需要彌合，國族認同的兩個要素顯然也非常不匹配：民族和國家。這不光是歷史的鴻溝，也是地理和概念的鴻溝：在公元前三三八年和一八二一年之間、在雅典和君士坦丁堡之間、在「何謂希臘人」的兩種不同想法之間。

來自舊時「東正教聯邦」兩頭的兩名智者接下了這項挑戰。斯皮里東．贊貝利歐斯（Spyridon Zambelios）是一名貴族，來自愛奧尼亞群島的列夫卡達島。康斯坦蒂諾斯．帕帕瑞尤普洛斯（Konstantinos Paparrigopoulos）在君士坦丁堡出生。他的家人逃過了鄂圖曼人在一八二一年的報復，就在俄羅斯避難，獨立後輾轉來到雅典。他們兩人都出生於一八一五年，年輕時都曾到西歐讀書和旅行。贊貝利歐斯佔了階級優勢，一八四〇年代中期在科孚島確立自己作為業餘哲學家、歷史學家、民俗學者和小說家的地位，當時科孚島仍是愛奧尼亞群島英屬領地的首府。帕帕瑞尤普洛斯則必須想法維生，一開始時在學校教書，後來從一八五一年到四十年後過世時，則是雅典大學的歷史學教授。

在毫無徵兆下，新的歷史出現時已經幾乎完全成形。踏出決定性那一步的是贊貝利歐斯。一八五二年，他在科孚島出版了一本超過七百頁的書，說他的目的是「簡略講述那段未經探勘的模糊時期，在那時，文明特選的種族神祕地從古代傳遞到現時的自由階段」。這是第一次有人要直接著手對付「漏掉的」世紀。有兩種方法。贊貝利歐斯的書把主標題定為《希臘民謠》（*Folk Songs of Greece*）。普通人的口述傳說一直到現在幾乎都得不到希臘人的注意，但已經是歐洲其他地方學術活動的主題，算是一條路。這本書最後收集了從口述傳說抄錄的歌曲。另一條路則成比例地佔了更大的空間，自稱是「關於中世紀希臘文化的歷史研究」。口述傳說保存的非官方、通俗紀錄以及拜占庭帝國的歷史記載合在一起，就能填滿鴻溝。[12]

希臘的歷史思維突然之間就向前動了起來。「Hellas」突然的重生也建立了說法，開始用贊貝利歐斯所謂「希臘文化」（Hellenism）的**長時段**（longue durée）覆蓋上去。這又是另一個類似「考古學」的詞，**看似**古老，其實在此時是新的，起碼從這時候起加諸了新的意義。在德文的歷史著作中，也出現了「希臘化時代」（Hellenismus）一詞。贊貝利歐斯第一個把這個名詞有系統地應用到包羅萬象的認同理論上，而理論的基礎便是希臘語言的連貫性。今日，在希臘文中，「希臘文化」的定義是「全世界各地希臘人的整體，希臘國族」或「希臘文明，以及希臘人作為該文明持有者的整體」。[13]贊貝利歐斯率先把新命名的希臘文化歷史分成三個時期：古代、中世紀和現代。他主張，基督教信仰已經「變成希臘文化的要素」。隨之產生的「中世紀希臘文化」除了是現代希臘人認同的組成部分，也是古代生而俱來的權利：「不論贊不贊成，我們都是中世紀的孩子……我們不能放棄將我們連結到拜占庭中世紀的東方特色。」[14]從此開始了深遠的揉合過程。

帕帕瑞尤普洛斯是專業的歷史學家，已經出版過歷史書籍——說起來第一本，就是對伐爾麥耶的回應。但在讀了贊貝利歐斯的著作後，他自己的想法才徹底改變。就在隔年，帕帕瑞尤普洛斯出了一本沒那麼厚的書，為解人疑慮而命名成《指導孩童用的希臘國族史，從最遠古的時候到今日》（*History of the Greek Nation, from the Most Ancient Times until Today, for the Instruction of Children*）。帕帕瑞尤普洛斯首次公開的故事用了很大的字體，只有兩百三十頁，基本上跟隨贊貝利歐斯前一年精心安排的線索，差別在於帕帕瑞尤普洛斯給了這個前提合理的結論：他把故事從頭說到尾（省去了民謠——畢竟他是專業的歷史學家）。帕帕瑞尤普洛斯暫時避開了聽起來更抽象的「希臘文化」，說的是希臘**國族**的故事。他在第一頁也簡潔定義了主題：「**希臘國族**代表所有以希臘語為母語的人。」[15]

這個敘事之後會詳細闡述成同樣標題的五卷作品，從一八六〇年到一八七四年間陸續問世。這套書已經不是童書了，目標是讓最多的人能讀到書中記述的歷史，去掉了消息來源或深奧的學術辯論。五卷作品合併了一八五〇年代初期出現的新思維，並持續發揚。在歷史學家中，帕帕瑞尤普洛斯第一個鼓動近幾十年來德國歷史論文中發展出來的另一個新概念，「歷史主義」（historicism）把歷史定義為過程。演化論尚未誕生，但德國的歷史主義就智力上屬於同一群：歷史上發生的每一件事都是不斷演進的變化模式。這是帕帕瑞尤普洛斯獨一無二的成就，把希臘「國族」的歷史說成歷史發展持續過程的連續敘事。他的《希臘國族史》有系統地把歷史主義的新視野套用到三千年來希臘語言中保存的歷史記載。理所當然地，一名現代觀念史學家稱這本書是「十九世紀希臘最重要的智慧成就」。[16]

在新的格局裡，「連續性」取代了「復興」。重新找回的那些世紀，以及特別是那一千年在拜占庭說希臘語的帝王主權，再也不是需要掩蓋、令人難堪的空隙，反而變成了長達一世紀的成形階段，最後由一八二一年的革命和新王國的建立加以澄清。

帕帕瑞尤普洛斯一八五三年那本童書第一頁上的簡單定義成為一切的起點。如果語言確實是國族唯一的定義條件，那麼，希臘的國族就一定跟語言一樣古老。因此誕生的敘事很令人激動，也十分耐久：一個長壽的國族在歷史變化的流動中掙扎著達成命定的目的，有時候跟古典時期和一八二〇年代的革命一樣，享受勝利；在更常見的情況下，卻一直是其他人得勝後的受害者；但永遠堅持著基本的「民族性」，在歷史的熔爐中不斷接受精煉。非常大膽且動人的概念。歐洲其他地區開始寫國家歷史時，也採用同樣的方法。一八七四年，這本國族史寫好了一大半，就變成

「崇高理想」必要的知識基礎。法理國家與國族的主張再也不會不一致：法理國家就是這些主張的支持。希臘這個國家在更為古老的歷史格局中找到了定位，地理範圍也變大了許多。其命運超越了現有的邊界，將涵蓋鄂圖曼帝國內所有說希臘語的人口。

那時，新的王朝坐上了王位，這個年輕王國的歷史要開始下一個階段。但首先，我們必須回到一八五〇年代，看看那個故事的結局。

面對現實

早在一八三〇年簽訂的倫敦協議保證希臘會得到「完全獨立」。在巴伐利亞人的監管下，頭十年一點沒有完全獨立的感覺。巴伐利亞人的影響力在一八四三年的暴動中結束。除了國王本人、他的近親和幾名親近的夥伴，其他的巴伐利亞人都被遣送回國。但如果解雇了保母，雙親（即強權國家）會比以往更加警惕。一八四〇年代的事件應該讓奧托和他的大臣引以為戒。後來的局面更糟了。

尚無機會測試崇高理想實際的極限，奧托的國族主義就牴觸了英國外交大臣帕麥斯頓子爵（Viscount Palmerston）擁護的信條。帕麥斯頓非常有名，勢力也非常強大。帕麥斯頓發明了「炮艦外交」，一心保障世界各地英國子民的權利和自由，小小的王國根本不是對手。奧托及在雅典的英國大臣真心地厭惡彼此。他以傲慢的態度對待每一名英國人，包括大臣在內。到一八五〇年，有幾個人提出控訴，得到倫敦外交部的注意。其中一位是歷史學家喬治・芬利，他有一塊地被徵收了，但沒有得到賠償，那裡要建新的皇家花園（現在的國家花園），就在皇宮旁邊。

一八四七年，在慶祝復活節的時候，一名猶太商人的房屋受人攻擊，終於激得英國政府要採取行動。唐・帕西菲科（Don Pacifico）在直布羅陀出生，因此有權得到大英帝國的保護。過了兩年多，依舊求償無門，帕麥斯頓命令皇家海軍出動。一八五〇年一月，他們封鎖了皮雷埃夫斯港。希臘船長拒絕遵守封鎖令，有幾艘船被強制扣押。他們僵持了四個月，才靠著法國人的調停簽下協議。

從此之後，所謂的「唐・帕西菲科事件」成為對希臘王國最無情的羞辱。奧托和大臣再一次仰賴強權國家互相衝突的利益來求得本國的好處。但這是新的情勢，其中一個強權準備單方面採取行動，防禦心目中屬於自己的利益。這次事件立下了醜陋的先例。同樣醜陋的，是帕西菲科家遭到攻擊後浮上檯面的反猶太主義元素，原本不為人知，有人很概略地說希臘並沒有反猶太的傳統，其實不然。英國亦出現負面的聲音。帕麥斯頓到議會解釋，對自己採取行動的因果提出最有說服力、最完整的辯護，但他無法打動每個英國人。英國的諷刺雜誌《膨奇》（*Punch*）刊出漫畫，希臘是處於劣勢的那方，其中一篇配上的文字是「為何不選勢均力敵的對手？」[17] 唐・帕西菲科事件的時間正好介於一八三〇年代和一八五〇年代對中國的兩次「鴉片戰爭」中間。相對來說，希臘逃過了懲罰——面積小，躲過了更糟糕的命運。

這場事件過了三年，眾人記憶猶新，新的國際危機在黎凡特爆發。一開始是俄羅斯和法國在爭論，哪一國該負責監護耶路撒冷的聖地。由於耶路撒冷在鄂圖曼帝國境內，必須由鄂圖曼政府來裁決。蘇丹決定支持法國的時候，俄羅斯和鄂圖曼兩個帝國又要開始另一串持續很久的戰爭。宣戰的時間是一八五三年十月。對奧托以及希臘政府中的很多人和媒體來說，理想的機會出現了。這些敵人上一次打仗時，簽訂的和平條款帶給希臘很大的利益。那是一八二九年的事情。獨立了以後，希臘承諾要支持俄羅斯，對抗共同的敵人，不是最自然的做法嗎？再一次，要是對的那方贏了，應該有獎賞。

在一八五三年結束前，希臘的非正規軍已經穿越國境，進入北邊鄂圖曼控制的領地。一八四〇年代初期的危機重現，北邊的伊庇魯斯和南邊的克里特島都有人起義，兩處都得到雅典的支持，但另外兩個保證國沒有被考慮在內。法國這時在拿破崙三世的帶領下，早已經開始了「第二帝國」（Second Empire）。在大不列顛，仍由帕麥斯頓領導的輝格黨（Whigs）掌權。英國和法國共同決定，俄羅斯不可以分割鄂圖曼帝國——這個帝國在此時得到「歐洲病夫」的封號。起初在一八二〇年，馬夫羅科扎托斯想說服英國外交大臣，強大而獨立的希臘就是「近東問題」的最佳解決方案，制衡即將粉碎的鄂圖曼帝國及俄羅斯擴張領土的野心。一八二九年，威靈頓公爵差點就實現了那個解決方案。但此一時彼一時也。眾人偏好的「近東問題」解決方案還是跟以往一樣：讓「病夫」活下去。在歐洲，只能用這個方法維護和平——即使在上述案例裡，意思是要跟另一個歐洲強權開戰。

一八五四年春天，英國和法國參戰支持鄂圖曼，不久之後就派軍隊登陸克里米亞，這裡是主要戰區。在希臘，兩個強權的外交代表已經要求奧托宣布中立，讓所有的希臘非正規軍退出鄂圖曼的領土。奧托拒絕，英國和法國把海軍聯隊調度到皮雷埃夫斯，保護鄂圖曼的側翼。希臘的主要港口再一次遭到封鎖。這次，港口也被佔領了。奧托別無選擇，只能退兵。事後，倒霉的馬夫羅科扎托斯要負責建立政府，實施眾人痛恨的中立；在當時的政治領袖裡，他是最穩健的，也最有外交手腕。

這一次真的顏面掃地，一無可取。在一八三二年的保證條約裡，佔領者靠著條款為他們的行為找到充分的理由，讓問題變得更加複雜。保證國因此有權力干預，落實收取每年的服務金，以及確保首都每年都會借貸保證裡提到的六萬法郎貸款。一八四三年的條款威脅說要扣押希臘的部分收入，但一直沒有實行。現在不是空話——用法律術語提供正當的理由，但實際上是侵略的行為。王國的財務狀況並未在此時改善。措施的效應宛若對著做錯事的青少年揭開早熟造成的結果：一直無法保持經濟平衡的國家怎麼能募兵或開疆拓土？

一八五六年三月，克里米亞戰爭結束，耗盡俄羅斯的國力。俄羅斯輸了，但不嚴重。《巴黎條約》確定鄂圖曼帝國的領土完整。對希臘人而言，彷彿在可預見的未來都無法討論崇高的理想。英國和法國對皮雷埃夫斯的封鎖和佔領又延續了一年，那時也成立了控制委員會，監管希臘債務最新的重新排程。等封鎖解除時，奧托在子民眼中的聲譽早已蕩然無存。

這不是奧托的錯。希臘政府基本上束手無策，對內，本國的輿論高漲；對外，兩個保證國行使起**不可抗力**（force majeure）——他們在克里米亞戰爭中的政策也經不起歷史的評斷。接下來發生的事有很多理由，這只是其中一個。

一八三六年，奧托返回德國，與奧登堡的亞瑪莉亞（Amalia）成婚。二十年後，這對夫妻顯然並無所出。「奧托一世」沒有直系的王位繼承人，還有宗教的問題。奧托是天主教徒，皇后則是路德宗信徒。兩人都樂於接受移居國的許多習慣，包括語言和穿著風格，但兩人都不想改信正教。在希臘，東正教教會的領袖有名無實，屬於敵人，傳統上也是基督教不受信任的分支，在各地都引發眾人的不滿。這一點也特別激怒擁護俄羅斯的「納皮斯特」，在克里米亞戰爭期間和之後，該團體的痛苦指數達到高點。

然後在一八五九年，「歐洲協調」碰到了新的威脅，不久之後就會帶來致命的效應。輪到南歐另一個小王國來挑戰強國——這一次，小國贏了。義大利的統一醞釀已久，由薩丁尼亞及皮厄蒙王國打頭陣，建立新的民族國家。義大利統一運動叫作Risorgimento，意思是「復興」。這一次，要復興的是另一個古老的文明——羅馬帝國。運動的一名意識形態領袖朱塞佩．馬志尼（Giuseppe Mazzini）年輕時研究過希臘的「復興」，也相當讚賞。義大利人在鬥爭最重要的開頭就得到法國人的支持，因為薩丁尼亞王國在克里米亞戰爭期間很精明，站在法國這邊。一八六一年，義大利王國在皮厄蒙的首都杜林（Turin）宣告成立，但這顯然只是一個暫時的解決辦法。該國真正的首都已經公開宣布為羅馬。再過十年，宣告才會成為現實，義大利也真正統一。但是，希臘人只要受過足夠的教育，看得懂報紙，就無法忽視義大利與希臘的相似之處。義大利人在一八六一年以前，就跟希臘人在一八三三年的進度差不多。義大利的新王國跟希臘的一樣，決心用古老的帝國城市作為未來的首都——畢竟，一千年來，大家不都把君士坦丁堡叫作「新羅馬」？似乎也沒有阻力。希臘為什麼不仿效？

這個機會說不定能保住奧托的王位。赤貧的希臘能給義大利的幫助少之又少，不過確實有志願者加入了，就像義大利人在一八二〇年到希臘伸出援手。不過，奧托的維特爾斯巴赫家族跟奧地利的關係很密切。自一八一五年以來，義大利北部大多數地區都由奧地利管理，因此奧地利並不樂見義大利統一的戰爭勝利。最大的考驗來到時，希臘的皇家政府鼎力支持奧地利，但他們其實可以趁此刻聲明自身的革命資格，以及和締結義大利統一的人擁有同樣的目的。一八六〇年代的這十年，出現了兩次偉大的「統一」運動，是一個轉捩點，從歐洲舊時多種族的帝國轉為一九一八年後的民族國家大陸，也就是今日的模樣。奧托**原本可以**領導希臘人分到這項計畫中他們該擁有的一部分，就快要見到光明。畢竟希臘人本來就是先驅。奧托在位時犯下了許多錯誤，這可能是最嚴重的。

一如以往，也有更多迫切需要關注的焦點。一八四四年，憲法生效後，奧托仍堅持專制政府。一八五九年舉行議會大選時，有不少干預和脅迫。那年夏天，雅典大學的學生起了暴動，代表政治界出現了一股力量，接下來的每一代希臘政治人物都必須加以考慮。在一八六一年的前幾個月，奧托連最溫和的改革都不肯接受，因此幾乎整個統治階級都開始反對他。二月，一名熱烈支持崇高理想的大學生，因為不滿，差點就成功刺殺了亞瑪莉亞皇后。

在一八六二年初，納菲爾的兵營發生暴動。政治氛圍不斷惡化。到了秋季，國王和王后搭著遊艇去伯羅奔尼撒遊覽。他們想在人民面前露臉，了解當時的民意。他們離開後，幾處地方駐軍起義了。十月二十二日來了致命的一擊。就像一八四三年一樣，巴伐利亞人招募和訓練紀律的國家軍隊起來反抗巴伐利亞的君主。這一次，帶頭的不是將軍，而是中階軍官。再一次為未來立下了先例。隔天，新的「革命政府」在雅典宣布成立。國王和皇后搭船回到皮雷埃夫斯的時候，英國戰船巧妙地攔截了他們。三個保證國都再也不支持奧托擔任國王。奧托離開了希臘，跟來的時候一樣，是英國皇家海軍的貴客。

奧托在英國的勁敵帕麥斯頓勳爵說，奧托「長大成人」了。[18]

帕麥斯頓的定論可能下得太早。但在將近三十年的時間裡，達成了什麼？此時眾人採取的態度，證據眾說紛紜。一八三〇年代的主張有許多都趕在奧托被逐前神速發展。集中的政治和管理機構有許多尚未完成，會在接下來的幾十年內繼續整併。但在政治上，奧托是時代的錯誤，就跟前面的卡波迪斯特里亞斯一樣。在前幾個世紀，德國的王子習慣了以開明專制的角色來統治尚未完全獨立的小國家，但甚至在一八三三年，這個角色在德國各邦也受到壓力。三十年後，這些王子的後代被捲進了新的**帝國**（Reich），另一種有實無名的民族國家。在希臘，一八二二年第一本《臨時約法》所制定出的革新政治實際上從一八二八年卡波迪斯特里亞斯來到後，就一直擱置。那會是下一個王朝要履行的重要任務。

希臘出現了根本的變化，無法逆轉——至少在雅典和其他大城鎮是這樣。但對大多數人來說，他們住在散落於山谷和島上的村莊裡，生活或許沒什麼改變。推動改變的力量自然來自精英分子，他們也隨之變化。

在一八六〇年代初期以前，這些精英除了有種固執的樂觀主義，對更好的將來也有一種近乎神祕主義的期待。崇高理想為這些期待提供了焦點。除了希望，還有一股大眾覺醒的潛流、諷刺，偶爾甚至也有自我厭惡。在奧托統治的最後幾個月，報紙的社論趕上了這股新的基調：

> 希臘在歐洲人的夢想裡，曾是東方和希望文明統一的中心，今日卻降級成歐洲世界眼中的重擔，阻礙了東方的未來。

同一份報紙甚至指出，這個國家自革命以後「邁向文明的進度」到最後丟失了「很大一部分之前擁有的優勢」。這種自我撕裂的陰霾不是轉眼即逝的現象。過了整整十年，又來了一場「危機」，這次評量明顯歸納出尚未振作起來的情緒：「自解放後，希臘尚未有任何值得讚賞的成就。」[19]

雖然這種自省並非清楚地始於抨擊，但其中一個潛在的因素是，年輕的希臘王國在這段時間裡邁出了生命中的第一步，死敵鄂圖曼帝國也沒有站著不動。從一八三九年開始，一直到一八五六年，集合起來稱為「坦志麥特」（Tanzimat，「重組」）的改革運動保障帝國內非穆斯林的子民得到新的政治和法律權利。「歐洲病夫」也在用自己的方法進行現代化。仍由鄂圖曼人統治的東正教希臘語使用者佔了四分之一的多數，這些改革對他們的生活立即造成衝擊，遠超過王國內的言論或行動，或崇高理想的名號。到了一八五〇年代，在一八二一年報復行為爆發時被完全消滅的法納爾階級也宣告回歸，得到類似的優待。在阿卜杜勒馬吉德蘇丹統治的土耳其中，改革主義盛行，東正教基督徒又能佔據高位。

在奧托被逐之前，喬治．芬利寫道，當時希臘最失敗的便是革命後的局面「並未創造出成長的人口和擴展的國家……在土耳其為奴的幾百萬人裡，沒有大批移民前往希臘，並在解放後的希臘定居以享受自由。」[20]相反地，王國的國民仍想離開，到鄂圖曼帝國進行現代化、快速成長的城市，如君士坦丁堡、斯麥納、薩洛尼卡尋覓富貴。要到了一八七〇年代，由雅典和港口都市皮雷埃夫斯組成的大都會圈才經歷了類似的成長。

一八六二年十月，希臘又陷入無領袖狀態。社會秩序很有可能再次崩解，就像卡波迪斯特里亞斯被暗殺後的那段時間一樣。還好有新的歷史敘事，以及崇高理想頗受歡迎的訴求，希臘一下子就構造了新的過去。但未來會怎麼樣？在「現代化」（也就是更像西歐）的競賽中，不可能知道哪一個會先到：年紀愈來愈老的「歐洲病夫」，還是新的「東方模範王國」——希臘會把這個稱號送給下一個國王。[21]

1 喬治．芬利，《希臘革命史》，共兩卷（愛丁堡：Blackwood，一八六一），卷二，頁二九〇～九三；帕納約提斯．蘇奏斯，《里安德》（*Ο Λέανδρος*），A. 薩穆義爾（A. Samouil）編著（雅典：Nefeli，一九九六；一八三四年在納菲爾初版），頁一三〇。

2 李奧納．鮑爾（Leonard Bower）及高登．博利托（Gordon Bolitho），《希臘國王奧托一世傳》（*Otho I, King of Greece: A Biography*，倫敦：Selwyn and Blount，一九三九），頁七二；湯瑪士．加蘭特，《希臘人的愛丁堡歷史：一七六八至一九一三年》（愛丁堡：愛丁堡大學出版社，二〇一五），頁一一〇。

3 亞歷克西斯．波利提斯，《浪漫的年代：一八三〇至一八八〇年間希臘的意識形態和心態》（*Ρομαντικά χρόνια. Ιδεολογίες και νοοτροπίες στην Ελλάδα του 1830–1880*，雅典：Mnimon，一九九三），頁一〇八。

4 利奧．馮．克倫澤一八三三年在衛城上的演說，引述於雅尼斯．哈米拉基斯（Yannis Hamilakis），《國家與遺跡：希臘的古代、考古學和國族想像》（*The Nation and its Ruins: Antiquity, Archaeology, and National Imagination in Greece*，牛津：牛津大學出版社，二〇〇七），頁六一、八九。

5 羅德里克．比頓，《現代希臘文學簡介》，第二版（牛津：Clarendon Press，一九九九），頁三〇七～八；彼得．麥克里奇，《一七六六年至一九七六年，希臘的語言和國族認同》（*Language and National Identity in Greece, 1766–1976*，牛津：牛津大學出版社，二〇〇九），頁一八二～四。

6 雅典娜．卡庫里（Athina Kakouri），《一八二一：尚未完成的開始》（*1821.Η αρχή που δεν ολοκληρώθηκε*，雅典：Patakis，二〇一三）。

7 約翰．寇里歐普洛斯（John Koliopoulos）及薩諾斯．威瑞米斯（Thanos Veremis），《希臘：現代的續集，自一八二一年到現在》（*Greece: The Modern Sequel, from 1821 to the Present*，倫敦：Hurst，二〇〇二），頁二二九。

8 蘇奏斯，《里安德》，頁一〇一；艾莉．斯寇佩特亞（Elli Skopetea），《「模範王國」及崇高的理想：希臘國族問題的各個面貌（一八三〇至一八八〇）》（*Το «πρότυπο βασίλειο» και η Μεγάλη Ιδέα. Όψεις του εθνικού προβλήματος στην Ελλάδα [1830–1880]*，雅典：Polytypo，一九八八），頁二七四。

9 約翰．佩特羅普洛斯（John Petropulos），《希臘王國一八三三至一八四三年間的政治及國務》（*Politics and*

Statecraft in the Kingdom of Greece, 1833–1843，紐澤西州普林斯頓：普林斯頓大學出版社，一九六八），頁四四五。

10 《在雅典的「九三」國民大會：會議紀錄》（*Η της τρίτης Σεπτεμβρίου εν Αθήναις Εθνική Συνέλευσις.Πρακτικά*，雅典，一八四四；照相印刷，雅典及科莫提尼：A. N. Sakkoulas，一九九三），頁一九〇～九四（引述頁一九〇）。

11 詹姆斯．艾默生（James Emerson），《現代希臘的歷史，從西元前一四六年被羅馬人征服到現在》（*The History of Modern Greece, from its Conquest by the Romans B.C. 146, to the Present Time*，倫敦：Colburn & Bentley，一八三〇）；約翰．威廉．辛克森（Johann Wilhelm Zinkeisen），《希臘的歷史，從一開始的歷史新聞到我們的時代》（*Geschichte Griechenlands vom Anfange geschictlicher Kunde bis auf unsere Tage*，萊比錫：Barth，一八三二）；喬治．芬利，《希臘的歷史：從被羅馬人征服到現代》（*A History of Greece: From its Conquest by the Romans to the Present Time*），共七卷（牛津：Clarendon Press，一八七七；於一八四四至一八六一年間初版）。

12 斯皮里東．贊貝利歐斯，《希臘民謠》（*Άσματα δημοτικά της Ελλάδος*，科孚島：Ermis，一八五二），頁五～七（引述頁五）。

13 G.巴比尼歐提斯（G. Babiniotis），《現代希臘文詞典》（*Λεξικό της νέας ελληνικής γλώσσας*），第二版（雅典：詞典編纂中心，二〇〇二）。

14 贊貝利歐斯，《希臘民謠》，頁二〇、二三、六三～五。

15 康斯坦蒂諾斯．帕帕瑞尤普洛斯，《希臘國族的歷史》（*Ιστορία του ελληνικού έθνους*，雅典：Koromilas，一八五三），頁一（原文重點）。

16 帕斯哈利斯．奇卓米利德斯，〈希臘國族主義的學術內容：帕帕瑞尤普洛斯、拜占庭及崇高的理想〉（On the intellectual content of Greek nationalism: Paparrigopoulos, Byzantium and the Great Idea），出自大衛．瑞克斯（David Ricks）及保羅．馬格達林諾（Paul Magdalino）編著，《拜占庭及現代希臘認同》（*Byzantium and the Modern Greek Identity*，奧德勺特：Ashgate，一九九八），頁二五～三三（引述頁二八）。

17 道爾菲斯．懷頓（Dolphus Whitten），〈唐．帕西菲科事件〉（The Don Pacifico affair），《歷史學家》（*The Historian*）48/2（一九八六），頁二五五～六七（引述頁二六〇）。

18 羅伯特．霍蘭德及戴安娜．馬基德斯（Diana Markides），《英國人和希臘人：一八五〇年至一九六〇年，地中海東側控制權的爭奪》（*The British and the Hellenes: Struggles for Mastery in the Eastern Mediterranean 1850–1960*，牛津：牛津大學出版社，二〇〇六），頁六〇，引用一八六二年十一月四日的信件。

19 斯寇佩特亞，《「模範王國」及崇高的理想》，頁二三五、二四〇～四一。

20 芬利，《希臘革命史》，卷二，頁三八二。

21 斯寇佩特亞，《「模範王國」及崇高的理想》，頁一六二。

5 年輕時的理想與哀愁

一八六二～一八九七

到了一八六二年底，沒有人知道接下來誰能坐上希臘虛懸的王位。希臘的民意寄託在阿爾弗雷德王子（Prince Alfred）身上，他是大不列顛維多利亞女王（Queen Victoria）的次子。將奧托撤職的臨時政府將在十二月舉辦選，舉選出新的君主。投票數接近二十五萬，其中有百分之九十五投給阿爾弗雷德。當時的選擇出乎觀察者的意料之外，至今無人清楚為什麼有這種突如其來的熱情。或許他們期待，在英國出生的國王會比奧托更尊重議會和憲法；還有愛奧尼亞群島的問題。在前一個十年，焦慮的程度快速上升，因為英國領地的資格快要結束，這些島嶼將與希臘統一。謠言四起，在統治將近五十年後，英國人準備要放棄這些島嶼了。或許，從英國皇室選出國王，有助於讓帕麥斯頓勳爵領導的政府把群島交還給希臘？果真如其所願——不過情況卻不是任何人能預見的。

事後再看，這次選舉最值得注意的是，只有九十三個人想看到共和國取代君主政體，比例微不足道。不論奧托近來的評價降到多低，不論他的統治留下了多討厭的先例，他已經為二十年前才得到選舉權的這些選民留下兩個根深柢固的原則：第一，君主政體是一種機構；第二，國家元首必須是外人，才不會陷入希臘政治生活激烈的敵對狀態。兩項原則終究都會受到嚴厲的質疑，不過這是下個世紀的事了。

三個保證國「簽署了約定，宣告法國、大不列顛和俄羅斯的帝王及皇室成員都不會接受希臘的王位」，新聞傳到希臘時，投票結果還沒有出來。[1] 無論如何，維多利亞女王也表明，她的幾個兒子都不會冒險，免得像不幸的奧托一樣。一八六三年二月，選舉結果發布時，一點效力也沒有。希臘人得不到他們選出的候選人。但阿爾弗雷德王子的票數等於幫英國政府助陣，也就是他們能選出希臘的下一名君主，然後再由希臘國民大會批准他們的選擇。這在一八三二年只是一道手續，之後就不是了。可能說服國民大會接受大不列顛選擇的甜頭就是愛奧尼亞群島。

再來只剩一個問題：找到合適的候選人。克里斯汀・威廉・費迪南・阿道夫斯・喬治・格勒克斯堡（Christian William Ferdinand Adolphus George Glücksburg）跟哈姆雷特一樣，是丹麥的王子，或許更年輕一點，才十七歲。他的姊姊亞歷桑德拉（Alexandra）正要與威爾斯王子艾德華成婚，將來會成為英國的王后。威廉（一般人對他的稱呼）被提名接下希臘王位時，跟奧托當國王的年紀一樣。他的名字也在之前十二月的候選人名單上，剛剛好獲得了六票。給丹麥皇室的提議並非來自希臘，而是英國政府。在雅典，國民大會的成員也看清楚了風向。選舉結果宣布後，不到兩個月，甚至在威廉王子正式接受王位前，大會就一致通過選他為國王。在王子的五個名字裡，只有最後一個能同化成希臘文，東正教曆上一名很受尊重的聖人也叫這個名字。或許就是為了這個理由，這名丹麥王子很恰當地選在一八六三年十月三十日進入他的王國，皇室的名字則是喬治一世。

喬治國王來到後，希臘政府立即達到了一種自革命晚期以來一直得不到的自決程度。一八六四年批准的憲法是**希臘人**國民大會的成果。二十年前，奧托改了憲法前身的條款，後來，他也找到對自己有利的操作方法。這一次，國民大會決定，君王無權干涉憲法的內容。就在第一天上任發表公開演說時，喬治國王允諾，會接受新的事務狀態。此時，主權終於屬於人民。一八六四年的《憲法》比前身更進一步，將投票權賦予幾乎每一位成年男性（女性則要等到一九五二年）。這時建立的政治系統在世界上的民主排名非常前面。希臘再一次成為先鋒。

另一項革新則是皇室的尊稱。這也是國民大會的作為。奧托被封為「希臘（Hellas）國王」。繼任者雖然還不知道是誰，但是會成為「希臘人（Hellenes）的國王」。到目前為止過了快二十年，崇高的理想才有進展。法文是當時的國際外交語言，而這些變化的意義在法文和今日的英文中幾乎看不出來。諷刺的是，派駐倫敦的鄂圖曼大使本人是說希臘語的東正教基督徒，只有他看到了關聯，覺得應該質疑。新的尊稱經過微調，只會影響官方的翻譯，也通過了。[2]強權國家無意間授予新王一個能統治整個希臘國族的稱號。

的確，在喬治國王統治期間，王國變大了。第一年，英國人兌現承諾，一八六四年六月，愛奧尼亞群島回歸希臘領土。對大不列顛來說，透過殖民部統治名義上的「保護領地」半個世紀後，這次的行為就像初次預演一個世紀後的去殖民時代。對希臘來說，開始了半個世紀的國家邊界擴展。

那半個世紀正好對應到新國王的統治期。

領土擴張的政治

喬治一世管轄國家財富的時間很長，在他之前與之後，都沒有改朝換代的動亂，歷史學家對他的著墨卻實在不多。他只有一本傳記，還是一百多年前寫的。從少數幾封付印的私人信件看來，很難衡量他的個性，或許不怎麼精彩。[3]但喬治國王不是無意義的虛位領導人，也不是獨裁統治者。他從一開始就接受憲法對他權力的限制，奧托就不可能贊同，但他保留了指派內閣和總理的權利。喬治國王在統治期間似乎一直掌控著國家這艘大船的船舵，但不一定很明顯，也不是直接的。一八六七年，他與沙皇的姪女奧爾加（Olga）女大公結婚，確保王后和未來的繼承人跟子民一樣都信奉東正教。這一下就去掉了前任國王在位時一直甩不掉的抱怨。從那時起，希臘人國王的王朝與王國三個保證國中的兩個統治家族建立了聯繫——奧托與這三個強權國家的關係一直不太和睦，比起來，喬治能更加安穩，值得欣羨。希臘君主必須簽署重要政治人物呈上的法令，如果第二位君主永遠得不到他們的歡迎，也永遠不會造成分裂，就像後來的王位繼承人一樣。所以，很難說半個世紀以來的成功與失敗有多少來自這唯一一位監督一切的公眾人物。

從一八六四年到一八八二年，希臘政府更替至少三十三次，其中有幾次是「聯合」政府，實際上沒有領袖。到了一八七五年，眾人接受一個原則，成立政府的工作必須交給得到議院「宣告信心」的領袖，議院指的是議會的多數。但是之後，這個原則不一定有人遵守。黨派是不受束縛的人脈群集，主導者有其感召力——從革命到這時沒有多大的變化。在一八七〇年代，有四個黨派，然後變成五個。過了一八八〇年，才首次出現類似兩黨的體制。但與其說理由是黨派組織，不如說是兩名勁敵的個人特質，他們兩人在十八世紀的最後二十年支配和分割希臘的政治風景，就像之前英國自由黨的威廉·格蘭斯敦（William Gladstone）及保守黨的班傑明·迪斯雷利（Benjamin Disraeli）。

在一八二〇年代的革命領袖中出現了一道斷層，而這兩個男人在很多方面都繼承了那條舊有的斷層，並加以延續。這條斷層一側向外與西方接軌，另一側則是傳統的理想，帶有反抗心理的自給自足，搭配上向東擴張的渴望。對他們來說，不光是政治選項的問題，也是王朝的問題。

哈里勞斯·特里庫皮斯（Charilaos Trikoupis）是亞歷山德羅斯·馬夫羅科扎托斯妻子的外

甥，一八二〇年代希臘陷入鬥爭後，後者領導現代化，極力讓歐洲強權加入。特里庫皮斯的父親斯皮里東（Spyridon）一生從事公職，在革命期間和事後都是馬夫羅科扎托斯的忠誠支持者，也曾在倫敦擔任過十多年的希臘大使。在眾人的記憶中，老特里庫皮斯是希臘革命最權威歷史的作者，在克里米亞戰爭期間於倫敦寫成和出版。馬夫羅科扎托斯就像他的姨父馬夫羅科扎托斯，在父親的大使館擔任祕書時得到了政治和外交的經驗。這時候很流行內舉不避親。這些受益者也不一定名不符實。

狄奧多羅斯・德里雅尼斯（Theodoros Diligiannis）的伯父也是既出名又有影響力。卡內洛斯・德里雅尼斯（Kanellos Deligiannis）是伯羅奔尼撒的有錢大地主。他在革命期間的表現也很傑出——是克羅克特洛尼斯的主要支持者，在一八二〇年代內戰期間對抗馬夫羅科扎托斯及現代化主義者。兩代之間的姓氏拼法略有改變，透露出：「Dili-」聽起來會比較像古希臘文，「Deli-」則是希臘文姓氏常見的前綴，來自土耳其文（為避免混淆，本書採取同樣的譯名）。近年來的歷史學家特別注意特里庫皮斯的事業和想法，對他的敵手就沒那麼注意。德里雅尼斯天生就很受歡迎，跟科萊提斯一樣。他能輕易挑起聽眾的熱情，比走知識路線的特里庫皮斯自然多了，更遠超過之前的馬夫羅科扎托斯。

在這兩人的論調和政治生涯中，在十九世紀的最後那幾年，可以探查到舊有斷層線的陰影。但這次，議會系統能壓制得住震顫。大範圍的社群不像從前一樣反覆出現分裂。議會對手帶領的黨派沒有貫徹的意識形態定位，也並未深植入相反的大眾觀念。特里庫皮斯常被描述為「革新派」，德里雅尼斯則是「保守派」。但兩人都不屑按著環境改變政策，追隨者也不願意更改效忠的對象。德里雅尼斯的評論常為人引述，他說，只要是敵手**贊成**的他就反對，透露出此刻希臘政黨系統的極限。

因此，斷層線暫時只出現在表面。其中一個理由或許是國王的個性，以及他行使憲法上角色的方法。不論理由是什麼，希臘民族國家在此時難得地有全體一致的本質和目的。帕帕瑞尤普洛斯一八七四年出版第五卷歷史書的時候，崇高理想和新的歷史敘事結合起來的宏偉建築變得圓滿，也確保了眾人的共識。在喬治國王統治期間，只有一個政策：開疆拓土，盡量把資源納入希臘國族的邊界。特里庫皮斯的政策聲明特別凸顯這個目標，呈現出對適度和節制的支持，而德里雅尼斯的語氣比較好戰，但有一樣的效果。在特里庫皮斯事業初期，也就是一八七六年的「東方危機」（Eastern Crisis）時，根據紀錄，他曾說過，「希臘文化的國族理想就是解放希臘的土地，建立涵蓋整個希臘國族的單一國家。」[4]

今日，特里庫皮斯主要留存的事蹟是他對基礎建設投資的遠見——道路、鐵路、海港、科林斯運河，以及將工業化措施引進原本以農業為主的經濟體。三公里長的哈里勞斯・特里庫皮斯吊橋於二〇〇四年啟用，就是今日對這項傳統最顯眼的致敬，這座橋優雅地橫跨科林斯灣的入口，將伯羅奔尼撒連結到希臘西北部的路網。但到了二十一世紀，大家都忘了，在家鄉的這些擴張措施都是為了創造出向外擴展的跳板。在當時，這幾乎是每一項希臘政策決定背後的驅動力。

一八六四年，和平合併愛奧尼亞群島後，在進入二十世紀前，只有四次機會能向外拓展。歷史學家習慣過分強調希臘政治人物在這些艱難時刻的**敗績**，但他們面對的困難真的不好對付，而且也更耐人尋味，例如，他們針對當時國際舞台上變化多端的動態所提供的領悟，以及後續希臘政府學著適應（或適應不良）的方式。

有些難題已經是眾所週知。強權國家的保證保護了希臘的完整，同時不讓他們損害其他國家的完整度。國家軍隊的成立是為了恢復國內的秩序，後來也罷免了君主，但目的絕對不是興起侵略別國的戰爭。希臘的資源很薄弱。在一八五〇年代晚期，即使強制重整，依舊負債累累。被稱為「歐洲病夫」的鄂圖曼帝國可能一點毛病也沒有，佔地依然廣大，國力依舊強大，圍繞著這個小王國的三邊。

但是，最難的或許是新的難題，來自完全沒想到的地區。自一八三〇年以來，在希臘成就的事現在成為整個歐洲仿效的對象。以種族為基礎的國族主義現在席捲全歐。儘管政治人物對在拿破崙戰爭末期建立的「歐洲協調」仍只是空談，在十九世紀下半愈來愈常聽到的句子可以用來呈現這種不斷變化的新現實：「權力平衡」。義大利和德國在一八六〇年代的「統一」永遠改變了歐洲的地圖。普魯士給奧地利和法國的軍事挫敗成為新德意志帝國的基礎，在一八七一年成立時就成為強權國家。一切都有可能。那年一月，普魯士人進入巴黎後，新的民族國家野心勃勃，他們的要求再也不容拒絕或忽視。

這樣的情況不僅出現在西方。在鄂圖曼帝國位於歐洲的省份，當地群體已經贏得某種程度的自主權、短暫的獨立國家地位，他們自我定義和管理的方式愈來愈像民族國家。這是塞爾維亞自一八二九年開始的狀況。然後，在一八五九年克里米亞戰爭結束後，多瑙河公國也享有自主，改名為「羅馬尼亞」。最大的一個團體是巴爾幹山脈及黑海腹地的斯拉夫語使用者，他們現在開始以保加利亞人的名義爭取認同跟自治。

在一八六〇年代，希臘仍是東南歐唯一一個完全獨立的國家。其他國家都想複製希臘的例子。今日與這個區域在二十世紀會取得的名字幾乎是同義詞的國族競爭才剛剛開始。巴爾幹半島的「巴爾幹化」（balkanization）最遠可追溯到十九世紀中期。[5]

這項發展的第一個受害者是「東正教聯邦」。一八二一年的革命及同年鄂圖曼人的報復，嚴重動搖了東正教基督徒世界的精神與文化統一。自一八三三年以來，希臘為了建立國家教會而採取單方面的行動，分裂了東正教基督徒的世界。現在，君士坦丁堡的保加利亞語社群首先在一八六〇年發出呼求，也要有專屬教會。或許本來看似只是宗教裁判權的小問題，而這個問題的嚴重性在十年後才變得明顯。一八七〇年三月，鄂圖曼政府正式認可獨立的教派，叫作「保加利亞主教」。兩年後，普世牧首為了反擊，開除敵對教會的信眾教籍。這時出現的新對抗力量充滿仇恨。

不只保加利亞人。同時，新建立的羅馬尼亞公國以瓦拉幾亞語為基礎，建立了自己的認同，從這時候起稱為羅馬尼亞語。十八世紀統治瓦拉幾亞和摩爾達維亞、受希臘文教育的精英尚存者則變成壓迫者，由於更觸及痛處，受到憎恨的程度尤勝鄂圖曼人。如果有可能讓「東正教聯邦」集合成一股政治力量，或許能決定這整個區域的未來，就像里加斯・維萊斯丁里斯和其他人一度的展望，不過，在一八六〇年代，這個可能性永久消失了。

另一個出現變化的問題則是俄羅斯的態度。在克里米亞戰爭中敗退，俄羅斯精英在看自己和他們在世界上的定位時，有了一種新的**種族**優勢。托爾斯泰以拿破崙戰爭為背景的史詩大作《戰爭與和平》在一八六〇年代以連載形式寫作和出版，將他那個時代多變的態度不合時代地投射到更早的時期。俄羅斯的國家政策，以及就我們所知的公眾同情，都從支持東歐的**東正教**人口轉向支持同樣說斯拉夫**語言**的人。因此誕生了「泛斯拉夫主義」（pan-Slavism）。同時，基本上因為同樣的理由，希臘輿論和政治生活中具有影響力、維持「俄羅斯黨」三十多年的那一股力量很快就啞然無聲。俄羅斯現在支持希臘的敵人。這些新的對抗是什麼模樣尚有待面對。鄂圖曼帝國再也不是唯一的敵人。從一八六〇年代開始，就在希臘的公民與政治領袖團結在一起，決心實現他們崇高的理想之際，遊戲規則卻漸漸變成類似3D西洋棋的東西。

第一個機會在一八六六年來臨。那年九月，「克里特島人的國民大會」單方面宣布克里特島併入希臘。在鄂圖曼十九世紀在歐洲的省份裡，克里特島向來是最不穩定的。島上的東正教徒佔大多數，幾乎在一八二一年革命的頭幾年就成功達到統一。一八四一年有一次反抗活動，最近則是在一八五八年。十九世紀至少有七次，克里特島的革命分子發起鬥爭，但他們的目標跟現代的革命運動不一樣，不是為了自主或自決，而是與希臘**統一**（Enosis）。來自克里特島的呼求不斷反覆，只會讓希臘政府進退兩難。這一次，他們記取克里米亞戰爭的經驗，遮掩住官方的中立性。同時，在接下來的三年內，希臘船隻穿越鄂圖曼的封鎖，把志願者和武器運送到克里特島，再把因為鬥爭而無家可歸的難民送出來。

十九世紀時，希臘的非正規軍常常穿過邊界投入戰鬥，這就是其中一個場合。有些人是希臘的子民，有些人屬於鄂圖曼帝國。他們都是祕密行動，違反戰爭的「規則」，在希臘內部也頗受爭議。國內的劫掠事件常會因此暴增，凸顯出令人不自在的真相，也就是希臘政府在自家領土內仍無法完全控制武力的使用。一八七〇年，克里特島的叛亂結束，再過了一年，一群英國貴族旅人在離雅典幾英里外被土匪抓走，有幾人被謀害，以可怕的方式凸顯這個教訓。另一方面，革命一開始的幾場戰爭都靠非正規的游擊戰打下。關於非正規戰，希臘政府和公眾的態度依然舉棋不定，到了下一個世紀才出現變化。

在克里特島叛亂時，一如以往，強權國家也插手了。俄羅斯正要轉向後來的泛斯拉夫主義政策，因此有一段時間激起了暴動，似乎也頂住了希臘王國的希望。在十九世紀，希臘政府第一次認真與尚未完全獨立的巴爾幹鄰國建立盟約，但也就這一次。唯一實在的結果是與塞爾維亞的祕密條約，兩國要相互支持對方對抗鄂圖曼帝國的主張。條約不久後就失效了，也無助於解決現在的「克里特島問題」（Cretan Question）。但會思忖到這種結盟的可能性，表示他們察覺到東南歐的政治世界出現了什麼變化。希臘第一次要去認可地位和情況跟自己類似的其他國家。國際關係再也不是只和強權國家談判就夠了。新出現的國家可以就近談判，雙方互利和互助。再過半個世紀這種可能性才會得到充分利用，但就算到了那個時候，也不會延續太久。

克里特島最長、最血腥的叛亂會一直拖到一八六九年初。到那個時候，鄂圖曼人又佔回上風。再一次，強權國家開會給出解決方案——及時阻止希臘與鄂圖曼帝國開戰。羞辱人的是希臘政府無權與會，沒有選擇，只能接受巴黎交下來的條款。跟一八四一年或一八五四年比起來，結果並沒有更好。

又過了快十年，第二個機會才出現，政治複雜度更有挑戰性。新「東方危機」在一八七五年初露徵兆。那年夏天，地方暴動在巴爾幹半島的另一頭爆發，也就是赫塞哥維納及波士尼亞。隔年五月，塞爾維亞和蒙特內哥羅向鄂圖曼帝國宣戰。同時，保加利亞的省份也開始叛亂。鄂圖曼人在第一輪的敵對中獲勝。對保加利亞子民的報復使得英國反對黨領袖威廉・格蘭斯敦展開旗幟鮮明的活動，反對「保加利亞暴行」，意指針對基督徒的暴力行為。希臘人的看法則嚴重分歧。這些保加利亞人竟敢建立自己的教會，違抗普世牧首，在他們爭取自由，要脫離傳統的敵人時，還是值得支持的基督徒夥伴嗎？或者，他們也會跟土耳其人一樣，嚴重威脅希臘及希臘人的利益？

一八七七年四月，俄羅斯為了擁護斯拉夫群體的權利，與鄂圖曼帝國開戰，與之前對待希臘人的態度大相逕庭。再一次，祕密會社和公開委員會在雅典如雨後春筍般冒出。許多鄂圖曼省份的希臘領事開始儲備武器，提供給當地的基督徒武裝匪幫。志願兵和土匪（兩者之間的區別通常不很清楚）再度穿越希臘北邊的邊界，在鄂圖曼人與俄羅斯人接戰時攻擊他們的後方。一八七八年初，連一向很謹慎的喬治國王也開始備戰，並得到雅典群眾的鼓勵支持。希臘也第一次引進徵兵制度。這一切都不是為了協助同為基督徒的俄羅斯人或保加利亞人。而是要趕在戰鬥停止前盡量索求鄂圖曼的領土，而且後來一定會舉辦和平會議來分贓。

一八七八年二月初，超過兩萬五千人的希臘軍隊穿過邊境進入色薩利，卻發現戰爭已經結束了。俄羅斯人再一次逼近君士坦丁堡，鄂圖曼求和。希臘軍隊還沒開火，就被急急召回。在其他地方（色薩利、馬其頓，以及又一次在克里特島），在雅典非官方的委員會輔助和教唆下，希臘志願兵和非正規軍的戰鬥持續了好幾個月。

接下來的和平幾乎跟戰爭一樣亂七八糟。《聖斯特凡諾（San Stefano，歐洲人對君士坦丁堡一個郊區的稱呼）條約》創造出很大的保加利亞新公國，但什麼都沒給希臘或塞爾維亞。在這十年裡興起的新強權是德國，也該加入了。德皇的外交大臣俾斯麥（Otto von Bismarck）在德國首都召開會議，一八七八年七月柏林會議（Congress of Berlin）提出的條約會決定東南歐一整個世代的政治輪廓。保加利亞的面積縮小，分成保加利亞和東魯米利亞（Eastern Rumelia），兩者都未完全獨立。此刻，除了正式的認可，塞爾維亞、蒙特內哥羅和羅馬尼亞都得到了獨立的國家地位。希臘得到承諾，可以將原本邊界北方的土地納入國土。談判有兩個副產品：第一項是條約中賦予奧地利權利，可以佔領和管理鄂圖曼的省份、波士尼亞及赫塞哥維納；第二項是與鄂圖曼帝國另外簽署雙邊協議，讓大不列顛有類似的權利，可以佔領賽普勒斯，兩者後來都有負面影響。

承諾給希臘的領土要再等三年才會成為現實。到那時，實際面積也比承諾的小。後來在柏林再度協商，希臘也第二次出兵——據說反戰的特里庫皮斯支持喬治國王下令，鄂圖曼人才同意條約。按照一八八一年七月二日的協議，希臘獲得色薩利二十一萬三千平方公里的土地，以及伊庇魯斯的南部。這是希臘第一次接管相當大的穆斯林人口，也預示了未來的事情。納入色薩利是希臘王國在十九世紀第二次增加領土，也是最後一次。不靠戰爭，而是靠著外交手段，先獲取愛奧尼亞群島，再來則是北邊的這個新省份。不過，這一次的勝利非常驚險。

年輕的王國一邊學習，一邊成長。到了一八八〇年代早期，領土擴大了，也有新的敵人。主要的新敵人則是最近成立的保加利亞公國，給保加利亞撐腰的是俄羅斯。突然之間，強權國家讓「歐洲病夫」站穩的政策似乎沒那麼乖張。如果鄂圖曼帝國倒台，敵對的東正教國家更強大，有辦法接管，那帝國內的東正教希臘語使用者會怎麼樣？一八六〇年以前，這個問題沒有簡單的答案，過了二十年以後則急需解答。

答案來自保加利亞人，他們給了希臘第三次機會。一八八五年，普洛第夫革命單方面將保加利亞和東魯米利亞一起交由索菲亞的政府控制，塞爾維亞和希臘因此覺得受到威脅。但此時的希臘與保加利亞沒有交界，中間是鄂圖曼統治的馬其頓。同為斯拉夫民族的塞爾維亞人發動戰爭，卻狠狠敗於保加利亞人手下。在希臘，德里雅尼斯剛好才開始掌權，發現被自己好戰的論調困住了。保加利亞和東魯米利亞敵對程度逐步下降，成為統一的民族國家，只差正式認可，同時德里雅尼斯想從鄂圖曼人手中強奪領土。德里雅尼斯政府無法退縮，軍隊又已經開到邊界，跟克里米亞戰爭期間的奧托一世陷入一樣的形勢。英國和奧地利兩個舊的強權國家，以及德國和義大利兩個新的強權國家，一起派出海軍，在一八八六年五月和六月封鎖希臘三十天。這次沒有戰利品。

德里雅尼斯必須把統治權交給他的死敵特里庫皮斯。

一八九七年，該世紀的最後一次機會現身，特里庫皮斯想擴展基礎建設和武裝部隊的熊熊野心導致希臘破產。希臘的十九世紀末（fin de siècle）就像勝利與災難的雲霄飛車，但來到世紀末之前，我們必須先跨越希臘的邊界，探索希臘民族更寬廣的地平線。此時，很多在希臘的人也開始探索了。

國族與國族的限制

在克里特島，當地與希臘統一的渴望比其他地方都強。一八六六年的革命旗幟上寫了「不統一毋寧死」，對應到一八二一年的吶喊「不自由毋寧死」。愛奧尼亞群島的例子已經證實，「**統一**」是強大的招募口號。從那時起，克里特島的鬥爭就變成愛國人士與外來壓迫者的雙向衝突。事實上，克里特島的人口有百分之二十五到四十是穆斯林，這些人有自己的愛國主義。他們的祖先是土生土長的克里特島人，在十七世紀改信伊斯蘭教，以當地的**克里特**傳統為傲。大多數人的母語是希臘語的克里特方言，似乎都不太懂土耳其語。

根據帕帕瑞尤普洛斯的定義，所謂的克里特土耳其人應該屬於「希臘國族」。但在克里特島，整個十九世紀，裂縫都出現在宗教社群之間，而不是語言群體。克里特土耳其人跟穆斯林一樣，指望得到鄂圖曼帝國的保護，忠誠支持帝國體制，他們基本上不想被併入一個殺死或驅逐所有穆斯林人口的國家。因此，克里特土耳其人雖然使用希臘語，跟來自君士坦丁堡的官員和軍隊一樣，也把暴動的克里特人當成敵人。十九世紀的克里特革命事實上延續了社群之間的鬥爭。

從克里特島向東移動，遙遠的賽普勒斯則是一個特例。在這裡，說希臘語的東正教人口比例比克里特島還要高，約為百分之八十。佔少數的穆斯林用土耳其語交談，不過整座島上的人都會說希臘語。一八七八年開始由英國統治後，一開始大家都還願意歡迎英國人，但在這裡，在十九世紀結束前，也首次發出了對**統一**的呼聲，不過要進入二十世紀一陣子後，這項運動才得到了推動力。

在安納托力亞說希臘語的飛地（本都及卡帕多西亞），與希臘統一的指望一直不高。希臘文學校創立後，收的都是環境較好的學生，他們因此會覺得自己是希臘人。對其他人來說，「希臘與土耳其農民之類的人透過各自的信仰適應社會生活，依據當地佔優勢的穆斯林統治階級來估量自己的地位。」[6] 變化的空間不大。在卡帕多西亞，以及在君士坦丁堡，都有使用希臘文字母、人口眾多的東正教基督徒社群，但他們口說和書寫的語言則是土耳其文。這些人叫作卡拉曼里人（Karamanlides），在十九世紀下半葉再怎麼努力，也無法讓他們相信自己「實際上」是希臘人。這些社群的成員在十九世紀如何定位自己，仍是一個謎團。

來到安納托力亞西邊的海濱，人口成長和聚落型態提出了另一項證據。在斯麥納城所在的艾登州，希臘語東正教人口快速增長。城市和鄉間都受到同樣的影響，尤其是不斷擴張的鐵路網附近，到了十九世紀末，希臘人成為城市裡最大的群體，大多數移民來自希臘王國，以愛琴海居冠，其他移民則在同時從希臘出發前往美國。對希臘最貧困的人來說，國家的人口增加，國家經濟無法提供機會，有時連維生的方法都無法提供，只好出國找活路。在十九世紀末，對王國裡希臘人的「希望之地」似乎指的是鄂圖曼東部，以及向西橫越大西洋。

這個說法特別適用於亞歷山大港富裕的商人社群，埃及的首都開羅也有同樣的一群人，但數目較少。十九世紀初，有大群希臘人移居埃及。一八六〇年代，美國內戰，導致國際市場對埃及棉花的需求大增。希臘人在這幾年賺了大錢，例如貝納基斯（Benakis）家族，後來家族內有人成為雅典著名的市長，他們的私人藝術品收藏後來成為貝納基博物館的基礎。一八八二年，英國的地中海艦隊轟炸亞歷山大港後，埃及認輸，由英國人直接管理。希臘人社群繼續興旺，與外派倫敦、利物浦和曼徹斯特的希臘人關係愈來愈好，直到一九五〇年代末期和一九六〇年代早期，在當時的政治狀況下，他們的後代幾乎都去了希臘。

另一個吸引移入的理由則是「世界的慾望之城」——君士坦丁堡，鄂圖曼的首都。在這裡，很多希臘家族的祖先都可以追溯到拜占庭時代。一四五三年，鄂圖曼人征服此地，刻意移入東正教基督徒人口。十九世紀下半，在剛過一百萬的人口中，大約有四分之一的居民是希臘人。[7]鄂圖曼體制從一八三九年開始一系列的改革（叫作坦志麥特），在一八五六年的克里米亞戰爭後，也因為帝國的歐洲盟友施壓，改革又得到了新的動力。

一八六一年四月，一群著名的市民在佩拉（Pera，今日的貝伊奧盧〔Beyoğlu〕，當時是城裡的「歐洲」區）一棟時髦的房子裡聚會，成立了一個文學會社。「會社」的希臘文（etairia）仍會引發恐慌，這時離友誼社（Philiki Etairia）點燃希臘革命的導火線，已經過了四十年。因此，他們用了一個聽起來沒那麼顛覆的希臘詞：syllogos，「協會」的意思。君士坦丁堡希臘教育協會（Hellenic Educational Association of Constantinople）從此誕生。[8]在接下來的半個世紀，鄂圖曼帝國出現了幾十個類似的組織，君士坦丁堡希臘教育協會後來成為歷史最悠久、影響力也最強的協會。「協會」運動創辦、提供資金和組織學校，成為一個影響力十足的管道，在帝國的希臘語社群中散播世俗和革新的想法。「國族重生」和「國族責任」的想法能傳給帝國內每一名受過教育的希臘人，基本上都要感謝教育協會。

這些「協會」通常跟希臘王國內志同道合的人關係密切，也非常友好。但他們不是希臘的代理人，不可能公開這方面的行為。偶爾，他們確實會引起鄂圖曼當局的懷疑或敵意，但這些懷疑似乎都無憑無據。如果在成長過程中，自認是希臘文中的 Romioi，也就是官方鄂圖曼術語中的 Rum，這些人的子女去上學的時候，會學到他們是 Hellenes，繼承了過去兩個偉大的文明。但就公民的身分來說，他們仍是 Rum（意思是鄂圖曼國內的基督徒東正教子民）。「協會」的領袖成員通常也是鄂圖曼體制和鄂圖曼社會中地位很高的利害關係人，然而他們也不是唯一的利害關係人。

在十九世紀下半，屬東正教希臘人的資深鄂圖曼官員點算起來名單很長，也都是傑出人士。他們有才能，表現優秀，跟前一個世紀的法納爾人差不多。在希臘和土耳其，因著明顯的理由，他們大多被排除在後來的國族歷史之外。政治上，過了一九二〇年代早期，就無人繼承他們。如果他們曾把內心的想法寫下來，到現在也尚未出現相關紀錄。有一位是亞歷山德羅斯·卡拉狄奧多瑞斯（Alexandros Karatheodoris，也叫卡拉狄奧多瑞帕夏），他的父親是蘇丹的私人醫生，也是教育協會的第一任會長。他的母親是亞歷山德羅斯·馬夫羅科扎托斯的遠親。卡拉狄奧多瑞斯曾兩度擔任帝國的外交大臣，成為鄂圖曼最受信任、最成功的一位大使，服務多年後也確立了自己的地位。一八七八年，他以鄂圖曼主要代表的身分參與柏林會議，參與修改的《聖斯特凡諾條約》對帝國十分有利。

看了或許會讓人很吃驚吧，一連串派到雅典的鄂圖曼大使本身就是說希臘語的東正教基督徒。這些人在專業上看不出有二心。鄂圖曼的大使康斯坦蒂諾斯·穆蘇洛斯（Konstantinos Mousouros，又叫穆蘇洛斯帕夏）在倫敦服務了很長的時間，對喬治國王在即位前考慮的新皇室尊稱很不以為然，也成功修改了這個尊稱的正式法文翻譯。他把但丁的《神曲》（*Divine Comedy*）

翻譯成拜占庭希臘文詩節，一八八〇年代在倫敦出版。穆蘇洛斯帕夏雖然與希臘王國不甚友好，但應該算是當代最能幹、最有學問的希臘人。

在帝國內，其他由希臘人佔據、擁有權力和影響力的職位範疇包括傳統的商業，以及新的銀行業。君士坦丁堡的主要銀行機構都由希臘人成立，也多半由他們經營。就連蘇丹的宮廷也把銀行戶頭開在希臘人的公司裡。這是現代化的尖端。這些人和機構的活動為鄂圖曼帝國的工業化提供資金。他們也補助離家更近的計畫，例如「協會」和協會成立的學校。有些人也在希臘王國投資。讓特里庫皮斯得以完成基礎建設計畫的「外國」投資，事實上大多來自鄂圖曼帝國內有錢的希臘人。很難說這些行為有多少出自國族團結，有多少來自理智的投機行為。

最知名的銀行家是安德烈亞斯．辛格羅斯（Andreas Syngros），他與馬夫羅科扎托斯家族結親，因此跟卡拉狄奧多瑞帕夏也有遠親關係。成為君士坦丁堡最成功的金融家之後，辛格羅斯賺了很多錢，在一八七〇年代搬到雅典。之後，他成為慷慨的捐助人和慈善家，從雅典中心到法利羅灣的寬闊大道就以他的名字命名。但辛格羅斯是個特例，其他人大多留著鄂圖曼的公民權。他們或許會到各地旅遊，也有可能定居在倫敦和亞歷山大港等地，但他們找不到理由要成為希臘人國王的子民。

在鄂圖曼的首都，當然沒有人提到Enosis，意思是「與希臘統一」。下面是君士坦丁堡一名希臘銀行家的看法，一八六一年用法文寫給來訪的考古學家：

> 希臘人（在東方，都以Hellenes稱呼這個獨立王國的居民）就像出色的孩子。只因為他們把東西放進嘴裡，他們就相信這件事很容易，馬上要應驗了……隨他們怎麼說吧，我們就是不想要

他們來到君士坦丁堡。至少，土耳其人不會擋我們的路。[9]

這種不假思索的坦誠很少見。但是，在君士坦丁堡，教育程度最高的希臘人會心照不宣地遠離來自希臘的「崇高理想」。對他們來說，不能把未來賭在鄂圖曼帝國的崩解上，而是要繼續和加深從一八三九年開始的改革過程。如此一來，待時機成熟，帝國就會重建成現代的歐洲國家。等慢慢進展到那個時候，希臘人的天賦和財富可以付出更多，也可以獲得更多。

阿卜杜勒・哈米德（Abdul Hamid）蘇丹在一八七六年頒布新憲法的時候，十九名希臘代表（總共有一百三十名）參加了鄂圖曼議會的第一次集會；不過議會的壽命很短。在寫給英國外交大臣的文件裡，幾位新上任的議員指出他們偏好「單一的希臘東正教國族」，強大且統一的東方國家，納入基督徒和穆斯林，足以抗衡西方的勢力以及斯拉夫人的擴展。[10]看似衝突的希臘與鄂圖曼要同時共存，之前一直讓人覺得不可能。希臘文化（如贊貝利歐斯和帕帕瑞尤普洛斯的定義）及鄂圖曼主義（Ottomanism，如「坦志麥特」改革方案的定義）還沒有學會並存。

儘管帝國在一八七八年敗給了俄羅斯，議會解散，憲法失效，這些想法仍留了下來。在接下來的三十年，鄂圖曼會回歸舊有的獨裁模式。即使如此，至少在一九一二年以前，很多希臘人與機構仍忠於他們的鄂圖曼身分——以國家的官方屬性來說就是Rum，但在家裡以及跟自家人在一起的時候則是希臘人。

因此，鄂圖曼帝國剩下一個毫無妥協空間的區域。一八七八年簽訂《柏林條約》後，「歐洲的土耳其」剩下的是從君士坦丁堡沿著愛琴海北岸向西延伸出去的一長條領土，穿過南巴爾幹半島，最後到亞得里亞海。在希臘文裡，跟在歐洲語言裡一樣，這些區域以古代的名字稱呼：色雷斯、馬其頓、伊庇魯斯、阿爾巴尼亞。

在這些區域幾乎找不到希臘語使用者熱烈追求**統一**理想的證據，但應該曾出現在其他時代。在這些區域，希臘語的使用者很多，希臘文的使用甚至更為廣泛，應該可以說是與好幾種語言並存了好幾百年的語言。對住在這些區域的很多人來說，只要是東正教基督徒就夠了。宣布自己是希臘人、塞爾維亞人、保加利亞人、羅馬尼亞人或阿爾巴尼亞人的壓力一定來自外部，在十九世紀末變得愈來愈強。

因此，國族政府和壓力團體這時收集和出版的證據不能完全信任。特別是在馬其頓，利害關係人流傳的統計數字差距甚大。[11]從一八七〇年代開始，希臘和保加利亞的組織動員當地的武裝幫派，恫嚇村民必須選邊站。希臘人的目標是用古教會斯拉夫語（Old Church Slavonic）進行禮拜儀式，以及由保加利亞主教指派教士的教會。支持主教的人則攻擊保留希臘語禮拜儀式和忠於牧首的人。在大多數人使用兩種語言的社群裡，這些戰術通常很有效。為了和平，可能整座村莊都會改變效忠的對象，如果另一群有武器的人騎馬進來，他們可能再換回去。這塊領土被個人、家族和社群的可怕選擇撕裂了，然而在一般情況下，他們也控制不了選項。

在所有的訴求和反訴求中，爭奪馬其頓的競賽即將開始，與心理和理智無關，重點是語言和教育。如果能說服民眾用希臘文進行宗教儀式，或威脅他們聽從，學會讀寫希臘文，就可以把他們納入希臘國族。「國族擴張」開始取得全新的範疇。參與這個過程的人當時有什麼想法幾乎都無人記錄。能把想法寫給後代子孫看的人已經又選定了立場——在紙上書寫時，你選擇的語言就指明你認為自己是「希臘人」還是「保加利亞人」。

在小鎮裡和當地最大的城市薩洛尼卡，受過教育的希臘人確實表達了意見。教育和文化協會也大量湧現。正如君士坦丁堡的協會，只要與鄂圖曼的國家有關，就必須保持政治中立。但碰到敵對的東正教種族團體，他們也可以選擇攻擊。這些區域的「協會」比鄂圖曼首都的協會更熱衷於參與政治。例如，在馬爾馬拉海上的羅多斯托（Raidestos，今日的泰基爾達〔Tekirdağ〕），新成立的教育協會在一八七一年展開方案：「希臘的繆思女神會在短時間內轉化無數住在這裡的斯拉夫人，把他們從敵人變成教會和希臘文化真正的子女，只要我們在可以利用的這段短短時間內迅速採取行動。」目標是盡可能、盡快「希臘化」，當時來自斯拉夫人的威脅「因為人民未甦醒的智力狀態，變得更具侵略性」[12]——很有說服力，承認協會創辦人的愛國熱誠在社群裡扎的根沒有他們期望的那麼深。

這是地方的倡議。但在所有這些區域裡，地方團體的活動如果不是由雅典的壓力團體指導，通常也會被壓力團體的活動蓋過。一八六九年在雅典成立的希臘學習傳播協會（Society for the Dissemination of Hellenic Learning）顯然最具影響力。一八八〇年代的雅典報紙會刊出定期報告和評論，標題是「來自馬其頓」。在其中一篇，作者甚至指出，在最糟的情況下，這個「極其希臘的」區域最好能獨立，不要被斯拉夫人或奧地利人併吞。與希臘王國統一的呼聲，最刺耳的並非來自該區，而是雅典。[13]

薩洛尼卡現在處於鼎盛期，名列鄂圖曼帝國的大城之一，穆斯林和賽法迪猶太人（Sephardic Jew，西班牙裔）的人數已經超越希臘人，居冠的是猶太人。猶太人的祖先在十五世紀末把現在仍在使用的方言從西班牙帶過來。其他人則是後來在基督教國家受到迫害，逃難到這裡。尤其是想到一八二一年的黎波里的猶太人跟穆斯林一起成為大屠殺的對象，他們或許不太期待融合。薩洛尼卡的第一份希臘文報紙出現在一八七五年。這份報紙當然要經過鄂圖曼當局的審查，社論宣揚要與城內其他社群建立良好的關係，支持在君士坦丁堡出現的「希臘鄂圖曼主義」，而不是雅典的領土擴展或反保加利亞政策。[14]

難怪，青年土耳其黨（Young Turks）一九〇八年七月二十三日在薩洛尼卡宣布革命時，帝國所有子民都有希望得到憲法權利，城裡的希臘人跟其他人一樣歡騰。也難怪，在事件前後，馬其頓會變成熔爐，鍛造出希臘法理國家跟希臘國族二十世紀以後的未來。

勝利與災難

一八九三年七月二十五日，科林斯運河正式啟用。喬治國王親臨現場。安德烈亞斯・辛格羅斯也到了，負責建造的法國公司破產後，他便接手拯救這項計畫。皇家希臘海軍的輪船鳴響了禮砲。讓人隱約想起一八三三年希臘第一位國王奧托踏上岸的那一天。不久之後，這個情景就出現在康斯坦蒂諾斯・佛拉納奇斯的油畫上，他曾在慕尼黑學畫。這是第一次，船隻能從愛琴海航行到愛奧尼亞海，從皮雷埃夫斯前往不到一百英里外的帕特拉斯，不需要走遠路繞過馬塔潘角（Cape Matapan）及伯羅奔尼撒南端惡名昭彰的驚濤駭浪。科林斯運河施工將近十年，是哈里勞斯・特里庫皮斯開始的基礎建設中最壯觀的一項。

在七月的那一天，掌管希臘公務十多年的總理已經離職。兩個月前，國王將特里庫皮斯以及他領導、基本上想用借債脫離債務的政府撤職。一八八〇年代的這十年，就是瘋狂借債與花費。一八七八年，從革命時代繼承的債務得到最終的重整，讓希臘第一次得以進入國際資本市場。特里庫皮斯才當上總理就必須選擇，要投資在基礎建設還是武裝部隊上，他選擇兩個都要。靠著借

15 來的資金，他做到了。當時的一位評論家說，在這繁榮的十年，希臘實質上無力償還債務。國王不久之後就發現了，他不該開革締造出景氣與衰落循環的這個人。接手的政府壽命短暫，更讓外國投資者沒有信心。那年夏天出現了經濟蕭條。禮砲在科林斯運河口留下的煙塵尚未完全驅散，本是希臘輸出品大宗的黑醋栗價格一落千丈。十一月，特里庫皮斯再度擔任總理，以承擔後果。他預計一八九三年十二月二十二日在議會發表的演說或許是杜撰的：「很不幸，我們破產了。」但事實確是如此。希臘再一次變成國際賤民。希臘財務的控制權再一次差點就交到了外國債權人手中。

希臘倒下了，但還沒出局。同時，法國和英國的銀行家正竭盡所能從這殘缺的國家經濟中榨取利潤，而另一名法國人卻為帶有遠見的想法加上最後的修整。皮耶爾・德・顧拜旦（Pierre de Coubertin）男爵是教育改革者，衷心相信運動對道德及身體有益。他在希臘宣布破產的前一年首次提出他的想法，就是把古代的奧林匹克運動會重新創造成現代的國際運動賽事。第一任國際奧林匹克委員會在一八九四年的夏天成立。迪米特里歐斯・維凱拉斯是一名希臘商人和作家，成年後幾乎都住在倫敦和巴黎，他充滿活力的陳述也變成一個因素，讓雅典被選為運動會的第一個地點。

特里庫皮斯的健康每況愈下，就快要辭掉官職，卻想提出反對意見。他堅持至少不能讓希臘出一毛錢。但顧拜旦跟皇室和其他傑出的希臘人關係很好。第一屆現代的奧林匹克運動會開幕了。一八九六年三月二十五日，競賽在革命的官方紀念日開始，在西曆上是四月六日，也是復活節後的星期一，象徵的意義非常完美。

運動會非常成功，造成轟動。四天後，運動會的高潮出現了，要從馬拉松灣（Bay of Marathon）跑二十五英里，跑到靠近雅典中心重建的帕那辛奈克體育場（Panathenaic Stadium）。這是史上第一場「馬拉松」，設計用來重現希臘人和波斯人古代戰爭中的光輝時刻（古代沒有這種比賽）。八萬多人擠進體育場，看著退伍的希臘士兵斯皮里東・路易斯（Spyridon Louis）穿過終點線，成為世界第一位馬拉松冠軍。皇室的兩名王子君士坦丁及喬治從父親身邊跳下，加入路易斯跑完最後一段。這個比國王大不了多少的王國，迎來勝利的一刻。隔天，遠在法國地中岸邊的度假勝地坎城，哈里勞斯・特里庫皮斯去世了。

在某種程度上，雅典奧運的成功就像是返回了王國剛成立的那幾年。重建的體育場是最新加入雅典城市景色的建築，這裡新舊交錯的模樣仍根據一八三〇年代德國建築師制定的計畫發展。最新的疊加在最舊的基礎上，天衣無縫，絕對能讓外國訪客印象深刻。運動會的復興幾乎就等於希臘的復興。從革命開始，以及巴伐利亞人為王國帶來的親希臘藍圖，來到了過程的最高點。

不過到了世紀末，現實並未停步。希臘人仍對古代的希臘遺產抱有強烈的驕傲，但他們再也不覺得現在這個國家真正復興了古希臘，就像顧拜旦和第一屆國際奧林匹克委員會也不真的相信他們發明的現代慶典能再造古代的運動競賽。贊貝利歐斯和帕帕瑞尤普洛斯填滿了分隔古典時期和現代的失落世紀，重新發現了拜占庭。現在，希臘國族不只是刻意的復興行為——這種行為向來不是出於好意，也並未成功實現。奧林匹克的復興對運動世界不論有什麼意義，對希臘來說就是復興的復興，具體呈現六十年前鼎盛期的心態。

即使奧林匹克運動會正在進行，在王國邊境外的北邊和南邊，社群之間的暴行已經失控。在馬其頓，使用希臘語和保加利亞語的基督徒武裝部隊起了衝突，恐嚇當地居民要支持其中一方。在克里特島，說希臘語的基督徒與說希臘語的穆斯林開戰。在這兩地，殺害異己已經變成家常便飯。鄉村地區變得無法控制。在希臘，公眾情緒的動力並非來自對受害者的人道關懷，而是害怕敵方侵吞了國家的長期目標。強權國家與鄂圖曼政府聯手，對克里特島施加新的協議，每增加一項，在一八二〇年代差點納入希臘的這座「大島」似乎就更有可能脫離鄂圖曼的控制。如果保加利亞人能在馬其頓佔上風，這座島和島民或許就會永久落入希臘國族的手裡。

一八九四年末，為了預先阻止他們察覺到的危險，一群年輕軍官成立了另一個祕密會社，隱約以友誼社為榜樣。這個叫作國族社（National Society）的會社不久之後在軍營中公開成立，成為聲量很高的壓力團體。社長是跟軍隊沒什麼關係的斯皮里東・蘭布羅斯（Spyridon Lambros），他是雅典大學的校長，也是一位多產的拜占庭學術歷史學家，教導過後來曾短暫擔任總理的法定繼承人。到了一八九六年十月，國族社對大眾公開，透過媒體募款來支付非正規軍的行動，甚至向國王提出他們的要求。其他仍保持祕密的團體則走向更極端。奧林匹克運動會結束後過了幾個月，確實有了徵兆，看似崇高的理想就要實現了。本世紀的第四次機會，也是最後一次機會真的來到了。

同時，德里雅尼斯再度掌權。但在一八九七年的頭幾個月，公眾的情緒凝聚起來，就連這位老練的民粹主義者也掌控不了。馬拉松的勝利記憶猶新，對獲勝的慾望勢不可擋。相對來說，克里特島還算寧靜，最近一次橫掃全島的暴力行為已經是去年春天和夏天的事情。強權國家再一次與鄂圖曼政府出手干預，匆匆拼湊出一份協議。效果並不好，但也不比之前的協議糟。然後，在一八九七年二月，希臘採取了一個步驟，自革命以來的希臘政府還是第一次公開授予這種權力。

在國王次子喬治王子的指揮下，武裝遣隊從皮雷埃夫斯航向克里特島當時的首都哈尼亞。王子在岸上的時間不到二十四個小時。三天後，希臘遠征軍的軍隊登陸了。喬治國王的侍從軍官蒂莫萊翁・瓦索斯（Timoleon Vassos）上校宣布他以國王的名義，用軍事手段佔領克里特島。這對強權國家來說太過分了。經過蘇丹同意，克里特島的控制權分成幾份，分配給大不列顛、法國、俄羅斯和義大利的陸軍及海軍。克里特島即將享有自治權，但不是統一。

這個適度的挫敗也無法澆熄國族社的熱忱，他們致力於緊緊控制住皇室、媒體、武裝部隊和一開始時較為謹慎的政府。群眾歡騰的示威震撼了雅典，各個階級的人民都上街要求開戰。同樣的場景在一九一四年也會出現在許多西歐的城市裡。一八九七年三月，四萬五千名步兵及五百名騎兵沿著希臘和鄂圖曼的邊界，在色薩利和伊庇魯斯集結。擔任總指揮的是王位繼承人君士坦丁王子——不到一年前，他才跟馬拉松冠軍一起衝向終點線。四月時，希臘正規軍頻頻突襲鄂圖曼的領土，激得蘇丹在四月十七日宣戰。

一八九七年的戰爭不到一個月就結束了。鄂圖曼軍隊最近才得到德國人的訓練和裝備，數目和兵力都遠勝於希臘軍隊。未來希臘國王和他的副官表現出的領袖能力受到特別嚴厲的批評。希臘人慘敗。得勝的鄂圖曼軍隊將敵軍一路追殺到希臘境內。拉立沙和提納弗斯，以及希臘在沃洛斯港的前進基地，都被佔領。色薩利整個遭到蹂躪。十萬多名難民無家可歸。拉米亞是第一個納入一八八一年前邊界的小鎮，也被希臘軍隊放棄了，他們向南撤退，準備在溫泉關古戰場附近設下最後的防線。

強權國家再次干預，拯救君士坦丁王子和他的部隊度過這次終極的試驗。談判一直延續到年底，期間蘇丹不得不放棄軍隊從希臘得到的所有戰利品，換回高額賠款和邊界的細微調整。莫納斯提有座鄂圖曼軍事中學（今日的比托拉〔Bitola〕，位於「北馬其頓共和國」），其中一名十七歲的學生由於戰爭太快結束，無法參戰，據說學到了慘痛的教訓，「歐洲的強權國家在鄂圖曼人勝利時會出手干預，在他們敗戰時卻無法干涉」。這名軍校生名叫穆斯塔法・凱末爾（Mustafa

Kemal），後來人稱阿塔圖克（Atatürk），也是現代土耳其的國父。[16]那場短暫戰爭的結果，不僅僅決定了希臘的命運。

一八九七年的潰敗還有另一個教訓。保障希臘獨立的條約簽訂了近七十年後，仍有其價值。希臘的存在向來不是僅屬於希臘人靠自己防衛國土的問題。現在，即將世紀末，整個世界都看到希臘的地位得到保證，出現在歐洲的地圖上，與其他國家一起打磨歐陸的味道。在下一個世紀，不論「歐洲」會變成什麼模樣，希臘一定會在歐洲扮演很重要的角色。對新一代愛國的鄂圖曼軍官來說，不管有多令人惱怒，希臘革命及後來幾十年的成就絕對無法靠著武力逆轉。

即使如此，希臘要付的代價也很高——之前付過了，之後還要繼續付出。由於國庫破產，只好由強權國家付賠款給蘇丹。為了支付款項，以及其他未償還的債務，強權國家在隔年成立了國際金融委員會（International Financial Commission）——這個步驟實質上讓希臘政府無法繼續控制國家經濟。自獨立以來，這已經是第三次了，也不會是最後一次。

對希臘來說，緊跟著一八九三年的破產，一八九七年的潰敗，是十九世紀最嚴重的國恥。在這個年輕王國學到的教訓中，最殘酷的教訓也是最明顯的：靠自己的話，沒有軍事或經濟力量來面對更強的敵人。

大家都說，一八九七年的災難在特里庫皮斯過世後證實他的政策是正確的。[17]就其本身來說，這種規模的災難是一種很奇怪的辯護。希臘國族唯一的推進則是隔年會宣布克里特島是自治的公國，接受強權國家的保護，以希臘的喬治王子為元首。確實，在接下來的幾年，很多特里庫皮斯推動的倡議都得到新的動力。一九一二和一九一三年到來的報酬非常驚人。但在接下來的二十五年內，勝利和災難的程度尤勝以往，一八九七年學到的痛苦真相如物理定律般永恆不變。

1 喬治．芬利，《希臘的歷史：從被羅馬人征服到現代》，共七卷（牛津：Clarendon Press，一八七七），卷七，頁二八一。

2 艾勒夫德瑞歐斯．普雷維拉基斯（Eleutherios Prevelakis），《英國對希臘王朝變更的政策》（*British Policy towards the Change of Dynasty in Greece*，雅典：未注明出版商，一九五三），頁一六七～八；傳真條約出自 J. M. 瓦格斯塔夫編著，《希臘：種族及主權，自一八二〇年至一九九四年。地圖集及文件》（檔案版，劍橋：劍橋大學出版社，二〇〇二）頁一七八～九〇。一八六三年國民大會提出的希臘文標題是*Βασιλεύς των Ελλήνων*，之後用了一個多世紀。官方翻譯從Roi des Grecs修訂成Roi des Hellènes。

3 華爾特．克里斯瑪斯（Walter Christmas），《希臘的喬治國王》（*King George of Greece*，紐約：McBride, Nast，一九一四）；艾瑞斯特雅．帕帕尼克拉烏—克里斯汀森（Aristea Papanikolaou-Kristensen）編著及翻譯，《「親愛的……」：一八九七年至一九一三年來自希臘的信函》（雅典：Ermis，二〇〇六）。

4 康斯坦蒂諾斯．斯沃洛普洛斯（Konstantinos Svolopoulos），〈哈里勞斯．特里庫皮斯的外交政策：歷時的觀點〉（*Η εξωτερική πολιτική του Χαριλάου Τρικούπη.Διαχρονική θεώρηση*），出自凱蒂．亞隆尼—奇克利（Kaiti Aroni-Tsichli）及莉迪亞．特瑞卡（Lydia Tricha）編著，《哈里勞斯．特里庫皮斯及他的時代》（*Ο Χαρίλαος Τρικούπης και η εποχή του*，雅典：Papazisis，二〇〇〇），頁二八。

5 馬克．馬佐爾，《巴爾幹半島》（*The Balkans*，倫敦：Weidenfeld and Nicolson，二〇〇〇），頁一～四。

6 傑拉西莫斯．奧古斯丁諾斯（Gerasimos Augustinos），《小亞細亞的希臘人》（*The Greeks of Asia Minor*，俄亥俄州肯特：肯特州立大學出版社，一九九二），頁一九九。

7 康斯坦蒂諾斯．斯沃洛普洛斯，：《一八五六至一九〇八年的君士坦丁堡：希臘文化的高點》（*Κωνσταντινούπολη 1856–1908.Η ακμή του Ελληνισμού*，雅典：Ekdotiki Athinon，一九九四），頁三七～八。

8 喬治．瓦西亞迪斯（George Vassiadis），《一八六一至一九二三年間君士坦丁堡的協會運動及鄂圖曼的希臘文教育》（*The Syllogos Movement of Constantinople and Ottoman Greek Education, 1861–1923*，雅典：小亞細亞研究中心〔Centre for Asia Minor Studies〕，二〇〇七），頁五五～六。

9 亞歷克西斯．波利提斯，《浪漫的年代：一八三〇至一八八〇年間希臘的意識形態和心態》（雅典：Mnimon，一九九三），頁一〇三～四，以希臘文翻譯引述喬治．佩羅（Georges Perrot），《小亞細亞之旅的回憶》（*Souvenirs d'un voyage en Asie Mineure*）（巴黎，一八六四），頁一一。

10 哈桑．卡亞利（Hasan Kayalı），〈一八七六至一九一九年間鄂圖曼帝國的選舉和選舉過程〉（Elections and the electoral process in the Ottoman Empire, 1876–1919），《國際中東研究期刊》（*International Journal of Middle East Studies*）27/3（一九九五），頁二六五～八六（參見頁二六六～七）；亞歷山德羅斯．亞歷山德瑞斯（Alexandros Alexandris），〈一八五〇至一九二二年間為鄂圖曼帝國服務的希臘人〉（*Οι Έλληνες στην υπηρεσία της Οθωμανικής αυτοκρατορίας* 1850–1922），《希臘歷史及人種學學會學報》（*Δελτίον της Ιστορικής και Εθνολογικής Εταιρείας της Ελλάδος*）二三（一九八〇），頁三七八～九，引述佩拉的代表在一八七六年十二月寫給索爾斯伯里勳爵（Lord Salisbury）的信。

11 參見湯瑪士．加蘭特，《希臘人的愛丁堡歷史：一七六八至一九一三年》（愛丁堡：愛丁堡大學出版社，二〇一五），頁一七〇～七一，彙集了那段時期互相衝突的普查資料；參見馬克．馬佐爾，《薩洛尼卡：鬼城》（*Salonica: City of Ghosts*，倫敦：HarperCollins，二〇〇四），頁二六九，此處的數字或許最為正確。

12 奧古斯丁諾斯，《小亞細亞的希臘人》，頁二四一，比較頁一九七，於羅多斯托的教育協會寫給君士坦丁堡希臘文學協會（Hellenic Literary Association）的信件翻譯中引述，日期是一八七一年和一八七二年。

13 瓦西利斯．古納瑞斯（Vasilis Gounaris），《希臘人的巴爾幹半島：從啟蒙運動到第一次世界大戰》（*Τα Βαλκάνια των Ελλήνων.Από το Διαφωτισμό έως τον Α΄ Παγκόσμιο Πόλεμο*，塞薩洛尼基：Epikentro，二〇〇七），頁四〇三～四。

14 馬佐爾，《薩洛尼卡：鬼城》，頁二四五。

15 科斯塔斯．科斯蒂斯，《歷史寵壞的孩子：現代希臘的成形》，賈寇柏．莫伊譯（倫敦：Hurst，二〇一八；希臘文初版於二〇一三），頁二〇七，引述一八九四年對議會的演說。

16 安德魯．曼戈（Andrew Mango），《阿塔圖克》（*Atatürk*，倫敦：John Murray，一九九九），頁四二～三。

17 科斯蒂斯，《歷史寵壞的孩子》，頁二三〇～三三。

6 兵役

一八九七～一九一三

在雅典和整個希臘王國，潰敗造成影響深重的驚愕，會延續好幾年。跟一九二〇年代及一九四〇年代要遭逢的挫敗比起來，一八九七年的實質損失其實有限。但至少花了半個多世紀建立起來的假設卻突然引起了懷疑。每個人都在找代罪羔羊。就連國王和皇室也受到誹謗，而上次人民對皇室發出這種非議時，還是奧托一世統治的最後那幾年。喬治國王和他的兒子也會走上同一條路嗎？希臘這個國家，與國內的所有機構，都痛苦不堪。共同的反省與自我厭惡來到前所未有的最高點。在這場戲裡，只有一名演員免於責難。過不了多久，就有一名為戰爭辯護的人說，「戰敗的是**法理國家**，而不是**國族**。」[1]

國族不受任何限制。這個超乎領土的實體看似更受威脅、更遙不可及的時候，在那些仍為戰敗傷心的人想像中，國族的地位就更高貴。這種新的態度也有了熱情且善於表達的代言人，他是一名年輕的外交官、社會運動者、作家、日記作者、社會名人，以及未來的政治暗殺受害者，事業在一八九七年才剛起步。伊雍·德拉古米斯（Ion Dragoumis）把國家和國族之間的關係比喻成服飾和穿著者。希臘國族在三千年的歷史中，曾為自己穿上許多不同政治體系的服裝。目前的王國只是其中最新的一套。每一套都是暫時的，最後都無足輕重。重要的是國族。[2]

法理國家與國族，從來沒有像在二十世紀初的時候離得這麼遠，或看似這麼難調和：法理國家太弱，無法擴張，國族散落各處，政治上尚未成形，以至於無法合併成統一的國家——崇高理想半個多世紀以來的目標。眾人都預料不到的是，這兩個概念所定義的希臘人之間有種致命的揪扯，或許最終會讓整個希臘國族納入希臘國境的一系列衝突已經同時大幅膨脹了。

國內的蕭條

一九〇〇年的雅典充斥著極端的對比。自一八三四年首度成為首都以來，人口已經增長成原來的十倍，從一萬兩千人增加到十二萬人。皮雷埃夫斯港尚未併入雅典，而在同一段期間內，港口的住民從零增加到大約五萬人。即使如此，雅典和皮雷埃夫斯的人口合起來，仍不到君士坦丁堡的五分之一，也只有斯麥納的四分之一。在市中心，寬闊的大道旁有科學院、大學和國家圖書館宏偉的新古典建築，是很高雅的開放空間，現在則是塞滿車輛的六線道。穿著西方最新時尚的紳士淑女沿著大道漫步，或坐在美國遊客描述「跟巴黎一樣的」咖啡廳外面，馬匹拉著的公共馬車轆轆地慢慢通過。當時的照片，以及去過巴黎學畫的畫家保羅．馬蒂奧普洛斯的印象派風格畫作，都傳達出一種「優雅、高貴和滿足」的感覺。[3]

但往城市的西邊走幾百公尺，這裡的郊區住了幾百個多半是單身的年輕男子，從鄉間來城裡找工作。從一八八〇年代以來，雅典的暴力犯罪早已遠超過其他歐洲首都。據估計，十九世紀最後二十年，在雅典及皮雷埃夫斯的犯罪率已經是倫敦、巴黎、柏林或阿姆斯特丹的五十倍以上。[4]暴力行為甚至遠達最高層：一八九八年，國王差一點被暗殺；德里雅尼斯就沒有這麼幸運。

一八九七年潰敗後，德里雅尼斯被迫辭職，再度擔任總理後，一九〇五年被刺死在議會的台階上。殺手是一名職業賭徒，在宣布反賭場的措施後感到憤憤不平。必須採取這些措施，也是當時衰敗病症的另一個徵兆。

在靠近赫費斯托斯（Theseion）神廟的普西里（Psyrri）等區域，以及在皮雷埃夫斯港，大麻窟、妓院和輕微罪行構成的下層社會愈發繁榮。在山間和島上的小社群中發展了數個世紀的傳統社會行為守則，也必須適應新都會下層階級貧困的環境。男性英雄主義仍有必要展現，也以眾人對榮譽的想法為基礎。但「英雄」現在是硬漢（mangas）、黃牛或騙子，靠小聰明賺錢，對比較富裕的人或順從的工資奴隸只有蔑視。硬漢應該要對權勢嗤之以鼻，耍刀很快，報復別人的凌辱時毫不留情。他應該能消耗大量的大麻及酒精，同時自律甚嚴，符合鄉下祖先的價值觀。他對女人的態度隨便，常常帶著暴力和剝削，展現出他的冷酷無情和性愛技巧。這個下層社會有自己的語言，類似逃避偵查的密語，也是表現群體團結的形式。

在臨時搭起的毒窟、酒館及東方式咖啡廳（caféaman）裡，這個下層社會的男性會用歌曲表達出他們獨有的驕傲和憂鬱，以當地版本的土耳其長頸魯特琴（沙茲琴，saz，在希臘文裡叫作布祖基琴）伴奏。這是一種音樂和歌曲文化的開始，後來取了一個神祕難懂的名字，叫作倫貝蒂卡。從一九七〇年代開始，在希臘和國外都備受喜愛，宛若希臘版的美國藍調音樂，這個傳統和賦予其生命的都市下層社會由於跟內省和失敗主義扯上關係，成為國族主義者和左派分子厭惡的對象。那時，倫貝蒂卡傳統最早流傳出來的歌曲是一種徵兆，尤其顯露出更廣泛的暴力、犯罪和沮喪氛圍，不論是真的還是想像的，都已經在二十世紀初滲透了希臘的首都。

在這些情況下，很多人只能選擇離開這個國家。從一八九〇年代以來，找工作的年輕希臘人已經有了新的目的地。在家鄉，或許只能維持基本生計，在雅典及皮雷埃夫斯，不太可能有前途，即使到鄂圖曼的君士坦丁堡、斯麥納和薩洛尼卡也差不多，很多人已經向外找到更好的機會。現在，他們開始在世界各地建立說希臘語的社群。前往美國的人數居冠，除了行李，他們也帶走了希臘下層社會的歌曲。他們在紐約和芝加哥打下基礎，透過快速發展的錄音產業，用倫貝蒂卡取得商業獲利。外移人口在一九〇七年來到最高點，三萬六千人離開，幾乎都是二十多歲到三十多歲的單身男性。[5]

在社會階級的另一頭，這些年的氛圍則走知識和美學路線。大多數人覺得舊有的確定性已經失靈，四處亂找能取代的東西，尤其是年輕一代。在這樣的背景下，女性運動第一次出現，當時的社會已經很嚴格地分成男主外、女主內。《婦女雜誌》（*The Ladies' Magazine*）早在一八八七年就在雅典出刊，共發行了二十年。編輯、撰稿人和目標讀者都是女性。創辦雜誌的編輯卡莉霍伊·帕倫（Callirhoe Parren）是公認的希臘第一位女性主義者，也是希臘第一位在有生之年就出版書籍的女性作家。雜誌的社論常常在呼求政治變革，賦予女性權利，如投票權——要再過半個世紀才會實現。一八九七年的戰爭及之後的情況為運動提供新的推動力，因為有很多女性擔任護士，或參加慈善組織。[6]

一九〇〇年以後，更新潮的想法從法國傳來。其中有德國哲學的法文翻譯，尤其是來自馬克思和尼采作品的摘錄。社會主義也第一次出現在希臘文的書籍裡。雖然尚未成立政黨，但社會主義運動在一九〇二年成立，一九〇七年出版了擴大範圍的宣言。[7]在法國，這段期間叫作「十九世紀末」（fin de siècle），也興起了稱為「頹廢」（décadence）和「唯美主義」（aestheticism）的運動。追隨者把最高價值放在藝術和個人的歡愉上，認為厭煩或嫌惡與日常世界有關。在一八九七年戰敗後那幾年，雅典有一些受過教育的年輕人懷的就是這樣的態度。一九〇六年，雅典大學一名二十二歲的學生出版了一本小說，吹捧這樣的態度，他的筆名是業力涅槃（Karma Nirvami）。《蛇與莉莉》（*Serpent and Lily*）訴說一對年輕情侶的故事，他們寧可自殺，也不想交歡，在異國花朵帶來快感的香氣中窒息而死。小說出版後，同一位作家立刻出版了辯論的文章。他用早期法文翻譯過來的詞組「世紀之病」診斷書中主角煩擾的根源。過了一段時間，第二次世界大戰後，此書作者以本名聞名世界，他寫了《希臘左巴》（*Zorba the Greek*）及《基督最後的誘惑》（*The Last Temptation of Christ*）。這就是尼可斯・卡山札基斯成名前的文學處女作。

生命似乎會模仿藝術。「病」牢牢地生根了。幾年後，兩名年輕的戀人在雅典第一公墓（Athens First Cemetery）公開自殺，成為報紙頭條，也被視為「預示接下來在希臘會出現自殺的流行病」。[8] 二〇一〇年金融危機爆發後，希臘的自殺率暴增，在表面上或許可以拿兩者來比較，但這些在一百多年前自殺的人似乎有種衝動，要確立他們的個人特性——就某種程度而言，也有點像硬漢在屬於自己的階層中表現的反社會行為。不論是虛構還是真實，自殘都需要籌畫，宛若藝術節目。

在另一次頗受矚目的意外裡，藝術與生命結合在一起，既古怪又悲慘。伯里克里斯・吉安諾普洛斯是報紙的專欄作家和散文作家，一九一〇年四月，他四十歲。吉安諾普洛斯穿著白色的法蘭絨西裝，戴著搭配的手套，強搶了一匹馬，騎著奔入海裡。離海岸一段距離後，他舉起手槍對著太陽穴，扣下了扳機。他的屍體在兩個星期後尋獲。在自殺前不久，吉安諾普洛斯發布了宣告，用沉重的粗體字和大寫字母頌揚「希臘精神」。吉安諾普洛斯認為，身為希臘人，就是生而為人。但似乎只有希臘人完全具備人的特質，因為：

> 希臘人在這個世界上的**命運**從過去到每個時代，在**今日和未來**都是：
> **天地萬物的人性化**（。）[9]

吉安諾普洛斯跟同時代的德拉古米斯有很多相異之處，但兩人在二十世紀開始的頭幾年都體驗到雅典生活極端的對比，也有所反應。一八九七年開始的失敗主義對他們的影響特別大，似乎也令整個世代十分頹喪。他們不顧一切地尋找解答，再怎麼極端也可以，就像飛蛾撲火般撲向關於國族主義、藝術和美學的新想法。吉安諾普洛斯敬重古希臘的精神，德拉古米斯則崇敬更難尋得的「國族靈魂」。但這些想法，以及吉安諾普洛斯本人的行動，都來自兩人非常不信任的西歐。他們對希臘國族的了解並非來自希臘的古代，而是同時代法國人夏爾·莫拉斯（Charles Maurras）及莫里斯·巴雷斯（Maurice Barrès）的神祕國族主義。德拉古米斯一九一三年提出的主張便出自此處，「國族是新的信仰」。[10] 吉安諾普洛斯的死亡風格就來自文學和知識巴黎的中心。這些想法和行為與雅典的咖啡、大道及公共馬車屬於同一性質，也出現在保羅（不是希臘文的帕夫洛斯〔Pavlos〕）·馬蒂奧普洛斯模糊不清的印象派畫作上。

二十世紀頭幾年的社會生活浮現出更符合傳統的不滿。在一九〇六年以前，短命的政府不斷更替，就像喬治國王開始統治的那幾年一樣，直到特里庫皮斯和德里雅尼斯掌權才有改變。反對黨的議員會阻擾議事。新聞社論大聲疾呼，國族的困境一直沒有好好處理。

一九〇一年和一九〇三年有組織的政治抗議變得暴力，讓幾個人死在雅典的街道上。問題很多，但讓示威者走上街頭的則是希臘語言的問題。語言學家雅尼斯·普敘哈里斯（Giannis Psycharis）在一八八八年曾強硬支持希臘語的口說（會話）形式為國族的正統書寫文字。普敘哈里斯率先主張，語言的問題就是政治問題。現在真的是了。支持他激進想法的人開始連載翻譯成日常口說希臘語的基督徒福音，同時冒犯了傳統信徒和傳統國族主義者的情感。也有其他的因素。但把翻譯刊在《衛城》報上，就足以激怒大學生暴徒，他們劫掠了報社，砸爛了印刷機。兩年後，古希臘悲劇的翻譯再度引發暴力事件，不過規模小了一點。在這兩次事件中，走上街頭的都是心態保守的學生，得到幾位教授的協助和教唆。在新的、發熱的氣氛中，威脅到國族理想完整度的東西都會激起暴怒。現在尤勝以往，選擇公開使用的希臘文變體變成國族的信仰宣言。如果你是口語專家，也就是支持口說語言的人，你會尊重希臘語的日常口說形式，當作國族「靈魂」活生生的容器。如果你是反對派，只要放開了古希臘文，偏重現代語言，就彷彿背叛了希臘人與生俱來的權利。

在二十世紀的頭幾年，不全是壞消息。在一八九七年之後的十五年，經濟大幅復甦。國際金融委員會施行了財政自律。早期的預測甚至必須向上修正——與二〇一〇年之後的狀況形成鮮明對比。到了一九一二年，有人提出，希臘人一般來說比父母那一代更富裕。在教育上，特里庫皮斯前二十年贊助的擴張開始看到成效。到了一九〇七年，八歲以上的人口能讀寫的稍微超過百分之四十，是三十年前的兩倍。考慮到女生的機會極為有限，或許在二十世紀的頭十年，希臘王國的成年男性識字率已經有百分之五十以上。[11]

但運作的力量帶來的效應不久之後會永久改變整個區域的面貌，這些力量並非來自希臘，而是國外。

國外的戰鬥

往南到克里特島，佔多數的基督徒一如以往，決心要與希臘統一。不要在乎希臘的自信心在自家有多低落，這種疑惑似乎一直無法穿越克里特海。在一八九七年的戰爭後，唯一獲益的或許只有島上的基督徒。名義上，「克里特國」仍隸屬於鄂圖曼帝國。但在保證國的堅決要求下，鄂圖曼軍隊在一八九八年完全撤出。在這段時間，從大不列顛、法國、俄羅斯和義大利徵集的跨國部隊負責維護基督徒和穆斯林社群之間的和平。在這些情況下，戰敗的記憶猶新，無論克里特人再怎麼強烈要求「統一」，雅典政府也無法冒險點頭。

所以，只能靠克里特島的基督徒自己帶頭了。到了一九〇五年，島上的總督喬治王子已經離間他們的政治領導地位，以至於有些人把自己跟武裝支持者封鎖在懷特山下的村落德瑞索斯（Therisos），並威脅所有新來的人。德瑞索斯的叛亂未流血就結束了，王子卻失去了職位。克里特島的領袖來自哈尼亞，是位四十歲的律師，在一八九七年的叛亂中初次嶄露頭角。這次激烈的行動代表克里特島踏出了第一步，走上最終會與希臘統一的道路。二十世紀最有名、最具爭議的希臘政治家艾萊夫狄里奧斯．韋尼澤洛斯，也由此展開他的政治生涯。

在相反方向的馬其頓則是慢速爆發的火山。這裡仍由鄂圖曼人作主，不過不一定能完全掌控。自一八八〇年代以來，希臘語使用者與斯拉夫語使用者之間的跨社群暴力只變得愈來愈糟。到現在，要取得整個區域內地方社群的「國族意識」，希臘的競爭對手有塞爾維亞和保加利亞。有些斯拉夫語使用者甚至開始為獨立的馬其頓而努力。馬其頓內部革命組織（Internal Macedonian Revolutionary Organization，IMRO）在保加利亞的首都索菲亞成立。名字有馬其頓，計畫卻更偏保加利亞，方法卻相當有革命性。一九〇三年四月，他們分裂出來的外圍組織在薩洛尼卡連續引爆不少強力炸彈。儘管恐慌了好幾天，又被警方強硬制裁，炸彈客想擴大報復範圍卻失敗了，不然可能引起更普遍的叛亂。

然後，在八月二日晚上，齊心協力做好準備後，組織主體精心策劃，在莫納斯提的各個村落裡起義。運動遭到無情的鎮壓，鄂圖曼當局處決了他們的領袖——希臘的非正規軍和卡斯托里亞的希臘東正教主教也出了一份力。從此以後，這場事件就稱為依林登起義（Ilinden Uprising），當天正好是聖以利亞日（St Elijah's Day），在保加利亞文裡則是「依林登」。如今則是北馬其頓共和國的國慶日，他們想取名叫馬其頓，自一九九二年就一直與希臘爭奪這個名字。

從這些細節看來，東正教基督徒同胞的命運並未激起同區域和雅典的希臘人的憤慨。依林登算是一個警訊：這一區如果沒有一起採取同樣下定決心的行動，或許不久之後就會由保加利亞教會（主教）、保加利亞的語言來掌管，到最後則落入保加利亞公國手中，但保加利亞這時還不是獨立的國家。跟在克里特島不一樣，雅典政府再也沒有資源或國外的外交力量，無法冒險干預馬其頓的事情。畢竟，他們也沒有開戰的勇氣。但在媒體和名人的壓力下，一九〇四年初，馬其頓委員會（Macedonian Committee）在雅典成立。

服役中的希臘陸軍官兵以薩洛尼卡的領事館作為掩護，被送去當地，擔任代理人。這些軍官帶領非正規軍團，對抗敵方由IMRO招募和管理的委員會成員（komitadji），指揮官要向雅典的馬其頓委員會負責。後繼的政府被鄂圖曼人和強權國家質疑時，向來否認他們能控制這些人：希臘人在馬其頓的武裝行動都是當地人的自衛行為。鄉間的暴行極為嚴重，他們的主張雖然不符合全面的事實，但也撐了好幾年。

今日，靠近薩洛尼卡臨海區、以前是希臘領事館的建築物，現在則改成馬其頓抗爭博物館（Museum of the Macedonian Struggle）。當地的衝突在希臘文裡一直用馬其頓抗爭這個名字。那是一場非官方、未宣布、暗中從事的戰爭，沒有明確的開始和結束。按慣例，一九〇四年在雅典成立馬其頓委員會的時候是最激烈的階段，算是開頭，最後在一九〇八年結束。但在那之前，就不斷有零星的衝突，一直持續到一九一二年，這時整個區域的地圖都變了，而且無法回到從前。活動對抗的敵人用一模一樣的方法來對抗鄂圖曼當局，脅迫、敲詐、折磨、暗殺敵手及策略性的譴責。他們的目標受到限制。跟克里特島一樣，不可能跟希臘統一，或將領土併入希臘。叛亂分子的目標是「征服靈魂的領土」——意味著盡量將希臘的「國族意識」灌輸給當地農民，他們堅持透過宗教來自我定義，而不是語言或國籍。[12]

由於其他方法都行不通，馬其頓抗爭也擁護舊有的游擊隊策略——這種策略在一八二〇年代的革命期間帶來毀滅性的結果，之後也偶爾在境外引起衝突。為了刻意要讓人想起那個充滿共鳴的過去，很多志願者穿著短裙、朱阿夫夾克（zouave jacket，前開的短外套）和橫過身體的子彈帶、牧羊人的披風及沉重的鞋子（tsarouchia，絨球裝飾鞋），都是品都斯山脈另一側山地居民的最愛——「國族」服飾，可以跟山賊的英雄行為和舊時的武裝民兵劃上等號。這次，志願隊員和專業土匪之間的區別更清楚了，但並未經過公開證實。前者仍會收取希臘軍隊的薪水；後者跟一八二〇年代的前輩一樣，對戰利品和現金貪得無厭。危險永不止息，這兩種類型的戰士不得不密切合作。志願者心不甘情不願地向地方土匪學習極端狀況下的基本生存技能。土匪則痛恨聽從別人的命令，尤其是要面對敵軍火力的時候——傳統上，在這種類型的戰事中，不會碰到槍砲。[13]

志願者中最有名的人在戰場上也最短命。帕夫洛斯・梅拉斯的父親是政治人物，跟伊雍・德拉古米斯的姊姊結婚，德拉古米斯是馬其頓的資深領事人員，也參與了「抗爭」。梅拉斯爽利，跟姊夫一樣受到雅典社會的敬重，一九〇四年二月，他負責領導第一支希臘軍隊進入馬其頓西部。過了八個月，鄂圖曼巡邏兵誤以為他跟隨從是一群他們正在追捕的保加利亞人，發動伏擊殺了他。這位身穿游擊隊服、外貌英俊的隊長臨死前拍了一張照片，後來被畫入好幾張油畫。口頭創作的無名民謠以傳統頌讚英雄的風格哀悼他的逝去。從此之後，帕夫洛斯·梅拉斯的名字在希臘成為馬其頓抗爭的象徵。那時，他的名字跟形象都變成招募新兵加入的動力。到了現在，他的記憶永存於今日薩洛尼卡的自治市，這裡在多年前便用他的名字命名一座軍營，以及他過世的村莊——卡斯托里亞附近的斯塔提斯塔（Statista），現在叫作梅拉斯。

接下來幾年，對保加利亞人及保加利亞事物的恨意在雅典升到最高點。「窩瓦河（Volga）吐出的怪獸衝出了地獄」，這是一九〇四年議會紀錄中保存的一項描述。報紙也抓住機會報導：保加利亞人「不老實、野蠻、不文明、不道德、無法由宗教馴服，像野獸一樣嗜血」。一九〇三年的一篇社論認定「拜占庭歷史學家口中受到污染、為神所惡的國族，到了我們的時代，還是一點都沒變」，就此定下的風格不久之後也為重要的文學採用。[14]文學風潮中最知名、最經久的例子是一本兒童小說，潘妮洛碧·德爾塔（Penelope Delta）寫的《保加利亞屠夫的時期》（*In the Time of the Bulgar-Slayer*）。這本書在一九一一年出版，帶讀者回到一千年前，拜占庭皇帝巴西爾二世（Basil II）打了勝仗的時候，他在一〇二五年去世，生前幾乎征服了整個巴爾幹半島，也得到了書名中的綽號。當代最偉大的詩人科斯蒂斯·帕拉馬斯在馬其頓抗爭最劇烈的時候寫了一首詩，在詩句中把「保加利亞屠夫」重新塑造為一位史詩英雄。

等這些文學作品將已經歷時千年的「保加利亞屠夫」帶回雅典的公眾意識中，那十年中最重要的事件已經開始轉變整個區域的地理政治學。在馬其頓也有類似的情況，但跟當地的種族抗爭沒有關係。在莫納斯提和薩洛尼卡，「青年土耳其黨人」在一九〇八年七月二十三日首次公開宣布革命。鄂圖曼軍隊中有一群人感到不滿，要求恢復一八七六年廢除的《憲法》。阿卜杜勒·哈米德蘇丹立即做出必要的策略性讓步，第二天，慶祝之聲從馬其頓傳到了首都，再傳遍整個帝國。

在薩洛尼卡，臨海的奧林帕斯廣場（Olympos Square）景色開闊，能透過塞爾邁灣（Thermaic Gulf）瞭望古代神祇居住、同名的奧林帕斯山，隔天就改名為自由廣場（Plateia Eleftherias，或Liberty Square）。雖然外表改變了很多，廣場今日仍叫這個名字，即使每天通過廣場的群眾裡可能只有極少數人會聯想到青年土耳其黨在一九〇八年承諾的自由。革命過了幾天以後，就在這裡，一名領袖恩維爾帕夏（Enver Pasha）向欣喜若狂的群眾說了下列令人驚駭的言語（當時有一名法國人宣稱他親耳聽見了）：

> 市民們！今天，專橫的統治者走了，壞政府再也不存在。我們都是兄弟。再也沒有保加利亞人、希臘人、塞爾維亞人、羅馬尼亞人、猶太人、穆斯林——在藍天下，我們全都平等，我們都是驕傲的鄂圖曼人！[15]

帝國各地都宣布會舉辦選舉，幾個月後也真的辦了。鄂圖曼希臘人再度在君士坦丁堡的民選議會中取得職位。即使在衝突不斷的馬其頓，敵對的保加利亞和希臘委員會也暫停對立。在薩洛尼卡，可以看到兩個社群的代表站在一起。鄂圖曼帝國再也不是「歐洲病夫」，現在要變得不一樣了。「青年土耳其黨」的領袖，像恩維爾帕夏之流，確實都很年輕——但在土耳其，運動名稱的意義其實不是「年輕」，而是「**全新的**」。運動的官方名稱是「聯合進步委員會」。重點就是現代化。

這時候值得停下來看看希臘人這時的反應，他們或許是鄂圖曼子民，或許是希臘子民。由於後來發生的事，大多數的反應如果沒被遺忘，都會降級放到歷史的注腳裡。但至少在一九〇八年末和一九〇九年的那幾個月，真的看起來就像該處的整個政治動態又重新組合了。

青年土耳其革命只過了三個星期後，君士坦丁堡的希臘大使很謹慎地歡迎他所謂「兩國（希臘人和土耳其人）在自由中的合作——也就是說，公民權利的真正平等，以及尊重取得的權利和特權」。但他也提警告，「結盟兄弟情」的新精神或許只是偽裝，非常表面。如果青年土耳其黨的目標原來是要把基督徒的國族，「尤其是希臘文化」，併入佔優勢的「土耳其文化」，就不可能實現真正的改變——也就是希臘人社群可能獲得的真正利益。[16]

並非每個人都這麼小心。從最不可能的地方出現了下面這段文字，來自韋尼澤洛斯寫給一九〇九年一月的克里特報紙：

希臘文化的一切……深刻地感受……青年土耳其的運動成功，不光拯救了土耳其，也救了希臘文化，免於崩解和災難……在土耳其建立憲法政體，等於實現了崇高的理想，只是形式不一樣。

德拉古米斯跟韋尼澤洛斯是一樣熱血的國族主義者，約莫同時，他在日記中坦誠，「崇高的理想結束了。」在德拉古米斯眼中，希臘文化的政治未來「出現在一個比拜占庭更受限制的國家裡」。他繼續寫道：

土耳其（鄂圖曼）的首都，也就是拜占庭以前的首都，只要那個國家存在，這座城（君士坦丁堡）也是希臘人的首都，尤其是現在土耳其有了（或自稱有了）憲法。[17]

1. 泰佩列納的阿里，雅尼納的帕夏，外號阿里帕夏（約為 1740 ～ 1822）

2. 里加斯・維萊斯丁里斯，別名費拉伊奧斯（1757? ～ 1798），率先在 1797 年為未來的希臘共和國設計憲法。

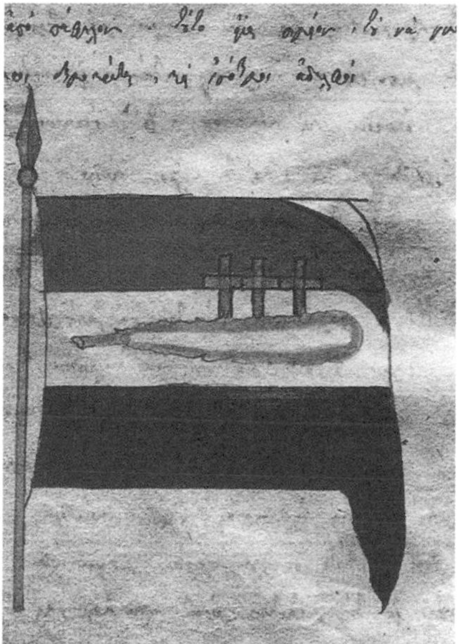

3. 里加斯希臘共和國的三色布條：上有大力士海克力斯的棍子跟三個十字。

4. 亞達曼提歐斯・柯拉伊斯（柯瑞）（1748 ～1823），意識形態上的「希臘國族之父」。

5.《卡雷斯卡基斯來自阿拉霍瓦的獎盃》，1827 年的水彩畫。文字說，「希臘人打敗野蠻人的獎盃。總司令（尤格斯）卡雷斯卡基斯在普洛瓦爾瑪（Plovarma）豎起。」

6. 狄奧多羅斯・克羅克特洛尼斯，人物寫生（卡爾・克拉賽森的鉛筆素描，1827 年 5 月 14 日）。

7. 雅尼斯・卡波迪斯特里亞斯伯爵，曾任俄羅斯外交部長，1827 ～ 1831 年擔任希臘總督，湯瑪士・勞倫斯爵士的油畫，1818 ～ 1819。

8. 彼得・馮・黑斯，《希臘國王奧托一世於 1833 年 2 月 6 日進入納菲爾》(1835)(細部)。

9. 希臘的奧托一世年輕時（左圖），國王穿著傳統服飾（右圖）的珍貴早期照片（銀板照相），年份約為 1848。

10. 亞歷山德羅斯・馬夫羅科扎托斯（1791 ～ 1865），1833 ～ 1834、1841、1844、1854 ～ 1855 年間曾擔任希臘總理。

11. 雅尼斯・科萊提斯（1773 ～ 1847），1834 ～ 1835、1844 ～ 1847 年間曾擔任希臘總理。

在 1830 及 1840 年代建造首都：理想與現實

12. 利奧・馮・克倫澤，《雅典的理想視野，涵蓋衛城及亞略巴古》（1846）。

13. 約莫同時，同一個地方的真實景色。斯塔德曼，《雅典全景》（慕尼黑，1841）。

14.（左圖）希臘人的國王喬治一世（1863～1913 年間在位）。

15.（下圖）康斯坦蒂諾斯．佛拉納奇斯，《科林斯運河的開通》（1893）。哈里勞斯．特里庫皮斯創始的基礎建設計畫中最具野心的一項（下方，右圖），也是同年導致希臘破產的一個因素。

16. 總理與對手：（左圖）狄奧多羅斯．德里雅尼斯（1824～1905）；（右圖）哈里勞斯．特里庫皮斯（1832～1896）。

17. 保羅·馬蒂奧普洛斯，《大學街》（1900－1910）。「穿著西方最新時尚的紳士淑女沿著大道漫步，或坐在美國遊客描述『跟巴黎一樣的』咖啡廳外面，馬匹拉著的公共馬車轆轆地慢慢通過」（頁 213）。

18. 尤格斯·雅各比德斯，《帕夫洛斯·梅拉斯》（1904），根據梅拉斯死前不久拍下的照片所繪，當時他在馬其頓作戰，死於伏擊。

20. 伯里克里斯·吉安諾普洛斯，1910 年以奇特的方法自殺。索菲亞·拉斯卡里杜的炭筆畫，1897。

20. 未來的敵手：（右）艾萊夫狄里奧斯·韋尼澤洛斯（1864～1936）及（左）希臘人的國王康斯坦丁一世（1913～1917 年間、1920～1922 年間在位），於巴爾幹戰爭期間繪製。

21. 巴爾幹戰爭期間的照片，之前未公開（1912～1913）。塞雷斯（左圖）在 1912 年被保加利亞軍隊佔領，1913 年又被希臘軍隊佔領。1913 年 6 月，希臘與保加利亞的戰鬥毀滅了德拉馬附近的多克薩托村。

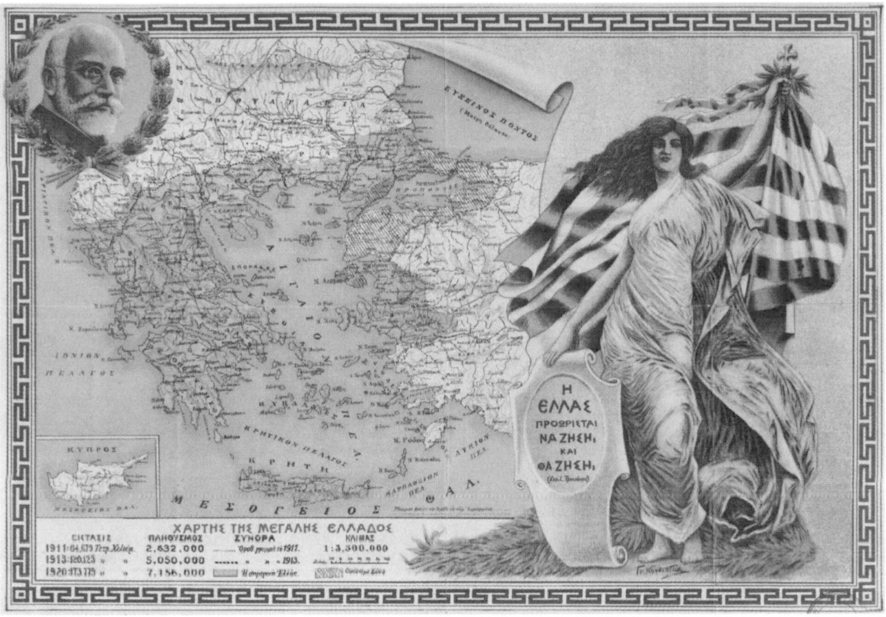

22. 1920 年的明信片，上面是根據《色佛爾條約》條款的「大希臘」領土，韋尼澤洛斯出現在左上角。題詞說：「希臘注定能生存，也會永存」。條款一直沒有批准。

23. 1922 年 9 月打敗仗以後，在西安納托力亞的役齡希臘男子都以戰犯身分留在土耳其。1923 年 7 月獲釋後，他們陸續到達希臘，正如美國外交官亨利．摩根索的描述（參見頁 280 ～ 281）。

24.（上圖）1928 年即將開始執政的艾萊夫狄里奧斯・韋尼澤洛斯，他的政府會運作到 1950 年代，成為希臘最後一任穩定的民選政府。F. 帕普拉斯的油畫，1928。

25.（右圖）獨裁者雅尼斯・梅塔克薩斯的宣傳照（於 1936 ～ 1941 年間統治希臘），頭銜是「國族救星」。

26. 倫貝蒂卡：1930 年代的布祖基琴樂團。在梅塔克薩斯政體中，這樣的音樂家會受到迫害，但第二次世界大戰後，倫貝蒂卡會高升為希臘流行文化中最受人喜愛的形式。

戰爭與佔領的影像，1941 至 1944。

27. 佔領（左圖）與反抗（「自由希臘」的「人民當家」）（右圖）。

28.（左圖）失火的山村；（右圖）佔領期間，在雅典街區被集攏（blocco）的民眾（參見頁 331）。

29. 在希臘內戰的最終階段，民主軍的年輕士兵敗給美國支持的政府軍隊（1947 ～ 1949）。

30.《痴漢艷娃》中的美蓮娜．梅高麗（1960）。她後來成為文化部長，服務三任安德烈亞斯．帕潘德里歐領導的社會主義政府（1981 ～ 1985、1993 ～ 1994）。

31. 1973 年 11 月 17 日凌晨，一台坦克車準備輾過雅典理工學院的大門。

32. 上校軍團政體的宣傳海報（1967～1974）。標題是：「希臘。1967 年 4 月 21 日萬歲。」

33. 康斯坦蒂諾斯·卡拉曼利斯，1955～1963、1974～1979 年擔任總理，後來擔任總統，1974 年恢復希臘的民主制度，照片攝於 1975 年。

「改變」的十年及之後

34. 安德烈亞斯．帕潘德里歐，「改變」的締結者（1981 ～ 1989、1993 ～ 1996 年間擔任總理），照片攝於 1984 年。

35.「現代化推進者」科斯塔斯．西米蒂斯，希臘史上連續執政最久的總理（1996 ～ 2004 年）。

36. 哈里勞斯．特里庫皮斯吊橋，將連結雅典及伯羅奔尼撒的路網連到希臘的西北部，2004 年啟用。

1974 年以後的賽普勒斯

37. 馬卡里奧斯三世總主教（1913～1077）的銅像，賽普勒斯的第一任總統，雕像在特羅多斯山脈的凱庫斯修道院附近。

38.「北賽普勒斯土耳其共和國」的國旗俯瞰著分割後尼古西亞屬於希臘裔賽普勒斯人的這一塊；尼古西亞是賽普勒斯共和國的首都。

39. 分隔尼古西亞、沿著停火線畫出的「死區」。

40.（上圖）2010 年危機出現後的街頭藝術：「貧窮為革命和犯罪之母」，來自狂野繪圖，雅典艾克薩仕亞區，2013。

41.（左圖）2015 年 1 月 25 日，亞歷克西斯·齊普拉斯在雅典大學的「山門」慶祝選戰勝利。自 1970 年代以來，這個地點就會讓人聯想到學生抗議，所以被選中。門廊下是希臘的第一名統治者「奧托一世」，目光跟手勢都往下，這塊飾帶在 1862 年他失去王位後畫成。

從一九〇七年到一九〇九年，德拉古米斯在君士坦丁堡的大使館服務了兩年，所以革命時他也在那裡。接下來幾年，德拉古米斯與另一位資深領事人員阿薩納修斯・蘇利歐提斯─尼可萊迪斯（Athanasios Souliotis-Nikolaïdis）會一起從半官方的立場來努力，找到與青年土耳其運動共同的基礎，協力對抗保加利亞的國族主義。君士坦丁堡組織（Constantinople Organization）在一九〇八年成立，一九一二年結束。在這段期間，希臘人議員繼續積極參與剛重組完的鄂圖曼議會。他們在一份陳述中說明他們的目標是「和那些跟我們有共同祖國（也就是鄂圖曼帝國）、其他國籍的人一起建立行憲的鄂圖曼國，享有同樣的義務和權利，真誠為國家的強大和安樂來奉獻」。[18]在君士坦丁堡和鄰近某些希臘語東正教人口特別多的區域，例如萊斯沃斯島（首都是米提利尼，所以大家也常用這個名稱稱呼這座島），這種新型的鄂圖曼主義特別強勁。此時，當地人想與希臘統一（Enosis）的慾望並不明顯，跟其他南方的島嶼恰恰相反，例如薩摩斯島和克里特島。[19]

二十世紀的第一個十年快要結束時，崇高理想的假設在許多人心中已經流傳了半個多世紀，希臘人一定在納悶崇高的理想是否會遠遠偏離這個假設。或許根本不需要作戰。這不光是希臘人的想法。一九〇〇年代初期，觀察鄂圖曼社會的外國人認為，就「進步」和法治而言，帝國裡的基督徒已經佔了上風。[20]對超乎希臘法理國家之外的希臘國族來說，「希臘鄂圖曼主義」（Hellenic Ottomanism）或許才是最後的答案。畢竟，國家和國族不需要結合成一個政治實體。持續邁向成熟的希臘王國，以及現代化、再生的鄂圖曼帝國可以並存。實際上，從一八三九年的坦志麥特改革開始，這不就是大致上的情況嗎？

就今日的觀點來看，需要用想像力把我們所知的二十世紀歷史放在一旁，以當時該有的看法來看待這些可能出現的景象。同樣地，當時的觀察者應該也很難預測接下來幾年會發生什麼事？

這裡指的是希臘王國、鄂圖曼帝國的希臘人，或是帝國本身。

武裝動員

青年土耳其革命過後不到三個月，就出現了最早的不祥預兆。在帝國的邊緣，已經有人準備好好利用新的政體。一九〇八年十月五日，保加利亞宣布完全獨立。本來名義上是蘇丹封臣的斐迪南王子（Prince Ferdinand）一夜之間變成「全體保加利亞人的沙皇」，這個頭銜顯然在呼應「希臘人的國王喬治一世」，含義也大同小異。隔天，奧地利單方面宣布吞併波士尼亞及赫塞哥維納。一八七八年簽訂柏林合約後，這兩省就由奧地利管理，同時仍隸屬於鄂圖曼帝國。這些動作合在一起，激起了接下來幾年一連串的新「東方危機」，會撕裂簽訂了三十年的條約，最後引發了第一次世界大戰。

在克里特島，眾人突然覺得不能錯過這個機會。對韋尼澤洛斯和當地的基督徒領袖來說，理論上和在其他地方，青年土耳其黨或許符合希臘人的利益，但不能在他們自己的地盤上。他們一直堅信，克里特島的未來掌握在希臘王國手中。保加利亞宣布獨立後過了幾天，克里特島當地的行政機構再度宣布與希臘統一。首都哈尼亞熱烈慶祝。現代以及當時的一些評價都認為，如果雅典政府竭力要求，或許就能在一九〇八年兼併克里特島。但通盤考慮真的不容易。總理尤格斯・狄奧多克斯（Georgios Theotokis）來自科孚島一個古老的貴族家庭，他個性謹慎，把問題交給保證國。克里特島的現狀還會延續幾年。

這些發展全都毀壞了鄂圖曼的聲望，當時，帝國的新君主對權力的掌控依然脆弱。幾個月後，就能看到有多弱。一九〇九年四月，君士坦丁堡的反政變不僅在短時間內傾覆了青年土耳其的政權，還恢復了蘇丹的全權，宣布返回一八三九年以前的伊斯蘭教法（Sharia law）。已經持續了半個多世紀的現代化規劃，就此倒轉。在首都內，經過了十天激烈的對峙，最後聯合進步委員會又拿回控制權。這次，蘇丹遭到罷免，被傀儡取代。青年土耳其革命的領袖鞏固了他們對帝國的控制。但是，一九〇九年四月發生在君士坦丁堡的事件，初次揭露了帝國內大多數穆斯林子民意見的深度和廣度，尤其是土耳其語使用者。驅動改革過程的慾望總是為了安撫和「追上」歐洲的想法和歐洲的強權，按今日的說法，這些人在這個過程中「遭到排擠」，大多受到忽略。

在接下來的幾個星期到幾個月，青年土耳其運動調整他們的觀點，提高對這個優勢群體的擁護。不到兩年的時間，這個政權變得跟之前的政府一樣專制。同時，在面對國內外的龐大基督徒人口時，態度不同以往，非常強硬。「鄂圖曼主義」尚未讓步給十年後會出現的土耳其國族主義。但是，無論這是不是一開始時的意圖，希臘大使在一九〇八年革命中的疑慮馬上得到了合理解釋。青年土耳其黨的「鄂圖曼主義」漸漸地更加認同伊斯蘭教和土耳其語。這是一個惡性循環：帝國內外的基督教人口愈多，堅持他們自己的**國族**權利和主張，使用土耳其語、佔多數的穆斯林領袖就愈想推進自己的權利和主張。執政黨說土耳其語、信奉伊斯蘭教的人愈多，愈有可能跟其他語言的使用者和其他宗教的信仰者疏離，更進一步防衛他們的國族主義者、分離主義者身分。

同時，希臘國內發出呼聲，也在要求復興。從一九〇八年開始刊出的一系列社論中，雅典日報《衛城》敢言的編輯瓦拉西斯．加弗瑞里底斯（Vlasis Gavriilidis）呼籲來一場「和平革命」。或許早在同一個月，一群初級軍官就開始在雅典祕密集會，模仿青年土耳其黨的例子，策劃他們的謀反。[21]因為保不住克里特島而引發的不滿，在接下來幾個月推動了這些計畫。經濟不景氣只延續了短暫的時間，但感受很深刻。抗議者就此走上街頭。

政府最高層的回覆令人意志消沉，非常奇怪。總理狄奧多克斯竭盡全力迴避他的責任，在一九〇九年三月底提出辭呈，最後終於在七月底成功離職。此時，在克里特島上，新的危機又在醞釀中。國際維和部隊最後的分遣隊預定在月底離開克里特島——之後要怎麼維護和平，並沒有具體計畫。很有可能會再一次嘗試宣布統一。這一次，剛恢復的青年土耳其黨政府不太可能甘心接受。反對黨的領袖迪米特里歐斯·拉利斯（Dimitrios Rallis）等了幾天才接受國王委任，成立少數黨政府，而且是有條件地接受。就連喬治國王本人也不比以往，看似已經決定放棄。自一八九七年的挫敗後，他的人氣一落千丈。他在軍隊中身居高位的兒子們都遭到公開批評。國王覺得被大臣蒙蔽了，急需強權國家支持克里特島的秩序，他對雅典的英國大臣透露退位的想法——他或許就帶著所有的家人，「一去不回頭」。[22] 到了八月，媒體聽到謠言，皇宮內又有類似的對話。至此，軍隊謀反已經是公開的祕密。英國戰船再度出現在皮雷埃夫斯港，也不是巧合。奧托一世最後的那段日子，似乎又重新上演。在雅典，似乎沒有人想負責。眾人只有一個共識，就是一切都亂七八糟。

一九〇九年八月，初級軍官踏入了雅典的駐防地。七月，他們就已認真開始謀反的計畫。他們自稱軍事聯盟（Military League），相當機靈，與志同道合的日報編輯打好了關係，就能快速從黑暗中現身。聯盟要求武裝部隊和文官進行改革，儘管成員資格仍是祕密，但大家都聽到了他們的訴求。議會中僅佔少數的政府即使有心低頭讓步，但他們願不願意實現這個改革仍令人存疑——政府其實也不肯退讓。

謀反者選了一個公眾假日，也就是聖母升天節（Feast of the Dormition of the Virgin）行動。八月二十八日（根據當時在希臘使用的曆法，則是八月十五日）清晨，駐紮雅典的軍隊幾乎全員出了城，在伊米托斯山（Mount Hymettos）山麓中的小丘頂上就定位，這裡的地名是古迪（Goudi）。今日，這裡有好幾所軍醫院，以及雅典大學的醫學院。當時則是一個戰略點，可以眺望雅典往北和往東的主要道路。聯盟在古迪設立武裝軍營，展現多達三千人的兵力，包括軍官和士兵。不久，來自北方基菲薩（Kiphisia）的騎兵分遣隊也到了。在破曉前，聯盟已經對政府下了最後通牒。

不到幾個小時，拉利斯率領政府總辭，新的政府宣誓就職，允諾會處理軍隊的要求。在希臘，這不是第一次由軍隊強迫改朝換代，也不是最後一次，但古迪則是軍隊第一次單獨行動。這是一場不流血的政變，執行面也全盤成功。就這幾點來說，很像青年土耳其革命。支持者也絕對會用「革命」一詞來增加這場政變的價值。但軍事聯盟的根基不如聯合進步委員會那麼深厚。相較之下，他們的訴求比較褊狹，大多與武裝部隊裡的程序事項有關。有些訴求觸及的問題比較廣泛，也平淡到沒什麼意義。[23]聯盟本身只有一項成就，顛覆了民主正當性存疑的政府，但換上的政府甚至更無正當性。在接下來的十年，聯盟立下的先例會一再重複。不到幾個月，政變就失去了勢頭。但聯盟仍及時策劃了一場事件，成為他們永久的遺產。在軍事聯盟的邀請下，新的人物和他新風格的政府接手主導希臘王國的政治生命。

即使到了今日，艾萊夫狄里奧斯・韋尼澤洛斯的名字和影響力仍能在希臘掀起嚴重的分裂。在他的時代，從未有一位希臘政治人物像他這樣贏得強權國家的高度尊重。或許，卡波迪斯特里亞斯可能是個例外，但在他自己的支持者中，意見和忠誠度也有嚴重的分歧。有人愛，也有人討厭，但韋尼澤洛斯對希臘實體地圖做的改變是其他人比不上的。但改變的不光只有地圖：心態和思維與從前再也不一樣。過了一個世紀，這些變化的結果仍未完全發揮作用。韋尼澤洛斯的個性高深莫測。他留下的日記或私人紀錄極少，無法看出他的思路和動機如何發展。作為政治人物，他結合了馬夫羅科扎托斯的外交技能和耐性，以及科萊提斯或德里雅尼斯受歡迎的訴求。對手責怪他不顧後果，不擇手段地抓住機會，但在別人眼中卻覺得他看重時效，是位技藝高超的戰術家。然後也有他的聖徒傳記：眾人對韋尼澤洛斯有種近乎宗教的膜拜，盛讚他是救世主般有遠見的人，國族的救贖者，他策劃巧妙的計畫各方面都贏得勝利，但心胸狹窄的人會嫉妒他。且先不論他的貢獻在今日的評價，至少有一個世代，希臘社會呈現兩極化，有「韋尼澤洛斯派」和「反韋尼澤洛斯派」。

就像之前的馬夫羅科扎托斯和卡波迪斯特里亞斯，韋尼澤洛斯得到兩極化的評價，或許也是因為他同時是希臘人和局外人。韋尼澤洛斯從克里特島到達雅典後，更廣泛、更遙遠的**國族**接手管理**法理國家**。不是每個人都樂意接受。

即使有軍事聯盟的支持，以及喬治國王不情願的默許，韋尼澤洛斯能夠掌權，有種不合理的感覺。到雅典和聯盟的軍官及政治人物的第一次商談應該是瞞著公眾的祕密會面。在倫敦《泰晤士報》刊出的訪談中，韋尼澤洛斯斷然否認真相：軍事聯盟邀請他去雅典，遊說他擔任總理。[24]那一次，他在雅典只待了三個星期。但在那裡的時候，接下來的步驟都安排好了——似乎都是**他**提的。要解開造成叛亂的僵局，只有一個方法，就是全面修改憲法。在選出新的制憲國民大會前，要成立過渡政府。同時，軍事聯盟會解散。

一切都適時水到渠成，但是步調很慢。要在這段時間內取代議會的制憲國民大會選舉延遲到一九一〇年八月。韋尼澤洛斯選擇避開——先待在克里特島，然後去瑞士度假。但他的名字已經在首都一區的選票上，這一次，他奪得最高票。九月十四日，新的國民大會首次開會。四天後，韋尼澤洛斯搭乘專門租賃的汽船，在皮雷埃夫斯登岸。他從那裡直接前往雅典市中心，向一萬多名聚集在憲法廣場上的群眾致詞。這是希臘第一場公開演講，主題相當深奧，講述新國民大會確切的職權範圍。韋尼澤洛斯的演講及性格都力道十足，輕鬆贏得民心。一個月後，這位剛從克里特島到來的人宣誓擔任希臘總理。

國民大會中，支持和不支持新首相的人數相當平均，因此，他能否贏得多數人的支持，還是個懸案。任命後過了一星期，韋尼澤洛斯說服國王讓他解散國民大會。十二月十一日又辦了另一場選舉，選出「修正型國民大會」。在選舉前幾個星期，發生了兩件值得注意的事：韋尼澤洛斯成立了自己的政黨，三個現存的政黨決定加以抵制；這三黨在之前的國民大會裡佔了百分之五十以上。

結果也在意料之中。這件事被稱為「憲法政變」及「議會獨裁政權」。[25]韋尼澤洛斯新成立的自由黨（Liberal Party）跟他在克里特島領導的黨派有同樣的名稱，風格也很類似。過不了多久，政黨組織的雛形在全國各地設立。自由黨員首次把有紀律、經過組織的黨派結構帶入希臘政治。最上層強硬地控制一切。韋尼澤洛斯鞏固了他在希臘的權力基礎。在反對的那一方，現存黨派的選舉抵制也是希臘議會政治第一次經歷如此重大的行動，後面還會有好幾次——這個策略可以想見一定會弄巧成拙。那三個政黨的領袖想達到的目的不太明確。技術上來說，韋尼澤洛斯要求解散，國王也同意，就已經違反了一八六四年的憲法。這是因為制憲國民大會不像一般的議會，只能自行解散。但抵制選舉則無法取消已經過去的事情。

一九一〇年十二月十一日的選舉以壓倒性的多數，將韋尼澤洛斯推上執政地位。他因此有權監督憲法修正，「修正型國民大會」看到的東西都可以加入改革的行列。變化就要到了。但就法律的字面意義來說，尚未改變。

接下來的幾個月，出現了前所未見的、鬧哄哄的立法活動。憲法修改很快就完成了。大多是為了讓政府事務更加順暢。個人權利及公民權利都變強了——但新的條款也考慮到異常的情形，必須暫停所有的權利。惡名昭彰的「語言問題」變成正式法規的事項，也是首見的創舉。韋尼澤洛斯本人能認同那些奮力爭取口說語言的改革者，要將口語奉為國家的官方語言。但是，他很講求實際，面對根深柢固的反對，他讓這一條進了成文法：「國家的官方語言是憲法及希臘法規文字起草的語言；禁止一切會導致語言變質的干預。」[26]口語和**純正希臘語**（Katharevousa，憲法本身和法律專業用的公文用語）之間的正式分裂會持續到一九七六年，這埋下了一個伏筆，或許也是個徵兆，韋尼澤洛斯幾年後提出的倡議會加深希臘社會中的裂縫，而且要花很久的時間才能癒合。

修訂後的憲法在一九一一年六月生效。在接下來的九個月內，修正型國民大會已經重組成正式的議會，繼續負責管理。在那段期間，通過了三百三十七項新法，非常驚人。大多數也都是為了增進政府運作的流暢度。還有社會改革，例如將色薩利的大塊地產切割，該地負責耕作的農民仍比農奴多一點。令人驚訝的是，希臘國內農產最豐富的省份於一八八一年併入，過了三十年，仍無法為國家經濟帶來收益。監獄的條件和司法平等也改善了。工會重組，也限制了工作場合中對女性及孩童的剝削。

韋尼澤洛斯執政後過了十八個月，此間的成就大多可以歸功於他投入的大量精力、魅力和純粹的政治能力。一九一二年三月，舉辦新的議會選舉時，經濟出現盈餘——一個小小的奇蹟，尚找不到恰當的解釋。終於有錢從事一八八〇年代特里庫皮斯提出的軍事和民間計畫。大不列顛和法國的軍事代表團也來到希臘，分別全面檢查海軍和陸軍的組織及裝備。

事後再看，很容易把這些活動看成長期的戰略願景，雖然韋尼澤洛斯在一九一二年或許就看到了後來在這年會冒出來的機會和挑戰，但韋尼澤洛斯的說法和作為都不像恩維爾帕夏和青年土耳其黨會帶給鄂圖曼帝國的變化那麼劇烈，遑論穆斯塔法·凱末爾（後稱阿塔圖克）在第一次世界大戰後帶來的強烈震盪。韋尼澤洛斯關於憲法和立法的倡議都本著**修改**的精神來實施，一九一〇年他在雅典第一次公開演講時，就提出這個堅持。為了現代化希臘的基礎建設、經濟和武裝部隊，以便達到崇高的理想，他的作為基本上就是要實現三十多年前特里庫皮斯制定的方案。韋尼澤洛斯執政頭幾年的成就主要在於改善做事的機制，也真的做到了。如果韋尼澤洛斯有「願景」，他的願景就是之前的崇高理想，雖然已經失去了光澤，但在一八九七年的挫敗後仍未拋棄。在一九一二年，那個願景即使失去了一些吸引力，仍然跟十五年前一樣毫無爭議，也沒有分歧的意見。

那年三月進行議會選舉時，跟以往比起來，不論是要迎接和平還是戰爭，希臘都早已準備好了。「舊有的」黨派發覺抵制上一次的選舉是個錯誤，這次也回頭了，但他們現在已經沒有機會了，韋尼澤洛斯跟自由黨員早已掃走所有的選票。新的政府跟以前一樣得到支持。這一次，沒有人可以誹謗他們的正當性。

到了一九一二年夏天，希臘準備好了，但沒有人知道他們要面對什麼。

入陣

對外來說，從一九一一年的最後那幾個月，事件的變化非常快。歐洲殖民地往非洲的擴張在前一個世紀末都結束了——能征服的國家沒剩下幾個。非洲的地中海海岸和腹地曾有一度隸屬於鄂圖曼帝國。一八三〇年後，法國佔據了阿爾及利亞，一八八二年，英國佔據了埃及。新的世紀開始後的那十年，法國和西班牙瓜分了摩洛哥。因此，非洲的海岸只剩一段還在鄂圖曼人的統治下——當地的省份稱為的黎波里塔尼亞（Tripolitania）和基里奈卡，也就是今日的利比亞。最後加入競賽的，還有一個歐洲強權。鄂圖曼帝國的海外領地在一九〇八年失去了免責權。現在輪到義大利來分一杯羹，也就是北非最靠近該國海岸的那一塊。

一九一一年九月二十九日，義大利和鄂圖曼帝國在北非開戰。義大利人在北非各省的戰役並不順利。因此，隔年一開始，他們把軍事行動的範圍拓展到愛琴海。十二群島，也就是最靠近安納托力亞的十二座島嶼，包括羅德斯島在內，島上住的幾乎都是新東正教的希臘人，全部都被強佔。這些島嶼要到第二次世界大戰才會脫離義大利的佔領。義大利戰船也開到達達尼爾海峽。「鄂圖曼的瓦解」，也稱為「鄂圖曼繼承之戰」開始了。[27]

在這樣的背景下，巴爾幹半島上敵對的基督教國家會開始一系列的雙邊會談，有很多是祕密進行。保加利亞和塞爾維亞在一九一二年三月簽訂了正式的契約。利用《泰晤士報》的通訊記者當作祕密的溝通渠道，韋尼澤洛斯開始向索菲亞的政府提出謹慎的提案。在希臘，外號「保加利亞屠夫」的拜占庭皇帝巴西爾這樣的英雄人物仍緊緊掌控著民意；在馬其頓，對抗保加利亞委員會成員的低階游擊隊行動仍在繼續。因此，韋尼澤洛斯的策略相當危險。但跟義大利的戰爭揭露了鄂圖曼帝國現在有多無力。青年土耳其運動原本的廣納精神此時差不多已經消失了。五月三十日，希臘與保加利亞簽訂互相支持的條約。韋尼澤洛斯現在則要努力跟塞爾維亞達成差不多的共識。

只憑這些外交動作，還不足以在巴爾幹半島掀起戰爭。但鄂圖曼人在另一邊也有壓力。在帝國靠著亞得里亞海的省份，輪到阿爾巴尼亞語使用者來要求獨立，擁有自己的民族國家。反對鄂圖曼統治的暴動從一月開始，延續到現在。那一帶的基督教國家沒有理由要去同情阿爾巴尼亞人。新的阿爾巴尼亞成立，就會拿走希臘、塞爾維亞和蒙特內哥羅的領土。阿爾巴尼亞的國族運動也不是像其他國家一樣源於共同的信仰，因為阿爾巴尼亞語使用者信仰東正教、天主教和伊斯蘭教的人口差不多。但就跟一八二一年一樣，阿里帕夏造反，讓伯羅奔尼撒的希臘叛亂分子有了藉口，阿爾巴尼亞人的行動也在一九一二年綁住了為數眾多的鄂圖曼軍隊。

然後在君士坦丁堡，另一場政變暫時奪取了青年土耳其黨的權力。從七月到十月，鄂圖曼的首都這幾個月都處在「虛擬內戰」的狀態中。[28]對義大利和阿爾巴尼亞叛亂分子的敵意最後在九月結束，鄂圖曼政府讓步了。眾人都能看到帝國不再強盛。儘管如此，第一次巴爾幹戰爭爆發時，仍出乎歐洲各國的意料。開戰後，大家立刻期待鄂圖曼人能抵擋這次威脅，就跟他們經歷過的許多威脅一樣。

蒙特內哥羅在一九一二年十月八日向帝國宣戰。十天後，希臘、保加利亞和塞爾維亞也跟進。就跟十五年前的作法差不多，兩支希臘軍隊通過山口向北追擊，一支從色薩利前往馬其頓，一支向西進入伊庇魯斯。進入馬其頓的軍隊人數較多，再一次由王儲君士坦丁王子指揮。同時，希臘艦隊很快就控制住愛琴海的北邊和東邊。從十月到十二月，薩摩斯島、林諾斯島、薩索斯島、薩摩色雷斯、米提利尼（萊斯沃斯島）、基歐斯島、提涅多斯島（Tenedos）和印布洛斯島一個接一個升起了希臘的國旗。除了最後兩座島嶼，其他的從那時候起就納入了希臘領土。一九一二年十二月十六日，雙方在達達尼爾海峽入口附近開戰，帕夫洛斯・昆杜瑞歐提斯（Pavlos Koundouriotis）上將搭乘「無畏戰艦」阿維羅夫號（Averof），帶領小小的希臘艦隊獲得勝利，封鎖從地中海通往君士坦丁堡的通道。

保加利亞的地面部隊同時朝著東南方推進，目標是阿德里安堡（愛第尼）和君士坦丁堡。由於高級軍官彼此之間幾乎沒有任何協調，這毫無疑問地幫希臘人在馬其頓贏得最大獎。十一月八日，君士坦丁王子帶領的陸軍進入薩洛尼卡，只花幾個小時就打敗了保加利亞的分隊。四天後，在一個嚴寒的雨天，王儲等到了他的父親喬治國王以及韋尼澤洛斯。三人沐浴在勝利中，騎馬通過掛滿希臘藍白國旗的街道，接受城內希臘居民的歡呼。確實，希臘人只佔了人口的三分之一，其他人則留在家裡避雨。但對希臘和大多數希臘人來說，自革命光榮的日子以來，這是一次最偉大的勝利。希臘得到了第二座大城，後來也會封為希臘的「共同首都」。這就是崇高理想一直以來的目標，但至今仍無法達成。

到了十一月底，巴爾幹半島的聯盟幾乎無往不利。只有此時在伊庇魯斯主城雅尼納動彈不得的希臘人拒絕加入十二月初談定的全面停戰。交戰國和強權國家的代表受召到倫敦參加和平會議。即使希臘尚未放下武器，韋尼澤洛斯也不想置身事外，從薩洛尼卡搭火車前往巴黎，十二月十二日到了倫敦。可以預期的是，眾人再一次在強權國家的首都裡決定了希臘的命運。到目前為止，這個場景上演了一次又一次。這一次，韋尼澤洛斯決心親身參與。他是天生的談判家，會表現得如魚得水。

在這場會議中，結果大不相同。一九一二年十二月到一九一三年一月的第一輪會談從一開始就怒氣十足。一月二十三日，被奪權的青年土耳其黨在君士坦丁堡發動血腥的反政變，再度掌權，隨即拒絕了剛從倫敦交過來的和平條款，談判因此破裂，無法轉圜。韋尼澤洛斯覺得，這表示他該回家了。他並沒有帶回和平的條款，而是可能更有吸引力、影響更深遠的東西。到倫敦幾天後，韋尼澤洛斯認識了當時的財政大臣大衛・洛伊德・喬治（David Lloyd George，後來會擔任首相），以及海軍大臣溫斯頓・邱吉爾（Winston Churchill）。舉行了一連串祕密會議後，與英國安排好未來「友好協定」（entente）的可能性，或許也跟法國安排好了。在差不多一百年前，馬夫羅科扎托斯率先向英國外交大臣坎寧提出聯盟，現在終於有了最完整的版本。這一次，由希臘以民主方式選出的總理要親自辯護。洛伊德・喬治大為驚艷。「他是一個巨人，很高大的巨人，」在韋尼澤洛斯離開倫敦後，據說洛伊・喬治講了這句話。巴爾幹半島的和平會議既然失效，在倫敦的這些討論所發展出的前景在接下來的十年內會成為韋尼澤洛斯外交政策的基礎。29

這一切在那個時候，都是最高機密。韋尼澤洛斯好不容易才取得同意，把倫敦討論的結果告訴希臘國王。在回到雅典的路上，他在薩洛尼卡稍作停留，以便報告成果。結果他也只剩這次機會。之後過了不到兩個月，在三月十八日，喬治國王跟平常一樣，下午出門散步，走向該城最有名的地標，也就是臨海的白塔（White Tower）。他身邊只有一名副官，兩名克里特島的憲兵偷偷跟在後面。在他回程的路上，一名坐在長凳上的年輕人站了起來，等國王一走過去，直接對著他的背近距離開槍。國王當場死亡，距離他在位十五週年紀念才過了不到半年。暗殺行動的政治動機一直得不到證實，儘管眾人猜測了許多理由。殺手亞歷山德羅斯・席納斯（Alexandros Schinas），據官方的說法是「酒癮患者」，也是流浪漢，被警方拘留後不久就死了。

喬治國王在生前起碼看到他統治的這個國家面積和人口都變成原來的兩倍多。在他統治的第一年，愛奧尼亞群島就納入希臘。在他過世前不到兩個星期，希臘部隊終於在一九一三年三月六日進入雅尼納，為第一次巴爾幹戰爭的勝利劃下句點。和平尚未帶來穩定的國境。但到目前為止，希臘最大的國土擴張出現在前丹麥王子統治的時候，他把自己封為希臘人的喬治一世，讓希臘的面積跟今日差不多。

喬治國王的繼位者上任後，韋尼澤洛斯跟他分享了多少在倫敦討論的情況，就不得而知了。[30]

巴爾幹半島的戰爭由基督教國家得勝，毫無疑問。但在歷史上，第一次不由歐洲強權國家由上而下對這個區域施加永久的和平協議。雖然，強權國家也確實試了。韋尼澤洛斯在倫敦參加會議時，在一九一二年十二月和一九一三年一月，英國、法國、俄羅斯、德國、奧地利和義大利的代表一起參加了「倫敦大使會議」。他們的職權範圍是審核前一份協議，也就是一八七八年在柏林會議商討出來的條款，以便適應巴爾幹半島的新現實。他們至多只能為精疲力竭的交戰國制定條款，基本上也要配合一般的軍事狀況。在一九一三年五月三十日簽訂的《倫敦條約》（Treaty of London）是最後一份留著「歐洲協調」精神的法令。

也是效力最低的。即使在條約簽訂前，勝利的巴爾幹半島國家已經起了爭執。保加利亞取得了愛琴海在色雷斯的一段海岸和領土，向西與君士坦丁堡接界，但輸掉了馬其頓，大多都分給塞爾維亞和希臘。在簽訂條約的同一天，在索菲亞掌權的政府也換新了。同時，韋尼澤洛斯跟塞爾維亞簽了雙邊條約。一切似乎都就緒了，第二次巴爾幹戰爭可以開打了。

保加利亞在一九一三年六月底率先行動，在馬其頓同時攻擊希臘和塞爾維亞的部隊。第二次巴爾幹戰爭比第一次短，卻更混亂。希臘和塞爾維亞努力想把保加利亞人趕出馬其頓。保加利亞是敵人，其他人也可以加入。青年土耳其黨再度由恩維爾帕夏領導，他們抓住這個機會，從保加利亞人手中收回色雷斯，包括愛第尼在內。未參加第一次巴爾幹戰爭的羅馬尼亞現在奪走了多瑙河畔的保加利亞領土。[31]

很快就結束了。過了一個多月，戰爭在七月三十日結束。諸國選了羅馬尼亞的首都來談判和平條款。八月十日，希臘、保加利亞、蒙特內哥羅和羅馬尼亞的代表簽了《布加勒斯特條約》。有些人似乎希望強權國家能介入，把條約修訂成對他們有利的內容，但強權國家的對立程度幾乎跟該區敵國的對立程度差不多。因此，在這一區的歷史上，巴爾幹半島各國只有少數幾次機會可以自行重畫東南歐地圖，這就是其中一次。希臘與鄂圖曼帝國在十一月簽訂了獨立的《雅典條約》，終於讓克里特島併入王國。希臘現在的國土增加了百分之六十八。在不到一年內，希臘的人口從兩百七十萬增加到四百八十萬。

簽訂這些合約時，希臘已經有新的君主。金髮白膚、比軍隊成員幾乎高出一個頭的君士坦丁卸下了總司令的職務。大家終於能遺忘和原諒他在一八九七年的敗戰。君士坦丁登上王位時是四十四歲，是前任登基年齡的兩倍多。他已經有政治和軍事的經驗。透過父母的關係，他跟大不列顛和俄羅斯的皇室都是親戚，也娶了德皇威廉二世（Kaiser Wilhelm）的妹妹。在歐洲政治無法預測的世界裡，如果王室關係仍有意義，在希臘的君主中來說，君士坦丁國王跟強權國家皇室的關係最深也最廣。

希臘打了勝仗。國王的王位坐得很穩。韋尼澤洛斯擔任總理，就有了穩健的議會多數，以剛剛翻新、現代化的憲法作為統治的依據。

國王在戰場上證實了自己的價值，韋尼澤洛斯也證明自己的外交和政治領導才能。兩人合力，讓希臘航向勝利。幾年前看似無法想像的東西，現在已經要寫入史書了。鄂圖曼人完全退出歐洲。希臘張開雙臂，擁抱廣布全球的國族。還要付出多少代價，才能讓崇高理想成為政治現實？

1 傑拉西莫斯．奧古斯丁諾斯，《意識與歷史：一八九七至一九一四年，希臘社會的國族主義批評家》（*Consciousness and History: Nationalist Critics of Greek Society, 1897–1914*，紐約：哥倫比亞大學出版社／《東歐季刊》（*East European Quarterly*），一九七七），頁二六，引述（翻譯版）尼歐克利斯．卡扎茲斯（Neoklis Kazazis）的《希臘文化》（*Ellinismos*）一（一八九九），頁七～八（加了重點）。

2 伊雍．德拉古米斯，《希臘文明》（*Ελληνικός πολιτισμός*）（一九一三），出自《作品集》（*Εργα*），共兩卷（雅典：出版社不明，一九二七），卷二，頁一八〇。

3 伊蓮妮．巴斯特亞（Eleni Bastéa），《現代雅典的創建：規劃神話》（*The Creation of Modern Athens: Planning the Myth*，劍橋：劍橋大學出版社，二〇〇〇），頁一九四，及圖七三、七七、七八、八五。

4 湯瑪士．加蘭特，《希臘人的愛丁堡歷史：一七六八至一九一三年》（愛丁堡：愛丁堡大學出版社，二〇一五），頁二一五～六。

5 S. 維克多．帕帕寇斯瑪（S. Victor Papacosma），《希臘政治的軍事：一九〇九年的政變》（*The Military in Greek Politics: The 1909 Coup d'État*，俄亥俄州肯特：肯特州立大學出版社，一九七七），頁一七〇。

6 瑪麗亞．安娜斯塔索普路（Maria Anastasopoulou），《女性解放的祕密使徒：卡莉霍伊．帕倫》（*H σuvεττή*

απόστολος της γυναικείας χειραφεσίας: Καλλιρρόη Παρρέν，雅典：*Σύλλογος προς Διάδοσιν Ωφελίμων Βιβλίων*〔有用書籍傳播協會（Association for the Dissemination of Useful Books）〕，二〇一二）；加蘭特，《希臘人的愛丁堡歷史》，頁三〇三～四。

7 尤格斯．斯科利羅斯（Georgios Skliros）《我們的社會問題》（*Το κοινωνικόν μας ζήτημα*）（雅典：Konstantinidis，一九〇七）；加蘭特，《希臘人的愛丁堡歷史》，頁三〇二。

8 喬治．馬加里蒂斯（George Margaritis），〈國族與個人：在希臘對於生死的社會要素（一八九六至一九一一年）〉（The nation and the individual: Social aspects of life and death in Greece [1896–1911]），出自菲利普．卡拉波特（Philip Carabott）編著，《一八六三至一九一三年，鍛造中的希臘社會：實況、象徵及憧憬》（*Greek Society in the Making, 1863–1913: Realities, Symbols and Visions*，奧德勺特：Ashgate，一九九七），頁八七～九八（引述頁九七）。

9 伯里克里斯．吉安諾普洛斯，*Άπαντα*，《作品全集》，卷一，D.拉扎尤格斯—艾林尼可斯（D. Lazogiorgos-Ellinikos）編著（雅典：出版社不明，一九六三），頁一九一、一六二。

10 德拉古米斯，《希臘文明》頁二三四；奧古斯丁諾斯，《意識與歷史》，頁一一四～五。

11 道格拉斯．達金，《一七七〇至一九二三年的希臘統一》（*The Unification of Greece, 1770–1923*，倫敦：Benn，一九七二），頁一五五；科斯蒂斯，《歷史寵壞的孩子：現代希臘的成形》，賈寇柏．莫伊譯（倫敦：Hurst，二〇一八；希臘文初版於二〇一三），頁二二二、一三六～七；亞歷克西斯．迪瑪拉斯（Alexis Dimaras），〈在韋尼澤洛斯統治下希臘教育的現代化和反作用〉（Modernisation and reaction in Greek education during the Venizelos era），出自帕斯哈利斯．奇卓米利德斯編著，《艾萊夫狄里奧斯．韋尼澤洛斯：政治領導才能的試驗》（*Eleftherios Venizelos: The Trials of Statesmanship*，愛丁堡：愛丁堡大學出版社，二〇〇六），頁三一九～四五（參見頁三二一、三三九，注八）。

12 引述於迪米特里斯．利凡尼歐斯（Dimitris Livanios），〈「征服靈魂」：一九〇四至一九〇八年，國族主義以及在鄂圖曼馬其頓的游擊隊戰爭〉（"Conquering the souls": Nationalism and Greek guerrilla warfare in Ottoman Macedonia, 1904–1908），《拜占庭及現代希臘研究》（*Byzantine and Modern Greek Studies*）二三（一九九九），

頁一九五～二二一（參見頁一九六）。

13 約翰・寇里歐普洛斯，《胸懷大志的土匪：一八二一至一九一二年，現代希臘的劫掠行為及民族統一運動》（*Brigands with a Cause: Brigandage and Irredentism in Modern Greece 1821–1912*，牛津：Clarendon Press，一九八七），頁二一五、二二二～七、二三四。

14 瓦西利斯・古納瑞斯，《希臘人的巴爾幹半島：從啟蒙運動到第一次世界大戰》（塞薩洛尼基：Epikentro，二〇〇七），頁四一一。

15 馬克・馬佐爾，《薩洛尼卡：鬼城》（倫敦：HarperCollins，二〇〇四），頁二七五，於A.沙湖（A. Sarrou）的譯文中引述，《青年土耳其黨及革命》（*La Jeune Turquie et la Révolution*，巴黎：Berger-Levrault，一九一二），頁二五。

16 康斯坦蒂諾斯・斯沃洛普洛斯，《一八五六至一九〇八年的君士坦丁堡：希臘文化的高點》（雅典：Ekdotiki Athinon，一九九四），頁九八，一九〇八年七月三十日，向雅典的外交部引述希臘教育家雅尼斯・格里帕里斯（Ioannis Gryparis）的話。

17 艾萊夫狄里奧斯・韋尼澤洛斯，引述於麥可・列威林・史密斯（Michael Llewellyn Smith）的譯文，〈韋尼澤洛斯的外交手腕，一九一〇至一九二三年：從巴爾幹半島的聯盟到希臘土耳其的協議〉（Venizelos' diplomacy, 1910–23: From Balkan alliance to Greek–Turkish settlement），出自奇卓米利德斯編著，《韋尼澤洛斯》，頁一四〇；伊雍・德拉古米斯，《我的希臘文化及希臘人（一九〇三至一九〇九年）》（*O ελληνισμός μου και οι Ελληνες [1903–1909]*），出自《作品集》，卷二，頁一四四。

18 斯沃洛普洛斯，《君士坦丁堡》（*Κωνσταντινούπολη*），頁二三，在鄂圖曼議會重建後不久，引述希臘代表的話。

19 瑪麗亞・曼達瑪迪歐圖（Maria Mandamadiotou），《米蒂利尼的希臘東正教社群：一八七六至一九一二年，介於鄂圖曼帝國和希臘之間》（*The Greek Orthodox Community of Mytilene: Between the Ottoman Empire and the Greek State, 1876–1912*，伯恩：Peter Lang，二〇一三）。

20 引述於斯沃洛普洛斯，《君士坦丁堡》，頁七九。

21 帕帕寇斯瑪，《希臘政治的軍事》，頁四二、四九。

22 羅伯特．霍蘭德及戴安娜．馬基德斯，《英國人和希臘人：一八五〇年至一九六〇年，地中海東側控制權的爭奪》（牛津：牛津大學出版社，二〇〇六），頁一四三，引述一九〇九年六月十七日外交部的備忘錄。

23 帕帕寇斯瑪，《希臘政治的軍事》中翻譯的內容，頁一九〇～九六。

24 帕帕寇斯瑪，《希臘政治的軍事》，頁一　五～二〇，引述一九一〇年一月十三日 J. B. 布荷虛耶（J. B. Bourchier）在《泰晤士報》的文章。

25 尤格斯．馬夫羅約達托斯，《一九一五：國族分立》（*1915.Ο Εθνικός Διχασμός*，雅典：Patakis，二〇一五），頁二八；達金，《希臘統一》，頁一八六。

26 亞歷克西斯．迪瑪拉斯，《從未存在的改革》（*Η μεταρρύθμιση που δεν έγινε*），共三卷（雅典：Ermis，一九七四），卷二，頁七五～七。

27 西恩．麥克米金，《鄂圖曼的瓦解：戰爭、革命及現代中東的發展，一九〇八至一九二三年》（*The Ottoman Endgame: War, Revolution and the Making of the Modern Middle East, 1908–1923*，倫敦：Allen Lane，二〇一五）頁 xv–xviii、六二～五。

28 麥克米金，《鄂圖曼的瓦解》，頁六八～九。

29 麥可．列威林．史密斯，《愛奧尼亞的展望：一九一九至一九二二年，在小亞細亞的希臘》（*Ionian Vision: Greece in Asia Minor, 1919–1922*，倫敦：Hurst，一九九八；初版於一九七三年），頁一七～二〇（引述頁一八）。

30 雅典娜．卡庫里，《兩個V》（*Τα δύο βήτα*，雅典：Kapon，二〇一六），頁八四。

31 理查．霍爾（Richard Hall），《一九一二至一九一三年的巴爾幹戰爭：第一次世界大戰的序曲》（*The Balkan Wars, 1912–1913: Prelude to the First World War*，倫敦：Routledge，二〇〇二），頁一〇七～二三。

7 自我分裂

一九一三～一九二三

一九一二和一九一三年發生了兩場巴爾幹戰爭，不久之後的全球性戰爭又帶來更大規模的破壞，所以巴爾幹戰爭各方的人類成本相較之下只是小巫見大巫。但這兩場戰爭對所在地的平民人口造成了更具毀滅性、更長久的衝擊，有時候甚至超出世界大戰的影響。幾十萬名穆斯林永久離開了歐洲。基督徒也一樣，大量人口被迫離家，只因為他們用了不對的語言，在教堂裡使用錯誤的禮拜儀式。永遠無法返家的人數以千計。

穆斯林難民開始湧入鄂圖曼的首都君士坦丁堡。有一段時間，他們似乎對公共秩序造成威脅。許多人受到慫恿繼續向前，最後來到西安納托力亞的鄉間，那裡的希臘語東正教社群正好也最為密集。不到一年，在連鎖效應下，沿著安納托力亞的愛琴海濱，從巴爾幹半島逃離的穆斯林開始攻擊希臘居民，為他們的損失復仇，地方的鄂圖曼當局通常也睜一隻眼閉一隻眼。新一波外移開始了，因為希臘人的小鎮和村落都被毀滅。在一九一四年上半，數千名安納托力亞的希臘人離家遠走，到希臘避難。

當然，在東南歐的穆斯林並非每個人都能逃走，也不是每個人都想逃難。在《布加勒斯特條約》簽訂時，希臘的穆斯林人口約莫為三十五萬。在一九一二年以前，希臘國內人數較多的穆斯林少數族群都集中在一八八一年併入的色薩利。現在，在該國新增加的人口中，穆斯林佔了將近十分之一。穆斯林突然發現，他們沒有選擇這個國家，卻變成了國民，也感覺不到對祖國的忠誠，而且不光是穆斯林有這種感覺。說斯拉夫語言的基督徒家庭，如果未移民到塞爾維亞或保加利亞，就會發現自己變成了另一個少數民族——問題會愈來愈嚴重，之後才會爆發。有些人說阿爾巴尼亞語或瓦拉幾亞語，而不是希臘語。還有薩洛尼卡超過六萬人的猶太人社群，大多數人說的是西班牙語的方言，叫作拉迪諾語（Ladino）或猶太西班牙語（Judaeo-Spanish）。這些新的公民要怎麼同化？

幾乎是馬上，大家都開始說起「舊希臘」，指的是一九一二年前邊界內的希臘，以及從那時候起加入的「新國土」。在某種程度上，以及在某些情境中，今日仍會聽到這幾個名詞。等勝利的喜悅開始消退，去新國土服役的軍官和士兵對新加入的市民常會展現出殖民者的心態，令人憎惡。一九一三年五月，出身雅典上層階級的資深陸軍軍官從薩洛尼卡寫信回家：「怎麼能喜歡上這種世界主義社會的城市，十個人裡面有九個是猶太人。一點都不希臘，也不歐洲。什麼都沒有。」[1]

同時，兩百多萬名說希臘語的東正教基督徒仍留在邊境之外。在羅馬尼亞、保加利亞和新興的阿爾巴尼亞，當地的社群發現自己變成瀕危的少數族群。但是到目前為止人數最多的顯然仍在鄂圖曼帝國境內。在那裡，青年土耳其黨政府的態度變得更強硬。青年土耳其黨在一九一三年末跟保加利亞分別簽訂的條約中，已經制定交換少數族群的原則。隔年，韋尼澤洛斯必須為希臘人考慮類似的提議。

情況非常多變。如果第三次巴爾幹戰爭爆發，什麼都有可能。之後在一九一四年六月二十八日，名叫加夫里諾．普林西普（Gavrilo Princip）的塞爾維亞國族主義者在塞拉耶佛開出致命的一槍，殺死了奧地利王儲斐迪南大公（Archduke Franz Ferdinand）。近年來，巴爾幹半島的危機一再造成威脅，要顛覆整個歐洲愈來愈脆弱的權力平衡。這一次，真的翻了。暗殺事件過了一個月，七月二十八日，奧匈帝國向塞爾維亞宣戰。不到幾天，第三次巴爾幹戰爭升級成「大戰」，「結束所有戰爭之戰」。

選邊站

戰爭爆發後，歐洲大陸的強權國家開始互鬥。花了將近一個世紀的時間協力外交，就是要避免這樣的結果。一九一四年八月的頭幾天，歐洲分成兩大聯盟，決心要滅掉對手。一邊是三國協約（Triple Entente），包括大不列顛、法國和俄羅斯；另一邊則是同盟國（Central Powers），也就是德意志帝國和奧匈帝國。

不論希臘願不願意，都很難置身事外。對希臘政府來說，要在抓住機會和減少威脅當中做出選擇。兩個選擇都很大，都跟生存有關。在龐大帝國的衝撞中，像希臘這麼小的國家，即使變成原來的兩倍大，也有可能輕易滅亡。

實質上有三個選擇。在希臘，偏好與同盟國站在同一邊的人很少。即使有強烈的意識形態理由，或為了個人利益非常想這麼做，但地緣政治毫無修飾的現實已經排除了那條路。戰爭爆發後，君士坦丁國王坦白向他的大舅子德皇解釋，「地中海已經被英國和法國的聯合艦隊控制了」；希臘船運、希臘諸島和希臘的港口很有可能就此消失。[2]這樣就只有兩個選擇：與協約國一起參戰，或保持中立。兩條路都有非常好、非常理性的理由。麻煩來了，要怎麼選？

地理和歷史的牽絆都站在協約國那邊。俄羅斯近來跟希臘不太友好，但協約的三名成員恰好就是一個世紀前簽約讓希臘變成法理國家的強權國家。

一九一四年十一月，等鄂圖曼帝國加入同盟國這一邊，突然之間，歐陸最大的地緣政治力量排列成希臘人自友誼社成立以來一直夢想的模樣，也就是一八二一年革命前的那段時間。這就是他們在一八五〇年代錯過的東西；當時，該國的兩個「保護國」聯合起來對付第三個國家，強迫希臘保持中立。現在，三個國家連成一氣，傳統的敵人在對立的陣營，希臘政府為何不加入他們？這就是奧托及同時代的政治領袖最深切的渴望。

協約國的勝利必然能帶來鄂圖曼帝國的瓦解，他們也等很久了。「近東問題」瞬間解決——正如馬夫羅科扎托斯早在一八二三年就第一個大膽的向當時的英國外交大臣喬治．坎寧提議的方式。俄羅斯人應該會攻佔君士坦丁堡，因此希臘人或許仍拿不到最寶貴的獎品。但在一九一二年末，大衛．洛伊德．喬治及溫斯頓．邱吉爾在倫敦與韋尼澤洛斯會面時，認為他們應該可以從安納托力亞得到其他的戰利品，尤其是包含斯麥納城的飛地。當時在斯麥納，希臘人的密集程度為世界之冠。巴爾幹戰爭讓希臘得以控制幾乎整個愛琴海，包括最靠近安納托力亞的大島：萊斯沃斯島、基歐斯島及薩摩斯島。要在本土取得立足點，不一定是不切實際的雄心。以兩次巴爾幹戰爭的勝利為基礎，與協約國一同作戰，一八二一年開始的革命工作就會有勝利的結果。

還有其他防禦上的優點。到目前為止，其他的巴爾幹國家，只有正受到奧地利攻擊的塞爾維亞參戰。保加利亞、羅馬里亞和蒙特內哥羅採取中立，阿爾巴尼亞尚未成為正式的法理國家。保加利亞的動向就很重要了。協約國的海軍實力最好用來抵禦保加利亞對薩洛尼卡的規劃，如此一來，同盟國能施加的壓力就減弱了。協約國作為「保護國」的角色，還有另一個考量點：這些潛在的盟國都有確實的紀錄，以原本的保證條約為名義，侵犯希臘的主權。前一個世紀，希臘的港口封鎖了至少三次：一八五〇年、從一八五四到一八五七年，以及在一八八六年。希臘人一開始討論政策時，似乎沒考慮到這件事，但應該要納入考量。這裡的動機與高尚的情操沒有關係，但自願站到協約國的一邊，也是某個政治邏輯，不要冒險讓這些強權劫持希臘，硬壓著他們加入戰鬥。

要保持中立，一樣合情合理，也簡單多了。像希臘這樣大小的國家，軍事力量有限，很難左右歐洲戰爭的結果。選邊以後，希臘人就變成人質，受制於他們永遠無法控制的力量和事件。未來的承諾模糊不清，或許根本無法達成，而且取決於無法掌握的衝突，為什麼要冒險，把近一個世紀達成的成果賭在這些承諾上？在最好的情況下，等戰爭一結束，不論境外有什麼餘波，完全且合法的中立性要能保障國家新建立的邊界完整無缺。在最糟的情況下（不過這個情況要過一陣子才會明朗），或許要交換最近得到的戰利品，但在一九一二年之前的邊境內，王國一定沒有危險嗎？還有鄂圖曼帝國的希臘人。希臘的中立可以保護他們不會在自己家裡變成人質。海內外希臘人的性命、財產及安樂都能得到保障。不必為戰爭付出可怕的人類成本。畢竟，希臘不像塞爾維亞或比利時，沒有直接受到同盟國的威脅。

那是一個不可能的選擇。希臘在第一次世界大戰期間的故事，以及從那時候起委婉稱為「國族分立」的現象，常常被降級為兩個男人之間的私人對立：被選出的政府領袖韋尼澤洛斯，以及希臘的國王君士坦丁。個人的化學作用及魅力人物的倔強當然都是其中的因素，在革命期間一八二三年和一八二四年的內部衝突中也一樣。那時候也有規模更大的戰爭，那時候希臘也分裂了。但跟一八二〇年代這些內部的衝突一樣，「分立」不光跟個人及他們的追隨者有關。不只是主權或統治權的拉扯。基本上，甚至跟理性的決策沒有關係——因為兩個決定都有非常理性的基礎，即使用來施加決定的手段一點也不理性。會讓希臘分裂的，則是選擇的本質：因為戰爭本身就切割了歐洲大陸，隨之撕裂了歐洲的文明。從一八二〇年代的特殊狀況中創造出來後，接受歐洲這塊大陸的撫育，希臘當然會變成這塊分裂大陸和分裂文明的縮影。

在那些要為決策負起最高程度責任的人之中，有些人自然跟歐洲分歧雙方的某一邊有密切的個人和專業聯繫。韋尼澤洛斯在克里特島時初試外交啼聲，在十五年的自治期中與保證國交涉。這些國家包括英國、法國、俄羅斯和義大利。韋尼澤洛斯的第一種外交語言是法文。第一次造訪倫敦後，他與洛伊德．喬治和邱吉爾拉近了關係。韋尼澤洛斯徹頭徹尾是個島民。他的地緣政治以大海為基礎，心裡也是這麼想。

另一方面，君士坦丁國王娶了德皇威廉二世的妹妹。他進過德國軍事學院，非常尊重德國人的軍訓。雅尼斯．梅塔克薩斯將軍是他的高級參謀總長，也是最重要的顧問，受過同樣的訓練，因此觀點也與他類似。戰爭一開始時，韋尼澤洛斯的外交部長是尤格斯．史特瑞特（Georgios Streit），出身的德國家族與奧托一世一起來到希臘，他在德國念的是法律。這些人都能說流利的德語，他們在德國的環境裡覺得非常自在，他們真心相信德國的軍事機器會贏得戰爭。

有人主張，這些人因此比較沒有「愛國心」，事實不然。他們全都屬於希臘的精英階級，所在的這個王國有三個塑形的要素：革命、強權國家的參與**以及**德國十九世紀希臘人之友影響性格形成的角色。現代希臘王國的本質就是這樣，讓精英探知歐洲**所有的**主要語言及文化——現在則陷入了致命的戰爭，彼此對抗。與從前相比，各方與爭戰國的外交代表對話時，難度降低，坦白度提高，是後續出現分裂的徵兆，也是分裂的緣由。

但是，分裂還有更深刻的理由。前半個世紀表面上一直意見一致，看似不尋常，但隱藏在表面之下、來自一八二〇年代的斷層線尚未消失。那時，自由的意義出現了對立的概念，斷層就在其中。現在，希臘成為自由國家後過了快一百年，「**希臘人**」的意思又出現了分歧。對其中一邊來說，最重要的就是解放國族。另一邊的重點則是保護國家。從一九一五年到一九二二年，希臘也有微型的第一次世界大戰，對戰雙方各自發自內心深處地認同這兩個完全不相容的選項。

斷層線再啟

一九一四年八月，為希臘政府商定的政策是維持中立。率先破壞團結的就是韋尼澤洛斯。戰爭開始不到兩個星期，在八月十八日，他向雅典的協約國大臣分別提議：如果受到邀請，希臘會加入他們。那時，鄂圖曼帝國及大多數巴爾幹半島國家仍保持中立，協約國都無意在東南歐開啟新的戰線。他們很有禮貌地拒絕了希臘的請願。但等鄂圖曼帝國在十一月一加入同盟國那邊，協約國首都內的軍事策劃者就要重新考慮策略。英國大臣問韋尼澤洛斯，希臘究竟願不願意救援塞爾維亞？韋尼澤洛斯回覆，如果只是對抗奧地利人，答案是否定的；但是，在鄂圖曼帝國境內的少數希臘族群則受到更大的壓力。如果帝國受到攻擊，在戰後解體，未來要解放這群人，或許就值得在巴爾幹半島做出犧牲。根據這個基礎，協約國在一九一五年一月二十四日向希臘發出正式的提議。

這項提議讓韋尼澤洛斯與國王和高級參謀直接起了衝突。當時，聽到要把領土讓給（依然中立的）保加利亞，未來換回安納托力亞更大、但可能防守不住的戰利品，讓他們嚇壞了。這種懷疑的態度似乎很有道理——儘管是一種「分立」的矛盾，等時候到了，保加利亞加入同盟國後，君士坦丁國王和同一群顧問會甘心放棄馬其頓更大面積的土地，一心只想阻撓韋尼澤洛斯的計畫。

到了二月，達達尼爾海峽的戰爭開始了。希臘會派遣分隊到加利波利（Gallipoli）支援協約國登陸嗎？韋尼澤洛斯完全贊成。有一段時間，就連國王跟顧問也躍躍欲試。儘管被封為「希臘人的國王君士坦丁一世」，但國王很享受那種神祕的色彩，將他的名字跟拜占庭最後的皇帝拉上關係。尤其是在他最受歡迎的陸軍裡，大家常尊稱他「君士坦丁國王十二世」——也就是拜占庭帝國的國王。達達尼爾海峽之戰的目標是佔領鄂圖曼的首都。要即位的皇帝不是應該在那裡嗎？帶領他的部隊，擔任 stratilatis，意思是「勝利的指揮官」，這是古老的拜占庭頭銜，君士坦丁的支持者已經給了他這個稱號。

到頭來其實不是問題。事後看來，加利波利登陸最後只留下了恥辱，是協約國在整場戰爭中最悲慘的一戰。無論如何，俄羅斯馬上就會否決，不讓希臘加入。沙皇尼古拉一世已經得到承諾，「沙皇格勒」（Tsargrad，皇城）會屬於他。但什麼事情都還沒發生，在一九一五年三月六日，國王聽從參謀長的意見，駁回總理的提議。韋尼澤洛斯受挫後十分憤怒，提出了辭呈。在隔天的記者會上，他「含著眼淚」宣布，「明天，協約國會變成達達尼爾海峽的主人，後天，則是君士坦丁堡的主人；我們夢想的城市解放了，但我們的旗幟不在行列中……造成的傷害難以彌補。」[3]

從這個時候開始，雅典的媒體發動了代理人戰爭。從數字上來看，支持韋尼澤洛斯和支持國王的報紙是平均分配。韋尼澤洛斯派的媒體提到解放君士坦丁堡，說得更天花亂墜，實現崇高的理想，在鄂圖曼帝國境內「完全屬於希臘人的土地」廢除暴政。另一方則用比較安撫的語調，壓下對崇高理想的期待，向讀者重新保證，由於君主明智的介入，希臘避開了某個災難。[4] 從現在開始的戰線會定義要畫出的「分立」。同時，君士坦丁國王連續換了幾位總理後，實質上變成政黨的領袖。一九〇九年政變後退居一旁的「舊有」黨派政治倖存者喊出「反韋尼澤洛斯主義」的口號，他們重新整編，成立新的「國族主義黨」，由命運多舛的迪米特里歐斯・古納瑞斯（Dimitrios Gounaris）領導，他是一位才華橫溢的議會演說家。

韋尼澤洛斯沒過多久就回來了。一九一五年六月十三日，他的自由黨贏得暫停三年後的第一場選舉——仍是多數黨，當然沒那麼佔優勢，不過仍有令人信服的授權，可以執政。那年夏天，國王病了，實際狀況可能比當時宣布的更加嚴重。他似乎一直沒有恢復健康。新政府的宣誓就職延遲到八月底，等君士坦丁狀態好到能參加這項活動時，大家一看就知道，他不願再度與韋尼澤洛斯共事。過了幾天，他跟雅典的德國部長透露有一個人讓他很氣餒，「就在昨天，這人公開表示他……如磐石般堅信協約國最後會勝利」。[5] 國王深信結果正好相反。他無意讓希臘參戰。但他真心相信德國的武器比較精良。與韋尼澤洛斯合作，絕對不可能。結果也確實如此。

幾個星期後，保加利亞在九月二十一日動員軍隊時，很清楚地，希臘舊時在巴爾幹半島的敵人準備好要參戰，與同盟國站在同一邊。希臘的回應方式也是出兵。這種防備措施並未引起爭議。據聞，保加利亞人仍計畫收復他們在第一次巴爾幹戰爭贏得、又在第二次失去的愛琴海岸，還有差點在一九一二年納入他們國土的薩洛尼卡。協約國的優先順序很不一樣。對他們來說，保加利亞參戰代表塞爾維亞面對新的威脅，更強大的奧匈帝國反覆攻擊塞爾維亞，他們到目前為止還抵得住。

韋尼澤洛斯再一次一意孤行，立即向英國人和法國人提議：如果要攻擊保加利亞，希臘軍隊可以出力防禦塞爾維亞。但總司令是國王，不是總理。在二十四小時內，韋尼澤洛斯被迫取消他的提議。他向議會請願。一九一五年十月四日，保加利亞正式向協約國（儘管不是向希臘）宣戰那天，韋尼澤洛斯在議院贏得信任票，但議會無法駁回國王，他開除了總理，忽視「被宣布為多數」的原則。

接下來幾個星期，塞爾維亞同時受到北邊奧地利和東邊保加利亞的攻擊，協約國的頭號任務就是防禦塞爾維亞。君士坦丁國王或許以為已經把韋尼澤洛斯打發掉了，在發到柏林的私人電報裡，他得意洋洋地宣布這件事。但一九一五年十月初，在法國將軍莫里斯－保羅．薩哈耶（Maurice-Paul Sarrail）的指揮下，數十名英國、法國和殖民軍隊在薩洛尼卡登陸，國王束手無策。同時，英國在十月做了最後的努力，威脅利誘，正式向希臘政府提議，如果希臘加入協約國，就能得到賽普勒斯的主權。即使如此，也無法說服君士坦丁或在韋尼澤洛斯被迫辭職後宣誓就職的少數黨政府。但英國人和法國人最後決定純用利誘。他們繼續佔領希臘各處的島嶼和戰略位置。包括克里特島的蘇達灣（Souda Bay）、守衛薩洛尼卡入海口的卡拉布爾努（Karabournou）要塞以及整座科孚島，等時機成熟，就能容納敗戰塞爾維亞人的軍隊和流亡政府。在北愛琴海的林諾斯島則變成新的英國海軍基地，地點是穆德羅斯（Moudros）。這些行動都違逆了希臘政府的意願，公然違背該國宣布的中立。

此時，君士坦丁國王必須下令舉辦新的議會選舉，因為他的政府失去了信任票。選舉日是一九一五年十二月十九日。韋尼澤洛斯和支持者認為選舉違反憲法，因為他的政黨仍佔多數，議院一直到十月都支持他的政策。此外，在總動員的狀態下辦的選舉不可能公平。很可惜，也很諷刺，韋尼澤洛斯能夠掌權，也是因為在一九一〇年用類似的策略對付君士坦丁前任的喬治國王。更可惜的是，韋尼澤洛斯決定重複當時受害方的反應：抵制選舉。的確，十二月十九日的選舉投票率比六個月前低了很多。但我們不知道理由是選民（一定是男性）因為服兵役不在，還是因為他們主動聽從自由黨的抵制行動。不論如何，結果都是韋尼澤洛斯的政黨犧牲了，不再是議會的力量。不論原意為何，從現在開始的行動一定都會在議會之外進行。

在一九一六年的前六個月，局勢愈來愈緊張。在五月底一觸即發。到這時候，奧地利和保加利亞打敗了塞爾維亞，蹂躪他們的國土。塞爾維亞的殘軍先被撤離到安全的科孚島，然後渡海前往薩洛尼卡，跟已經在當地的法國和英國軍隊重新整編。這場戰爭後來取名為「馬其頓戰役」，範圍愈來愈廣，義大利（現在是協約國這方的交戰國）和俄羅斯的援軍都開到了。大多由「新國土」招募的希臘志願軍組成的新軍團讓前線的協約國擁有六支隊伍。希臘官方仍保持中立，但也全面準備好作戰。從協約國的角度來看，希臘的武裝部隊也是他們後方的潛在威脅。另一方面，在同盟國（尤其是德國、奧匈帝國和保加利亞）眼中，跟以往比起來，希臘政府更急切地反對中立，這下子就變成很爛的笑話，因為他們認為，希臘政府已經把具有戰略優勢的領土控制權輸給敵人了。

一九一六年五月底，輪到德國人提出要求了。希臘在魯佩爾（Rupel）的邊塞必須割讓給德國的盟友保加利亞。國王的政府答應了（韋尼澤洛斯派驚慌失措，但無能為力），協約國插手了，英國和法國海軍部隊逼近雅典。六月二十一日，大不列顛和法國代表送出外交「照會」，要求希臘軍隊立即解散，政府總辭，最好成立「非政治」政府，讓協約國為所欲為。這是公然干涉希臘的內政。為了有正當理由，「照會」的文字援引「保護國」的權利，這就要追溯到一八三二年為希臘簽訂的保證條約，也應該寫入了一八六四年的《憲法》。君士坦丁國王只能答應，沒有選擇。

到目前為止，跟其他發生過的事情比起來，這次協約國的干涉引發了希臘人最強烈的公憤。韋尼澤洛斯也變成反對的對象，排在前面的還有國王和政府。雪上加霜的是，韋尼澤洛斯發電報給法國總理表達謝意，「保護國表現的就像父母親，充分行使他們的權利」。[6] 君士坦丁國王向德皇吹噓他炒掉了總理，至少還是私人通訊，但韋尼澤洛斯的電報卻洩露給媒體了。

「照會」的用意是遣散希臘軍隊，去掉協約國後方的威脅。但希臘碰到預期之外的結果，將幾千名對總司令（國王）極為忠誠的武裝男子從軍中放出來，現在不受官方的掌控，不需要遵守紀律。這些人變成「後備軍人」，在將近一年的時間內，成為暴力和恐怖的代名詞。對韋尼澤洛斯效忠的「國家後備軍人聯盟」成立後，與上述的後備軍人敵對，這個徵兆再清楚不過了，內戰就要開始。

八月，羅馬尼亞即將加入協約國作戰，改變了馬其頓戰役的戰力平衡。薩哈耶將軍的部隊及保加利亞、奧地利和德國的軍隊全心投入戰鬥。在接下來的幾個月內，法國、英國和重新編制的塞爾維亞殘軍與其他的聯盟國家在馬其頓西部取得一定的勝利。同時，在無人反對的情況下，保加利亞繼續併吞馬其頓的東部，軍隊所到之處，希臘語人口都遭滅絕。在九月初，具戰略性的卡瓦拉投降了，防守這座城鎮的希臘分隊也跟著投降。「中立的」希臘被瓜分，分給歐洲戰爭的兩方，唯一的軍隊解除了戒備，國王和總理互相作對。

一九一六年八月二十七日，韋尼澤洛斯在雅典市中心向示威的群眾發表談話。他仍願意與國王合作，他聲稱高級參謀把國王領偏了。但他也清楚暗示會有其他措施。兩天後，暗示的意思變得明朗。在薩洛尼卡，駐紮當地希臘分隊的軍官也是新成立「國防委員會」的成員，安排了一場軍力的展現，否認他們效忠在雅典的國王和政府。這次行動常被說成政變，不過軍官們並沒有「建國」的能力。要不是薩哈耶將軍的積極支持，他們也無法得勝。也不算是人民起義，在雅典自然被判定為最嚴重的叛國罪。

輪到韋尼澤洛斯上場了。但即使到了這個時候，他又躊躇不前。最後，在九月二十五日，他搭船去克里特島，也就是他起步的地方。到了克里特島，他在首府哈尼亞城外，按著島上革命世紀的傳統，展示武力，宣布成立「希臘王國臨時政府」。宣告致詞的對象是「所謂的國族，在法理國家缺席時，要響應國族的緊急狀態」，並解釋：「法理國家背叛應有的義務時，則由國族採取行動，完成分派給法理國家的任務。」[7]從現在開始，就某種程度來說會延續幾十年，「舊希臘」（一九一二年之前的王國）及巴爾幹戰爭中取得的「新國土」之間會出現「分立」。

國族與法理國家

韋尼澤洛斯從克里特島經過數座島嶼，到了薩洛尼卡。希臘第二座剛納入國土的城市會成為臨時政府的據點。在接下來的八個月內，希臘會有兩個政府：一個在雅典，一個在薩洛尼卡。一八二三年和一八二四年的景象重現。就像當時的情況，兩個政府互相指責對方不合法。薩洛尼卡的臨時政府在十一月向同盟國宣戰，而雅典的「官方」政府仍維持中立。一九一六年十二月，薩洛尼卡政府宣布要罷免國王，國王則在雅典繼續統治，雅典和全希臘總主教則將韋尼澤洛斯逐出教門，革除他的教籍，用忠心市民在儀式中拋擲的數千塊石頭埋葬他的肖像。

同樣地，跟一八二〇年代一樣，兩個政府的部隊開戰了。十一月初，在馬其頓發生一場小規模戰鬥，國防委員會的軍隊佔領靠近舊希臘之前邊境的卡特里尼。靠著法國人的干預，在舊邊境上劃出非軍事區，阻擋了許多場戰鬥。然後在十二月初，內戰也上了雅典的街道。當時在希臘使用的曆法比西曆晚十三天，所以這次事件在希臘文裡就稱為「十一月事件」。英國、法國和義大利停泊在法利羅和皮雷埃夫斯的船隻很有成效，包圍了君士坦丁國王的政府。就算解除動員，協約國也不會滿意。希臘的這一塊尚未與韋尼澤洛斯和薩洛尼卡臨時政府聯合起來，就不只是自稱有權保持中立，而是一定要變成中立地帶。

十二月一日，艦隊指揮官向雅典政府發出最後通牒，要他們交出軍械庫和重軍火。那一天在雅典市中心發生的對峙沒想到會在二十八年後的同一天再度出現，希臘最後一場、最激烈的內戰從此進入新階段。一九一六年十二月一日星期五，三千名協約國的軍隊（大多數是法國人）登陸，奪取對手的倉庫和補給品。他們發現解散的希臘軍隊正在等他們。那天早上十一點，第一聲槍響出現了。協約國和希臘軍隊在城裡數處開戰，外國人節節敗退。協約國船隻發射的砲彈在市中心爆開。

君士坦丁國王贏了，但只是慘勝。協約國決定暫時妥協，部隊退回船上，只歸還一部分敵人放棄的軍備。但那個星期五的事件變成導火線，城裡每一個人都變成衝撞的對象，大家都懷疑韋尼澤洛斯派絲毫沒有同情心。韋尼澤洛斯自己的房子也遭到攻擊和洗劫。布列塔尼大飯店被瘋狂掃射。雅典市長艾曼努伊爾・貝納基斯（Emmanuel Benakis）是位廣受尊敬、希臘裔的埃及棉花百萬富翁和慈善家，被怒氣沖沖的暴徒從家裡拖出來。他的女兒是小說家潘妮洛碧・德爾塔（著有《保加利亞屠夫的時期》），她相信那些人要把父親帶去伊利索斯河（Ilissos）以私刑處死，因為很多人已經死了。隔天，她去了雅典監獄，「不知道他是不是還活著」；不過，他最後被平安釋放。[8]韋尼澤洛斯派的成員遭到逮捕後，都被控叛國罪。其他人或者被殺，或者被打得很慘，還被洗劫。兩年後在巴黎出版的正式報告指出，在兩天的暴力行動中，死了三十五人，將近一千人入獄。支持韋尼澤洛斯的報社印刷機被毀，編輯也被關起來。暴民和後備軍人無法反擊入侵首都的「保護國」，就報復在自己的同胞身上。儘管一直找不到證據，但是韋尼澤洛斯派據說規劃在令人痛恨的外國人登陸時起義。

後備軍人在這兩天的行動後來延續了好幾個月，只是沒那麼嚴重，過了一個世紀後，很受尊敬的學術歷史學家稱之為「法西斯主義者的原型」，也是「大屠殺」。[9]後備軍人偏好攻擊難民，他們很窮，逃離了安納托力亞的迫害，來自由的希臘享受安全，現在則跟韋尼澤洛斯派歸為同類。這是因為韋尼澤洛斯政策的支持度在新取得的領土那兒最高，最支持他的還有希望他未來能解放自己家鄉的團體。反韋尼澤洛斯派的陣營中，已經有很多人瞧不起這些來自邊境以外的人，說他們是「不認識的面孔、外人、難民、克里特人」、「等生意的烏合之眾」、「無賴」。[10] 崇高的理想和國族的團結，完了。

暴力並非只來自某一邊。韋尼澤洛斯的臨時政府在控制的區域實施戒嚴。零星的抵抗都被無情地碾壓。在靠近薩洛尼卡的卡爾基第吉半島，以及納克索斯島上的阿佩拉多斯（Apeiranthos），都發生了惡名昭彰的案例，受害者有女性也有小孩。甚至在韋尼澤洛斯的家鄉克里特島和薩摩斯島也出現紛亂。

「十一月事件」及其餘波對希臘造成無可挽回的分裂。在這之前，協約國還不肯正式認可薩洛尼卡的臨時政府。他們現在承認了。同時，他們開始強力封鎖舊希臘。除了國恥，還發生了大規模的飢荒。根據報導，絕望的市民劫走了軍用補給品。國王的政府幾乎沒有行動自由。反之，他們唯一存在的理由就是掩人耳目的中立性，除了放棄中立，國王和大臣似乎還在冀望德國人和保加利亞人的攻勢能夠將臨時政府逐出薩洛尼卡——要是贏了，應該也會把馬其頓大部分的土地交給保加利亞。舊時的戰術再度上場。非正規志願軍被派往邊境，擾亂敵軍，政府則袖手旁觀。只不過，這一次的「邊境」是舊希臘和新國土之間的非軍事區。原本用來開疆拓土的方法現在用來抵抗北方敵對的希臘政府。

一九一七年五月，臨時政府招募的希臘部隊第一次在馬其頓戰役中作戰。到了下個月，他們的兵力增加到六萬。就希臘內政而言，協約國現在很有信心，能任意遭控整個分裂的國家。他們再一次在倫敦做出關鍵性的決策。五月底在倫敦舉辦的會議決定，必須罷免君士坦丁國王，有必要的話會採取武力。他們再次以「保護國」的名義提出要求。國王帶著直系親屬在六月十五日離開希臘。他並未正式退位。在協約國許可下，他的王位由次子亞歷山大（Alexander）繼任。

韋尼澤洛斯可以回雅典了，去領導再度統一的希臘。充滿仇恨的分裂持續將近三年後，希臘與協約國講和，初次正式成為世界大戰的交戰國。「國族分立」應該算是結束了。

其實不然。一九一七年六月底，韋尼澤洛斯在雅典市中心憲法廣場對群眾演說，人數變少了，也不像一九一〇年他掌權時在該處歡呼的群眾那麼興高采烈。就連他在演說時，武裝法國部隊也佔據了城裡每一座屋頂和戰略位置。部隊中有許多士兵來自法國在非洲的殖民地，更傷害了當地人的感覺（以今日的語言來說，跟當時歐洲各地的想法一樣帶著種族偏見）。韋尼澤洛斯以「國族」的名義開戰。但現在，誰才是主人？就連他的論調也無法隱瞞，把他帶過來的正是「保護國」。當然，自一八二〇年代以來，希臘一直是這樣。但對憎惡的人來說，更有憎惡的理由。

韋尼澤洛斯在演說中，期待看到希臘人民的「精神團結」。他宣布，除了要負最多責任的人以外，不可以報復。可是，情況非常不正常。善意的言詞無法達成目的。議會解散了——但整個國家再度動員，現在也不可能舉辦大選。自由黨人抵制了一九一五年十二月的大選，再早兩年辦的選舉選出的議會又起死回生，暱稱為「拉撒路議會」（Lazarus parliament）。在這個強行恢復的議院裡，韋尼澤洛斯在一九一七年八月底贏得信任票。

前政府的領袖和支持者被圍捕，放逐到科西嘉島（Corsica）——證實法國人能干涉最高層的決策。再往下走，即使韋尼澤洛斯先前做出了承諾，武裝部隊、文官、司法機關都遭到全面肅清，教會也不例外。宣布開除教籍的總主教被拉下台，由韋尼澤洛斯來自克里特島的朋友和支持者繼任。

從一九一七年的最後幾個月到一九一八年的頭幾個月，協約國準備再度攻進馬其頓地區，希臘的分裂也加劇了。一九一八年五月，三支希臘分隊參與協約國，在斯克拉（Skra di Legen）打贏了保加利亞人，此地位於希臘和北馬其頓共和國今日的邊界。三支分隊都在新國土募集。那年稍早，在舊希臘，所有的軍隊一起暴動，也都接受嚴懲。在所有的懲罰手段中，克里特憲兵的角色特別突出：希臘人都很怕這些強悍的山地人，他們對同鄉的韋尼澤洛斯極度忠誠。表面上統一的希臘對協約國的戰事雖然貢獻良多，但在後方，野蠻且未公開的內戰仍未停息。

在這樣的背景下，一九一八年九月，馬其頓戰役迎來決定性的突破。希臘的部隊佔了三分之一的協約國兵力。保加利亞人請求獨自和解的同一天，德國在柏林的高級司令部做出結論，他們輸了。終曲先出現在東方：十月三十日，在林諾斯島穆德羅斯的英國海軍基地，鄂圖曼帝國簽下休戰協定。西部戰場最終的休戰協定於十一月十一日簽訂。隔天，勝利的協約國軍隊開進君士坦丁堡。由於俄羅斯在一九一七年十月革命（Bolshevik Revolution）後就退出戰場，現在沒人提起「沙皇格勒」。英國、法國和義大利成立聯合軍政府，會延續將近五年的時間。希臘的軍隊也派了一些人參與，受到當地希臘人口的狂熱歡迎。他們開了「無畏級戰艦」阿維羅夫號去，這艘船在第一次巴爾幹戰爭中戰績輝煌。

此時，韋尼澤洛斯已經到了倫敦。還沒有簽訂休戰協定，他就把瓜分鄂圖曼帝國的詳細計畫書呈給英國首相洛伊德．喬治。一九一二年，他先後跟洛伊德．喬治及財政大臣會面，根據會議的設想，鄂圖曼位於安納托力亞的中心分成三份，與愛琴海接界的整個西部都要歸給希臘。即使希臘為協約國的勝利只做出最小程度的貢獻，還是有貢獻。韋尼澤洛斯從一開始就力主要分到戰利品。

一九一九年一月，和平會議在巴黎召開，持續了一整年。會議的結果會改變歐洲和中東的地圖，古老的帝國消失，取而代之的是今日我們認識的民族國家，而且這張拼圖的演變還沒結束。會議最知名的產物就是《凡爾賽條約》。完成的速度相當快，六月就談定了。與鄂圖曼帝國的和平談判在那之後還會拖一年多。

韋尼澤洛斯這段期間都不在希臘，多半把時間花在他最擅長的談判桌上。年輕的英國外交官哈洛德·尼可遜（Harold Nicolson）對他大感敬畏，因此聲明，「在歐洲只有兩位真正的偉人，就是他跟列寧。」聽了韋尼澤洛斯的演說，尼可遜被打動了，「魅力、土匪、世界政策、愛國主義、勇氣、文學的奇特組合——最重要的是，這名高大強壯帶著微笑的男子，雙眼透過眼鏡閃閃發光，頭上戴著黑絲材質的方形無邊便帽」。英國外交大臣寇松勳爵（Lord Curzon）也非常讚賞韋尼澤洛斯「滔滔不絕的口才」。[11]

透過外交手腕、堅持不懈和敏捷的腳力，韋尼澤洛斯為希臘的領土和聲譽守住兩項非常重要的戰利品。第一，是在一九一九年五月有權佔領斯麥納及西安納托力亞的艾登州。第二，則是一年多以後，依照《色佛爾條約》獲得鄂圖曼在安納托力亞更大片的領土，加上色雷斯大部分的土地，但君士坦丁堡不在其中。隨著事態演變，這兩項重大戰利品卻為希臘帶來了災難——當時真的看不出來。兩項戰利品都不是戰爭帶來的功績，而是來自於奮力追隨策略聯盟的政策，以及利用敵對強權國家之間的分裂。本質上跟一八二〇年代的戰術差不多，當時帶來很亮眼的效應。

一九二〇年八月十二日，《色佛爾條約》簽訂後過了兩天，韋尼澤洛斯準備離開巴黎。他在那裡的任務已經完成了。斯麥納的希臘政府現在運作了一年多。「大希臘」的彩色地圖在英國印了十萬份，不久也會印成明信片。塗了橘色的是希臘領土，幾乎圍繞著整個愛琴海，跟圍繞著君士坦丁堡的國際區之間有一個空隙，另一個空隙在安納托力亞的西南角及十二群島，按條約割給義大利。地圖上也把希臘擬人化成一名長髮少女，一手高舉巨大的希臘國旗，一手拿著告示，上面寫「希臘注定能生存，也會永存」。左上角則是韋尼澤洛斯留著八字鬍和一把短鬍鬚的頭像，戴著他特有的平面眼鏡。這是「有雙陸和五海」的新希臘，韋尼澤洛斯和支持者非常喜歡這個說法。由《色佛爾條約》定義的這個新「大希臘」，除了色雷斯的幾處，都已有希臘軍隊進駐，色雷斯那幾個地方也快了。

這個國家成立後的目標，就是要擴展到容納整個國族，目前達成了一大半。韋尼澤洛斯信心滿滿，境外仍住著希臘人的地方，不論是最終能用相同外交手段擴展的邊境，還是想返鄉的人民：說土耳其語的穆斯林會回到安納托力亞中部殘存的鄂圖曼，說希臘語的基督徒會回到希臘控制的區域。

一九二〇年八月的那個傍晚，韋尼澤洛斯在巴黎的里昂車站（Gare de Lyon）準備登上火車時，崇高的理想也實現了。然後，兩人拿著槍跑過來，開了槍。攻擊者原來是希臘軍官，在最近的肅清行動中遭到撤職。悶燒中的希臘內戰蔓延到了巴黎，文明世界的首都。從那時候起注定要有痛苦的結局，整個海市蜃樓坍塌了，淡出了。

崇高理想的結局

韋尼澤洛斯好險只受了輕傷，在巴黎的診所裡住了幾天。攻擊過後隔天，消息傳到雅典，一下子就引爆，反韋尼澤洛斯派遭到攻擊。據說，就像一九一六年的「十一月事件」，只是規模比較小。最嚴重的時候，在批評韋尼澤洛斯的人當中，最能言善辯的伊雍・德拉古米斯被保安部隊的人從車裡拖出來開槍打死。就在光天白日下，繁忙的街道上，靠近今日雅典希爾頓飯店的地方。雅典市長艾曼努伊爾・貝納基斯被控是同謀。一九一六年，動用私刑的暴徒威脅過貝納基斯，當時德拉古米斯顯然無動於衷。現在，內戰的命運反轉了。

韋尼澤洛斯帶著色佛爾的勝利返鄉，而當時的雅典就在這樣的氛圍中。他的首要之務就是面對議會選舉。由於戒嚴延長，而且繼續出兵到安納托力亞，「拉撒路」議會的壽命已經靠著人為操作延長了兩次。在一九一五年六月以後，就未曾舉辦過真正競逐的選舉。解除戒嚴令以後，選舉定在十一月舉辦。被放逐的反對黨政治人物終於能從科西嘉島回來。迪米特里歐斯・古納瑞斯在一九一五年成立的國族主義黨現在改名為「人民黨」（People's Party）。一九二〇年十月，古納瑞斯第一次發表競選演說時，提到當今政府的「暴政應予消滅」。未來，這個國家會「淨化，移除暴政的疫病」。[12]這個開頭不怎麼吉利。

亞歷山大國王突然死於敗血症，嚇了大家一跳，局勢也更複雜；他去雅典城外塔托伊（Tatoï）的皇家莊園，被養的猴子咬了。君士坦丁這名年輕的繼承人在位三年都是虛位領導人，在大多數情況下只是履行義務。選舉必須延遲一個星期，才有時間舉辦喪禮，並讓攝政王宣誓。到了十一月十四日的選舉日，這場爭鬥再也不僅是針對韋尼澤洛斯政府表現的全民投票。他的對手作夢也想不到，出乎眾人的意料之外，現在真的有其他選擇。選舉變成雙向的比賽，比賽雙方都充滿魅力，過去十年來努力地壓倒對手：韋尼澤洛斯和流放的君士坦丁國王。

在此時，兩人都不能用「親民」來形容。君士坦丁一九一七年住到瑞士後，日漸憔悴。韋尼澤洛斯在執政的最後三年，多半待在國外，才剛回國。有血有肉的主角離開，卻有助於培養出一種近似宗教狂熱的氛圍，自「十一月事件」後就分別圍繞著這兩人。支持韋尼澤洛斯的報紙把他們的英雄比喻成基督和穆罕默德，上帝在人類歷史的關鍵時刻派來的先知，啟發眾人。對支持者來說，韋尼澤洛斯就是彌賽亞，天意在地球上的代表。可以想見的是，對敵人來說，他是「假先知」和「假彌賽亞」，從「魔鬼的靈感」得到動力的瘋子。[13]

自由黨輸了。在匆匆安排的全民投票後，難以置信的是有百分之九十九的人投票支持君士坦丁，他便回到希臘，重新登上王位。甚至在開票前，大不列顛、法國和義大利政府發出的外交「照會」就通知新的希臘政府，「國王在戰爭期間對協約國的態度和行為都不忠誠，造成嚴重的阻礙和損失，他們認為恢復國王的王位等於希臘批准他的惡行。」[14]不公平——或許吧；干預他國政治——絕對是，但也不是新鮮事了。另一份公報講得很明白，如果君士坦丁回來當國王，強權國家也不會提供財務援助。警訊再清楚不過了。

沒想到，儘管新政府宣示承諾，要結束佔領鄂圖曼在安納托力亞的領土，召回軍隊，卻決定繼續打仗，即使意思是現在要獨力作戰。

韋尼澤洛斯在下台之前，曾懇求洛伊德．喬治授權希臘軍隊向東前進，執行《色佛爾條約》的條款。在事後看來，自從希臘人在一九一九年五月登陸斯麥納以後，確實因為他們，讓一股新勢力進入戰敗鄂圖曼帝國的政治。前面提過的穆斯塔法．凱末爾，一名來自薩洛尼卡的十七歲候補軍官，來不及入伍參加一八九七年的戰爭，也非常痛恨強權國家的干涉，幫助挫敗的希臘脫離困境。在世界大戰期間、後續鄂圖曼對加利波利登陸的反抗，以及在俄羅斯和美索不達米亞戰場，凱末爾都立下戰功。這時他尚未贏得未來的稱號「阿塔圖克」（土耳其國父）。

一九一九年五月，希臘部隊在斯麥納下船後才過了四天，凱末爾利用派任到安納托力亞內陸的機會，領導新的運動，準備反擊，不讓鄂圖曼帝國崩解。一九一九年九月，土耳其民族黨準備召開第一次大會，公開宣布這是「國族協議」。延續至今的土耳其共和國便是根據這份藍圖。

君士坦丁堡的蘇丹只是傀儡政權，政府出佔領的強國控制，凱末爾公然反抗他的權力，與民族黨員在安卡拉成立敵對的臨時政府。等《色佛爾條約》的條款公開，民族黨就決心拒絕。等了很久，安納托力亞說土耳其語的穆斯林才等到機會，能仿效一個世紀前希臘人的成就。鄂圖曼帝國已經是過去式。現代的土耳其共和國會變成與教會無關的民族國家，按著歐洲的模式，以安納托力亞說土耳其語的心臟地帶為根據地，加上伊斯坦堡周圍的一小角歐洲（伊斯坦堡不再是首都）。此外，跟之前的許多民族國家一樣，這個國家的支持者已經準備好殺戮，有必要的話就獻出生命，從外國佔領者的手中解放國家：在現實中，就是指世界大戰的勝利者。但韋尼澤洛斯獲得了授權，佔領斯麥納及艾登州，所以希臘變成他們的代理人。希臘和土耳其民族黨之間的戰爭從一九一九年延續到一九二二年，從此在土耳其就稱為他們的「獨立戰爭」。希臘和土耳其都是現代的民族國家，分別與對方打過「獨立戰爭」。

在一九二一年的頭幾個月，還看不到上述事實。雅典有了掌權的新政府，僅靠著對韋尼澤洛斯派的憎恨團結在一起，因為過去三年，政府成員和支持者都受到韋尼澤洛斯派的迫害。韋尼澤洛斯本人很謹慎，離開了希臘，但仍認真觀察局勢。

對大多數觀察家而言，凱末爾在安卡拉的新基地就像另一次叛亂。得不到國際認同。巴黎和平會議的通盤邏輯就是讓戰勝國提出戰敗國必須遵守的條約——我們現在也知道，這個邏輯有缺陷。德國的萊茵蘭（Rhineland）被佔領，因為惡性通貨膨脹陷入癱瘓，也是因為他們必須支付鉅額「賠償金」。奧匈帝國遭到瓜分。不論和平會議對鄂圖曼帝國的殘存土地做出什麼決策，這都是新的國際秩序，必須遵守。根據這種精神，韋尼澤洛斯在一九二〇年十月寫信給洛伊德・喬治。凱末爾受到威脅的違抗行為只是執法的問題。只要《色佛爾條約》有一個領頭的簽約國願意給韋尼澤洛斯必要的權力，他就會再度派遣希臘部隊去執法。

一九二一年初在雅典，新的保皇主義政府就決心繼續這樣的策略。他們這麼做的理由，仍是一個謎。因為這個策略是眾人痛恨的韋尼澤洛斯傳下來的。要能執行，也只能靠英國人支持。君士坦丁國王回來後，英國人就撤回馳援。據說，政府會採取這個策略，是因為懼怕內部的敵人，也就是韋尼澤洛斯派，另外也是因為厭惡凱末爾的土耳其民族黨。希臘的新政府必須向世界證明，特別是大不列顛，沒有韋尼澤洛斯，他們也能做得很好。要是對付不了凱末爾，可能自己就會倒下。果真如此，「韋尼澤洛斯派恐怖」就有機會回歸。相較之下，在安納托力亞打個敗仗，或許是兩害相權取其輕。[15]

再一次，一九二一年的春天，嚴重分裂的政治實體與凱末爾開戰。這支軍隊在過去幾個月內清掉了所有在前一個政權下升遷過的軍官——其中許多人是因為在一九一七及一九一八年的馬其頓戰役中累積的戰績。希臘在三月的第一次攻勢被擋下了。正值希臘革命爆發的百年紀念，真的是很不吉利的慶祝方式。改組後，改名後的人民黨領袖古納瑞斯又成為政府的領導。第一次的失敗沒有嚇倒古納瑞斯，他似乎還主張把君士坦丁國王本人送到斯麥納擔任最高統帥，不過這一次只是象徵性的。為他選定的航行日是另一個紀念日。一四五三年五月二十九日，就是君士坦丁堡落入鄂圖曼人手中的日子，最後一位登上拜占庭王位的君士坦丁也死在戰場上。一九二一年的這一天，他精神上的繼承人，某些人心目中幻想的「君士坦丁十二世」，啟程實現舊時的預言，也就是把「這座城市」還給正教。至於才五十歲出頭的君士坦丁「疲累生病，少了之前的固執和意志」，就別管了。[16] 七月十日，兩支希臘的裝甲縱隊向東發動攻擊，目標是凱末爾的臨時首都安卡拉。

沙卡里亞河戰役（Rattle of Sakarya river）被稱為「第一次世界大戰最後一場真正的戰役」。[17] 作戰時是一九二一年八月底九月初，安納托力亞高原的中部酷熱難當。希臘人的補給線已經拉到了極限。土耳其人的優勢在於能從東邊招募更多新兵。但他們也缺乏食物、武器和彈藥。安卡拉的臨時政府背後沒有一個有組織的國家。希臘人的組織明確，軍力強大。一直到最後，才看到結果。凱末爾甚至做了應變計畫，要放棄安卡拉。但先垮台的卻是希臘人。打了將近三個星期後，他們接到撤退的命令。希臘軍隊離凱末爾的臨時首都不到五十英里。現在別無選擇，只能折返。

終局拖了一年。希臘軍隊堅守戰前設定的防守線，離愛琴海岸約有兩百英里。在雅典，古納瑞斯的政府在十一月贏得信任票，向英國外交大臣寇松勳爵提出絕望的提案：幫忙向土耳其民族黨進行調解，並提供貸款，支付軍隊滯留戰場的暴增成本。英國人的反應就是敷衍了事，也沒有實質幫助。希臘政府為了增加收入，採取的手段愈來愈不顧一切，一九二二年春天，召回所有流通的紙幣，切成兩半。政府最後在一九二二年五月倒台，新的聯合政府掌權——以反對「韋尼澤洛斯主義」為團結的基礎。

戰場停滯不動，希臘在安納托力亞的戰爭看不到光榮的結局，法理國家和國族之間的斷層愈來愈寬。過去六年來隱而未發的內戰激起的惡意愈發嚴重，也開始浮現。八月，挺政府的報紙《日報》（*Kathimerini*）發表了一篇惡名昭彰的社論，標題是〈在歸途上……〉，指出不應該「浪費更多的熱血來延續那個人硬加給希臘人的冒險，對希臘來說很不幸，他還活著」——當然指的就是韋尼澤洛斯。輪到把「小亞細亞」（自羅馬時代以來，在希臘文中就以此稱呼安納托力亞）「還給當地高尚的居民」，這句話似乎抹去了希臘基督徒和土耳其穆斯林之間的區別，但這個區分卻是希臘國族認同最初的基礎。報紙編輯尤格斯・弗拉侯斯（Georgios Vlachos）後來聲稱，他是受到古納瑞斯的命令才這麼寫，岌岌可危的再也不是「解放後」國族的未來，而是希臘**法理國家**及其機構的榮譽和聲望，尤其是軍隊。

最令人寒心的，應該是斯麥納高級專員亞里斯特狄斯・斯特瑞亞狄斯（Aristeidis Stergiadis）說的話，他是安納托力亞最高級的希臘文官，但他也很有先見之明。這時，要防止人道災難已經太晚了。有人問到斯特瑞亞狄斯為什麼不幫希臘人逃走，據說他回答，「他們最好留在這裡，被凱末爾屠殺，他們如果到了雅典，會鬧得天翻地覆。」[18]一九二二年的戰爭結果非常慘烈，這樣的恐懼則持續了更長的時間。

突然就結束了，一樣在炎熱的夏末，約莫跟前一年發生沙卡里亞河戰爭的時間差不多。土耳其人在一九二二年八月二十六日的黎明發動突擊，戰線非常寬闊。兩天後，希臘軍隊開始全線撤退。在九月八日前，戰敗軍隊的殘軍都後退到鄰近斯麥納的腹地。他們接到的命令是繞過斯麥納城，向南前進，從切什梅港上船，切什梅跟希臘的基歐斯島只隔著窄窄的海峽。開疆拓土的夢想進行了將近一個世紀，就這麼灰頭土臉地結束了。崇高理想死了。

隔天是九月九日，凱末爾軍隊的先鋒進入斯麥納。當地現在仍會慶祝這個日子，近在一九八二年成立的大學也取名為多庫茲艾盧（Dokuz Eylül），意思是九月九日。土耳其境內的希臘人和亞美尼亞人要開始痛苦了。無處可去的亞美尼亞人死在家裡，這是有組織的謀殺。在一個多星期的時間中，來自內陸的希臘女性和小孩不斷湧入城裡。斯麥納有名的「碼頭」是一英里長的臨海區，陸地這一面蓋了新古典主義的宏偉建築，整個碼頭塞得滿滿的，都是絕望的難民。協約國的戰船已經駛入海灣，離得很遠。船員接到嚴格的命令，只能把自己的國民接上船。到了晚上，土耳其人的探照燈掃過群眾。機槍手和狙擊手對著這一大群人隨機開火，想游向裝甲艦尋求安全的人會變成目標。凱末爾規定前鄂圖曼帝國的希臘子民必須離城，一位美國慈善家及時干預，在截止日期前包了商船艦隊，載走數千人，大多數是女性、小孩和老人。役齡男性則被集攏，納入勞動隊，去內陸做工。

斯麥納城不久就被大火吞沒。從九月十三日開始的大火燒了三天，「異教徒的斯麥納」幾乎全毀，縱火的起因眾說紛紜，可能是亞美尼亞人、希臘人、戰勝的土耳其軍隊，或戰後進來的非正規軍。不論是不是故意的（很可能是故意的），大火的效應是清掉了所有希臘的、基督徒的及歐洲的象徵；這些象徵已經存在了幾個世紀，讓斯麥納成為偉大的文化交會處及黎凡特的商業中心。

一九二一到一九二三年間，在斯麥納一帶和安納托力亞其他地方，不知道有多少基督徒喪命（希臘人和亞美尼亞人），一般認為應該有幾十萬人。而這龐大的數字不論對哪一方來說，都只是其中的一部分，「鄂圖曼繼承之戰」歷經十二年，現在才看到盡頭。據估計，跟一九一一年住在帝國邊境的穆斯林和基督徒總人口相比，一九二三年已經少了百分之二十——五分之一的傷亡率，包括後來進入和離開帝國的難民潮。[19]

現代土耳其共和國的年鑑會在一年多以後正式開始記錄，裡面寫了，拿下伊茲密爾（斯麥納）代表該國「獨立戰爭」最顯赫的勝利。對希臘人來說，斯麥納城的毀滅以及後續的大屠殺和驅逐則是「小亞細亞大災難」最可怕的高峰，通常簡稱「大災難」（the Catastrophe）。

報應

在希臘，當時的回應很迅速，也很致命。斯麥納的灰燼餘溫仍在，被撤離到附近基歐斯島和萊斯沃斯島的軍官在九月二十六日成立了革命委員會。委員會要求政府總辭，君士坦丁國王立即退位，一同為戰敗負責。載著革命分子的船隻還沒到皮雷埃夫斯，驚惶無度的政府就答應了所有的要求。君士坦丁國王在月底離開希臘，這次就再也不回來了。他的長子繼位，是為喬治二世。在斯麥納城外剛遭擊敗的部隊，進入雅典的約莫有一萬兩千人。革命委員會接管政府。過去幾年的惡性分裂本有機會淨化，機會卻一閃而逝。幾個星期內，新軍事政府背後的主導力量宣布對韋尼澤洛斯效忠。這位前總理遠離希臘，但同意在國外代表政府。

同時，儘管外國政府和他們在雅典的代表提出充滿恐懼的懇求，希臘還是辦了公開審訊，將最應該為災難負責的五名政治人物和一名軍事指揮官定罪。從此以後留下「六人幫」之名的這幾個人在古迪山頂的刑場被槍決；也是在此地，整個勝利與災難的循環從一九〇九年的起義開始，讓韋尼澤洛斯登上掌權之路。前任總理迪米特里歐斯・古納瑞斯、外交部長尤格斯・巴爾塔奇斯（Georgios Baltatzis）、戰爭部長尤格斯・狄奧多克斯、不幸在當時當上總理的佩特羅斯・普羅多帕帕達奇斯（Petros Protopapadakis）、與韋尼澤洛斯作對的尼可拉斯・斯德拉多斯（Nikolaos Stratos，他攬下了外交職務），以及陸軍參謀長尤格斯・哈奇亞內提斯（Georgios Chatzianestis），全部下台一鞠躬。

軍事法庭為「六人幫」定的叛國罪當然很荒謬。這些被判死刑的人跟其他人一樣，對自己的國家和國家的利益從未有一絲予以破壞的慾望或念頭，更不用說毀滅了。但罪名和死刑的殘暴都恰恰反映了韋尼澤洛斯派和敵對方自第一次世界大戰開始以來用以控訴和反控的語言。「叛國」因此代表的寓意並無法詮釋國家真正的利益在哪裡。「六人幫」很明顯是代罪羔羊，在爆發出來的國恥和戰敗的報復中，用司法手段殺害。正如所觀察到的，這種殺戮只能掩蓋災難的責任，任其在暗中激起怨恨，後來並延續了好幾代。[20]

問題來了，韋尼澤洛斯該負多少責任？從一開始就怕他、憎恨他政策的人，以及在「韋尼澤洛斯派恐怖」那些年中的受害者，都看得很清楚，元兇就是韋尼澤洛斯本人。至少從一九一五年開始，敵手就一直說他是「賣國賊」。在韋尼澤洛斯的餘生，以及他死後的許多年，希臘社會中這為數可觀的一群都不能原諒他跟他的支持者，安納托力亞的國恥及「六人幫」的處決都是他的罪名。當時及之後比較清醒的歷史學家可能對韋尼澤洛斯或他的遺產並不特別懷有敵意，但也不太願意承認他不必負責任。

眾人似乎也有了共識，災難的根本原因是韋尼澤洛斯的決定，在一九一九年接受協約國的授權，進軍斯麥納。一年半以後，韋尼澤洛斯敗選，但在那之前，他看不出他反對的土耳其國族主義有什麼樣的本質，更是大錯特錯。他計畫對安納托力亞內陸的凱末爾掀起新戰爭，從一開始就注定失敗。起頭的人是韋尼澤洛斯，後繼的人只是跟隨他的腳步，碰到痛苦的結局，所以最終的失敗應該歸咎於韋尼澤洛斯。不論如何，希臘在安納托力亞西部的飛地也留不住了（梅塔克薩斯將軍在一九一五年就提出警告）。土耳其人從東邊發動攻擊後，那一帶的國境都守不住。切斷斯麥納與穆斯林土耳其腹地的連結，也不符合經濟原則。如果繼續由希臘人統治，斯麥納在幾年內就會失去存在的理由。[21]這些論點都充滿了說服力。

所有這一類的問題，一定都只是推論。但是，先來看第二點，比較一下薩洛尼卡的命運。兩座城市的實體位置和經濟史非常相近。在蒙受祝融之災前，連傳統的都會佈局都差不多，燒毀的時間分別是一九一七年和一九二二年。斯麥納和薩洛尼卡相比，希臘人口的絕對數字和比例都比較高。薩洛尼卡在一九一二年併入希臘後，也或多或少與腹地切開了。在冷戰期間分隔歐洲的「鐵幕」就在北邊五十公里處，當時那半個世紀也一樣。希臘在馬其頓和色雷斯的國境在一九一三到一九二三年間設立，在一九四一年遭到攻擊時，只能說不堪一擊。假設韋尼澤洛斯和凱末爾協商，決定安納托力亞西部的希臘國境，並以比事實上更緩和的人口移動來鞏固這道國界。一九二三年，韋尼澤洛斯跟凱末爾代表伊斯梅特帕夏（İsmet Pasha）在洛桑會面，一九三〇年則是凱末爾本人，他的外交手腕證實他談判協議的務實技能，而且希臘的處境此時已經不如一九二〇年和一九二一年。結果非常諷刺，希臘的安納托力亞就在中立的土耳其旁邊，要是當時談定了，二十年後，或許就只有這個地方能逃過軸心國的佔領。

說到底，那就是一九一九年決定安納托力亞命運的過程。關鍵在於韋尼澤洛斯確定能得到強權國家的支持，就一定會採取行動。[22] 一九一九年，他得到了支持。一九二〇年也一樣，他下令讓軍隊擴大安納托力亞和色雷斯的佔領區。在他失去權力的時候，又去尋求支持。如果知道繼任者得不到更穩健的保證，韋尼澤洛斯在一九二一年就不會堅持進攻。但是，即使少了保證，值得注意的是，這場戰役差一點就成功了。沙卡里亞河一役，希臘人離勝利只差一點點。土耳其人都準備好要放棄安卡拉了，就連凱末爾也經歷了絕望的時刻，可能會放棄作戰。[23] 協約國雖然再也不主動支持希臘人，但仍握有君士坦丁堡，以及愛琴海和黑海之間的海峽。他們留下前鄂圖曼領土那個立足點的決心尚未接受試驗（試驗來臨時，也就是一九二二年九月和十月的恰納克〔Chanak〕危機，後來的認錯讓英國首相洛伊德·喬治丟了官位）。從純軍事角度來看，即使那年八月土耳其人開始反攻，希臘人仍處於有利位置。有人說，如果希臘部隊的士氣好一點，戰爭的結果或許就不一樣了。[24]

所以，在韋尼澤洛斯第一次派出希臘軍隊後過了三年，在他失去權力後過了快兩年，仍無法避開安納托力亞的挫敗。如果韋尼澤洛斯保住了總理的位置，就算少了希臘本來能得到的後勤和外交優勢，用軍力打敗凱末爾、本該「注定失敗」的策略其實成功的機率超乎眾人的領悟。

如果韋尼澤洛斯犯了基本錯誤，那還要回溯到更早的時候；他與外國政治家談判的才華遠高於他在家鄉的政治技能。韋尼澤洛斯從戰爭一開始就堅持希臘要加入協約國，將「國族分立」強加給希臘，就連協約國也覺得時候未到。他本來可以等待適當的時機，他本來可以與君士坦丁國王和高級參謀合作；他本來可以把卓越的說服力用在最有需要的地方，也就是最靠近祖國的地方。兩個陣營似乎很早就對彼此失去了信任，後來的結果也無法彌補。韋尼澤洛斯為國家制定擴張計畫時，完全根據一個克里特人、圈外人對**國族**的看法。如果他贏了，就必須把他的看法推銷給舊希臘的領袖和全體居民，但在巴伐利亞人於一八三〇年代到達後，他們早就習慣一切都很安逸、很確定的感覺。

梅塔克薩斯將軍是君士坦丁國王的前參謀長，以及未來會帶領希臘進入第二次世界大戰的獨裁者，他的看法說得很明白。一九一四年七月，戰事看似無可避免之時，梅塔克薩斯在一封私人信件中吐露，「在這場人災難之中，我希望我們親愛的小希臘能逃過一劫。」[25]相近但少了私下那種顯而易見真摯的看法，在「分立」來到最高潮的時候，每天都會出現在保皇黨的新聞裡。韋尼澤洛斯和支持者看到他們覺得心胸狹窄的本位主義，就會厲聲責罵，他們支持「國族」無邊無際的前景。有些人一心熱情和真誠，期望能讓「小而光榮的希臘」完好無缺，韋尼澤洛斯卻不認可，態度也有偏頗。韋尼澤洛斯似乎無法了解對手的觀點，採取的手段也跟外交手腕完全相反。大約在一九一五年夏天，他做出結論，要達到他的目標，只能否認國王的主權，推翻政府的憲法基礎（也是他領導的政府）。韋尼澤洛斯採取的步驟會讓他在國外更有權力，在國內卻萬劫不復。

如果不是更早的話，應該是在一九一四年，災難的種子就播下了。但有一件事情不能挑韋尼澤洛斯的毛病：他完全吸收了一八九七年的教訓。從一九一二到一九二〇年，希臘每一次的軍事推進和外交獲益都是因為與外國人結盟。軍事及外交活動一個接著一個，為彼此提供養分，交互回應其他事件經歷過的機會和限制。在一九二一和一九二二年的難分高下則是因為保皇黨的希臘政府無意或無能復原能造成差異的夥伴關係——應該也讓這個政府覺得關鍵在於身分最低下的那些徵兵，他們在一九二二年八月要面對土耳其的砲火。在一開始，除了透過外交手腕，也透過軍事戰爭，希臘才成為國家，從那之後也一直擴展。「大災難」直接的起因就是外交手腕的失敗，那也是韋尼澤洛斯本人絕不會犯的錯誤。

剛在瑞士湖畔小鎮洛桑成立的國際聯盟（League of Nations）贊助的和平會議，代表希臘參加的都是韋尼澤洛斯。他的談判技能變弱了。穆斯塔法・凱末爾的代表是伊斯梅特帕夏，後來大家都叫他伊諾努（İnönü），個性執拗，也有促成土耳其要求的權力。完整的和平條約到了隔年七月才設計出來。條約包括國際認同凱末爾的土耳其，將其列入第一次世界大戰後新成立的幾個民族國家——這是歐洲大陸上的建國過程，一個世紀前希臘得到認同時，就開始了這個程序。

但一九二二年十一月在洛桑開會時，談判國最迫切的問題是要處理眼前的人道危機。從安納托力亞逃離的希臘人已經高達八十萬人，還有二十五萬人從東色雷斯湧出，希臘軍隊在十月撤離了他們。伊斯梅特說得很明白，新的土耳其政府不會讓他們回去。結局是個很大膽的計畫。

那時，這樣的規模前所未見。《洛桑公約》（Convention of Lausanne）在一九二三年一月三十日簽訂，立下了邪惡的傳統，二十世紀之後所發生的衝突都會遵循同樣的解決方案。公約的第一條就明白指出希臘和土耳其全權代表同意的作法：

> 自一九二三年五月一日開始，就必須交換在土耳其領土上信奉希臘東正教的土耳其國民，以及在希臘領土上信奉穆斯林宗教（Moslem religion）的希臘國民。
>
> 沒有土耳其政府或希臘政府的授權，這些人不得返回土耳其或希臘生活。

唯一的例外是住在君士坦丁堡的希臘人，以及西色雷斯的穆斯林社群。[26]

一瞬間，整個希臘國族都擠進了希臘法理國家現存的邊界裡。在斯麥納城外戰場上任其死去的崇高理想畢竟還是實現了，只是實現的方法跟計畫的完全不一樣。但在第一次世界大戰開啟的裂痕，要再過半個世紀才會痊癒。

---

1 引用於馬克·馬佐爾《薩洛尼卡：鬼城》（倫敦：HarperCollins，二〇〇四）的譯文中，頁二九五。

2 喬治·里昂（George Leon），《希臘與強權國家：一九一四至一九一七年》（*Greece and the Great Powers, 1914–1917*，塞薩洛尼基：巴爾幹半島研究所，一九七四），頁二九，引用一九一四年八月七日的外交電報。

3 引用於里昂，《希臘與強權國家》，頁一四五。

4 德斯波伊娜·帕帕狄米特里烏（Despoina Papadimitriou），〈一九一四至一九一七年，韋尼澤洛斯派與反韋尼澤洛斯派媒體的國族主義及內部衝突〉（*Ο εθνικισμός στο βενιζελικό και αντιβενιζελικό τύπο και η εσωτερική διαμάχη* 1914–1917），出自《艾萊夫狄里奧斯·韋尼澤洛斯論壇，一九八六年的會議紀錄》（*Συμπόσιο για τον Ελευθέριο Βενιζέλο, Πρακτικά 1986*，雅典：Hellenic Literary and Historical Archive[ELIA]及貝納基博物館，一九八八），頁九六。

5 里昂，《希臘與強權國家》，頁二一八，引用一九一五年九月二日的德文外交電報。

6 尤格斯·馬夫羅約達托斯，《一九一五：國族分立》（雅典：Patakis，二〇一五），頁八四。

7 馬夫羅約達托斯，《一九一五》，頁九三、二一七。

8 馬夫羅約達托斯，《一九一五》，頁二七一，引用潘妮洛碧·德爾塔的日記。

9 馬夫羅約達托斯，《一九一五》，頁八九、九九。

10 馬夫羅約達托斯，《一九一五》，頁二二六～七、二七四～五，引述當時的報紙。

11 引用於麥可·列威林·史密斯，《愛奧尼亞的展望：一九一九至一九二二年，在小亞細亞的希臘》（倫敦：Hurst，一九九八；初版於一九七三年），頁六七、一四〇。

12 列威林·史密斯，《愛奧尼亞的展望》，頁一四六；馬夫羅約達托斯，《一九一五》，頁一三四，引用古納瑞斯在一九二〇年十月二十五日的演說。

13 馬夫羅約達托斯，《一九一五》，頁一六八～九（引用一九二〇年八月十五日的報紙）、一七一～四。

14 列威林·史密斯，《愛奧尼亞的展望》，頁一六六。

15 馬夫羅約達托斯，《一九一五》，頁一四二～三、一五四。

16 列威林·史密斯，《愛奧尼亞的展望》，頁二二四。

17 西恩·麥克米金，《鄂圖曼的瓦解：戰爭、革命及現代中東的發展，一九〇八至一九二三年》（倫敦：Allen Lane，二〇一五）頁四五六。

18 馬夫羅約達托斯，《一九一五》，頁二二八～三〇。

19 麥克米金，《鄂圖曼的瓦解》，頁四八三～四。

20 馬夫羅約達托斯，《一九一五》，頁一五〇～五五、三一四～八，及喬治．馬夫羅約達托斯（George Mavrogordatos），《一九二二年以後：分立的延伸》（*Μετά το 1922.Η παράταση του διχασμού*，雅典：Patakis，二〇一七）。

21 比較列威林．史密斯，《愛奧尼亞的展望》，頁一三四，引用韋尼澤洛斯一九二〇年十月五日對洛伊德．喬治說的話，以及頁二〇三，引用梅塔克薩斯一九二一年四月十一日的日記。關於防禦，參見梅塔克薩斯最早在一九一五年的看法，以及湯恩比（Toynbee）在一九二一至一九二二年的看法，兩者都摘錄於列威林．史密斯的《愛奧尼亞的展望》，頁四八～五一、五五、一〇九～一〇；關於離開腹地的經濟孤立，列威林．史密斯，《愛奧尼亞的展望》，頁七三注腳，引用美國分析師在一九一八年的看法；馬夫羅約達托斯，《一九一五》，頁一二一～五。

22 例子請參見列威林．史密斯，《愛奧尼亞的展望》，頁一一七、一二四、一三一。

23 安德魯．曼戈，《阿塔圖克》（倫敦：John Murray，一九九九），頁三二六～七；哈莉黛．埃迪布（Halidé Edib）《土耳其的考驗》（*The Turkish Ordeal*，倫敦：John Murray，一九二八），頁二八四～三一〇。

24 道格拉斯．達金，《一七七〇至一九二三年的希臘統一》（倫敦：Benn，一九七二），頁二三七。

25 雅尼斯．梅塔克薩斯，《他的私人日記》（*Το προσωπικό του ημερολόγιο*），共四卷（雅典，一九五一至一九六四年），卷二，頁二一四（加了重點）；雅典娜 卡庫里，《兩個V》（雅典：Kapon，二〇一六），頁一五〇。

26 文字完整重現於狄米特里．潘佐普洛斯（Dimitri Pentzopoulos），《巴爾幹半島的少數民族交換以及對希臘的衝擊》（*The Balkan Exchange of Minorities and its Impact on Greece*，巴黎及海牙：Mouton，一九六二；改版後加入麥可．列威林．史密斯的新前言，倫敦：Hurst，二〇〇二），頁二五七～六三，以及芮妮．希爾松（Renée Hirschon）編著，《穿越愛琴海：評價一九二三年希臘和土耳其之間的強制人口交換》（*Crossing the Aegean: An Appraisal of the 1923 Compulsory Population Exchange between Greece and Turkey*，牛津：Berghahn，二〇〇三），頁二八二～七。

8 重新開始

一九二三～一九四〇

一百年前的革命創造出一個名為希臘的政治實體後，在希臘歷史上，第一次有這麼多希臘語使用者成為這個國家的公民。因此，一九二二年之後的那二十年跟獨立後的那些年，也就是一八三〇年代和一八四〇年代有很多相似之處。再一次，一切都要從頭開始。再一次，就像巴伐利亞人統治的時候一樣，問題來了：如何同時既**希臘又現代**，意思就是跟西歐一樣。到處都有對歐洲的新想法、新的開始，尤其是西歐。就跟那個時候一樣，拜占庭和東正教基督教的東方遺產再度黯然失色，取而代之的是重新定義的直線，從古典希臘文明的高點連到今日。合情合理：那個古文明的地理心臟地帶正好對應到希臘這個國家現在差不多已經固定的邊境，能夠匹敵的中心則是雅典和斯巴達。要把拜占庭帝國千年的歷史記憶連結到這些東方的地平線，就太讓人痛苦了，因為希臘軍隊急急撤出安納托力亞之時失去了東方的遺產。

一九二二「大災難」過後的二十年是不尋常的復興時期。必須要更新。國家的政治基礎早已一場糊塗。經濟完全崩潰。跟動亂十年之前尚未參戰的時期相比，希臘在經濟上和社會上更加貧窮落後。[1]一個世紀前，從革命造成的破壞中誕生時，情況也一樣。在這兩段期間，跟希臘現代史的其他時段相比，專制政府更有可能成為現實，或有可能是一種揮之不去的威脅。再一次，跟在一八三〇年代一樣，說到「國族」，指的是法理國家。一九二〇年代和一九三〇年代的更新會集中在希臘的法理國家和國家機構上，來到一種前所未有的程度，最後幾乎達到了極端。

復原及更新

一九二三年以後，來自土耳其的難民遷置被稱為「希臘法理國家和平時期最偉大的成就」，一點不錯。[2]但就跟希臘在近兩百年歷史中的其他成就一樣，這一次也要靠國際合作。最近成立的國際聯盟協調了國際的救濟工作，由美國外交官亨利・摩根索（Henry Morgenthau）帶領，將持續七年。之前是極地冒險家的挪威人弗瑞德約夫・南森（Fridtjof Nansen）在洛桑會議中擔任調解人，他的身分是國際聯盟的第一位難民高級專員。聯盟安排的國外貸款也不可或缺。再一次，希臘向前的道路不光是希臘人自己的事。

在一九二二到一九二五年間，究竟有多少人以難民身分來到希臘，我們不得而知。最可靠的估計數字介於一百三十萬到一百四十萬之間。比希臘原有人口的四分之一再多一些。以二〇一九的英國人口來計算，按照這個比例，新到的人數是一千六百萬名移民，要在三年內吸收。對美國來說，則是八千萬，很驚人。《洛桑公約》規定，他們要「交換」大約三分之一住在希臘的穆斯林，所以移入希臘的人口大約是一百萬。交換後的第一次人口普查在一九二八年進行，根據這次普查結果，當時在希臘的人口裡，五名當中有一人是難民。[3]

這個國家轉變了——不光是人口結構，還有社會、政治、經濟，就連外表都不一樣。雅典、皮雷埃夫斯和薩洛尼卡周圍出現了許多貧民區。在馬其頓、伊庇魯斯和色雷斯的新國土，愛琴海北邊和東邊的島嶼及克里特島，還有在一八八一年就納入希臘的色薩利，定居了好幾代的穆斯林家族和社群被迫離開，把地方讓給遷入的外來者。原本密佈於鄉間的宣禮塔，在舊時的畫作和照片裡佔滿了薩洛尼卡的天際線，大多被拆毀；清真寺改建成倉庫或電影院。至於被迫搬走的穆斯林，當時幾乎沒有希臘人對他們的離開感到惋惜，據說後來也不多。母語是克里特島希臘語方言的「克里特土耳其人」被迫離開後，藝術史學家兼小說家潘德利斯・普雷維拉基斯（Pantelis Prevelakis）親眼目擊，留下了紀錄：

> 軍隊在土耳其區拉起封鎖線，看好到海港的入口，然後要土耳其人排成一列通過看管人……悲傷到昏了過去……他們穿著破爛的衣服從家裡出來，手上沾了血；女人脫掉了頭巾。他們排在兩列士兵中間，就像在犯罪現場被抓到的小偷，發紅的眼睛往旁邊瞥了一眼，強烈的感覺讓他們閉口不語。

他們離鄉背井，在西安納托力亞有了新的家鄉，過了快一個世紀，後代仍留存了克里特的語言和某些克里特的傳統。[4]

在希臘，眾人都很關注新來的人所處的困境。摩根索大使描述的一九二三年十一月在薩洛尼卡港口景象，已是眾所週知：

> 我看到七千人擠上原本只能載運兩千人的船隻。他們像沙丁魚一樣擠在甲板上，一大片蠕動著、扭曲著的人間苦難。他們已經漂流了四天。沒有地方躺下睡覺；沒有食物；沒有廁所設施。四天，日以繼夜，很多人站在露天甲板上，被秋雨淋得濕透，夜風寒冷刺骨，又被正午的太陽曬出水泡。上岸時，一身破衣、飢餓、生病、身上都是寄生蟲、眼窩凹陷、呼出非人的可怕氣味——沮喪地低著頭……[5]

距希臘軍隊在安納托力亞慘敗及斯麥納燒毀，已經一年多了。在戰爭和大火過後，那些從斯麥納、西安納托力亞和東色雷斯逃出來的人情況應該變得更糟糕，而且糟到無法想像。摩根索見證的就是付諸行動的《洛桑公約》：從更東邊的地區，以相對更有秩序的方式撤離希臘人口的後果，而這些人並未直接捲進戰火。在這些船上，也有一些被當成戰犯的役齡男子。一九二三年七月，《洛桑條約》（Treaty of Lausanne）終止敵對，加入土耳其內陸勞動隊、從可怕環境中倖存的人終於得到釋放。

大家都說，難民帶來新的技能、額外的人力、更寬闊的世界觀，還有更辛香、更具異國風情的口味（確實如此）——對希臘都有長遠的好處。一九二〇年代的感覺卻不一樣。跟許多歷史危機中的移民一樣，這些人要適應新家園並不容易。迎接他們的是相應程度的恐懼和不信任。一九一六年的內戰中，已經逃離鄂圖曼迫害的人率先受到這種傷害，在一九二〇年代則更嚴重。新來的人不是「真的」希臘人，而是「土耳其的爛種」，不是真的基督徒，而是「用優格受洗」。[6]

他們來自各個社會階級。有些人來自小鎮和城市，有些人是農夫或牧民。很多人發覺自己遷置到很不適合的環境裡：之前的城市居民到了農業社區，也有反過來的；農人則要面對非常陌生的土壤、地形和氣候。有些從安納托力亞內陸逐出的東正教基督徒不說希臘語，他們的母語是土耳其語。其他人則帶來了方言，例如來自黑海邊上特拉布宗周圍區域的本都人，熱心的支持者說是最接近古希臘語的語言，但當時（和現代）的希臘人不論來自何方，都很難聽懂。在接下來的二十年內，在希臘的社會和政治生活中，「難民」這個類別特別突出，就是一個難以同化（也是很嚴重）的因素。在難民安身的地區，最惡名昭彰的在皮雷埃夫斯郊外，之後會以科基尼亞（Kokkinia，紅鎮）的暱稱進入希臘人的神話，甚至到了今日，這個名字也蓋過了正式的名字尼卡亞（Nikaia，來自尼西亞，《尼西亞信經》〔*Nicene Creed*〕的發源地，今日土耳其的伊茲尼克）。真正的同化或許最晚要到一九八〇年代才會開始。

其他留在原地的群體儘管人數比較少，卻更難同化。人口交換後，希臘就不需要再去調解境內大多數的穆斯林子民，但根據《洛桑公約》的條款，在西色雷斯仍有穆斯林的少數民族（直至今日），除了受到保護，也跟國內其他群體有一定程度的隔離。西色雷斯的穆斯林是希臘唯一受到官方認可的少數民族。其他免於交換的穆斯林還有說阿爾巴尼亞語的查姆人（Tsamide 或 Cham），他們住在伊庇魯斯。在那個區域的其他地方還有弗拉赫人的社群，他們是基督徒，說的語言近似羅馬尼亞語（現在依然沒變）。在希臘好幾個地方住了數個世紀的猶太人社群也說希臘語（他們是羅馬尼奧猶太人）。薩洛尼卡的社群在一九二〇年代仍有五萬多人，他們保存的特殊身分與來自西班牙語的語言和猶太教的信仰都有關聯。在一九二〇年代和一九三〇年代的馬其頓會繼續容納之前忠誠依附保加利亞教會的人，這些人仍使用獨有的斯拉夫方言。這個群體一般稱為「斯拉夫馬其頓人」，一直無法成為希臘政府認可的少數民族，不過在休戰期間，人數可能多達二十五萬。[7]

希臘國內不願順服的子民現在比一九一三至一九二三年前少了很多。所有留下來的群體人數不少於被視為希臘種族的難民，但常受到鄙視，是「他者」，在接下來二十年內，也遭逢劇烈的同化壓力。[8] 即使完全抹去法理國家跟更廣的國族之間的區別，集權國家對於多元化的子民，仍會努力強加同質性。接近同質性的東西確實出現時卻不是國家的作為，而是希臘在一九四〇年代受制於世界大戰的恐怖及野蠻的佔領，導致全面崩潰。因著不同的理由，這些相異的群體到了那個時候會因為差異性而付出沉痛的代價。

雖然碰到了艱難的挑戰，但在一九二〇年代剩餘的幾年，仍有不尋常的成功結果。難民得到安置，最嚴重的經濟損傷得到修補。在競爭激烈的想法和脈動中，鍛造出新一代的年輕知識分子和藝術家。其中一人是尤格斯·狄奧多加斯，在接下來的十年內，寫出包羅萬象的長篇小說《亞果》（*Argo*），書中將當時的年輕大學生描繪為「亞果號英雄」（Argonaut），他們熱烈爭論新的哲學、政治或藝術想法或運動，但因著令人傷感的決心團結在一起，要無愧於他們繼承的「偉大名號」。對這些年輕人，及數目比較少的女性來說，時候到了：

……從枯燥之味的過去中釋放出來，瞭望大海，再一次活出精神的生活，再也不僅是偉大祖先謙遜的模仿者，也不是在後面遠遠追趕外國人的門徒，而是探險家、征服者、真正的希臘人。[9]

狄奧多加斯回顧的時期正是想法快速形成的那些年，的確是極具創造力的世代，不光是文學，也涵蓋所有的藝術。在文學上，這些人後來稱為「三〇年代的世代」。但他們的成形其實在前十年，緊接在小亞細亞的大災難之後。狄奧多加斯的處女作在一九二九年寫成，是一本辯論宣言，主題是希臘藝術的新時代。這本書叫作《自由精神》，在開頭，作者想像自己在高空中的飛機上俯瞰歐洲大陸。在這麼高的地方，國家與國家之間的界線變得很模糊。《自由精神》指出，歐洲即使有那麼多部族上的差異，仍是單一的實體，希臘人應該要走出去，接納自己在歐洲的命運。大災難震驚了整個世界。歐洲在世界大戰的創傷中進行重建，而希臘年輕人的創作精力要抓住這個時刻：「膽大的先鋒，你們的時機成熟了，」狄奧多加斯做出結論。[10]

狄奧多加斯的朋友，詩人喬治．塞菲里斯早期寫過一首詩，擺脫傳統詩作的痕跡，頌揚城內這些現代視野的象徵。這首詩叫《辛格魯大道，一九三〇》（*Syngrou Avenue, 1930*），讓人想起最近建成的寬廣筆直大道，連結到雅典市中心和法利羅的海，以君士坦丁堡銀行家和慈善家安德烈亞斯．辛格羅斯的名字命名。[11]兩位作家都生在鄂圖曼帝國，之前也是當地的市民——塞菲里斯住在斯麥納，狄奧多加斯住在君士坦丁堡。兩人都去巴黎留學，最近才定居在雅典。在一九二〇年代結束時，奧德修斯．亞力普德利斯（Odysseus Alepoudelis）仍留在巴黎，浸潤在簇新的超現實主義精神中，翻譯其中一位運動倡導者保爾．艾呂雅（Paul Éluard）的詩作。亞力普德利斯在一九三〇年代回到希臘，開始出版他自己充滿活力的超現實主義詩作，改用筆名艾呂提斯（Elytis），也有向艾呂雅致敬的意思。後來，塞菲里斯和艾呂提斯分別在一九六三年和一九七九年，先後得到諾貝爾文學獎。

他們算相當出名了。但還有其他人。那十年要結束時，試驗新想法和新技巧的詩作和小說大量出版，數目遠勝以往，在巴黎、倫敦或紐約都造成轟動（常常也引發了怒火）。其他類型的藝術也有同樣的現象。狄米特里斯，皮吉奧尼斯（Dimitris Pikionis）到巴黎和慕尼黑留學後，一九二五年返回希臘，之後數十年內都是建築界的第一把交椅。皮吉奧尼斯最知名的作品就是一九五〇年代在雅典衛城低坡處的造景。在繪畫方面，尼可斯．哈吉基里亞科斯—吉卡斯（Nikos Hadjikyriakos-Ghikas）、超現實主義的尼可斯．恩貢諾普洛斯（Nikos Engonopoulos）、雅尼斯．查羅契斯（Giannis Tsarouchis）及雅尼斯．莫拉利斯（Giannis Moralis）都在這時發展出他們的性格。作曲家尼可斯．史卡柯塔斯（Nikos Skalkottas）在柏林只能勉強餬口，決定跟上阿諾．荀白克（Arnold Schoenberg）的前衛音樂，後來在一九三三年回到希臘。狄米特里．米卓普羅士（Dimitri Mitropoulos）是前衛的作曲家，也走上類似的道路，他後來去了美國，最知名的事蹟是在一九五〇年代擔任紐約愛樂交響樂團的指揮。這些創意藝術的革新人士早晚都會贏得國際認可，成就遠遠超越之前的希臘世代。

也不限於年輕人。這時四十多歲的尼可斯・卡山札基斯已經轉向共產主義，在一九二八年出版了到蘇維埃旅行的記述。同時，也開始寫出版史上最長的詩作：他為荷馬的《奧德賽》寫了續集。同世代另一位非常引人注目的人物是安吉洛斯・西克里亞諾斯（Angelos Sikelianos），他與美國籍的妻子伊娃・帕爾馬（Eva Palmer）於一九二七和一九三〇年在德爾菲舉辦古希臘戲劇節。表演的目的是為了重現古代戲劇曾帶來的完整體驗，以文字內容配合音樂及舞蹈，以及舞台搭建的視覺元素；古典劇場就這麼變成超級摩登的藝術形式，電影攝影的新媒體也第一次用來捕捉在原創設定中表演的古希臘戲劇。德爾菲的戲劇節雖然沒有繼續辦下去，但成為先驅，後來從一九五〇年代開始的國際藝術節遍地開花，尤其是在希臘雅典和埃皮達魯斯的阿提庫斯劇場（Herodes Atticus）。

在一九二〇年代晚期和一九三〇年代，希臘的文化和知識生活融入了大量的青春能量，但政治階級或政治機構卻不能用同樣的形容詞：掌權的是不斷變老的世代。在大災難過後那幾年，很難建立適當的管理權，因為前一個十年的分裂仍未癒合。

政客和將軍

一九二二年，在國外被狠狠擊潰的軍隊回到國內掌權。那年十一月，「革命」政府處決了六人幫。然後在一九二三年十月，效忠喬治二世的軍官發起反革命政變。他們失敗了。結果，在兩次大戰期間，這只是第一次干預，後面還有很多次。在希臘，率先挑起君主政體爭端的是軍隊，不是政客，更不是一般大眾。

傳統上，武裝部隊對王位極度忠誠；在巴爾幹戰爭期間，則效忠於他們的總司令君士坦丁王儲。但回到很久以前的不滿，也就是一九〇九年第一次政變的起因，就是有一個想完全廢除君主政體的小集團。從一九一六年開始，軍官團體不斷接受肅清和進行反肅清，上述兩個團體之間的分裂已經放大到不成比例。對還在服役的每一位資深軍官來說，同樣的職位至少開革了一名以上的軍官，必須等待別的機會。在兩次大戰期間，希臘事實上有兩團資深軍官，但職位只夠給一團的人。兩者之間的敵意再也不是政治效忠的問題，問題就是：有工作的話保住工作，沒工作的話搶回工作。在接下來的二十年內，看是要支持君主，還是支持共和國，才能達到這個目的。在這些年間，幾乎所有的政治領袖都發現自己被抵押給軍隊裡的強烈反對派。

一九二三年末，回歸名義上的文人政府後，並無法帶來改變。十二月，自大災難後第一次舉辦的議會選舉很有代表性，拆了自己的台，遭到保皇黨所有黨派，也就是反韋尼澤洛斯派的抵制。在一九二四年初的幾個星期，韋尼澤洛斯被選為總理，回來了。但就連他也控制不住軍隊。三月，透過另一屆制憲國民大會的投票廢除了君主政體。用公投確認投票後，希臘在四月正式成為共和國。在接下來的半個世紀，君主政體會變成希臘政治生活中爭辯最激烈的題目。

一九二五年的夏天，狄奧多羅斯・潘加洛斯（Theodoros Pangalos）將軍廢除制憲國民大會，隨即自行任命為總統，似乎也在意料之內，沒有人抗議。潘加洛斯還是一名年輕軍官時，就與其他人一起策劃了古迪一九〇九年的「革命」，把韋尼澤洛斯推上權位。潘加洛斯在位只有一年多，就被敵對的將軍推翻了。尤格斯・康迪利斯（Georgios Kondylis）不久就讓步，恢復議會的統治權。在一九二七年的幾個月，主要黨派想放下歧見，聯合統治。但在隔年初，效果也不太好。舞台已經準備好了，年老的韋尼澤洛斯要出場，角色是唯一一位能統一分裂國家的領袖。

韋尼澤洛斯反覆宣告他已經從政界退休。但在一九二七年四月，他結束自我放逐，回到克里特島的老家。一年後，自由黨恢復了活力，他主動擔任領袖。一九二八年八月十九日，在他六十四歲生日的前幾天，自由黨在希臘的選舉歷史中贏得史上最高的票數，大獲全勝。韋尼澤洛斯派與小派系在兩百五十席中贏得兩百二十三席。一切都結束後，狄奧多加斯選擇把韋尼澤洛斯重回議會的場景寫成小說的高潮：

高個子、身板挺直、健壯精瘦，兩頰散發著健康的粉紅色，朝著四面八方微笑，他的笑容神祕，結合了父親的溫柔、女性的虛榮和高人一等的諷刺；獨裁且友善、隨和、有同情心、親切，但意志堅強到令人生畏，輕鬆地控制自己和周遭的所有人，一名硬漢，但具備少見的優雅、靈敏的機巧和靈活度：這就是總理艾萊夫狄里奧斯・韋尼澤洛斯，奧德修斯之子，充滿活力、熱情、力量、精神，以及凌駕一切之上的藝術才華。12

狄奧多加斯與其他的支持者因為勝利而欣喜若狂，這些人跟他一樣，大多從新的土耳其遷置到希臘。從此開始了唯一一個穩定、以民主方式選出的政府，在兩次大戰之間掌握希臘的主權。最後，終於有機會調節眾政黨一直以來的分歧。韋尼澤洛斯絕對是具備國際聲望的政治家（這麼說或許有點誇張了），現在有權療癒國家的裂痕，而且他應該要為裂痕負一大半責任。他宣布他的計畫會改變希臘的外貌，讓整個國家「改頭換面」。就此開始所謂「韋尼澤洛斯主義的第二個黃金時代」。[13]狄奧多加斯和同一世代的期望及抱負似乎就要實現。

確實有好的開始。充滿野心的經濟和社會改革方案重提近二十年前的提案，也就是韋尼澤洛斯首次在位時提出的，然後就一直停滯不前。在希臘鄉間造成禍害的土匪是一個世紀前巴伐利亞人想要消滅的目標，現在終於根除。留存到今日的社會安全系統也啟動了。新的農業銀行、土地租佃的改革、開拓濕地，都促進了繁榮，主要靠土地吃飯的人也更有生存機會。

外交政策的提議更大膽。國家的新邊境安全尚未完全得到保障：義大利在一九二三年入侵希臘的領土，保加利亞則是在一九二五年。從希臘在安納托力亞大敗那時，韋尼澤洛斯就接受了新希臘的地緣政治實況。他有系統地開始與之前的敵手和敵人建立區域聯盟，一個接一個，他與義大利、阿爾巴尼亞和剛命名的南斯拉夫重修舊好。前一個政府當政時，跟羅馬尼亞的關係就很不錯。韋尼澤洛斯也盡力與保加利亞達成協議。在這些外交成就中，最具戲劇性的則是影響深遠的「友誼、中立、調解和司法陳述契約」，由希臘及土耳其兩個現代的共和國在一九三〇年十月底簽訂。這樣的政策會促成希臘、羅馬尼亞、土耳其和南斯拉夫在一九三四年建立「巴爾幹半島協約國」。在這一區的強國裡，只有保加利亞不肯調解，不過關係至少比以前好多了。

在更大的舞台上，韋尼澤洛斯當上總理後就去巴黎和倫敦拜訪，主要是為了與前一個世紀留下來的「保護國」重建良好的關係，不像過去只是附屬國。俄羅斯已經變成蘇維埃社會主義共和國聯邦，這時早就聲明放棄前沙皇政體的所有義務。再說到英國和法國，韋尼澤洛斯在意的不是一百年的保障，而是資本投資，以及（跟以前一樣）能不能拿到貸款。這幾方面他也成功了，不過他決心跟隨大不列顛，堅持金本位貨幣制度，最後會害了他的國家及他的政府。

在外交政策的成就中，還有一項是他垮台的因素。希臘跟土耳其的市民八年前才在國內和戰場上殺得你死我活，現在就要跟穆斯塔法・凱末爾的土耳其達成外交協定，也是不尋常的壯舉。韋尼澤洛斯費盡口舌，讓議會和民意相信傳統的敵人現在真的變成朋友了。國家的完整一定要保護，付出的代價則是難民未決的索賠。實際上，在逃到希臘時失去一切的人必須宣布放棄未來可能得到的賠償。但這不光是錢的問題。儘管和解協議的用詞實際上讓人民有可能在兩個國家之間搬遷和置產，政治衝擊卻恰恰相反：在希臘選民中，五個人當中有一個已經接受現實，他們失去的家園再也無法得回。一直到現在，難民人口的票幾乎都投給一個人，不是給自由黨，就是其他擁護韋尼澤洛斯的黨派。情況變了。這件事的選舉成本要再過兩年才能看到，自由黨政府還會碰到更多困境。

一九二九年十月，韋尼澤洛斯的政府才成立一年多，華爾街股災（Wall Street Crash）讓國際銀行業務及金融系統一敗塗地。經濟大蕭條（Great Depression）拖累了世界上最先進的經濟體，但相對來說，希臘一開始受到的影響還算輕微。一九三一年九月，英國突然離開金本位貨幣制度，英鎊價值一落千丈。德拉克馬和希臘的經濟突然之間受到承受不住的壓力。在希臘歷史上，這個國家第二次不得不拖欠外債，也就是宣布破產。那一天是一九三二年四月二十五日。政府儘管在議會中佔絕大多數，卻早已搖搖欲墜。連續收成不佳，更讓經濟危機惡化。自由黨內的醜聞和分裂已經削弱了韋尼澤洛斯的權勢。他本人沒有牽連到任何不法行為。但韋尼澤洛斯向來不聽部長的意見，或向他們吐露心事。他快七十歲了，不信任別人，又個性傲慢，愈來愈孤立。

韋尼澤洛斯將德拉克馬及英國貨幣和金本位掛鉤的經濟政策失敗了，加上與安卡拉恢復友好關係的餘波，讓他勝選的機會變得微乎其微。高度集中在新國土的國際菸草交易價格暴跌，更是雪上加霜，因為新國土是自由黨支持度最高的地方。韋尼澤洛斯發覺助力都消失了，在一九三二年九月選戰中提出的政見也不含糊地揭開舊有的傷口：他口中「自一九一五年持續至今的內戰」必須得勝，不是透過調停，就是有一方贏得選戰。[14] 政治上，希臘在一九三二年破產後，那道可以回溯到第一次世界大戰的裂縫完全沒有治癒的機會。軍隊裡敵對雙方的政客和支持者不去控制舊有的分裂，也不試著彌合，反而開始彼此競爭，重新點燃二十年之前的仇恨。所有的政治領袖，不論重不重要，所處的時代都受到當時的對立影響，所以問題更嚴重。狄奧多加斯和塞菲里斯這一代的年輕人正在轉變希臘的藝術，而政治階級卻亟需新血或新的想法。

選舉讓自由黨和人民黨緊緊相連，後者現在的領袖是帕納伊斯·查爾達瑞斯（Panagis Tsaldaris），「本質上懷著善意，來自外省的律師，完全沒有韋尼澤洛斯的魅力、精力和願景」。[15] 自由黨四年前大勝時贏得的優勢早已蕩然無存。先是查爾達瑞斯，再來是韋尼澤洛斯，組成的政府都非常不穩定，在第一次投信任票時就倒台。一九三三年三月辦的選舉又讓兩邊的票數相等，但這次的選舉體制讓人民黨佔了多數。將軍們再一次上場了。

在韋尼澤洛斯的四年任期中，軍隊退出了政界。現在，他們回來了。選舉過後那天，武裝部隊裡對自由黨支持度最高的軍官發動軍事政變，想推翻結果。

尼可拉斯·普拉斯提拉斯（Nikolaos Plastiras）經驗豐富：一九二二年戰敗後，他與另一名軍官奪權，成立了「革命」政府。兩次大戰之間出現過許多次類似的嘗試，這一次也一樣，因為缺乏支持，幾天後就草草結束。韋尼澤洛斯依然很有政治手腕，跟那些以他之名起義的軍官保持距離。

但政治世界已經勢不可擋地脫離議會的控制，偏向暴力路線。同年六月，韋尼澤洛斯與妻子搭車，在雅典和基菲薩之間的路上，遭到槍手追逐和開槍，差點被暗殺。政府遭控敷衍了事，並不積極讓罪犯伏法。接下來的兩年由人民黨掌權，議會中爆發了肉搏戰。韋尼澤洛斯並未設法平息事端，反而從側翼厲聲大吼，說就要「爆炸了，展現的方式是一場最野蠻的內戰」。[16]

爆發日是一九三五年三月一日。普拉斯提拉斯再度出手。這一次，他得到政治領袖韋尼澤洛斯的支持。就概念和執行而言，這是教科書上的例子，將軍（和政客）打著他們的最後一仗，而不是下一場戰役。跟一九一六年的過程一模一樣，政變想用新國土對抗舊希臘，同時在克里特島、其他諸島和馬其頓起義。謀反者不直接挑戰政府，而是再次以分裂國家為目標，在薩洛尼卡的「共同首都」設立自己的管理機構。戰鬥在北方爆發。查爾達瑞斯政府癱瘓了幾天的時間。有些人因此認為「如果有更好的規劃和領袖」，政變「或許能成功」。[17]

但普拉斯提拉斯失敗了。他跟韋尼澤洛斯都逃到國外。他們在缺席的狀態下被審判，判了死刑。韋尼澤洛斯再也不會回來，一年後他在巴黎過世；但普拉斯提拉斯在希臘政界仍有未來。三名低階共謀者比較不幸，接受作秀審判，然後被處決。其他人則受到公開羞辱，軍隊裡的高級軍官，還有文官跟司法部門都被撤職。如果韋尼澤洛斯本來要支持普拉斯提拉斯的行動，把希臘帶回一九一六年，那麼敵人為了報復，卻把希臘帶回一九二二年，六人幫受刑的時候。

這些事件尚未塵埃落定，一場敷衍了事的選舉就在戒嚴中舉辦。戒嚴在六月九日解除，正好趕上選舉。韋尼澤洛斯派跟一九一六年一樣飽受脅迫，又犯了經典的、弄巧成拙的錯誤，去抵制選舉。這一次，反正沒關係了。軍隊裡反對韋尼澤洛斯的人並不想依賴政黨，甚至不想依賴把他們從荒野中帶回來的黨派。這些人被邊緣化了十多年，政變失敗後，在報復罪犯的浪潮中，他們最近才被推回權位。要永久終結韋尼澤洛斯主義，只有一個方法：廢除共和國，把放逐到英國的喬治二世接回來。沒有人真的認為復辟皇室能治癒分裂，或帶來更穩定的政府。相反地，只能證明現在掌權的是誰，對受憎恨的韋尼澤洛斯派來說就是失敗。舊有的「分立」又得回力量。

第一個受害人是總理查爾達瑞斯。這位人民黨的領袖被選為議院院長，大家都沒有異議，但這並不會阻擋武裝部隊的長官。一九三五年十月十日，他們在他在前往雅典的路上予以攔截，禮貌地要求他辭職。之後，軍官團體間醞釀了二十年、早已根深柢固的敵意，也會危害議會的體制。

軍隊逮捕了民選的總理，基本上也是另一場政變。尤格斯．康迪利斯將軍因此掌權——他曾經推翻不受人喜愛的潘加洛斯將軍，從此換了支持對象，變成保皇派。康迪利斯的個人野心在這第二次嘗試時也好不到哪裡去。在軍隊裡保皇陣營的支持下，他第一件事就是重新實施戒嚴。在這樣的情況下，政府在十一月三日匆匆舉辦復辟皇室的公投。結果有百分之九十七．八七的選票贊成迎回國王，感覺很不合情理。

一九三五年十一月二十五日，希臘人的國王喬治二世在法利羅上岸。希臘自獨立後的第一個共和國延續了十一年半，一份經典的現代研究稱之為「胎死腹中」。共和國以軍團的政治私利和爭權奪位為基礎，這些人的官等和政治重要性自一九一〇年代以後的內亂後很不自然地高漲。根基太淺，無法創造出持久的組織。總統和選出來的第二個議院後來皆遭廢除，兩者都無法吸引有聲望的人或發揮影響力。韋尼澤洛斯曾有一度也有可能競選總統，如果他決定要選，結果可能就不一樣了。共和國滅亡代表的是更大規模的政治挫敗。兩個政治陣營都曾在不同的時間用不同的方法推動權威主義。到了一九三五年，他們真的很怕內戰捲土重來。[18]

喬治二世跟一世非常不一樣，跟他的父親有更大的差異。他在一九二二年初次登基，當時希臘在安納托力亞吃了敗戰，君士坦丁國王匆匆逃離。他只統治了十八個月，就碰到同樣的命運，不過還留著王位。可想而知，他當然會滿心怨恨。回到已經拋棄過他一次的國家，他無法信任希臘人，更不用說希臘政客。據說，他曾說過，希臘「不能視為西方國家。希臘人是東方人，把溫和的處理方式看成軟弱」。[19]他的父母和祖父母曾是丹麥人、俄羅斯人和德國人。喬治一世是位勤勉的人民領袖，在他之後，君士坦丁國王讓自己變得比希臘人更希臘，跟隨他作戰的士兵對他非常敬愛。繼奧托之後，又有喬治二世認為自己是圈外人，他的子民也這麼想。

被放逐到英國後，他在那裡交了很多朋友，包括與他有親戚關係的英國皇室。也難怪他會發現跟英國大臣悉德尼・華特洛（Sydney Waterlow）吐露心事，而不是跟其他的希臘人比較容易，他的父親和韋尼澤洛斯在第一次世界大戰期間也常跟敵對的外國外交官密談。喬治國王回國後，只要他在位，希臘就能一直跟大不列顛保持良好的關係。復辟國王和英國外交部的相互信任及依賴似乎短期內對兩個國家都有利。但是，不論雙方立意多麼良好，接下來的十年，這種親密會對希臘的政治生活施加異常且扭曲的效應。

國王一開始做得很好，值得讚揚。他開革了康迪利斯，堅持自由公平的議會選舉。選舉在一九三六年一月舉行。就這一次無人抵制。再一次是韋尼澤洛斯派和人民黨領導的反韋尼澤洛斯派打成平手的結果。議會政府恢復了，但僵局還沒解決。不過有個地方不一樣，這一次，掌握權力平衡的黨派之前在希臘政治中只算小黨。希臘共產黨要上場了。

斷層的變動

希臘的社會主義工人黨在一九一八年成立。韋尼澤洛斯相當贊同，當時他在尋求工人階級支持他這一邊的「國族分立」。一九二四年，他們改名為希臘共產黨，同時也變成共產國際（Comintern）的支會，俄羅斯的領袖列寧在一九一九年成立了這個國際組織。希臘共產黨的意識形態會與蘇維埃的模式保持一致——確實到今日仍未改變，即使蘇聯早已解體。

在接下來的十年內，共產黨的代表偶爾會贏得議會席次，但衝擊不大。希臘幾乎沒有「無產階級」，也就是都會中的工業工人階級。但共產主義在菸草業有很多擁護者，他們的薪資不高，工會主義才剛起頭；對少數知識分子也開始發揮影響力。到了一九三五年，共產國際可能因為前一個世紀俄羅斯泛斯拉夫主義遺留的迴響，支持希臘北方省份的斯拉夫馬其頓人成立獨立國家。這一點加上共產主義放棄國族和國族主義的原則，就足以疏遠大多數意見不同的希臘人。

共產主義是一項在希臘扎根的國際運動，雖然根基不深，但在一九二〇年代結束前，已經讓希臘的政治集團覺得恐慌。雖然懼怕這個現象，但了解不夠，本能反應就是制定新法反對破壞「既定社會秩序的特殊罪行」，由韋尼澤洛斯在一九二九年七月提出。從此之後稱為「暱稱」（Idionym）法（出自希臘法律術語裡的「特殊」），這項措施主要針對共產黨員和工會主義者。常有人，尤其是左派分子以此為例，證明韋尼澤洛斯傾向權威主義。這是第一次將政治意見入罪。在韋尼澤洛斯執政的剩下三年，違反這項法律的約有一千五百人。在一九三一年，希臘政府特別為這種罪行重新引進內部放逐的罰則——通常是放逐到愛琴海中的偏遠島嶼。懲罰及「暱稱」法到一九七四年才會廢除，到那時，真正的或假定是共產黨員的人數大幅增加，被拘留的人也符合比例。

一九三五年，共產國際改變立場。兩年前，希特勒在德國掌權。現在，共產黨員受到鼓勵，要加入廣泛的「反法西斯」陣線，為馬其頓和色雷斯的斯拉夫語使用者建立國家的呼召也停止了。希臘共產黨得到機會，在希臘議會贏得十五席。共產黨員在希臘奪權及推翻「既定社會秩序」

的風險可能言過其實——到目前為止，只有俄羅斯成功了，也是因為世界大戰不比尋常的壓力。但在一九三六年的頭幾個月，社會秩序真的遭遇嚴重威脅。要了解為什麼，我們必須看看希臘的經濟在這些年發生了什麼事。

從一九二九年十月的華爾街股災開始，希臘的農產品出口就遭到慘烈的打擊。到一九三二年，菸草、葡萄酒和黑醋栗的產量都減半了。數千名勞工被解雇。一九三二年的國際貿易總額比三年前的水準消滅了百分之六十以上。國民生產毛額少了三分之一，失業率也增加了三分之一。[20]隨著國際市場的崩潰或大幅轉變，希臘跟其他國家一樣，被迫只能靠自己。自給自足（autarky）變成口號。韋尼澤洛斯的自由黨政府在執政最後幾個月採取的措施跟經濟自由主義截然相反。進口貨品要徵收關稅；國內生產在政府干預下蓄意提升，這個國家第一次用這麼激烈的手段介入經濟管理。等措施就定位，確實由法理國家出手干預，而不是政府。從一九三三年到一九三六年，政治混亂不斷升高，經濟管理落入現在所謂的「技術官僚」（希臘銀行和農業銀行的官員，以及高級文官）手中。短命的政府除了觀望，也不能做什麼。

不尋常的是，居然有效。到一九三五年，希臘「從危機中的出色復原」及「跟兩或三年前比起來可察覺到的興旺氛圍」讓國內外的觀察家都非常吃驚。農業銀行出手干預，推廣產量更高的新小麥品系，希臘對進口穀物的依賴就降低了。但是就靠經濟回升的成功，帶來了新的穩定，也會發揮效用，調整這些年希臘在社會和政治生活中的斷層線。在新的條件下，靠著保護主義和國家干預，富者愈富，貧者愈貧。一名歷史學家說，「經濟成長對現存體系的容量施壓，並指出政治力量最終要對齊的方向。」[21]

人民愈來愈不平等，國家機器就更沒有能力處理附帶結果。在一九三五年和一九三六年的頭幾個月，罷工和示威非常頻繁。一九三六年五月，菸草工人在薩洛尼卡發起罷工，讓整座城停滯不前。經過一個多星期的升級，五月九日的大規模示威碰上了武裝憲兵隊。三十二個人被殺，三百多人受傷。英國大臣悉德尼・華特洛在一個月前曾寫信給外交部：

> 新的問題正在成形，新的裂痕或許會慢慢切過舊的，將舊的恨意轉進新的通道……或許問題無解：或許議會政府會整個瓦解。[22]

他說對了。四個月後，真的瓦解了。打擊來臨時，並非來自底層的共產黨員或工人階級，而是來自上層。

雅尼斯・梅塔克薩斯的名字在前面出現過幾次，但都很低調，在一八九七年那場失敗的戰役中，他是年輕的軍官，吸取了發展的經驗。在這些年間關心公眾事件的希臘人對他的見解都差不多。在一九三六年的前幾個月，梅塔克薩斯就要見到光明。主導希臘政治二十多年的前輩碰巧都在這幾個月過世了：流放的韋尼澤洛斯在三月，五月則是人民黨的領袖查爾達瑞斯。推翻兩個政府（一次以韋尼澤洛斯派的名義，第二次則是保皇黨）的將軍康迪利斯則更早，一月底就過世了。由國王任命的看守總理原本要負責監管議會的僵局，直到成立適合的政府，不幸的是他也在四月碰到同樣的命運。那個月滿六十五歲的梅塔克薩斯並不是這些人當中最年輕的，但最後證實他還會再活五年。梅塔克薩斯會如何度過這幾年，或許他連想都沒想到。

首先，他的外表跟他未來的職位不相稱。「梅塔克薩斯將軍身上找不出一絲成功獨裁者所需的生理特質，」繼任華特洛的英國大臣在一九三九年寫道，「他矮小、臃腫、衣著不講究的外型永遠無法喚起大眾的熱情。」[23] 梅塔克薩斯「將軍」在第一次世界大戰開始時曾短暫擔任過君士坦丁國王的參謀長，之後他就再也沒穿過制服。宣傳照片似乎美化了他的大肚子、退後的髮際線，還特別強調他圓胖的雙頰，而不是加以隱藏。他的宣傳人員會吹噓梅塔克薩斯親切的父親形象——與希特勒、墨索里尼或史達林代表的火和鋼鐵完全相反。

但梅塔克薩斯具備不一樣的堅強。梅塔克薩斯生在愛奧尼亞群島的貴族家庭，但在從一開始就不認可貴族頭銜的國家裡，他一生都十分尊敬希臘唯一的官方繼承制度，也就是皇室。他對軍紀也有一樣的忠誠，還是年輕的參謀時，他在德國接受紀律的訓練。政治上，他最在意的就是希臘的完整。在第一次世界大戰期間，梅塔克薩斯清楚表達他擁護中立。後來，一九二〇年韋尼澤洛斯敗選後，保皇主義者只剩他一個，他也堅持要結束安納托力亞的戰爭。梅塔克薩斯揉合了堅韌及敏銳，成立了自己的政黨，也頑強地延續政黨運作。他跟韋尼澤洛斯一樣能講求實效，在反韋尼澤洛斯的政治人物中第一個認同共和國——一九三五年，韋尼澤洛斯派的政變失敗，潮流回到原點時，他也第一個與共和國切斷關係。

但梅塔克薩斯跟韋尼澤洛斯不同，他一直不討選民的喜歡。他的「開明黨」（常常錯譯為「自由思想黨」），命名和表現都無法吸引到那些堅決反對韋尼澤洛斯「自由黨」的人。一九三六年，梅塔克薩斯的政黨贏的席次比共產黨還少。選民一直不喜歡梅塔克薩斯，他也不喜歡選民。此時，他也非常鄙視在希臘演進了二十多年的議會體系。就這一點而言，他可不孤單。韋尼澤洛斯也提過同樣的結論，那時普拉斯提拉斯想靠武力奪權，還得到韋尼澤洛斯的祝福。

所以怎麼會這樣？這個最沒有可能的人怎麼會在一九三六年八月四日變成終生獨裁者？

就一月底的議會估計，只有三個可能性。自由黨或人民黨領導的反韋尼澤洛斯派集團可以跟共產黨聯合起來，構成多數。或兩個合起來佔最多席次的大集團可以暫時放下差異，合力壓制共產黨。反韋尼澤洛斯派跟共產黨不可能達成協定，因為他們的意識形態差距太大。那就只能讓自由黨拉上共產黨，或自由黨和反韋尼澤洛斯派合作。雙方都經歷了考驗，而且雙方都犯了同樣的錯誤。

選舉後，自由黨和共產黨不到一個月就提出妥協，讓他們可以成立政府。但軍隊的參謀長可不買帳。過渡政府的軍事事務部長去找喬治國王，告訴他這個消息。國王傳喚梅塔克薩斯，把事務部交給他管理。不到幾天，梅塔克薩斯也被任命為副總理。過渡政府的性質改變了，改變政府的是將軍的否決權。

然後在一九三六年四月十三日，臨時總理康斯坦蒂諾斯・德梅爾奇斯（Konstantinos Demertzis）死了。喬治國王現在要根據一八六四年的《憲法》，實施當時仍存在的特權。他指派為總理的人——雅尼斯・梅塔克薩斯，領導的黨派在議院的三百席中只佔有七席。事後看來感覺很不尋常，兩個星期後，梅塔克薩斯以壓倒性的優勢贏得信任票。如此一來，現存政黨的代表心甘情願地茫然前進，廢除他們勝選後要服務的民主機構。

贏得信任票後過了五天，梅塔克薩斯宣布議會休會到九月。一切都加快了速度。薩洛尼卡在五月的暴力把一波波的罷工推到最高點，就怕共產黨組織的大眾起義即將到來。梅塔克薩斯竭盡所能煽動恐懼。喬治國王應該也很害怕。當時的外交觀察家認為風險被誇大了，歷史學家也這麼認為。七月，政黨第二次認真地想要成立政府。

但這個政府跟之前與共產黨員的交易一樣，不為武裝部隊接受。自由黨要支持反韋尼澤洛斯派集團的話，需要付出的代價是讓那些被趕出武裝部隊的人復職，以報復前一年韋尼澤洛斯派發動的政變。很多現役軍官的工作因此岌岌可危——他們受徵召來取代別人，很多人本來就是前一次肅清的受害者。

國王看似要接受黨主席的提議，成立聯合政府。但這似乎也是他跟梅塔克薩斯決定採取行動的時機。希臘工人總聯盟在八月五日星期三要求二十四小時的大罷工，提供了機會和藉口。罷工要開始的前一天，他們宣布戒嚴、暫緩執行憲法的條款，並解散國會。不久之後，所有的政黨都解散了，包括梅塔克薩斯自己的政黨在內。「八月四日政體」開始了。

在當時的氣氛下，甚至不用展示武力。那一天很平靜地過去了。沒有任何反抗。等有人想抗議的時候，已經來不及。梅塔克薩斯和發言人在接下來的幾天、幾個月和幾年內會孜孜不倦地反覆解釋干預的理由：必須預先阻止共產黨員用暴力手段接管。

現實卻不一樣。梅塔克薩斯最根本的動機應該是懼怕一九一六年的內戰會在軍隊內再來一次，也用這個理由說服國王要支持他。如果韋尼澤洛斯派和反韋尼澤洛斯派的聯合政府能夠成立，兩個敵對的軍團就真的很有可能用鬥爭決勝負。西班牙的情況更放大了這些恐懼。

在梅塔克薩斯奪權的兩個星期前，西班牙駐紮在摩洛哥和加那利群島（Canary Islands）的軍隊向最近在西班牙共和國選出的人民陣線（Popular Front）政府宣戰。一九三六年七月開始的西班牙內戰最終就像是共產主義及法西斯主義之間的代理人戰爭，但在剛開始的幾個星期，並沒有立刻那麼明顯。思慮周密的希臘觀察家看到西班牙的景況就是該國一半的武裝部隊向另一半開戰。或許同樣的情況也會出現在希臘？我們永遠不知道，但至少可以用結果來判斷。一九三六年七月，西班牙的佛朗哥（Franco）將軍出手干預，掀起內戰。三個星期後，梅塔克薩斯將軍在希臘的干預卻沒有引發戰爭。另一方面，不論梅塔克薩斯和喬治二世到底有什麼動機，他們採取的行動就長期而言並不會防止內部衝突，只會延後。

梅塔克薩斯政體的效應就等於把一層厚厚的混凝土倒在切開希臘社會、不斷變動的斷層線上。板塊又開始移動時，驅動力的本質也改變了。混凝土無法壓制或分散累積的壓力，但會讓板塊沿著不同的軸線裂開。一九三六年的奪權用希臘共產黨當藉口，但共產黨只是想像出來的威脅，在短期內，會被梅塔克薩斯政體毀滅殆盡。但那個威脅的說法會繼續滋養他們原本要毀滅的生物：共產主義一九三六年在希臘的影響力不強，但十年後就變成很重要的力量。

希臘的左派即使受到官方迫害，仍會從一九四〇年代開始主導該國的知識生活，也會反常地興起，變成梅塔克薩斯政體的非預期受益人。現代的左派和右派概念進入希臘政治時，給希臘的懲罰就是一九三六年明顯且極度右派的獨裁政權。接下來的十年內，斷層線再一次扯裂了混凝土，就會沿著左右軸線來撕裂希臘，也就是二十世紀的第二場內戰。

「新法理國家」和「第三希臘文明」

政體立定後，便想辦法完全掌控媒體和通訊。第一天的傍晚，警察已經去過國內所有報社的辦公室，下達指令，告訴他們未來哪些內容可以發布，哪些不行；他們下的指令也在不准發布的範圍內。公眾甚至不該知道他們讀的報紙已經變成只是政體的工具，但這個祕密也守不了多久。後來在同一個月，新的「媒體及旅遊署」成立。職權定義為：

> 民意的指引，涵蓋事務包含希臘及外國日報和期刊、各種會議及展覽、劇院、電影院、留聲機唱片、每一種形式的廣告、演說、出版品及各種印刷品、現場表演或以機械手段重製之表演，

> 都必須遵守國家傳統及期望的架構，包括無線電廣播的控制。[24]

名稱聽似無害，「該署」完全仿效約瑟夫・戈培爾（Joseph Goebbels）在柏林惡名遠播的宣傳部（Propaganda Ministry）。確實，梅塔克薩斯政體採用的論調及方法大多一看就知道是借自納粹德國和法西斯義大利的現成產物。新的媒體會被利用到極致，在人民間控制和推廣政體的訊息。過不了多久，到處都能看到口號，甚至印在燈泡和信件的郵戳上，農村裡放眼皆是。其他呼應納粹的做法還有短命的勞工營（Labour Battalion）和梅塔克薩斯最鍾愛的成品，也就是國家青年組織（National Youth Organization，希臘文的縮寫是EON）。年輕人受鼓勵加入EON，在一九三八年以後則是被迫參加。他們必須參加夏令營，接受政治教化。EON的年輕成員（一九三九年達到一百萬）和徵召入勞工營的工人學了他們改良過的納粹禮——但是，據說「領袖」本人不會回禮。

梅塔克薩斯和組成政府的年長政務官（部長們幾乎都沒有政治背景）並不在意國族和法理國家的區別。他們認為，至高的價值就是國家共同體。梅塔克薩斯對「法理國家」的信念很偏執。那是一種固著。法理國家是「有機體」，有自己的存在，自己的利益。以「有組織的國族大眾」為基礎。獨裁治理開始後的幾個月，這個政體開始提倡所謂的「新法理國家」。梅塔克薩斯在希臘位於薩洛尼卡的第二所大學第一次對學生演講時，用的語言令人寒心：

> 無論男女，我都不准你們有法理國家以外的想法。我要求你們的想法與法理國家一致，深信不疑，且熱切遵行。如果你們有不同的想法，那麼他或她最好都不要接受教育。[25]

就像希特勒宣告的第三德意志帝國（Third German Reich）和墨索里尼宣告的第三羅馬（Third Rome），梅塔克薩斯在一九三七年六月的演說裡也提出了「第三希臘文明」。這並不是為了描述當前的情況，而是呈現未來的目標。這個「文明超越過去的文明，能讓我們列入期待活下去、有能力活下去，以及值得活下去的國族中」。[26]這個政體及其理論家從過去選擇仿效的對象不是民主的雅典，而是軍國主義的、共同的、有紀律的斯巴達——早在納粹出現前，德國軍事傳統取經的對象就是斯巴達。

但八月四日政體不光只有意識形態和口號。他們的國內政策（例如對共產黨採取壓制的措施）大多不是新的，而是根據韋尼澤洛斯立下的基礎，並提高強度。的確，在韋尼澤洛斯治下，有四年的穩定議會政治，和梅塔克薩斯極權政體之間的連續性其實超乎一般人的認知。

首先，國家機構更強化了。文官制度擴大。警力也擴大。這個政體啟動了一連串充滿雄心壯志的公共工程。一系列的法律確實解決了一九三二年以來經濟復甦造成的勞資關係危機，之前選出的政府都處理不了。政府宣布罷工不合法，員工也不可以停工。勞資糾紛中的雙方都不得不接受強制仲裁。也引進一天八小時的工制。在韋尼澤洛斯時代發展出雛形的社會安全系統擴大了不少。在復甦的這些年，工人及失業者受害的程度不成比例，這一切的措施都是為了帶來「社會改革」及「公正的財富分配」，以處理他們最嚴重的抱怨。[27]國家推動提升就業率的措施似乎不太成功，稅率也升高了。但是，在韋尼澤洛斯當權最後一年開始、增加小麥產量的驅動力就能延續，在梅塔克薩斯執政的一九三六到一九三八年間，產出變成兩倍，因此對進口的依賴相應降低。

新的法規多半直接針對不滿的農民和農工。為了讓所有的社會階級受制於國家共同體的絕對命令（diktat），梅塔克薩斯想把自己表現成受壓迫者的「領袖」，抵消目前已經感知到、來自下層的威脅。精心設計的公開場合、演說和廣播推廣這位獨裁者時，說他是「第一農民」和「第一工人」。這些有時代感的裝模作樣如今看起來很奇特，甚至到了荒謬的地步，但與梅塔克薩斯擁護的口說希臘語是相同的性質。梅塔克薩斯率先託人制定口說希臘語的正式文法，猛然掀起一股二十世紀流行許久的風潮，將口語與政治左派劃成同一邊，正式的「純正希臘語」則是右派。

梅塔克薩斯政權最有效的國內措施則是針對共產黨的手段，逐漸擴大到所有的異議分子。梅塔克薩斯偏好的壓迫手段是警察，不是軍隊。他的公共安全部長康斯坦蒂諾斯・馬尼亞達奇斯（Konstantinos Maniadakis）是全希臘最令人懼怕的男人。除了是農村憲兵和城市警力的首腦，馬尼亞達奇斯也負責高效率的地下監控服務。數千名共產黨員被抓到一起、盤詰、服下蓖麻油，很多人被送到偏僻島嶼上的拘留營；簽一份「悔改聲明」，就可以換來自由。在一九四〇年，這個政權吹噓說，四萬七千人簽了這份聲明，而在一九三六年，希臘共產黨登記在案的成員人數只有這個數字的三分之一。[28]共產黨在此時已經轉為地下政黨。黨主席尼可斯・薩哈瑞亞迪斯（Nikos Zachariadis）及中央委員會的成員都已經入獄。政體奪權時當成藉口的威脅就算曾經存在，這時也被消滅了。另一方面，因為這個政權而受害的數千人若是感到悲情，在未來也有了本來無緣的發洩管道。

事後看來，不難看出希臘在一九三六年硬要施行獨裁政權後，就慢慢傾向當時遍及歐洲各地、在第二次世界大戰期間達到高峰的極權主義。議會民主在希臘和其他國家第一次受到威脅，後來更喪失了信用。墨索里尼從一九二二年開始在義大利獨掌全權，史達林則是一九二〇年代中期開始在俄羅斯獨裁，希特勒在德國則從一九三三年開始。其他國家也紛紛跟進。在一九三〇年代後半，對很多希臘人來說，一定感覺就像過去幾年的政治混亂，以及一九三六年議會懸峙的僵局，顯露出體系的極限在國內外都崩解了。其他能試的都試了，也都失敗了，或許他們這位身材肥胖、自封的「領袖」，以及這些崛起之勢看似無法抵擋的強權採用的權威主義，真的能代表未來之道？

當然，明顯的抵抗極少。似乎有很多人認為，即使有很多地方尚待改進，「新法理國家」仍比之前的混亂好多了。起碼，現在沒有人會談論內戰的風險。只有兩次，眾人組織起來想推翻政權，恢復議會政府。兩次都在一九三八年，時間都不長，且敷衍了事，都被果斷鎮壓。到了那年秋天，大家都看得出來，梅塔克薩斯不會下台了。

在藝術和知識分子的世界，也沒有顯著的反抗。跟後來一九六〇年代晚期和一九七〇年代早期「上校軍團」的獨裁統治形成強烈差異。此時，藝術界認同共產主義的傑出人物不多，例外的有詩人科斯塔斯・瓦爾納利斯（Kostas Varnalis）和年輕的雅尼斯・里佐斯（Giannis Ritsos），以及在一九二〇年代寫下第一本希臘革命馬克思主義學派史的歷史學家雅尼斯・科扎托斯（Giannis Kordatos）。里佐斯在地下出版品，比方說共產黨的報紙《激進者》（*Rizospastis*）傳播他的幾首詩，但他的作品大多沒有公開的政治內容，也出現在會經過審查的主流期刊裡。在大多數情況下，作家和知識分子都跟政體保持距離。公開焚書的場面，以及禁止他們之前出版過的書籍，當然不討他們喜歡。這種觀點似乎也是相互的：梅塔克薩斯在演說中講過，「雖然我很敬重純粹的智力，我必須承認，我跟做實用工作的人比較好溝通。」[29]

這並不是說藝術家和知識分子被說服了或屈服於脅迫，當時的蘇聯和納粹德國就是這種情況。德國的藝術家和知識分子大量移居國外，但希臘並沒有這種情形。詩作、小說、視覺藝術、劇院和電影院（最後這兩個受到政權的嚴密控制）已經自行在暗地裡追求自給自足——尋求希臘特有人物、歷史和文化的根本。這種前衛、實驗性的技巧，不論是寫作、繪畫或音樂，都在一九二〇年代結束時突然出現在希臘，在那十年快過完的時候融合了國族自我發現的議題。標題為《希臘左巴》的小說由尼可斯．卡山札基斯在一九四〇年代初期寫成，就是這種趨勢一個很好的例子。要詮釋當時的政權，也可以說是在表達同樣的追求（相較之下相當粗俗而緩慢沉重）。

希臘社會中有一塊無法與政權和解——不是政權與他們和解。那就是都市裡的下層階級，他們獨特的聲音在二十世紀第一個十年開始傳入其他人的耳朵裡。一九二〇年代，大量難民到來，讓下層階級人數暴增，自我表達的方式也大幅度擴展。很多窮人逐漸變得小罪不斷，或陷入**硬漢們**悍然反社會的團體，後者在皮雷埃夫斯的碼頭及雅典、薩洛尼卡和大城鎮較窮的郊區不斷冒出。稱為倫貝蒂卡的音樂和歌曲讚美的自給自足與政府的自給自足不一樣。

硬漢以及支持他們和他們歌曲的都會下層階級向來沒有政治組織。在政權掌權後的幾個星期，就是因為這些人，「留聲機唱片」很不合常理地出現在要審查的媒體清單上。倫貝蒂卡讓政權的理論家怒氣沖天。在這裡，工人階級表現出對權威無動於衷的模樣，他們的價值觀比國家的更優越，他們的行為腐蝕了「新法理國家」代表的一切。在能容忍抽大麻的癮君子、犯罪行為和對國家共同體的蔑視的社會，怎麼可能誕生出「第三希臘文明」？

或許倫貝蒂卡最有異議的地方就是音樂。布祖基琴是硬漢最喜歡的樂器，跟土耳其的沙茲琴屬於同一個家族。倫貝蒂卡的音樂繼續以木卡姆（makam）調式為基礎，也就是中東音樂的特色。聽起來一點也不「歐洲」，更不像西方音樂。建國後過了一百年，希臘正充滿決心，要定義自己絕對是西歐的一部分，讓人想起「東方」的東西都必須抹除。想起土耳其的統治似乎還不算最糟糕的，倫貝蒂卡的音樂留存了活生生的回憶——希臘國族曾分散在東方各地，本身也隸屬於鄂圖曼的體制。跟現代的土耳其和好是一回事——這是韋尼澤洛斯發動的利己政策，梅塔克薩斯並不想中斷，但專屬於鄂圖曼的舊時回憶，以及曾擴大到超出希臘法理國家能觸及的希臘國族，就超出了容忍範圍。

政權又採取行動。錄音室的訂單都去掉了「土耳其」風格的音樂、樂器和發聲技巧。作曲家和表演者受到騷擾和監禁，或以各種「反社會」行為為由流放到島上。**布祖基琴**在這時就幾乎等同於「土耳其」的歷史，以及培育出這種樂器的下層社會犯罪行為，在當局眼中變成顛覆的象徵。警察會扣押和摔爛樂器，把擁有者帶回去拷問。這時，外型類似布祖基琴的巴拉瑪琴（baglamas）開始流行起來，因為它比較容易藏進衣服裡，或放進外套裡特別設計的口袋。

在當時這些措施下，倫貝蒂卡卻更風行，與政權其他的敵人（真實的或假想的）完全相反。留聲機唱片的歌詞經過審查，「清乾淨了」，就沒有這麼受歡迎。兩次大戰期間最偉大的作詞家和布祖基琴演奏者是馬可斯．凡瓦卡瑞斯（Markos Vamvakaris），多年後他回憶起一九三〇年代晚期的夏日，他跟一個倫貝蒂卡的小樂團在雅典西邊的郊區開店，那個小鎮衰敗而簡陋，叫作弗坦尼可斯（Votanikos）：

> 每天晚上都亂哄哄的……什麼樣的人都來了。上流社會的貴族，還有硬漢跟流浪兒，狂歡直至天明。雅典最出類拔萃的人都來了……整個雅典、皮雷埃夫斯、所有的郊區。他們來自拉立沙、的黎波里、薩洛尼卡，希臘的每個地方。30

這種自吹自擂的誇大是他們的風格，但也有道理。倫貝蒂卡正在往上爬。即使看似不可思議，卻是在梅塔克薩斯統治的這些年，這種特殊的希臘認同表達開始從滋養它的下層社會中移出來，進入主流，在時機成熟時，畫家雅尼斯．查羅契斯讚譽它是「現代希臘文化存在的唯一證據」。[31]這份功勞當然不會歸給梅塔克薩斯的獨裁政權。但在公開發言受到嚴密控制的社會裡，也不允許收集公眾態度的直接證據，這種音樂能留存下來，並在這些年間吸引了各個社會階級，就證明了希臘人的性格永遠不會被獨裁政權馴服。

一位希臘歷史學家便根據倫貝蒂卡的證據，在二十一世紀針對獨裁政權及其國家主義的願景提出定論：「對希臘人來說，不像國族概念，法理國家一向是公眾嘲笑的對象。因此，在歷史悠久的傳統裡，這項偉大的設計只是空口說白話。」[32]

最後通牒

梅塔克薩斯的政權在某個方面跟納粹和法西斯政權簡直是一模一樣。一九三五年，墨索里尼入侵阿比西尼亞（現代的衣索比亞），揭露了在海外建立帝國的野心。在德國，納粹意識形態的核心就是犧牲東歐和亞洲的「劣等」人，擴展國家來為國民建立生存空間（Lebensraum）。八月四日政體不走軍國主義，也不走擴張主義。希臘在一九二二年就學到了殘酷的一課。那時，梅塔克薩斯反對到安納托力亞作戰；之後無論發生了什麼事，都無法改變他的想法。在一次世界大戰的開頭，他在私人信件裡提出簡單的希望：「我們親愛的小希臘別受到傷害」，這個願望一直陪伴他到生命終了，也就是二次大戰期間的關鍵時刻。

梅塔克薩斯政體繼續維護韋尼澤洛斯交涉而來的區域防守聯盟，也包括跟土耳其的盟約。政體最頭痛的事跟這些年間希臘其他的政府一樣，就是歐洲強權的威脅，衝突勢必再度出現，也一定會帶來戰爭。一九三八年，希特勒併吞奧地利和一部分的捷克斯洛伐克後，墨索里尼遲早會覺得他需要在地中海和巴爾幹半島這一帶展現實力。

在地中海東側，唯一能和義大利匹敵的強國就是大不列顛。一九三八年十月三日，英國首相內維爾・張伯倫（Neville Chamberlain）才在幾天前同意分割捷克斯洛伐克，並宣布「這是屬於我們這個時代的和平」，梅塔克薩斯就向外交部提出不尋常的請求：

> 我要的是，跟大不列顛結盟。為什麼不呢？我們必須假設，事實很簡單，歐洲發生戰爭時，英國海軍航空隊一定會緊急調用希臘群島和希臘的港口。如果不能自動接納這個盟國，仍會被迫接受……

這當然跟一九一六年的情況一樣。梅塔克薩斯和許多希臘人在那時經歷的怨恨一直難以消除。現在，他倒要竊取舊時政敵韋尼澤洛斯的政策：部分領土被佔，加上內戰，絕對要犧牲性命，與其如此，不如先組成聯盟。[33]

梅塔克薩斯在日記裡坦承，他相信自己的提議會被拒絕。一年半以後，想起英國和德國開戰的時刻，但義大利或希臘還沒捲入，他推測，「他們現在要跟我們結盟嗎？我滿心恐懼。但結盟說不定比較好。」[34]不論如何，梅塔克薩斯在一九三八年的直覺沒錯。在大不列顛仍有種姑息的趨勢。外交部或許是眼光短淺吧，但依舊趨於務實，估計「最後不需要負起聯盟的義務，仍能保全梅塔克薩斯承諾的一切」。[35]各國就這麼跌跌撞撞走上戰爭之路。

一九三九年三月，德國軍隊踏入捷克斯洛伐克尚未被第三帝國吞併的區域。到了月底，納粹宣傳部主任約瑟夫・戈培爾第二次造訪希臘。戈培爾與梅塔克薩斯會面後，公開表示他很滿意，希臘政府在戰爭開始後能保持中立，並贊成德國的作為。梅塔克薩斯本人則在日記裡寫了電報般的文字，「雙邊都有保證。」[36]過了一星期，在四月七日，義大利軍隊在阿爾巴尼亞海邊的都拉斯登陸。二十四小時後，他們佔領了整個阿爾巴尼亞。梅塔克薩斯的保證搖搖欲墜。又過了一星期，英國和法國政府發布聲明，支持希臘和羅馬尼亞的國土完整，不受攻擊——這個宣言一點保障也沒有，一有事就失效了。接著，希特勒在九月一日侵入波蘭。第二次世界大戰開始了。

在常稱為「假戰」的前九個月，巴爾幹半島一片「假的」和平。義大利到了一九四〇年六月才參戰。這時，歐洲北部幾乎都落入納粹手中。不列顛戰役（Battle of Britain）在英吉利海峽上方肆虐，到了九月，英國各城市遭到嚴重轟炸，溫斯頓・邱吉爾領導的政府無力支援希臘，但是義大利的攻擊看起來已經迫在眉睫。

八月十五日，正是一年一度前往提諾斯島聖母祭壇朝聖的高峰時期，潛水艇射出的魚雷擊沉了停泊在港口外的希臘巡洋艦艾利號（Elli）。大家都認定是義大利人的潛水艇所為，但相關新聞都被禁了。梅塔克薩斯發了緊急電報給英國政府，要求他們在希臘受到攻擊時提供援助。幾天後，邱吉爾本人回覆了，但希臘仍得不到承諾。忠於原則的梅塔克薩斯沒有向報刊揭露他們的對話，免得激起義大利的進一步行動。

同時，梅塔克薩斯也祕密跟德國人接觸。他還抱著希望，期待能說服希特勒，遏制他的盟友墨索里尼。但納粹要希臘付出的代價便是加入軸心國。梅塔克薩斯不能冒這個險——正如德皇提出同等的要求時，君士坦丁國王因著地緣政治的理由而給出的答覆。希臘是海洋國家，大不列顛則是海洋霸主。[37]在那個充滿危機和不確定性的夏天，梅塔克薩斯在日記裡的記述帶著陰森的宿命論：

如果德國人贏了，**我們**會變成他們的奴隸。——如果英國人佔上風，我們會變成他們的奴隸！——如果都輸了，歐洲會分崩離析。反正，一定會崩解。天啊，好沮喪！[38]

那年，希臘的夏季很晚才結束。到了十月底，晚間還是很溫暖。雅典流言四起，義大利人將從阿爾巴尼亞進攻。政府準備了祕密命令，一下令就要動員後備軍人。十月二十五日星期五，預期的入侵仍沒有徵兆。那天傍晚，梅塔克薩斯去歌劇院聆聽浦契尼（Puccini）的《蝴蝶夫人》（*Madama Butterfly*），劇團來自義大利。「反應熱烈，」他在日記裡寫道。隔天，義大利大使艾曼紐埃萊．格拉齊（Emanuele Grazzi）邀請演出者和希臘政府成員去他的大使館慶祝。到了星期天，義大利通訊社宣稱，希臘突擊隊攻擊了阿爾巴尼亞的義大利部隊。[39]

十月二十八日星期一早上，格拉齊又跟梅塔克薩斯碰面。時值凌晨三點，地點是這位獨裁者位於基菲薩的樸實居所。梅塔克薩斯被弄醒了，來接待大使。格拉齊一臉尷尬的來投遞最後通牒：希臘必須交出未指定的戰略位置，讓義大利部隊自由通過希臘的領土。據說，梅塔克薩斯就回了一個詞：Ochi，希臘文的「不」。自此之後，這一天就變成希臘的國定假日，稱為「說不紀念日」（Ochi Day），稱頌梅塔克薩斯的反抗行為。在現實中，不論他們的對話說了什麼，都會用法語，也就是當時的國際外交語言進行。之後立即召開緊急內閣會議，最早到的部長或許更忠實地傳達了梅塔克薩斯實際上說的話，「那麼，閣下，就開戰吧（Donc, Monsieur, c'est la guerre）。」[40]

在二十世紀，希臘第二次捲入歐洲的戰爭，而這場戰爭不久之後就會吞沒幾乎整個世界。窮盡軍事和政治事業來防止戰爭的梅塔克薩斯，本來不受歡迎，也在一夕之間變成全國的英雄。

1 科斯塔斯．科斯蒂斯，《歷史寵壞的孩子：現代希臘的成形》，賈寇柏．莫伊譯（倫敦：Hurst，二〇一八；希臘文初版於二〇一三），頁二六四、二九一。

2 史坦帝斯．卡利維斯，《現代希臘：基本須知》（牛津：牛津大學出版社，二〇一五），頁七六、七九。

3 狄米特里．潘佐普洛斯，《巴爾幹半島的少數民族交換以及對希臘的衝擊》（巴黎及海牙：Mouton，一九六二；改版後加入麥可．列威林．史密斯的新前言，倫敦：Hurst，二〇〇二），頁九六～一〇〇。大會涵蓋的穆斯林人數，見頁六九。另請參見芮妮．希爾松（Renée Hirschon）編著，《穿越愛琴海：評價一九二三年希臘和土耳其之間的強制人口交換》（牛津：Berghahn，二〇〇三），尤其是頁三～三七。

4 潘德利斯．普雷維拉基斯，《城市編年史》（*Το χρονικό μιας πολιτείας*，雅典：Estia，一九七六；一九三八年初版），頁八五。另請參見蘇菲亞．庫佛普魯（Sophia Koufopoulou），〈土耳其的穆斯林克里特人：愛琴海社群的族群認同重構〉（Muslim Cretans in Turkey: The reformulation of ethnic identity in an Aegean community），出自希爾松編著，《穿越愛琴海》，頁二〇九～三三；布魯斯．克拉克（Bruce Clark），《兩次形同陌路：希臘、土耳其及他們逐出的少數民族》（*Twice a Stranger: Greece, Turkey and the Minorities they Expelled*，倫敦：Granta，二〇〇六），頁一八四～七。

5 亨利．摩根索，《我受命前往雅典》（*I Was Sent to Athens*，紐約：Doubleday, Doran and Co.，一九二九），頁一〇一；潘佐普洛斯，《巴爾幹半島的少數民族交換》，頁九六。

6 瓦索．斯特拉庫（Vasso Stelaku），〈空間、地點和認同：兩個卡帕多奇亞希臘拓居地的回憶和宗教〉（Space, place and identity: Memory and religion in two Cappadocian Greek settlements），出自希爾松編著，《穿越愛琴海》，頁一八八。

7 約翰．寇里歐普洛斯及薩諾斯．威瑞米斯，《希臘：現代的續集，自一八二一年到現在》（倫敦：Hurst，二〇〇二），頁一一二。

8 關於猶太人，參見K. E. 弗萊明（K. E. Fleming），《希臘：猶太人的歷史》（*Greece: A Jewish History*，紐澤西州普林斯頓：普林斯頓大學出版社，二〇〇八），頁九一～一〇九；馬克．馬佐爾，《薩洛尼卡：鬼城》（倫敦：

HarperCollins，二〇〇四），頁四〇二～二〇。關於其他族群，參見喬治．馬加里蒂斯（George Margaritis），《不受歡迎的同胞：希臘少數民族滅絕的證據》（*Ανεπιθύμητοι συμπατριώτες.Στοιχεία για την καταστροφή των μειονοτήτων στην Ελλάδα*，雅典：Vivliorama，二〇〇五）；伊莉莎白．孔托尤伊（Elisabeth Kontogeorgi），《希臘馬其頓的人口交換》（*Population Exchange in Greek Macedonia*，牛津：牛津大學出版社，二〇〇六）。

9 尤格斯．狄奧多加斯，《亞果》，共兩卷（雅典：Estia，一九三三及一九三六），卷一，頁五七～八。

10 尤格斯．狄奧多加斯，《自由精神》（*Ελεύθερο πνεύμα*），K. Th. 迪瑪拉斯編著（雅典：Ermis，一九七三；一九二九年初版），頁七〇。

11 喬治．塞菲里斯，《詩作全集》（*Complete Poems*），艾德蒙．基利（Edmund Keeley）及菲利普．謝拉德（Philip Sherrard）翻譯、編輯及簡介（倫敦：Anvil，一九九五），頁四一。

12 狄奧多加斯，《亞果》，卷二，頁一〇七。

13 喬治．馬夫羅約達托斯，《胎死腹中的共和國：一九二二至一九三六年間希臘的社會聯盟和黨派策略》（*Stillborn Republic: Social Coalitions and Party Strategies in Greece, 1922–1936*，加州柏克萊：加州大學出版社，一九八三），頁三六～七。

14 馬夫羅約達托斯，《胎死腹中的共和國》，頁四一。

15 馬克．馬佐爾，《希臘及兩次大戰之間的經濟危機》（*Greece and the InterWar Economic Crisis*，牛津：Clarendon Press，一九九一），頁二七八。

16 馬夫羅約達托斯，《胎死腹中的共和國》，頁四七～八。

17 約翰．坎貝爾及菲利普．謝拉德，《現代希臘》（*Modern Greece*，倫敦：Benn，一九六八），頁一五四。

18 約翰．寇里歐普洛斯，《希臘及英國在一九三五至一九四一年之間的關係》（*Greece and the British Connection, 1935–1941*，牛津：Clarendon Press，一九七七），頁一八，引用一九三五年五月十三日外交部的電報。

19 寇里歐普洛斯，《希臘及英國的關係》，頁九八，引用一九三八年十月十二日外交部的備忘錄。

20 雅尼斯．斯特凡尼迪斯（Ioannis Stefanidis），〈將希臘重建成歐洲國家：韋尼澤洛斯一九二八至一九三二年最後的總理任期〉（Reconstructing Greece as a European state: Venizelos' last premiership, 1928–32），出自帕斯哈利

斯·奇卓米利德斯編著，《艾萊夫狄里奧斯·韋尼澤洛斯：政治領導才能的試驗》（愛丁堡：愛丁堡大學出版社，二〇〇六），頁一九三～二三三（參見頁二〇八～九）。

21 馬佐爾，《經濟危機》，頁二七六（引用希臘銀行總裁艾曼努伊爾·祖德羅斯〔Emmanuel Tsouderos〕的話），及頁三〇一、二八五（引用悉德尼·華特洛一九三五年一月對外交部說的話，原本的重點）。

22 馬佐爾，《經濟危機》，頁二九二（引用華特洛一九三六年四月八日對外交部說的話）。

23 瑪琳娜·佩特拉基斯，《梅塔克薩斯神話：獨裁政權及希臘的宣傳》（*The Metaxas Myth: Dictatorship and Propaganda in Greece*，倫敦：**I. B. Tauris**，二〇〇六），頁二〇六、注一〇〇，引用白樂德（Palairet）一九三九年八月二十一日對外交部說的話。

24 《政府憲報》（*Εφημερίς της Κυβερνήσεως*），一九三六年八月三十一日，譯文引用於佩特拉基斯，《梅塔克薩斯神話》，頁九；原文可在網路上找到。

25 君士坦丁·薩蘭提斯（Constantine Sarantis），〈梅塔克薩斯政權的意識形態及特質〉（The ideology and character of the Metaxas regime），出自羅賓·海厄姆（Robin Higham）及薩諾斯·威瑞米斯編著，《一九三六至一九四〇年間希臘的觀點：梅塔克薩斯獨裁政權》（*Aspects of Greece, 1936–40: The Metaxas Dictatorship*，雅典：希臘國防及外交政策基金會，一九九三），頁一五一，引用（譯文）一九三七年五月及十一月的演說；瓊恩·寇法斯（Jon Kofas），《希臘的獨裁主義：梅塔克薩斯政權》（Authoritarianism in Greece: The Metaxas Regime）（《東歐專著》〔*East European Monographs*〕，科羅拉多州波德，哥倫比亞大學出版社經銷，紐約，一九八三），頁一〇〇（引述），引用華特洛一九三六年十月三十日送給外交部的譯文。原始的希臘文未納入雅尼斯·梅塔克薩斯，《一九三六至一九四一年的演說及思維》（*Λόγοι και σκέψεις, 1936–1941*），共兩卷（雅典：Ikaros，一九六九）。

26 寇里歐普洛斯，《希臘及英國的關係》，頁七九，引用梅塔克薩斯簽訂的官方文件，譯文引述於日期為一九三八年六月二日的英國公使館急件。

27 薩蘭提斯，〈意識形態〉，頁一五四，引用梅塔克薩斯一九三九年演說的譯文。

28 《梅塔克薩斯執政的四年》（*Τέσσαρα χρόνια διακυβερνήσεως Ι. Μεταξά*），共四卷（雅典，一九四〇），卷二，頁二一三；佩特拉基斯，《梅塔克薩斯神話》，頁三四～五、二〇九～一〇、注二八。

29 梅塔克薩斯，《演說及思維》卷二，頁一二四（梅塔克薩斯在一九三九年八月八日的演說）；佩特拉基斯，《梅塔克薩斯神話》，頁六三。

30 馬可斯．凡瓦卡瑞斯，《自傳》（*Αυτοβιογραφία*），安琪拉．凱爾（Angela Kail）編著（雅典，一九七三），頁一七五、一八七。讀者可在倫敦的Greeklines找到儂妮．米諾格（Noonie Minogue）的譯本。

31 斯塔西斯．岡特雷特（Stathis Gauntlett），《倫貝蒂卡之歌：對學術方法的貢獻》（*Ρεμπέτικο τραγούδι.Συμβολή στην επιστημονική προσέγγιση*，雅典：Eikostos Protos，二〇〇一），頁六八。

32 薩諾斯．威瑞米斯，〈一九二二：希臘法理國家中的政治延續及政黨重組〉（*1922: Political continuations and realignments in the Greek state*），出自希爾松編著，《穿越愛琴海》，頁五三～六二（引述頁六〇）。

33 寇里歐普洛斯，《希臘及英國的關係》，頁八九，引用一九三八年十月三日華特洛對外交部說的話。

34 雅尼斯．梅塔克薩斯，《他的私人日記》，共四卷（雅典，一九五一至一九六四），卷四，頁三一一（一九三八年十月二十日），卷四，頁四六〇（一九四〇年四月二日）。

35 寇里歐普洛斯，《希臘及英國的關係》，頁九一。

36 摩金斯．佩爾特（Mogens Pelt），〈一九三六至一九四一年，在法西斯主義和納粹主義背景中建立和發展的梅塔克薩斯獨裁政權〉（The establishment and development of the Metaxas dictatorship in the context of Fascism and Nazism, 1936–41），《極權主義運動及政治性宗教》（*Totalitarian Movements and Political Religions*）2/3（二〇〇一），頁一四三～七二（引述頁一六四）；梅塔克薩斯，《日記》（*Ημερολόγιο*），卷四，頁三六二（一九三九年四月一日）。

37 佩爾特，〈梅塔克薩斯獨裁政權〉，頁一六五～六，引用一九四〇年六月及七月的德國外交文件。

38 梅塔克薩斯，《日記》，卷四，頁四八四（一九四〇年七月十四日）。

39 梅塔克薩斯，《日記》，卷四，頁五一二～五。

40 梅塔克薩斯，《日記》，卷四，頁七四七。

9 潰敗

一九四〇～一九四九

後來的事讓幾乎每個人都嚇了一大跳，尤其是義大利的獨裁者。在下最後通牒的兩個星期前，墨索里尼向參謀長大致講出佔領希臘的計畫，跟之前佔領阿爾巴尼亞的方法一樣，無人反對。德國軍隊在北歐打了勝仗，軸心國在南部的成員也該展現實力，拿出征服的戰果。他們沒有徵詢希特勒的意見。勝利應該能手到擒來。

但是，伊庇魯斯的希臘軍隊在亞歷山德羅斯．帕帕尤斯（Alexandros Papagos）將軍的指揮下，幾天內就讓義大利打頭陣的軍隊無法繼續前行。一九四〇年十一月十四日，輪到希臘部隊進攻。從此之後，這場戰爭在希臘文裡稱為「阿爾巴尼亞戰役」，在人們的記憶中是場「史詩」大戰。

在一九四〇到一九四一年的冬天，希臘人只有一個立場。他們表現得猶如一體，一起作戰。在一九三五年政變失敗後，低階的韋尼澤洛斯派軍官被迫離開，現在終於能回到軍隊。不過就算到了此時，和解的精神仍未傳給上級。但很多被開除的軍官還是志願回到軍隊，以更卑微的身分貢獻他們的勇氣及技能。在一九一六年的內戰中，軍團人員過多，是一個無用的歷史包袱，這一次卻真的對國家有好處。一九四一年一月十日，帕帕尤斯確保他們能通過阿爾巴尼亞南部，在義大利佔領的土地上挺進了大約三十英里。

稱之為希臘「最光輝的時刻」實不為過，呼應邱吉爾在不列顛戰役那晚對國會講的、常常被引用的這幾個字。[1]希臘人的成就來自團結和自我犧牲的精神，符合英國戰時領袖的呼籲。這場戰役的成就跟不列顛戰役的勝利一樣，一個國家為了生存，獨自對抗勢不可擋的困境。梅塔克薩斯一直記得一八九七年的殘酷教訓，也當作他一生事業的指引，但這一次逆轉了。

是真的嗎？

十月的那個早上，梅塔克薩斯斥退義大利大使後，做的第一件事就是在日記裡記下電報風格的文字：「找白樂德，向英國求助。」英國大使到了黎明時分才現身。內閣的會議還沒召開。[2]從那個時刻開始，只要希臘軍隊在阿爾巴尼亞打了勝仗，梅塔克薩斯和政府就陷入了危險的外交處境。最後到了一九四一年一月，英國終於答應派兵援助，但梅塔克薩斯仍不敢接受。英國人來了，一定會激怒希特勒。他們提供的士兵數字也不足以保護希臘對抗強大的第三帝國。那年冬天，希臘的記者都要封口，不能說他們的國家正在對抗法西斯主義，「因為我們也是法西斯國家」。官方說法是，希臘只跟「義大利的武裝部隊」作戰。[3]但英國跟德國的壓力都愈來愈大，這個說法能撐多久？

梅塔克薩斯那年四月就要七十歲了，他的健康令人擔憂也已經有一段時間。日記的最後一篇寫於一九四一年一月十七日。一月二十九日，他死於肺炎，而愈來愈急迫的難題還沒解決。三天後，英國大臣白樂德爵士把報告交給外交部，他的悼念非常虛偽，稱對方是一位「希臘的偉人，說起來也是歐洲的偉人，他的行為和個性對戰爭過程有非常重要的影響」。白樂德全心相信這位獨裁者「對大不列顛的好意與親善」，也很滿意梅塔克薩斯在死前「決心與我們站在一起作戰，不光對抗義大利，也對抗德國」。[4]

梅塔克薩斯本人的看法卻不一樣。在他死前不到一個月，寫了一篇很長的日記，抱怨希特勒和墨索里尼的背信。納粹元首和義大利的統帥最後也背叛了他們自己的意識形態原則。他寫道，「從八月四日起，希臘開始反共產主義，反議會，變成一個極權主義的國家，」這些對梅塔克薩斯來說，很值得自誇，不需責怪。如果希特勒和墨索里尼夠誠懇的話，他繼續寫：

> 他們必須盡全力支持希臘。如果短期的利益或必要性讓希臘因為地理位置的緣故更貼近英國，他們應該要能原諒。事實卻相反：希臘跟英國保持距離——只留下不可或缺的聯繫，僅僅是必要的友善關係。希臘從未提供協助給英國，也沒有做出承諾。[5]

梅塔克薩斯以法西斯分子的身分死去，信守的意識形態卻變成希臘部隊開槍攻擊的對象，這也是世界上首見的情景。在死前的那幾個月，他表現出的領袖風範讓人民克服了四分之一個世紀以來的分裂。在這幾個月，很少聽到有人提起「新法理國家」，更少聽到「第三希臘文明」，而共產主義的威脅本來是施行和維護獨裁政權的藉口，現在也完全銷聲匿跡。一九二二年的災難後，希臘法理國家及機構開始重建，不僅煞費苦心，有時候簡直到了著魔的地步，在一九四〇年十一月到一九四一年三月間，全民統一戰線對抗義大利人的入侵時，也為重建工作提供了最重要的辯護理由。

這個國家的崩解會突如其來，而且近在眼前，起因是希特勒。但是雅尼斯・梅塔克薩斯在一九四一年一月二十九日逝世後，瓦解的過程就開始了。

法理國家的崩解

從最高層開始。八月四日政體沒有憲法保障的合法性。梅塔克薩斯變成「終生獨裁者」，沒有取代的機制。喬治國王有好幾個機會可以在一瞬間解除獨裁政權，換成涵蓋各種政治天賦和利益的聯合政府，此刻是第一次。在希臘沒有議會，也不可能在這種情況下辦選舉，體諒到這方面的差異，應該可以循邱吉爾的例子：大不列顛的戰時國會已經在前一年的夏天就職。但是，國王反而找希臘國家銀行的董事長幫忙。亞歷山德羅斯・寇瑞奇斯（Alexandros Koryzis）從政的經驗不多，就當上了新總理。政權機器其餘部分保持不變。

梅塔克薩斯過世前那幾個星期苦思無解的難題一直到二月底才解決。英國外交大臣安東尼・艾登（Anthony Eden）和在中東指揮英國部隊的威斐爾（Wavell）將軍來訪後，終於達成協議，英國會派兵到希臘。三月初，英國、澳洲和紐西蘭的軍隊到了皮雷埃夫斯。同時，保加利亞宣布加入軸心國。德國的部隊立刻集結到港口。我們現在知道希特勒早在十二月就決心入侵希臘。

襲擊在一九四一年四月六日開始。德軍分隊同時攻擊南斯拉夫和希臘。來自保加利亞的第一場攻擊不到幾天就結束了。薩洛尼卡在四月九日遭到佔領。過了一星期，德國人強行貫穿南斯拉夫的國土，穿越馬其頓西部，推進希臘的國土。如此一來，英國、澳洲和紐西蘭的陣地也撐不了多久。同時，希臘地面部隊的主體最近才剛擊退義大利人在阿爾巴尼亞戰場的新一波襲擊，突然之間就被包圍了。在大風雪及山區低於零度的氣溫裡打了六個月的仗，眾人精疲力竭，軍官與士兵士氣低迷，無力面對後方的敵人，而且這是更具殺傷力的敵人。不到幾天，紀律就開始崩解。雅典沒有正式的命令過來，地方指揮官只能見機行事，要求協議。

到了這個階段，雅典的哪一個人有權下令，尚無定論。四月十八日下午是東正教的耶穌受難日，內閣在布列塔尼大飯店的指揮中心開會，由國王主持。新聞已經透露，政府準備要撤離到相對來說還算安全的克里特島。大家都沒了鬥志，尤其是內閣。有些成員力主投降。命運多舛的銀行家亞歷山德羅斯．寇瑞奇斯本來應該是會議主席，他懇求國王在會議結束後接受他的辭呈。國王拒絕了，寇瑞奇斯回到家後，舉槍自盡。希臘沒有軍隊，也沒有政府。國家有一半落入敵人手裡。

四月二十二日到二十五日，英國、澳洲和紐西蘭的部隊在溫泉關山口做最後的抵抗，這裡是很有名的古戰場。但是，就像公元前四八〇年列奧尼達（Leonidas）和斯巴達三百壯士的戰鬥，只能勉強支持。目的是為了掩護政府，以及英國人認為很重要的人員撤離。四月二十七日，德國國防軍（Wehrmacht）的第一支裝甲縱隊進入雅典。衛城上升起了納粹黨徽。對希臘人來說，佔領開始了。

寇瑞奇斯自殺後，喬治國王遇上第二次建立有多方代表政府的機會，即使這一次僅有象徵性的效應。過了混亂的三天，國王自己掌權，又選了一位銀行家當總理。艾曼努伊爾．祖德羅斯比前任撐得久了一點。他還有其他的資格，既然現在政府要搬到克里特島，這些資格也挺重要的。克里特島是韋尼澤洛斯的家鄉，也是最不支持梅塔克薩斯的地方。祖德羅斯出生在克里特島，之前也支持過韋尼澤洛斯派。雖然做出這個讓步，在一九四一年四月底逃出雅典的希臘政府依然是思想守舊且無人惋惜的八月四日政體。祖德羅斯的總理任期正好三年，變成這段混亂時期中持續在位最久的一位總理，但他不需要面對選戰，也不需要贏得議會的信任票。

政府在克里特島逗留不到一個月。五月二十日星期二，德國傘兵開始登陸島上各處的戰略位置。負責防衛的有紐西蘭、澳洲和英國部隊。克里特島所有能作戰的人都在前一年的秋天被徵召到阿爾巴尼亞的戰場，當指揮官向德國人投降後，都被遣散了。儘管如此，克里特島武裝平民對入侵者的反抗大幅提高傷亡，也立刻招來無情的報復。同時，喬治國王、政府和剩餘的文官現在則急忙通過懷特山，準備搭船去安全的埃及。克里特島戰役（Battle of Crete）不到十天就結束了。克里特島堡壘（Festung Kreta）到戰爭結束前一直都是德國的軍事據點。

由喬治國王和總理祖德羅斯帶領的流亡政府在英國人的保護下慢慢行進，經過亞歷山大港和開普敦前往倫敦，兩年後則在埃及首都開羅安頓下來。八月四日政體到了一九四二年二月才結束——那時在希臘大多數地區，民族國家已經消失無蹤。

德國武裝軍隊獨自打敗和佔領了希臘。但希特勒對這個新征服的地方只有三分鐘熱度。希臘跟其他被征服的國家不一樣，納粹覺得就是搶來吃乾抹淨的戰利品，不需要考慮他們的利益跟繼續維護經營。這一點很明顯，因為希特勒不久就把希臘各地的控制權交給佔了地利之便的盟國：保加利亞和義大利。

色雷斯西部的一大塊和整個馬其頓東部由保加利亞管理。巴爾幹戰爭和第一次世界大戰期間的「種族淨化」再度開始。德國人只控制戰略上最具敏感度的區域：最靠近中立土耳其的島嶼和本土、連著南斯拉夫的馬其頓地帶（包括薩洛尼卡）、克里特島大多數區域，以及雅典和皮雷埃夫斯周圍那一帶，其他的地方都歸給義大利。

傀儡希臘政府宣布就職，由尤格斯．佐拉寇格魯（Georgios Tsolakoglou）帶領，他本來是伊庇魯斯的高級軍長，與其他人一起逼迫軍隊投降。佔領的強權國家派出的全權代表握有真正的權力，他們各有圖謀，也會彼此競爭。內政管理馬上支離破碎。軸心國的強國為軍隊徵用食物，也運回給自己的國民食用。由於前一年的爭鬥，第一個夏天的收成大幅減少。正常的供應與分配機制也無法運作。一如以往，農民和牧人拒絕交出農產品。市民的配給必須逐漸減少，最後掉到維生水準之下。價格攀升，德拉克馬的幣值滑落。在佔領的第一年，麵包的價格從一個單位七十德拉克馬升到兩千三百五十，一九四四年則高達兩百萬。

即使在情況最好的時候，希臘的穀物也一直無法自給自足。菸草、黑醋栗、柑橘類水果和橄欖油等產品若有多餘，傳統會出口，以便購買必須的進口貨，但現在都被佔領者抽走了。英國人仍是海上霸權，也能嚴密執行封鎖。這就是梅塔克薩斯等人早在一九一四年就預見的夢魘，他們堅持，如果戰爭中的另一方享有制海權的話，作為海洋國家的希臘必敗。現在，希臘人別無選擇，真的只能餓死。

在佔領的第一個冬天，光是在雅典和皮雷埃夫斯，餓死的人可能就多達四萬。從一九四一年到一九四三年，估計有二十五萬人餓死，接近總人口的百分之五。城市裡的情況最糟，可以自行生產農產品來過活的地區會比較好。突然又回到鄂圖曼帝國和之前的拜占庭留下來的基本生活維持經濟，而且手段十分殘酷。相對來說十分精密的交換系統現在崩潰了，無法支持雅典、皮雷埃夫斯、薩洛尼卡及許多大城鎮現有的規模。最後，還好靠著紅十字會的努力，一些救濟物資通過了封鎖。第一個冬天是最糟糕的。但在佔領的年間，幾乎每個人都要靠黑市來生存，而且黑市已經取代了合法的經濟體。就算餓死的風險已經縮減到一定程度，但暴力在全國各處生根，又有其他的危險。

陷入暴力

入侵者把極度的暴力帶進希臘，也從最上層開始。殘暴的佔領進入第三年，腐蝕的效應已經傳遍希臘社會，讓希臘人與希臘人相鬥。自一八二〇年代的革命以來，第一次出現這種現象。

從一開始，只要明顯反抗佔領的勢力，最後的結果都是即刻入獄、虐待或處決。大規模處決和滅村立刻變成常見的做法。在佔領即將結束時，「一千多個村莊被剷平。一百萬名希臘人看著自己家被打劫，被燒毀……被德國國防軍殺害或傷害、槍殺、絞死或毒打的市民超過兩萬人。」[6]義大利人和保加利亞人手下的受害者還不算在內；路易・德・貝尼雷（Louis de Bernières）的暢銷小說《柯雷利上尉的曼陀鈴》（*Captain Corelli's Mandolin*）裡面的描繪跟現實相比，實在太溫和了；也沒有納入希臘人對抗希臘人的行為。

佔領期間，多達八萬名希臘市民遭害，甚至不是因為不服從或抵抗，這八萬人唯一的罪名就是身為猶太人。一九四三年春天，薩洛尼卡所有的賽法迪猶太人都被抓起來，塞進火車裡，用火車驅逐出境。「幾乎所有人都被送到奧斯威辛（Auschwitz）。奧斯威辛比克瑙集中營的紀錄顯示，四萬八千九百七十四名猶太人來自希臘北部；有三萬七千三百八十六人立刻進了毒氣室。其餘的人能回家的少之又少。」這些數字的精確尤其令人寒心——一九四〇年代希臘人經歷的暴行更不用說了。後來，雅典、愛奧尼亞群島、雅尼納和克里特島人數較少的猶太人社群也碰到同樣的命運。據估計，整體而言「多達百分之九十的希臘猶太人被殺」，在歐洲是比例最高的地方。[7]

等戰爭結束，世人才知道猶太人大屠殺有多可怕，但與入侵者同行的暴力文化傳播得很快。一九四一年秋天，在雅典，希臘人開始認真組織實在的抵抗及反擊。過不了多久，運作中心移到城外，開始艱難的過程，一步一步解放希臘。這裡畢竟是個多山的國家。就說前幾個世紀吧，只要中央的權力趨弱，本土的山區和大島上的腹地就變成土匪、民兵和游擊隊員的避難所和溫床。儘管理論上大不相同，但在希臘歷史上，這一類活動之間的界線已經變得很模糊。一八二一年靠著規模不大、區域性的游擊隊戰爭解放了一大半希臘，而鄂圖曼人則在城鎮及海邊的要塞裡死撐。在一九四〇年代，這個模式會不斷重複。

戰爭結束後，以及後來很長的一段時間，關於這些游擊隊團體的資訊幾乎都來自英國特殊行動執行處（SOE）的軍官，後來則來自美國的戰略情報局（OSS）。合計大約有四百名英國人及兩百名美國人用降落傘進入被佔領的希臘，與游擊隊合作。英國人裡最知名的就是克里斯多福・蒙特久・伍德豪斯（Christopher Montague Woodhouse）。英國人叫他「阿蒙」（Monty），希臘人叫他「克里斯」（Kris），伍德豪斯在希臘中部山區待了兩年多，後來負責帶領派駐在希臘游擊隊的同盟國軍事行動。就像一個多世紀前的喬治・芬利，伍德豪斯餘生幾乎都在記錄他目擊的事件，並將其融入中世紀和現代希臘及希臘人的長篇敘事裡。伍德豪斯還有一個地方很像芬利，他對希臘人有一份很深、很真摯的愛，也能以精準敏銳的眼光看到希臘領袖的小缺點和政治弱點。又跟之前的希臘人之友一樣，伍德豪斯和共事的軍官也能決定他們目擊的鬥爭該有什麼結果（到底他們決定了什麼，仍是今日歷史學家質疑的地方）。跟希臘人之友一樣，他們跟要協助的希臘人之間無可避免地常會雞同鴨講，但理由不一樣。

就 SOE 看來，要達到的戰時目標很明確。首先要破壞德國人通到北非陸軍元帥隆美爾（Rommel）部隊的補給線。在拉米亞上方山區的尤哥波塔摩斯山谷有座鐵路高架橋，毀壞後得到不少讚美，不過太晚了，來不及影響北非戰役的結果。那時是一九四二年十一月。接下來八個月的目的是騙過德國人和義大利人，讓他們相信在歐洲開戰的新戰場就在希臘。這就需要一直破壞軍事目標物，顯然做得也不錯。同盟國在一九四三年七月侵入西西里島，義大利投降，希臘的SOE受命全面攻擊佔領的部隊，升高壓力，同時盡力維持希臘游擊隊團體之間的和平，直到德國人退兵。

在希臘的SOE成為熱門的故事主題，訴說的觀點也五花八門，後來也有OSS的故事。他們的故事有耐力、英勇、挫折，對於與軍官合作、受過嚴厲考驗的希臘人常表現出深厚的同情，但總會扭曲希臘人為之奮鬥的現實。雖然有些人會認為英國人為了個人的政治私利，利用了希臘抵抗運動，但這不是我的意思。他們只不過有不同的優先順序。

對那些冒著生命危險逃進山裡的希臘人來說，北非隆美爾部隊的補給線或許是最抽象的利益。一九四三年的欺敵策略代號是「動物行動」（Operation Animals），當然也是祕密，如果他們先知道了，意願應該更低。但他們確實知道英國人一直鼓勵他們到處劫掠，這反而會導致市民遭受大規模的報復。英國和美國軍官常常覺得厭倦，他們有可能覺得游擊隊不願直接與敵人交戰，或者有種機會主義者的執著，要為自己保留佔領結束後的優勢。但這麼想的話，就真的未能領會抵抗活動的意義。

參與其中的希臘人認為，抵抗的首要目的就是讓他們的團體能控制最大範圍的領土及資源，同時避免激戰、不必要的傷亡或敵人的報復。在山區，從一九四二到一九四四年，生命就是每天都要求生存。跟很多在二次大戰期間被佔領的國家一樣，「解放」或不解放，是未來的事件，要交給偉大的軍隊、國王和將軍。在山裡日復一日、一寸一寸推進，到了一九四三年夏天，這一區才取名為「自由希臘」。

一開始發揮效力的是希臘共產黨。栒塔克薩斯政權拘留在監獄裡的共產黨員在佔領軍隊到來後都被釋放了。畢竟，那時希特勒仍跟史達林的蘇聯有互不侵犯的協議。但強硬的共產黨領袖尼可斯・薩哈瑞亞迪斯仍在獄中。開戰後，薩哈瑞亞迪斯幾乎都待在達豪（Dachau）集中營。在希臘，則馬上組成了臨時領袖團隊。這個團體的希臘文縮寫是EAM，在一九四一年九月成立了國族解放陣線（National Liberation Front）。EAM的組織從零開始。從名字看來，就是要訴求各方面的國族團結，而不是支持特定黨派。但EAM早期的成功則要感謝共產黨人在地下政治活動中取得的經驗。在佔領期間，EAM的領袖有尤格斯・西安托斯（Georgios Siantos），他是薩哈瑞亞迪斯的代理祕書長，以及雅尼斯・雅尼帝斯（Ioannis Ioannidis），兩人都是希臘共產黨非正式的領袖。西安托斯以前是菸草工人，伍德豪斯後來提到他的時候說，「儘管無情又野心勃勃，但有種簡單的隨和與幽默感。」[8]

新組織成立一年後立定了目標，宣言則由知名的共產黨知識分子和口說語言擁護者狄米特里斯・格里諾斯（Dimitris Glinos）簽署。這份最早的宣言會讓人想起為一八二一年鋪路的里加斯・維萊斯丁里斯和友誼社。他們號召所有的社會階級集合到所謂的「國族鬥爭」裡。宣言中有短短的一段只提到後面的大目標，「一等到人民逐出外來的征服者」。目標包括言論、新聞和集會自由（梅塔克薩斯政權取消了所有憲法上的權利），以及制憲國民大會的選舉。[9]

這份宣言開始流傳後，EAM已經創造了自己的軍隊分支，希臘人民解放軍（Hellenic Popular Liberation Army）。希臘文的縮寫ELAS，發音就跟國家的正式名稱Hellas一樣。ELAS開始時相當低調，一九四三年二月不到兩千人，但成長快速，六月就有了一萬兩千人。那年九月義大利人投降後，除了保加利亞人佔領的東北部，德國人直接控制了整個希臘，這時軍隊人數又增加了一倍。奪來的義大利武器大大擴充了山區的軍械庫。德國人從一九四四年的秋天開始撤退，這時ELAS 應該有了五萬軍力。

在佔領期間，EAM 和 ELAS 一起達成了希臘政治史上首見的成就。他們建立了民眾運動，但沒有一位充滿魅力的人或定義明確的團體負責領導，留下控制權的共產黨員刻意隱身在陰影裡。大多數參加 ELAS 作戰的人不是共產黨員，據說一位具共產黨員身分的人說過，「我懷疑那些人知不知道什麼是共產主義。」在那些年間，這個主題會一再有人提起。[10]另一方面，EAM 和 ELAS 對村莊帶來巨大的政治變化，後來則擴及他們解放的小鎮。伍德豪斯完全不信任共產黨的領導及他們的目的，親眼目擊這些變化的效應後，也立刻表示讚揚：

> 除了德國人用的主要通訊方式，他們幾乎已經控制了整個國家，並給予之前沒見過的東西。山區的無線電、信差服務和電話通訊從來沒有這麼好過；還有 EAM 和 ELAS 修補和使用的公路……文明和文化的益處第一次慢慢移入山裡。被戰爭終止的學校、當地政府、法庭和公用事業又再度運作。劇院、工廠、議員大會則第一次揭幕。[11]

到目前為止，一切都很美好。在佔領和飢荒的混亂中，正常國家的機器在山間重新創造出來。人民得到前所未有的權力。對女性來說更是如此，她們「在希臘歷史上第一次得到投票權，她們的協助……提供無數的支持」。[12]自革命以來，也是第一次用口語的希臘文寫出公告、宣告和報紙，大家都能看得懂。但這一切只是其中的一面，另一面黑暗多了。

EAM 在一九四二年底流傳的宣言已經透露出蛛絲馬跡。大家都沒想到**內部的**敵人會變成焦點。國王和「舊黨派」是預期中的目標。更不吉利的警告則是，只要你「拿起武器對抗，或暗中破壞，或用任何方法阻撓國族解放鬥爭的團結……就是外國征服者的同謀，不論是否自願，都會因此變成賣國賊」。有一整段文字威脅與敵人有性關係的女性。最後則是命令，要「追獵和指責所有的密探、賣國賊、線民、同謀」。結語則承諾「阻撓野蠻征服者及自家賣國賊的所有密謀」。[13]

EAM及ELAS同時吸引了希臘各地有意願且熱誠的新兵，他們跟其他許多人一樣排外。「賣國賊」如果指願意支持佔領國意識形態和行動的人，到了一九四二年底已經很少見了，即使在士氣低落的都市警隊和鄉間的憲兵隊之間也找不到，這些人從一開始就是ELAS的目標，認定他們是傀儡政權雇用的配角。對於EAM和ELAS有效的組織、愛國的訴求和堅實的目的，這樣的語言和這些戰術確保他們在佔領期間永遠不會獨佔抵抗活動。

前任的軍官及愈來愈多的政治人物寧可利用走私路線離開希臘，經過中立的土耳其，最後到達中東。他們服務在那裡的流亡政府，不久之後也會把家鄉的分歧帶過去。大多數人無法離開希臘，如果不想順從，就只能像傳統希臘語說的「佔山為王」。不過，會走那條路的人不一定會選擇加入ELAS。區域和地方的忠誠，或者這些人與他們的家人所知的領袖魅力，在這危險的事業中，似乎更能提供比較可靠的團結觀念，勝於EAM和ELAS不切實際的公開發言及刻意隱藏的領袖身分。

在這些團體裡，最重要的是使用希臘文縮寫的EDES（國家共和黨希臘聯盟）及EKKA（國家社會解放組織）。兩者的領袖都是之前韋尼澤洛斯派的軍官，在一九三五年的政變後被撤職：分別是個性浮誇的拿破崙・澤爾瓦斯（Napoleon Zervas）及迪米特里歐斯・普薩羅斯（Dimitrios Psarros）上校，後者在共事的英國突擊隊員中尤受尊敬。澤爾瓦斯在伊庇魯斯的權力基地運作，普薩羅斯則在努美利南部。毫無疑問地，在希臘各地已經成立了形形色色的大小組織，目標與 EAM 和 ELAS 相近，起碼佔領希臘的強國會這麼認為。一九四二年九月底，第一批英國突擊隊員到了希臘，發現山區有彼此為敵的游擊隊，他們的做法也合理：想辦法說服這些人為了共同的目標而合作。

但 EAM 和 ELAS 的領袖有其他想法。EAM 宣言中力主希臘所有的人民要團結起來，在其他地方也重複了幾千次，但團結與共識、說服或合作都沒有關係。佔領國已經設立了暴行的基準。ELAS 的安全部叫作 OPLA（「民眾鬥士保護組織」的縮寫，而 OPLA 在希臘文裡是「武器」的意思），也準備好在暴行中跟強國較量。自革命後就從山區銷聲匿跡的做法在一九四〇年代又回來了：草率處決、折磨以及生前和死後的肉刑、展示砍下的頭顱。這種恐怖不專屬於某一個團體，不過目擊者和歷史學家（一直到今日）通常會選擇性地說出他們看到的細節。[14]

EDES 在一九四三年十月的兵力大約有四千人。在那個月，ELAS 開始攻擊 EDES。EDES 的人不是死了，就是被迫加入 ELAS 服役。一年後，在英國人支持下，EDES 補回了他們的損失，兵力增加到七千人。EKKA 的成員似乎一直無法超過八千人。[15]這個組織在一九四三年遭到 ELAS 兩次攻擊，也瓦解了。很多成員接受勸說，改變效忠對象，包括副團長艾夫瑞皮迪斯・巴奇爾齊斯（Evripidis Bakirtzis）上校，他後來有一小段時間也擔任過 EAM 的領導人物。然後 EKKA 違抗了英國人安排的停戰，最後在一九四四年四月被強大許多的 ELAS 部隊攻擊並解散。這一次，組織成員死亡的多達四分之一，後來在肅清周圍的村落時，又追捕了四分之一。有些人被抓到後受害，有些人死前還受到折磨，其中也有他們的領袖，頗受尊敬的普薩羅斯。就連希臘共產黨的代理祕書長西安托斯後來也承認，這項行動嚴重損害了 EAM 的名聲。在希臘其他地方，敵對的抵抗團體從一九四三年中到一九四四年底也受到類似的掃蕩。

在這些極度暴力的行為中，有一個人相當知名，他來自拉米亞，本來是念農業的學生，在梅塔克薩斯當權時因為從事共產黨的活動而入獄，現在則負責指揮 ELAS 的游擊隊活動。他本名叫阿薩納修斯・克拉拉斯（Athanasios Klaras），但化名為阿瑞斯・維路希歐提斯（Aris Velouchiotis），意思是「維路希的阿瑞斯」（Ares of Velouchi），擁有神話般的名氣和惡名。這個名字結合古希臘的戰神阿瑞斯和希臘中部的一座山頂，以前是山賊最具代表性的棲息地，現在再度成為游擊隊的家園。大家都說阿瑞斯是充滿魅力的領袖，一臉大鬍子，顯眼的彈匣帶橫過身上，帶著隊長（kapetanios）的匕首，據說他講話輕聲細語，演說令人信服，但也是一個「暴力到殘酷無情的人」。[16] 一九四五年，阿瑞斯拒絕接受同年二月簽的休戰協定，遭到共產黨領袖的譴責，又被政府部隊包圍，他寧死不降。阿瑞斯與同志被砍下的頭顱後來掛在特里卡拉的燈柱上展示。他的結局跟作為都很像傳統山賊歌曲裡頌讚的英雄，死時還不到四十歲。

歷史學家通常認為，在佔領期間，希臘人民如果不選擇進步，就會受挫。[17] 這當然是 EAM 和支持者想呈現的局面。但這些年間，希臘的景況更為複雜。暴力的邏輯決定人民在當時極度的情況下表現出的作為，而不是政治選擇。在一九四〇年代，跟在一八二〇年代一樣，人民的行為並非出自抽象的政治理由，甚至在必要時完全不依據理性，在當時看似沒有盡頭的狀況下，只是為了存活，以及保護家人和生計。ELAS 就用這個方法碾壓，用武力與其對抗的所有競爭對手，進而確保國家會分裂給「至少兩個政治行動者，對暴力的壟斷或許不完整，或許彼此重疊」——這也是社會學家定義的內戰。[18]

不然，要怎麼解釋當時的現象？外部的觀察者覺得沒有意義，希臘的歷史學家覺得難堪。

一九四三年底，ELAS 愈發壯大，對「抵抗運動」的武裝反抗也變強了。源頭也是雅典的政治提案。四月時，右派的保皇主義「老」政客雅尼斯・拉利斯（Ioannis Rallis）受軸心國當局所誘，要掌管希臘的傀儡政府。他提出一個條件：他的政府必須能武裝和招募希臘部隊，追獵山區的共產黨員。這個部隊後來取名為維安營（Security Battalions），一開始招募的速度很慢，要仰賴強制手段。但秋天來臨前，ELAS 不僅成功抵禦了佔領者，也打敗其他抵抗團體，很多人志願加入當地希臘同胞指揮的軍團，不過最後都變成聽從納粹的命令。等他們的行動也移出山區，維安營和其他通敵的民兵就進入惡性循環，為當地最佔優勢的部隊攻打其他游擊隊。在希臘，這種情形到處可見。

小規模戰鬥以及兵民相互施暴在伯羅奔尼撒特別激烈，在這裡，除了佔領的強國，從來沒有人挑戰 ELAS 的勢力。武裝通敵者的總數在一九四四年初估計約有七千人，跟 EDES 可以同時派上戰場的人差不多。在那年秋天德國人撤退之前，人數增長驚人，介於兩萬五千到三萬之間，跟 ELAS 達成的總人力差不多。

這些人從前對希特勒或墨索里尼沒有一絲同情，更不希望自己的國家遭到如此粗暴的佔領，但為什麼突然有這麼多人在義大利投降後以及第三帝國軍隊撤退時轉為支持納粹的意識形態，真的難以置信。伯羅奔尼撒和其他地方的情景宛若回歸到革命期間很常見的做法。當時，爭奪地方控制權的武裝民兵為了生存和保護家屬及生計，盡量與外來部隊達成臨時調解。對共產主義的恐懼變成關鍵，而這種恐懼跟 EAM 和 ELAS 對「法西斯主義者」和「賣國賊」的指責一樣，隨時有可能迸發。知情的人說，志願者一九四四年加入維安營後，在伯羅奔尼撒南部殘害 ELAS 的成員，「我們知道他們是共產黨員。但我們不知道什麼是共產主義。」在希臘北部，尤其某些地方，宗教和種族衝突之前留下的傷痕尚未痊癒，內戰的動態也變得更加複雜——歷史學家過了半個多世紀才開始梳理細節。[19]

在佔領的最後一年，希臘人打希臘人的惡性鬥爭持續出現在雅典的街道上。來自小亞細亞的難民住在比較窮的地區和貧民區，集攏（blocco）已經變成慣例：

睡夢中的居民突然被擴音器的聲音吵醒，命令附近所有男性立刻到主要廣場集合。憲兵和維安營的人開始挨間搜索每一棟房子，發現藏起來的人就開槍射殺。在凌晨冰冷的灰色燈光裡，幾千人坐在地上，蒙面的線民把支持EAM的人揪出來。[20]

揪出來以後，這些人立刻被射殺，或被送到城外惡名昭彰的海達里（Chaidari）戰俘營。到了那裡，可能會受折磨、被送到德國強迫勞動，或準備好在下次報復性殺戮時接受處決。效忠拉利斯政府和ELAS的武裝幫派每天都在城裡劫掠和互鬥。

在這樣的環境中，EAM於一九四四年三月在「自由希臘」的山區成功建立了臨時政府。這個組織有非共產黨員，也有共產黨員，稱為國族解放政治委員會（PEEA）。在佔領的最後幾個月，希臘至少有三個政府：在開羅的流亡政府，由英國人控制；拉利斯在雅典領導的傀儡政府，由德國人控制；以及PEEA，由希臘共產黨控制。現實是，希臘一個政府也沒有。到了九月，德國人開始撤退，誰也不知道接下來會怎麼樣。國內外相互競爭的希臘組織無一具備能夠要求所有人都接受的正當性。唯一的問題在於是否有人能夠控制足夠的軍隊，讓其他人聽命。

現在上演的就是用暴力催生暴力，要等到一九四〇年代晚期，有新的演員上場才會改變。一九四四年底，第二次世界大戰終於能看到終點，在希臘卻不可能在短期內找到解決辦法。

新的斷層

一九四四年十月，德國人完全撤出希臘。只有克里特島和幾座小島的駐軍還在堅持，但他們也變得孤立無援，最後一支佔領部隊在十一月四日離開。希臘的命運再一次由國境之外的事件決定。在北邊，蘇聯紅軍正穩定朝著巴爾幹半島前進。在西邊，英國和美國的部隊正通過義大利和法國。第三帝國在希臘境內的分隊被完全切斷前，必須把所有的力量集中在國內。德國人以特別可怕的手段毀了村落及屠殺村民後，三年半的佔領結束了。

正常的政治生命應該再一次站穩腳跟，填滿突然出現的真空。要是能這樣就好了。

準備已經花了好幾個月的時間。帶頭的是英國人，由雷克斯・李柏（Reginald〔Rex〕Leeper）向正式的希臘流亡政府傳遞消息，他是英國人派在開羅的大使。也是因為英國人的堅持，先是勸說喬治國王開除他的總理祖德羅斯，然後指派很不一樣的人物來取代。在機緣巧合下，尤格斯・帕潘德里歐（Georgios Papandreou）從被佔領的希臘到了開羅，正好趕上在一九四四年四月底就職。據說，帕潘德里歐「個子很高、瘦骨嶙峋、固執專橫，也是很健談的人」，不過，當時有一位公認充滿偏見的觀察者說他自視甚高又空話連篇。[21] 一九二〇年代，老自由黨有幾位後起之秀，帕潘德里歐便是其中一位。他比韋尼澤洛斯更偏向左派，同時也強烈反對共產黨。李柏跟開羅的英國權威決定，就選帕潘德里歐吧。

在帕潘德里歐的領導下，同時由李柏監督每個階段，希臘的流亡政府丟棄了八月四日政體殘餘的部分，把自己改造成「國族團結政府」。五月，在貝魯特城外的村莊裡達成了不怎麼穩固的協議，然後是九月在流亡政府臨時所在的義大利卡塞塔（Caserta），「自由希臘」的臨時政府與流亡政府實質上合併了。在範圍廣泛的聯合政府裡，EAM 開始有種少數黨的模樣。至少，那也是他們的本意。但是，EAM 當然不是傳統上的政黨——考慮到他們成立的方式，怎麼算呢？加上武裝派系，ELAS 和 EAM 控制了大約百分之九十希臘被佔領的區域。另一方面，溫斯頓．邱吉爾做出決定，再由英國外交部制定未來希臘政府正當性的唯一源頭是君主政體與喬治二世本人。這個提議顯然略過了令人為難的事實，國王是梅塔克薩斯政權的主要締結者和支持者，希臘人不會忘記這件事。不管怎麼看，在剛剛解放的希臘要回歸運作正常、多元主義的議會民主，這已經算是最糟糕的徵兆了。或許最出乎意料之外的是，EAM 居然同意與帕潘德里歐合作。雙方都有許多人認為關係無法長久。結果也證實了這個看法。

在城市裡，佔領結束後留下的空隙平靜地消失了。雅典人上街歡慶的時間也很短。德國人在十月十二日離開後，隔了整整六天，帕潘德里歐、國族團結政府以及必須幫他們鞏固權威的六千名英國軍人才到達。在這幾天內，氣氛已經變得有些敏感。「我有種感覺，雅典就像一桶汽油，只需要一根火柴就會陷入烈焰，」第二天，小說家尤格斯．狄奧多加斯在日記裡寫了這句話。[22]在薩洛尼卡，十月三十日，也就是解放的第一天，ELAS 縱隊在城裡遊行，違反了協議。然後，他們平安無事地把控制權交給英國維和部隊。但市長換成了 EAM 控制的「市長管理局」。

出了城，尚未由 EAM 和 ELAS 完全控制的區域陷入混亂的情況愈發惡化。在伯羅奔尼撒和馬其頓幾處尤其嚴重，解放後的頭幾個月，ELAS 和當地的敵對組織用最兇惡的手段彼此報復。伊庇魯斯此時則由澤爾瓦斯和 EDES 掌控。帕潘德里歐及「國族團結」政府的主權基本上僅限於雅典和皮雷埃夫斯、薩洛尼卡及帕特拉斯的都會中心。

政治上會變成導火線的問題就是如何重建希臘的武裝部隊。一九四四年要結束時，希臘到處武器泛濫。但在解放時，擁有武器的人一半忠於 EAM 和 ELAS，另一半則反對他們。英國人現在則很不討喜，跟之前的佔領國半斤八兩。EAM 和 ELAS 支持者似乎多半認為他們是盟友和解救者，但不信任的程度有高有低。畢竟，大不列顛仍與史達林的蘇聯並肩進行世界大戰。但 EDES 和北方其餘不屬於共產黨的反抗團體也要仰賴英國人保護他們，免得被 ELAS 殲滅。士氣低落的城市警察和農村憲兵也一樣，還有那些接受德國人裝備來對抗 ELAS、現在都被當成通敵者的人，就更難堪了。再一次，不是因為政治選擇，而是希臘內部的分裂，使得英國人和帕潘德里歐政府要仰賴前一陣子可能仍聽命於敵人的武裝部隊。

一九四四年十一月底，談判進入僵局。政府命令 ELAS 必須解散，其他非正規軍團也一樣。最後期限設在十二月十日。所有的軍階都會受徵召加入新的國家軍隊。ELAS 和支持者覺得，他們似乎要接受君主主義者和之前那些通敵者的指揮。對 EAM、ELAS 和共產黨來說有點過分了。

十一月的最後一星期，ELAS 的軍隊在伯羅奔尼撒和馬其頓發動攻擊。十二月一日，甚至在首都郊外也有小規模戰鬥。在雅典，共產黨日報《激進者》預言，除非政府改變心意，不然內戰會立刻爆發。結果，這個預言真的應驗了。隔天是星期六，凌晨時分，在國族團結政府中代表 EAM 的六位部長辭去了職務。此時，被宣布為不合法近十年的希臘共產黨已經搬進雅典市中心憲法廣場上的建築物裡，對著廣場一角警察局的總部，另一角則是英國人在布列塔尼大飯店裡的指揮中心。在當時的照片裡，建築物頂上豎立起「KKE」三個字母，映照著天際線，應該有二十英尺高。

首都內也拉起了戰線。一邊是共產黨員、ELAS 的戰士、EAM 的支持者和同情他們的人，包括絕大多數曾冒著生命危險對抗軸心國的人。與他們對抗的則是政府，剛失去了其薄如紙的「國族團結」主張，以及英國的部隊，不久之後就會證明他們弱到連首都都護不住，更不用說整個國家；還有一個人數不多的希臘軍團，剛在北非和義大利對抗軸心國的正規戰爭中經過戰火淬煉；另外是人數更多的武裝團體和個人，都或多或少沾上了通敵的污名。

事後看來就覺得很不尋常。考慮到相互不信任的程度，雙邊都沒有準備好面對接下來的情況，甚至也沒有認真的行動計畫。EAM 的部長辭去政府職務後，他們立刻宣布隔天十二月四日星期一要舉行大罷工，在前一個星期天早上則在憲法廣場舉辦大型示威。從後面發生的事情看來則相當令人感動，EAM 甚至向當局提出要求，按著規定來舉辦示威。一開始，他們得到了許可。但不到幾個小時，政府開始恐慌。他們的許可被撤銷了。那時已經是星期六的夜晚，但仍有時間在隔天早上把變動的新聞刊上每一份報紙的頭條，《激進者》除外。這份共產黨日報的首頁沒提到禁令，反而呼召讀者在十一點到憲法廣場集合。一名目擊者估計，示威者應該有六萬人。[23]

他們從四面八方聚集到廣場上。到了入口，成列的武裝警察擋住了他們。為了預防萬一，廣場裡面的警局總部和布列塔尼大飯店前面也拉起了更多封鎖線。那天來示威的人似乎大多數是女性和小孩。但其中也有共產黨人，有些人帶著武器。當然，在那時的情況下，沒有人能知道別人身上帶了什麼樣的火器。快到十一點的時候，一群無法進入廣場的示威者轉而圍攻帕潘德里歐的住宅。人群裡丟出兩顆手榴彈，守衛開了槍，殺死一名市民。這時，示威者和警察在廣場的其他入口開始混戰，光是從後面推過來的力量就衝破了封鎖線。到了十一點，憲法廣場擠滿了人，揮舞著希臘和同盟國的國旗，口中吟誦著反對政府的口號。

手榴彈在帕潘德里歐家門外爆炸後，不到幾分鐘，廣場內就有人開火。如果要解釋事件的起因，應該說是焦慮的警察從總部的二樓窗戶對外開槍。不到幾分鐘，四面八方都有子彈。大家紛紛倒地掩護自己。等驚嚇的人群好不容易逃離廣場後，留下了至少七名死者，死亡人數可能最多有二十二人。由於當時一片混亂，一直不知道確切的數字是多少，起碼有六十六個人受傷。這才是開端。

ELAS的軍團立刻開始攻擊城裡所有的警察局，逮捕和殺害「叛徒」。同時，在ELAS尚未控制的地區，軍隊加強對敵人的攻擊。在伊庇魯斯，新一波猛攻終於趕走了EDES。澤爾瓦斯和倖存的組織成員不久會被英國人撤離到安全的科孚島。很久以後，歷史學家想釐清事情的真相，卻各持己見，有人認為十二月三日星期天，ELAS在雅典的回應沒有經過事先安排，有人卻認為是協調好的戰術。[24]兩者皆是，也兩者皆非。山區的兇險戰爭來到了首都，從鄂圖曼時代和一八二〇年代革命時期傳下來的殘暴做法一樣也不缺。在這裡和在外省，ELAS的指揮部和基層士兵一樣，一心想要復仇，報復的程度更是不成比例，都是從佔領時期傳下來的習慣。蓄意規劃的奪權應該會區別對象，甚至有可能成功。

首先，很典型的是，施加暴力的是希臘人，受害者也是希臘人。EAM和ELAS的領袖完全不想挑戰英國人。這一點似乎也證實了他們的目標有多狹隘——彷彿就認定了外人一定會觀望，而希臘人會找同胞算帳。但在這裡，他們低估了溫斯頓・邱吉爾的決心。一九一二年在倫敦，韋尼澤洛斯彷彿對他施了魔法，從那之後，他就非常關心希臘。這位大不列顛的首相不會被他口中「慘兮兮的希臘強盜」嚇到，此刻同盟國終於逼近納粹德國，準備屠殺。另一位領袖或許會覺得希臘的事件只是旁枝末節，不值得他在這個時候費心注意。不那麼像邱吉爾。

十二月五日，邱吉爾向在希臘指揮英國部隊的羅納德・斯科比（Ronald Scobie）將軍下了知名的命令：「不要……猶豫，就像身在征服的城市裡，當地的叛亂開始了……我們必須守住雅典，控制雅典。」[25]要應戰了。在這個時刻，內部的斷層在佔領期間已經突破地面，造成希臘社會的分裂，也完全對齊共產黨東方及資本主義西方的地緣政治裂口，在接下來的四十五年內會分隔歐洲和世界，後來稱為冷戰。

戰鬥持續了一個月。德國人在撤退時放過了衛城的紀念碑，而斯科比的士兵說服ELAS退下衛城上的陣地時，便以這些紀念碑為要脅，在上面搭設機關槍，挑戰叛亂分子攻擊他們自己的遺產。英國人必須從義大利經過空路和海路帶來大量的增援，還有新的指揮官，才能贏得戰爭。大多數的說法都同意：英國人只是險勝。

外交官兼詩人喬治．塞菲里斯在出外工作時，要從他在普拉卡（Plaka）的家走一小段路到憲法廣場旁邊的外交部，發現自己就住在前線。衝突才過了四天，他在日記裡寫道：「早上醒來的時候，我以為祥和的普拉卡變成大英帝國和蘇聯第一場戰役的地點。」[26]在接下來的幾十年內，常會有人這麼描述「雅典之戰」，冷戰還沒開始，但這裡已是火熱的關口。

我們現在知道，雅典並不是那個關口。EAM和ELAS的現象是希臘內部的問題。希臘共產黨的領導階層在意識形態上密切依賴莫斯科，而在佔領期間，希臘抵抗運動跟蘇聯完全切斷交流。莫斯科和山區的臨時政府（PEEA）到了一九四四年五月才打開通道，但西安托斯和同志接到指示，要跟英國人及帕潘德里歐合作。那時，英國人和蘇聯人之間的試探已經開始了。這些很快就會以所謂的「百分比協議」（percentages agreement）終結，邱吉爾和史達林十月九日在莫斯科制定了這些非正式協定——再過三天，德軍就會完全撤出雅典。這份協議算是初次嘗試，等四個月後，羅斯福、邱吉爾和史達林在克里米亞的雅爾達（Yalta）會面，才會正式瓜分戰利品。要等很久之後大家才會知道，一九四四年十月，史達林同意戰後百分之九十的希臘屬於大不列顛的勢力範圍，也讓他取得巴爾幹半島其餘地方的控制權。

許多評論家都表示驚訝，不喜歡讓步或守承諾的「史叔叔」（Uncle Joe，指史達林）居然會做出這種安排，但所有證據都指出這確實是他的作為。在一九四四年的夏天和初秋，沒有人知道蘇聯紅軍會推進到哪裡。在九月前，他們佔領了羅馬尼亞和保加利亞。保加利亞現在由共產黨政府統治。如果史達林命令軍隊向南進入希臘，應該也會受到歡迎，就像在幾年前才加入軸心國的國家一樣。相反地，由於初具雛形的「百分比協議」，邱吉爾要求所有仍在希臘的保加利亞部隊撤出。史達林立刻下令。記得的人應該不多了，但在東馬其頓和西色雷斯的希臘省份，令人痛恨的保加利亞軍隊在一九四四年十月終於結束佔領。

不久之後，蘇聯持續向巴爾幹半島其餘地區和東歐進軍，最後會構成「鐵幕」，也是冷戰的一個起因，希臘則注定變成在前線的國家。但對希臘共產黨員和支持者而言，他們一直無法期待史達林對希臘被圍攻的共產黨員表現出不只是象徵性、不含糊的支持。這跟意識形態無關，都是地緣政治的因素。梅塔克薩斯和前一次世界大戰中他服務過、早已去世的國王應該能了解。先是英國人，後來則是美國人，史達林都選擇不要為了希臘而引起敵對，跟一百年前一樣，沙皇尼古拉一世選擇不要為了支持克羅克特洛尼斯的目標和「俄羅斯黨」而激怒西歐強國。我們一次又一次看到，要控制希臘，就必須在地中海東部享有海上強權。除了一七七〇年代很短的一段時期以外，俄羅斯一直搶不到這個地位，在一九四四年就更不可能了。俄羅斯在十九世紀和二十世紀中（還有現在，蘇聯早就瓦解的二十一世紀）的戰略終點一直保持不變。

敵對行為開始後，過了兩個星期，到了一九四四年十二月中，EAM 和 ELAS 發現英國人排斥他們，與他們為敵，自己已經孤立無援。就長期來看，除非史達林改變心意，不然他們只會落敗。但從現在開始，把希臘從中間切開的斷層線形狀已經固定，等冷戰結束才會變化。

歐洲分裂成互相對抗的共產黨和反共產黨「集團」（bloc），在這段期間的希臘社會中也會反映出來。這就是一九四四年十二月留下的東西。

戰至分出勝負

到十二月的第三個星期，英國人繼續透過義大利的空路及海路增援，在雅典明顯佔了上風。邱吉爾本人如機器神（deus ex machina）般，興之所至便在耶誕節與外交大臣安東尼·艾登一起搭飛機到希臘。邱吉爾帶著自己的手槍，隔天由護衛的裝甲車輛送到雅典市中心。緊張的會談持續了三天，錘煉出新協議的基礎。要不要讓喬治二世回來的問題會引爆政治鬥爭，就先擱置不提。同時則指派了攝政王，監督關於君主政體未來的公投。之後就舉辦十年來第一次的議會選舉。

被選為攝政王的是雅典和全希臘的總主教。總主教達馬斯基諾斯（Damaskinos）的健康狀況不佳，但初次見面就讓邱吉爾留下深刻印象，「個子極高，穿著希臘教會顯貴的長袍，頭戴高帽」。[27]在佔領期間，達馬斯基諾斯展現的勇氣和尊嚴讓他廣受崇敬。帕潘德里歐政府已經瓦解。帕潘德里歐在衝突一開始就想辭職，但邱吉爾不肯。現在他可以走了。

臨時總理的職位落在一個大家都沒想到的人身上——尼可拉斯·普拉斯提拉斯將軍，他在一九二二年推動了一次成功的軍事政變，也有兩次失敗的紀錄（一九三三年和一九三五年）。普拉斯提拉斯在最後一次政變後死裡逃生，也讓長久以來的「分立」再次瀕臨內戰，而他自一九四二年以來就是 EDES 共和主義及反共產主義抵抗活動有名無實的領袖。由於 EDES 那時在伊庇魯斯的山區遭到 ELAS 掃蕩，選他當總理僅是一個強硬的意圖陳述，但至少沒有人能指控普拉斯提拉斯是保皇主義者。這也是舊時共和主義右派最後一次的短暫露臉機會。儘管如此，這位歷經希臘一九一二到一九二二年所有戰爭的老將尚未結束他五花八門的政治生涯。

一九四五年一月還沒開始，ELAS 被迫轉入防禦位置。即使邱吉爾就快到希臘，ELAS 的軍隊仍從平民中抓了不少人質。接下來的兩個星期，他們從城裡撤退，餓著肚子、被毒打過的男人、女人和小孩排成長長的縱隊，搖搖晃晃跟著軍隊行進，脫隊的就被處決。後來很多人被無情殺害。過了幾個星期，他們仍用繩子綁在一起的屍體被丟進了萬人塚。到那個時候，自由世界的民意仍偏向叛亂分子。邱吉爾費盡唇舌，向下議院解釋他在希臘的行動。但這麼多無辜的平民被當成人質又遭到殺害，風向也轉變了。那是絕望的反擊，在國際輿論的法庭中，對 EAM 和 ELAS 的目標造成無法逆轉的損害。這個策略又一次轉回過分的、無差別的復仇，是來自佔領期間的傳統，更深的根源則能追溯到鄂圖曼人統治的時代及一八二〇年代的革命。

一九四五年一月十五日，午夜後過了一分鐘，敵對正式結束。「希臘政府」（Hellenic Government）和「EAM 中央委員會」（Central Committee of EAM）的代表二月十二日在雅典海邊的郊區瓦爾基扎簽署最終的和平協議。ELAS 最後還是得解散。成員必須交出武器，被控犯下常見罪行的人都無法免於起訴。EAM 絕對沒有機會加入希臘政府，也不用明說了。在一年內會舉行君主政體的公投，也會選出新的制憲國民大會。給戰敗方的明顯讓步最後也只有這些了，同時呼應邱吉爾在十二月底提出的協議內容。並非所有的共產黨員都願意接受這些條款。阿瑞斯・維路希歐提斯就不肯接受，不久之後，他在對抗政府部隊的游擊戰中喪命。對很多左派人士來說，從那以後，「瓦爾基扎」變成共產黨領袖不可原諒的投降行為，引來了遺憾與譴責，因為當時 EAM

和ELAS還掌控了希臘大部分的地區。

政治生命回歸的速度緩慢。一九四五年一整年和隔年，實際的政治方向並非來自未選舉和不穩定的希臘政府，而是英國人。回復和平狀態後，不論有多不穩定，比政治和制憲更急迫的問題則是要餵飽幾乎無法維持生計的人口。國家的基礎建設遭到破壞，要投入時間和資金來重建。佔領期間的高度通貨膨脹毀滅了希臘的貨幣。而在一九四四年十一月，「新德拉克馬」面世，五千萬舊德拉克馬可以換一塊新幣。這指出了問題的嚴重程度，要到一九四六年才能看到解法。同時，黑市繼續熱絡，新貨幣很快又貶值了。當時新成立的聯合國善後救濟總署（United Nations Relief and Rehabilitation Administration，簡稱UNRRA）組織了迫切需要的緊急措施來供應食物。

瓦爾基扎協議簽訂後的一年，各省的控制權慢慢回到政府手中。在比較常見的情況下，涉及變化的人是各地非正規的民團，他們在佔領期間繼承了對抗ELAS的部隊，或曾被ELAS折磨。官方政府的地方代表會容忍或鼓勵這些人，尤其是鄉間的憲兵。雖然ELAS本身已經被官方解散，很多前成員又組成小規模軍隊來自保。暴力及脅迫再度變成常態，但這一次在每個地方，受害者或多或少都曾參與過EAM領導的戰時反抗活動。只要跟定義為「共產黨員」的人有關，關係扯得再遠，都有可能被毒打、逮捕、監禁，或甚至殺害。在希臘左派人士的說法中，瓦爾基扎協議後的那一年就稱為「白色恐怖」。大多數歷史學家都同意用「白色恐怖」來描述那個時期。跟之前一樣，確切的數字很難估計，但迫害的規模絕對很廣。

英國人發現自己無力阻止，他們在希臘的部隊人數有限，且集中在主要城鎮附近。在臨時政府中謀取地位的重組政黨可能是一九三六之前的前身留下來的殘影（自由黨和人民黨，各自緊抓住繼承前朝領袖的後裔），或是壽命不長的新派系。在第一次議會選舉前，尚未舉辦計畫中的君主政體公投，政治基礎已經深深分化。一邊是殘存的共產黨員。一邊是反共產黨的右派，集結愈來愈多支持君主政體的人，因為只有君主政體才能保障目前的秩序。這種中間偏右的共和主義之前一直跟韋尼澤洛斯的名字連在一起，現在則無助地擠在兩個極端中間。

韋尼澤洛斯溫和的共和主義傳統無法取代這兩個極端，而另一名政治領袖隱身於公眾面前十年後再度回歸，也給共和主義致命的一擊。他就是尼可斯・薩哈瑞亞迪斯，希臘共產黨的祕書長。早在一九三一年，薩哈瑞亞迪斯就得到史達林的私人任命。在之前那十年，他幾乎都在坐牢，後來則進了達豪的集中營。一九四五年五月，英國人用皇家空軍的運輸機把薩哈瑞亞迪斯帶回希臘。希臘共產黨現在有了新的領袖。

十年來的第一場希臘議會選舉宣布要在一九四六年三月三十一日舉行。希臘共產黨十年來都沒有機會測試他們的選舉力道，再出來的時候就能左右權力的平衡。薩哈瑞亞迪斯可能沒發覺，但下一個機會就要等到一九七四年。薩哈瑞亞迪斯一向很聽話，也是只會空談理論的史達林主義者，他駁回黨內許多意見跟他不一致的人，違抗史達林外交部長瓦契斯拉夫・莫洛托夫（Vyacheslav Molotov）清楚明確的正式命令，下令要抵制。這個做法在希臘的政界歷史悠久，試過的人都碰到了災難性的效應，無一能免。這一次的結果也一樣。

三月三十一日的選舉少了共產黨員（以及少數的共和黨派），以脅迫為手段，完全扭曲了民意的真實狀態。君主主義右派的勝利則是意料之中的結果。就某幾個方面來說，本來可能發生的事所展現的徵兆比真正的選舉結果揭露了更多真相。也就是說，如果不抵制的話，共產黨員和共和黨員合起來的得票數應該會領先。如果希臘共產黨參選，外國觀察家預期他們能拿到百分之二十的票數，也已經是該黨歷史上最高的得票。假設自由黨老練的領袖德米斯托克利斯・索弗利斯（Themistocles Sophoulis）能得到共產黨支持組成政府，有人說，「這種政府自稱代表多數人民的期待，由於其組成方式能為希臘帶來最好的機會，解決內部的問題。」[28]

但事實卻相反。由薩哈瑞亞迪斯領導的希臘共產黨，因為持續的「白色恐怖」而陷入困境，如果要生存，既然放棄了選舉，也只能跌跌撞撞地邁向另一個選擇：武裝鬥爭。在選舉的前一夜，一群支持希臘共產黨的人在奧林帕斯山腳下突襲警崗，殺死十二名憲兵。這次事件常被視為開始了分三階段的第三輪內戰，也是最血腥的一場。已經不能再糟了，真的。但實情是自一九四三年夏天以來，希臘就內戰不斷。「第三輪」比較好懂，在軸心國佔領造成的分裂中，開始的這場衝突到最後階段仍拖延了很長的時間，帶來極大的痛苦。

一九四六年三月以後，只剩下兩種政治立場。第一，共產黨員，第二，別的。如果都不是，那你一定是國王。對很多希臘人來說，就最低限度而言，是讓人很不愉快的選擇。不論實際上有什麼想法或信念，不是被擺在這一邊，就是另一邊，幾千人因此蒙受了暴力、折磨或死亡。九月一日，承諾已久也延遲許久的君主政體公投在喧囂的脅迫中舉辦，負責監督的政府裡掌權的都是君主主義者。結果也在意料之中。那個月還沒結束，現年五十六歲的喬治二世在第二次放逐後終於回到希臘，結果半年後就去世了。他沒有變成人民的救主，也沒有團結希臘人的指望，似乎也沒有這樣的意願。兩害相權取其輕，這名無人喜愛、固執的、極端自負的人物才有機會回到王位上。

這時，就算有一絲一毫願意妥協的政治意願，也早已消逝。分裂如今嚴重到兩邊都沒有興趣調解。跟革命時的內戰一樣，希臘未來的方向只能靠斷層的某一邊來決定。自解放以來差不多算是在營運希臘政府的英國大使雷克斯・李柏在一九四六年二月交出最後一份報告，他說：「流了太多血，也有太多恨，無法讓兩邊和平共處，也沒有人可以居中調解。」[29]

哪一邊會贏，誰也看不出來。別無選擇，只能一決高下，打到最後。

一九四六年三月選舉後，人民黨戰前領袖的姪子康斯坦蒂諾斯・查爾達瑞斯成為總理。年輕的查爾達瑞斯在別人口中是「心胸狹窄的庸才」。[30]在這個沒有前途（且不肯讓步）的領導人物帶領下，「白色恐怖」基本上變成正式的政策。新的安全法允許任意拘捕，軍事法庭可以判處內部放逐，甚至可能判死刑。到一九四六年底，被處決的政治犯有一百一十六人，在接下來幾年內會明顯增長。就地方而言，在許多地區，尤其是伯羅奔尼撒，跟以前一樣，區分國家官方機構及私人經營的民團僅有一線之隔，後者甚至有可能就是盜匪。

結果，愈來愈專制的政府收緊對城鎮的控制，而在希臘本土的鄉間，尤其是山區，又回歸了佔領期間的混亂局面。歷史學家細細審查當時共產黨領袖的言詞，探索他們的動機。在一九四六年和一九四七年的頭幾個月，希臘共產黨僅是逐漸掌控了與官方代表作對的游擊隊團體，這些團體的性質各有差異。共產黨能興起，大半是政府容許的後果。ELAS解散後，殘軍在一九四六年底集合在一起，不過接班人竭盡全力，也達不到ELAS高峰期一半的力量。十二月時，新的希臘民主軍（DSE）宣布成立。負責指揮的是前ELAS游擊隊長馬可斯・瓦菲亞迪斯（Markos Vapheiadis）。再過一年，共產黨就準備要復興國族解放政治委員會（PEEA）。這就是一九四四年在「自由希臘」成立了六個月的另一個政府。現在，瓦菲亞迪斯當了總理，能夠支配希臘北部和中部山區——幾乎就是EAM和ELAS在佔領期間解放的領土。到了一九四七年底，長達四年的內戰正式變成敵對政治機構之間的競賽，雙方各有正規組成的軍隊。

最有力量左右結果的決定性事件跟希臘之前的歷史一樣，出現在很遠的地方——這一次是倫敦和華盛頓特區。一九四七年以前，英國工黨政府在第二次世界大戰結束時成為執政黨，然後在世界各地開始停戰過程，在接下來的二十年內，大英帝國會轉變成大英國協。外交大臣歐內斯特・貝文（Ernest Bevin）宣布英國軍隊會在三月底撤出希臘。還有三個星期就到最後期限，三月十二日，杜魯門（Truman）總統在美國國會對兩院發表了知名的演說，宣布了後來稱為「杜魯門主義」（Truman Doctrine）的政策。有一段時間，美國政府很擔憂蘇聯共產主義會傳遍世界。「杜魯門主義」指出，美國龐大的經濟和軍事援助會提供給受到威脅、可能被共產黨接管的國家。最早試驗的兩個國家是希臘和土耳其，但希臘的需求最為急迫。

美國給希臘政府的後勤支援幾乎立刻就到了。美國人沒有派戰鬥部隊到希臘，跟韓國或越南不一樣——儘管有人說杜魯門主義在希臘成功了，會變成後面這兩次干預的藍圖。[31]但一九四〇年代後面那幾年，美國提供給希臘的武器、金錢和食物支援，跟希臘北邊鄰國內新共產黨政權國家阿爾巴尼亞、南斯拉夫和保加利亞能提供給另一邊的有限援助非常不成比例。這三國都跟希臘一樣貧困。雖然史達林和蘇聯在這個主題上的論調偏向好戰，但他們也沒準備好跟從前一樣幫助希臘的共產黨員。杜魯門主義真的是完全的誤判嗎？是否可能史達林改變心意，還是插手了，是因為美國展現了如此強大的力量呢？

即使希臘政府和美國支持者的贏面很大，還是碰到了難題。英國人把責任交給美國人，杜魯門主義開始運作後，很多觀察者卻認為游擊隊「一定會贏」。[32]一年後，變化一點也不明顯。細述雙邊拙劣的爭戰、反覆的暴行和策略錯誤，真的很讓人洩氣。兩邊都從戰鬥區移出大量容易受影響的孩童，分別在希臘政府控制區或共產黨東歐的特殊營區接受系統性的教化。這個做法的紀錄很多，尤其是共產黨執行的。在政府宣傳品中，叛亂分子想要復甦傳統上受人厭惡的鄂圖曼徵兵制，讓小孩加入精英禁衛軍。但連續幾任的希臘**政府**都不讓這些小孩從共產黨集團回來，大多數人會待到一九八〇年代。

在戰爭的最後一年，政府強制清空管轄範圍內的山村，防止他們的適齡男性被徵召加入民主軍。多達七十萬人因此流離失所，佔總人口的百分之十。在衝突結束時，兩邊基本上都仰賴心不甘情不願的徵兵。政府將幾千名政治犯送到相當貧瘠的島上，情況非常苛刻，最惡名昭彰的是阿提卡東海岸外的馬克羅尼索斯島。在這些戰俘營裡，教化對象也包括成人。從梅塔克薩斯執政時開始就會用虐待手段逼使犯人改變主張，在此時更是達到新高點。很多犯人在戰爭結束後好幾年才得到釋放。

一九四九年春天，共產黨員被逼著向北邊移動，直到軍力集中在靠近阿爾巴尼亞和南斯拉夫的兩座山脈：維齊及格拉莫斯。近距離的惡鬥，以及從空投擲來自美國的新毀滅性武器，也就是凝固汽油彈，讓希臘陸軍和空軍都佔了上風。七月時，進入包圍格拉莫斯的最後階段，南斯拉夫的領袖狄托（Tito）因為跟史達林的意見分歧，關閉與希臘的邊界。薩哈瑞亞迪斯和剩餘的同志在八月二十九日和三十日的晚上，逃進共產黨執政的阿爾巴尼亞。六個星期後，在十月十六日，放逐到「鐵幕」後的希臘共產黨宣布武裝鬥爭結束。斷斷續續的暴力一直持續到一九五〇年一月，那時內戰確定來到尾聲。

希臘歷史學家在二十一世紀寫作時，稱之為「毫無意義的戰爭」，一場「應該可以避免的戰爭」。[33]自一八二〇年代的革命以來，再沒有一場戰爭毀滅了這麼多人命和財產，甚至超越兩次世界大戰。根據估計，跟和平的十年相比，希臘一九五一年的總人口少了百分之十一。多達二十萬人喪命，或遭到長期放逐。被同胞殺害的希臘人人數「有可能超過六萬」。國家的基礎建設尚未開始重建。[34]共產主義和反共產主義之間的政治和文化斷層，也就是冷戰定義出的「東方」和「西方」之間，會繼續從中分割希臘，再延續兩個世代。

鬥爭的目標，究竟是什麼？

先從EAM和希臘共產黨在佔領期間的訴求說起，他們要回復一八二一年的精神。在一九四〇年代極端的情況下，過去在外國人庇護下為建國而妥協的地方讓國族自決迷失了方向，現在終於有機會完成。這個訊息很簡單，也引起了共鳴。EAM訴求的本質則是因為軸心國佔領而解體的**國族**完整，他們的共產黨員領袖雖然用了技巧來控制，但不完全是為了私利。要找到與佔領國志同道合的其他敵人不難。敘事說，**所有的**外國人自獨立以來，就一同謀劃，不讓希臘人得到他們第一個、唯一真實的目標，也就是完全的自由。現在他們有機會走出去，為自己贏得自由。從各方面而言，就是狄奧多羅斯·克羅克特洛尼斯和軍閥在一八二〇年代的訊息。也跟獨立後十年內的克羅克特洛尼斯及「俄羅斯黨」一樣，EAM的領袖把俄羅斯從希臘的外敵名單上劃掉了。

一九四四年十月解放後，阿瑞斯·維路希歐提斯在家鄉拉米亞發表知名的演說，用他自己的話來說，「像個童話故事」：

> 很久很久以前，在地球上這個角落，也就是我們正在行走的地方，我們叫她希臘（Hellas），充滿榮耀與快樂，有長達兩千五百年的文明，也一直得到全世界的尊崇……我們證明了我們的希臘性（Hellenicity）。事實是，我們的國家再度站起來，重生了，（在一八二一年）重獲自由。

「希臘性」是梅塔克薩斯和「新法理國家」一九三〇年代晚期的締結者深愛的說法。阿瑞斯安撫人心的「童話故事」是希臘認同的敘事，由斯皮里東・贊貝利歐斯及康斯坦蒂諾斯・帕帕瑞尤普洛斯在一八五〇年代確立。沒有改變。演說後面提到：「我們要剝掉教士的外皮嗎？為了什麼目的？我們自己就能看到，今日有數千名教士為我們的運動打先鋒。」[35]這是真的。很多村莊的教士加入山間的抵抗運動。在雅典，解放的第一天，尤格斯・狄奧多加斯看著ELAS遊行通過，帶頭的是「唱著『人民當家！』的教士」。兩個月後街頭發生戰爭，一名英國士兵覺得一定有搞錯了，他看到另一邊的狙擊手在開槍的間隙反覆比出東正教的十字符號。[36]這也重複了自革命那時就存在的模式，「火藥」教士的傳統形象初次在大眾想像中佔了一席之地。在一九四〇年代，很多低階的神職人員以及極少數幾名特別出眾的主角與教眾中的革命分子連成一氣，跟一八二〇年代的前輩一樣，而最高階的則忠於現狀。

希臘左派的支持者大多數對希臘人的共同身分有很深刻的感受，甚至帶著虔誠，對手或許永遠無法了解這種想法，通常也不願意了解。

的確，在衝突最終的階段，共產黨領袖宣布他們願意把領土分給希臘北邊的鄰國。這是後勤支援的代價，如果沒有支援，民主軍早就退出戰場了。希臘共產黨的宣傳武器向來有這個弱點，從一九二〇年代就開始了。這些讓步行為在一九四九年初宣布，而在更早之前，政府的標準做法就是把對手標為「EAM保加利亞人」，將巴爾幹戰爭期間犧牲無數人命贏來的希臘國土交還給敵人的賣國賊，敵人現在也包括共產黨統治的保加利亞。

這些標籤到今日或多或少還貼著，但兩邊都無法獨佔愛國主義。兩邊的愛國主義也都有所妥協。譴責共產黨將領地割給南斯拉夫和保加利亞的保皇主義政府也樂於讓出自身的主權，先是英國人，後來則是美國人——再一次，為了得到打敗國內敵人的火藥，必須付出這樣的代價。歸根結柢，能守住最強大的外來援助，就會是贏家。但沒有理由懷疑，雙邊抗爭的目標應該都是他們心目中的希臘認同，在這樣的認同裡能為自己的生命和未來想像出容身之處。

有些歷史學家想過，要是希臘共產黨贏了，是會發展出與西歐共產黨相同的民主？還是會按照蘇聯或狄托的南斯拉夫，建立極權的一黨國家？[37]在一九四〇年代末期，希臘如果施行共產主義，更不可能保持中立地位。因此，佔領期間在山區一帶，EAM成員夢想中理想化的自決永遠不可能實現。希臘左派想在「自由希臘」的山區創造出新型的社會，就二十一世紀的觀點看來，只是「未宣布的社會革命」。[38]綜觀剛過去的二十世紀歷史，這點或許永遠無法實現。

一九四〇年代的分裂不像一八二〇年代的革命，並未帶來全新的生命。

---

1 約翰·寇里歐普洛斯，《希臘及英國在一九三九至一九四一年之間的關係》（牛津：Clarendon Press，一九七七），頁二一三；C. M. 伍德豪斯，《現代希臘：簡史》，修訂第五版（倫敦：Faber & Faber，一九九一；一九六八年初版），頁二三六。

2 雅尼斯·梅塔克薩斯，《他的私人日記》，共四卷（雅典，一九五一至一九六四），卷四，頁五一六。

3 喬治·塞菲里斯，《一九四一年九月的手稿》（*Χειρόγραφο Σεπ. '41*，雅典：Ikaros，一九七二），頁五一～三。

4 寇里歐普洛斯，《希臘及英國的關係》，頁二二〇，引用一九四一年二月一日白樂德對外交部說的話。

5 梅塔克薩斯，《日記》，卷四，頁五五二～四（引述頁五五三，一九四一年一月二日）。

6 馬克．馬佐爾，《希特勒的希臘：一九四一至一九四四年間被佔領的體驗》（*Inside Hitler's Greece: The Experience of Occupation, 1941–44*，康乃狄克州紐海芬：耶魯大學出版社，一九九三），頁一七三、一五五。

7 馬佐爾，《希特勒的希臘》，頁二四四、二五六。

8 C. M. 伍德豪斯，《一九四一至一九四九年間希臘的鬥爭》（*The Struggle for Greece, 1941–1949*，倫敦：Hart-Davis，一九七六；重印後加入理查．克羅格的簡介：Hurst，二〇〇二），頁一四。

9 狄米特里斯．格里諾斯，《何為國族解放陣線及其目的》（*Τι είναι και τι θέλει το Εθνικό Απελευθερωτικό Μέτωπο*，雅典：Rigas，一九四四；後來由Estia重印，無日期），頁三九、四一。

10 馬佐爾，《希特勒的希臘》，頁三一一。

11 C. M. 伍德豪斯，《禍根：近期希臘政界在國際背景中的調查》（*The Apple of Discord: A Survey of Recent Greek Politics in their International Setting*，倫敦：Hutchinson，一九四八），頁一四六～七。大衛．布魯爾《希臘：戰爭的十年。佔領、反抗及內戰》（*Greece: The Decade of War:Occupation, Resistance and Civil War*，倫敦：I. B. Tauris，二〇一六），頁八六）將信將疑，並指出伍德豪斯後來的說法（《希臘的鬥爭》，頁六二～三）「比較謹慎」。但在後者寫成的時候，冷戰的態度已經變得更強硬了。在一九四八年，伍德豪斯記下他看到的東西，以及當時留下的印象。

12 馬佐爾，《希特勒的希臘》，頁二七九。

13 格里諾斯，《何為國族解放陣線》，頁六〇、六一、六二～三（加了重點）。

14 例如，馬佐爾（《希特勒的希臘》，頁一五五～二六一）用相當長的篇幅描述佔領強國的暴行，他細察其中的動態及動機，卻沒有舉例說明EAM及ELAS極端暴力的具體例子，但他承認確有其事。另一方面，安德烈．喬羅里馬托斯（André Gerolymatos）重複同時代報告中ELAS和希臘共產黨的殺人傷害行為（《國際性的內戰：希臘，一九四三至一九四九年》（*An International Civil War: Greece, 1943–1949*，康乃狄克州紐海芬及倫敦：耶魯大學出版社，二〇一六，頁八八～九、一〇八、一六二、一六四、二二二～六），但對山區「人民當家」的成就隻字不提，甚至也沒提到馬佐爾的經典研究。

15 大衛．克萋斯（David Close），《希臘內戰的起源》（*The Origins of the Greek Civil War*，倫敦：Longman，一九九五），頁九四。

16 馬佐爾，《希特勒的希臘》，頁一二五～七；另請參見伍德豪斯，《希臘的鬥爭》，頁三～五、六三。

17 例如，可以參見泰納西斯．斯菲卡斯（Thanasis Sfikas），《一九四五至一九四九年間希臘共產黨政策中的戰爭與和平》（*Πόλεμος και ειρήνη στη στρατηγική του ΚΚΕ, 1945–1949*，雅典：Philistor，二〇〇一），頁一五、二〇。

18 史坦帝斯．卡利維斯，《內戰中的暴力邏輯》（*The Logic of Violence in Civil War*，劍橋：劍橋大學出版社，二〇〇六），頁三一。

19 引述注解的起源以小說作品呈現：泰納西斯．瓦爾提諾斯（Thanasis Valtinos），《正統成本》（*Orthokostá*，雅典：Agra，一九九四），頁一一四，由珍．艾西馬可普洛斯（Jane Assimakopoulos）及斯塔夫羅斯．德里尤格斯（Stavros Deligiorgis）翻譯成英文（倫敦及康乃狄克州紐海芬：耶魯大學出版社，二〇一六），頁八五。小說裡有很多接近真實事件的詳細口頭證據。另請參見英文版中史坦帝斯．卡利維斯的前言。舉例來說，在希臘北部，可以參見約翰．寇里歐普洛斯，《搶來的忠誠：一九四一至一九四九年間在希臘西馬其頓的軸心國佔領及內戰》（*Plundered Loyalties: Axis Occupation and Civil Strife in Greek West Macedonia, 1941–1949*，倫敦：Hurst，一九九九；一九九四至一九九五年以希臘文初版）。

20 馬佐爾，《希特勒的希臘》，頁三四二。

21 普羅寇皮斯．帕帕斯特拉提斯（Procopis Papastratis），《一九四一至一九四四年，第二次世界大戰期間英國對希臘的政策》（*British Policy towards Greece during the Second World War, 1941–1944*，劍橋：劍橋大學出版社，一九八四），頁五七；羅德里克．比頓，《喬治．塞菲里斯傳：等待天使》（*George Seferis: Waiting for the Angel. A Biography*，康乃狄克州紐海芬及倫敦：耶魯大學出版社，二〇〇三），頁二三五～六。

22 尤格斯．狄奧多加斯，《日記筆記，一九三九至一九五三年》（*Τετράδια ημερολογίου, 1939–1953*），狄米特里斯．皮奇歐瓦斯（Dimitris Pikionis）編著（雅典：Estia，一九八七），頁五〇九（一九四四年十月十三日）；馬佐爾，《希特勒的希臘》，頁三六二。

23 約翰．雅特里德斯（John Iatrides），《雅典的叛亂：一九四四至一九四五年間希臘共產黨的「第二輪」》（*Revolt*

in Athens: The Greek Communist 'Second Round', 1944–1945，紐澤西州普林斯頓：普林斯頓大學出版社，一九七二），頁一九二。

24 馬佐爾，《希特勒的希臘》，頁三六八；克婁斯，《內戰的起源》，頁一三七。

25 溫斯頓．邱吉爾，《第二次世界大戰回憶錄第六卷：勝利與悲劇》（*The Second World War, vol. 6: Triumph and Tragedy*，倫敦：Cassell，一九五四），頁九七、二八九。

26 喬治．塞菲里斯，《日記第四卷》（*Μέρες Δ΄*）一九四四年十二月七日的紀錄（雅典：Ikaros，一九七七），頁三七四；比頓，《喬治．塞菲里斯傳》。

27 邱吉爾，《勝利與悲劇》，頁二七一。

28 哈里斯．弗拉威亞諾斯（Haris Vlavianos），《一九四一至一九四九年的希臘：從反抗到內戰》（*Greece, 1941–49: From Resistance to Civil War*，貝辛斯托克：Macmillan，一九九二），頁二五七。

29 克婁斯，《內戰的起源》，頁一五九，引用一九四六年二月二十二日李柏對外交部說的話。

30 克婁斯，《內戰的起源》，頁一九〇。

31 斯皮里東．普拉庫達斯（Spyridon Plakoudas），《希臘內戰：策略、鎮暴及君主政體》（*The Greek Civil War: Strategy, Counterinsurgency and the Monarchy*，倫敦：I. B. Tauris，二〇一七），頁一二〇。

32 G. M. 亞歷山大（G. M. Alexander），《杜魯門主義的前奏曲：一九四四至一九四七年間在希臘的英國政策》（*The Prelude to the Truman Doctrine: British Policy in Greece, 1944–1947*，牛津：Clarendon Press，一九八二），頁二五一。

33 科斯塔斯．科斯蒂斯，《歷史寵壞的孩子：現代希臘的成形》，賈寇柏．莫伊譯（倫敦：Hurst，二〇一八；希臘文初版於二〇一三），頁三二四；約翰．寇里歐普洛斯及薩諾斯．威瑞米斯，《希臘：現代的續集，自一八二一年到現在》（倫敦：Hurst，二〇〇二），頁九八。

34 大衛．克婁斯，〈引言〉（Introduction），出自大衛．克婁斯編著，《希臘內戰，一九四三至一九五〇：兩極化的研究》（*The Greek Civil War, 1943–1950: Studies of Polarization*，倫敦：Routledge，一九九三），頁七～一一；關於一九四六至一九四九年間最完整的數字，參見喬治．馬加里蒂斯，《希臘內戰的歷史》（*Ιστορία του ελληνικού*

εμφυλίου πολέμου），共兩卷（雅典：Vivliorama，二〇〇〇），卷一，頁五〇~五一。

35 帕諾斯（Panos Lagdas），《阿瑞斯．維路希歐提斯》（*Άρης Βελουχιώτης*），共兩卷（雅典：Kypseli，一九六四），卷二，頁四六一、四六六；伍德豪斯，《希臘的鬥爭》，頁四~六。

36 狄奧多加斯，《日記》，頁五〇七；馬佐爾，《希特勒的希臘》，頁三一四；塞菲里斯，《日記第四卷》，頁三八一~二。

37 克婁斯，《內戰的起源》，頁一三一；海恩茲．李希特（Heinz Richter），《英國在希臘的干預：從瓦爾基扎到內戰》（*British Intervention in Greece: From Varkiza to Civil War*），瑪莉詠．薩拉菲斯（Marion Sarafis）譯（倫敦：Merlin，一九八五），頁x；約翰．杭德羅斯（John Hondros），《佔領與反抗：一九四一至一九四四年間希臘的痛苦》（*Occupation and Resistance: The Greek Agony, 1941–44*，紐約：Pella，一九八三），頁二三四；約翰．雅特里德斯，〈一九四四至一九五〇年間，位於十字路口的希臘〉（Greece at the crossroads, 1944–1950），出自約翰．雅特里德斯及琳達．瑞格利（Linda Wrigley）編著，《位於十字路口的希臘：內戰及其遺物》（*Greece at the Crossroads: The Civil War and its Legacy*，賓夕法尼亞州費城：賓州大學出版社，一九九五），頁一二~一三。

38 安東尼斯．利亞寇斯（Antonis Liakos），〈希臘〉（Greece），出自彼得．富塔多（Peter Furtado）編著《國族的歷史：鍛造認同的過程》（*Histories of Nations: How their Identities were Forged*），第二版（倫敦：Thames and Hudson，二〇一七），頁三九~四六（引述頁四五）。

10 接受山姆大叔的庇蔭

一九四九～一九七四

暴力和流血的十年結束了。從一九四三年開始的內戰長達六年，而引發內戰的外國佔領期則是三年。接下來就是勝利者的和平，戰敗方沒有調解的餘地。一九四七年底，希臘共產黨被宣布為不合法的組織，禁令延續了將近三十年。數千名支持共產黨員的人亡命他鄉，逃到鐵幕後面——很多人在蘇聯當局的安排下，集中到遙遠的塔什干（Tashkent）。在希臘，一九五〇年代出獄的人則持續受到監視和騷擾。之前與納粹合謀的人現在要復職也不難，能得到受信任的職位和退休金。原諒的對象卻無法擴及曾跟他們對抗的人，到一九八〇年代才有改變。

今日的歷史學家說一九五〇年代的希臘是「反共國家」，也是「美國的附庸國」，理由非常充分。[1]史上第一次，也是唯一一次，十九世紀從歐洲強權國家政界動態中創造出來的這個民族國家開始接受非歐洲國家的指示。也只能這樣。內戰打勝了，要歸功於美國的干預。結束後，美國人抓起了政治的韁繩。在混亂的開始後，三年內換了至少七次政府，辦了三次議會選舉，在美國人的堅持下，一九五二年引進了新的選舉系統，預示右派政黨會一直統治到一九六三年。同時，修改後的憲法首次賦予女性在全國選舉中的投票權。在美國的保護下，希臘與土耳其一起在一九五一年加入北大西洋公約組織（NATO）。兩個國家接下來都會努力遏制國際共產主義運動，派出部隊和飛機到朝鮮半島支援美國和盟國。

美國干預的衝擊對希臘未來的經濟起了決定性的作用。杜魯門主義頒布過了一年後，又來了馬歇爾計畫（Marshall Plan），這是長達四年的巨型經濟援助方案，幫助歐洲的受災國在第二次世界大戰後進行重建。在那段期間，希臘是歐洲最窮的國家，得到的援助超過十億美元。美國財富突然湧入，改變了希臘社會的風景和許多面向，就像美國的武器肯定能趕走共產黨。在一九四○年代，山區和島上幾乎都沒有電力供應。三十年後，要走很久的路，才會找到尚未連上電網的村莊。沿著阿提卡海岸、一直到雅典西側的一長排煉鋼廠、煉油廠和造船廠也在這個時候建造出來。再一次，跟在一九三○年代一樣，他們想把白給農業轉為可獲利的生意，只是結果有好有壞。

在革命之前，希臘的船運就非常發達，在一九四○年代末期出現了驚人的復甦，之後也達到了新高點。在陸上，一九五○年代和一九六○年代則是建設的高峰期。從鄉村湧進城市的人口大增，一方面反映這個事實，一方面也推進了速度，雅典、皮雷埃夫斯和薩洛尼卡以前所未見的高速成長。從一九五一年到一九七一年，首都的人口幾乎翻倍，來到兩百五十萬。[2] 這也是公寓建築（polykatoikia）的時代，用樸素混凝土建成通常五或六層樓高的公寓大樓。今日的都會風景在那個時候差不多成形。在戰爭中流失人口和遭到毀滅的鄉村則無法完全復原，有些乾脆棄置。再一次，為數眾多的年輕希臘男性選擇出國，到國外找工作。這次新的目的地包括澳洲、加拿大和歐洲北部，尤其是號稱工業發電機的西德。同時，大眾旅遊也打下了基礎。便宜的機票和旅行團增長，郵輪產業在某種程度上也可以納入，讓之前去不起希臘的旅客可以到當地旅遊，大眾的移動也初次看到了不同的方向。

美國人起始的提議有好幾項，再透過希臘的國家機制過濾。但美國人在監護希臘的經濟時，最普遍的效應似乎是解開創業精神的束縛，這種精神在十八世紀末曾十分興旺，後來那些年卻因為國家的極權控制而黯然失色。在一九五○和一九六○年代，小型家族企業才是經濟增長的引擊，尤其是營造、旅遊和船運。從一九五〇年到一九七三年，據估計，希臘的成長「居南歐資本主義國家之冠，或許也是西方世界最高的」，每年的國內生產毛額成長率平均是百分之六．五。[3]

在一九五〇年代的上半，希臘的前景一片大好。美國人就像以前的巴伐利亞人，他們花了更長的時間，但出手干預後，終止了長達十年的流血，就像巴伐利亞人在一八三三年的作為。美國人的文化包袱沒那麼多，但他們的政治議題卻由冷戰的現實政治支配，從此開展了通往現代化新時代的大道。

不過現實不會那麼簡單。自一九二二年的小亞細亞大災難以來，儘管努力了三十年，希臘這個國家的故事仍不完整。再一次，超越國境的國族是時候自我確立——當時，後果還無法估量，也要等半個多世紀後才會完全結束。

重新發現的國族

一九二二年的挫敗幾乎打碎了希臘法理國家和更廣闊希臘國族中間的區別，但還沒完全破滅。第二次世界大戰結束後，在地中海東側仍有東正教基督徒、說希臘語的社群，他們在那裡待了數個世紀，留在希臘的國境之外。其中一個社群在阿爾巴尼亞南部，希臘文的名字叫「北伊庇魯斯」，常會引起爭議。在可預見的未來，當地因為冷戰的政治分裂，不可能做任何調整。另一個地方則是十二群島，包含十二座島和愛琴海東南角的小島，很靠近土耳其本土。義大利在一九一二年佔領了這些島嶼，戰爭的命運則在一九四三年九月終結義大利的佔領。之後這些島嶼落入德國人手中，然後再交給英國人。一九四六年，十二群島納入希臘國土，沒有人反對，就連土耳其政府也默許了，不過之前的政府相當抗拒希臘擴展到這麼靠近土耳其本土的地方，而且在較大的羅德斯島上至今仍有人數相當多的土耳其少數民族。到了一九四七年三月，這十二座島順勢與希臘統一了。

就剩下賽普勒斯。就「北伊庇魯斯」的例子來說，牽涉其中的人沒有機會發表意見。在十二群島，則沒有需要。而賽普勒斯就不一樣了。賽普勒斯在一八七八年由鄂圖曼人交給英國人管理，自一九二五年以來則是大不列顛的直轄殖民地。在六十萬人口中，有百分之八十是東正教基督徒，說希臘語的賽普勒斯方言。跟本世紀納入希臘國境的許多區域相比，尤其是克里特島和馬其頓大部分地區，還有現在已經是希臘「共同首都」的薩洛尼卡，此處的東正教希臘語使用者比例明顯高出許多。佔多數的希臘裔賽普勒斯人跟很多希臘人一向認為，英國早晚會允許這座島變成希臘的一部分，就像愛奧尼亞群島一樣。

這個命題並不算牽強。畢竟，大不列顛在一九一五年真的提議要把這座島給希臘，誘使反韋尼澤洛斯的政府參加第一次世界大戰。三十年後，達馬斯基諾斯總主教以攝政王的身分拜訪倫敦，詩人兼外交官喬治・塞菲里斯那時是他的私人祕書，也力勸他把賽普勒斯加到要給英國工黨政府的願望清單上。一開始的回應還算有希望。然後，在一九四七年，英國從印度次大陸撤掉他們的殖民地，一個月後單方面從希臘退出，為杜魯門主義開路。從一切跡象看來，舊時的帝國勢力要解散了。

希臘後續的政府對賽普勒斯問題卻興趣缺缺。若是因為主張賽普勒斯要跟希臘統一，反而跟英國這個重要盟友疏離，風險就太高了。而且，在前一個世紀出現過**統一**運動的地方裡，最遠的就是賽普勒斯。儘管沒有人公開提出這個論點，但和賽普勒斯統一的希臘在防禦上或許會有難以克服的後勤問題。或許因為所有這些理由，就由希臘裔賽普勒斯人自己帶頭吧。一九三一年十月發生暴動時，希臘的總理正是廣大國族的擁護者，艾萊夫狄里奧斯・韋尼澤洛斯。但前一個月英國才離開金本位制度，韋尼澤洛斯這時正忙著處理後續的影響，以及希臘破產的問題。且不論希臘的緊張，在賽普勒斯有很多希臘人似乎想加入希臘這個國家，但希臘卻跟這些人和他們的不滿保持距離。

到了一九四〇年代末期，賽普勒斯人為何還一心想加入，就有待研究了。賽普勒斯人可以隔著一段距離觀察那個國家的破碎及可怕的後果，他們很幸運，沒有捲進去。賽普勒斯從未遭受軸心國的攻擊，儘管在兩次大戰期間，賽普勒斯人都志願加入英國軍隊。但這次不一樣，他們的熱切尤勝以往。一九五〇年代開始時，在賽普勒斯和在希臘，都沒有人預料到，瀕死的大英帝國仍留下了兇惡的一擊。

賽普勒斯的希臘語社群佔多數，而政治領導地位則屬於東正教教會。沒有非宗教的領袖，因為英國的殖民地政府在一九三一年的紛亂後廢除選出來的立法會。東正教教會的領袖是賽普勒斯的總主教。自十六世紀以來，總主教就享有額外的「行政長官」（Ethnarch）頭銜。這是從島上主教中選出來的職位，享有永久任期。但是按著鄂圖曼人開始的傳統和長久的做法，行政長官不只是精神領袖：他應該要擔任信眾的發言人、守護者和保護者。鄂圖曼體系留下傳統，賽普勒斯教會積聚了不少政治力量和責任，此外也有大量財富。連續數代的英國殖民統治者受到的教導都是把教會和國家分開，是不同的範疇，因此一直無法了解這個傳統。在一九五〇年代的新環境中，出現了爆炸性的後果。

賽普勒斯教會在一九五〇年一月為成員舉辦非官方的公投。他們到教堂投票，也不需保密。合格票裡有百分之九十六・五偏向與希臘統一，歷史學家也同意這很公平，表達了大眾的意願。

六個月後，八十歲的總主教兼行政長官馬卡里奧斯二世（Makarios II）過世了。一九五〇年十月，他的繼任者選出來了，選民是「大多數，自認能代表百分之九十七的希臘裔賽普勒斯人」。[4]麥可．穆斯科斯（Michael Mouskos）是赫里斯托杜洛斯（Christodoulos）之子，出身於帕弗斯一帶小農和牧民的家族。進入教會後，他按習俗放棄姓氏，取了教名馬卡里奧斯（Makarios），意思是「受祝福的」。當上總主教後，他成為馬卡里奧斯三世。第三任馬卡里奧斯未滿三十七歲，是最年輕的總主教。除了年輕，還有其他特點：他精力充沛，才華橫溢，充滿魅力。在接下來的二十年，馬卡里奧斯的表現遙遙領先英國、希臘、土耳其和賽普勒斯的其他政治人物及外交官。在二十世紀下半，馬卡里奧斯在希臘國族的政治歷史中一直是屹立不搖的人物，在現實中也高聳巍峨。他的墓氣勢宏偉，建在位於特羅多斯山麓的凱庫斯修道院（Kykkos Monastery），墓前的青銅雕像大約有三十英尺高，穿著已經成為他自身特色的教袍，面帶神祕的微笑。

公投的結果可想而知，英國殖民當局自然不會採納。但在選出馬卡里奧斯擔任總主教前，賽普勒斯東正教教會的領袖就已經下定決心，持續這股動力，到島外尋求助力。第一個拜訪的地點就是希臘。代表團在六月到達雅典，帶著訂好的本子，裡面是公投投票者的簽名。這時內戰結束還不到一年。希臘的法理國家和市民還沒開始修整戰爭帶來的傷口，更不用說復原了。國境之外卻傳來了動人的感召，讓人立刻想起一八二一年和一九一二年的光輝時刻。更棒的是（除非你對希臘裔賽普勒斯人的內政過於吹毛求疵，才不會覺得這是好處，但大多數希臘人不會細察），能團結整個政治光譜的目標出現了：對右派來說是符合傳統路線的國族奮鬥，對左派也一樣很有吸引力，因為可以反對帝國主義和殖民主義。的確，在經過這個年代以後，在希臘會偏向馬卡里奧斯、想跟賽普勒斯**統一**的人，應該就是戰敗後被邊緣化的左派。

在那段時間內，先後幾個希臘政府的外交政策或多或少會受限於馬卡里奧斯從尼古西亞推動的議題。儘管政府官員實際上沒有意願，但在希臘，**統一**的目標很快成為街頭示威的熱門主題，也上了媒體的專欄。早在一九五〇年五月，希臘議會就有人表達跟一八四〇年代差不多的情緒：雅典的政府要負責的對象涵蓋「國族的整體，不光是狹窄『政治人造』邊境內的希臘法理國家」。**國族**要放在第一位。國族「從來不只有希臘王國的人民」。[5]

在馬卡里奧斯的堅持下，前陸軍元帥亞歷山德羅斯·帕帕尤斯領導的政府向英國人提出一連串直接的訴求，開始協商，讓賽普勒斯經過有秩序的過渡期，與希臘統一。有一次協商在一九五三年，他們跟外交大臣安東尼·艾登會面。後來，希臘方認為帕帕尤斯遭到不必要的羞辱。隔年的難度更高，下議院的政務次長竟然說，由於戰略因素，有幾處殖民地「絕對不」能脫離英國統治。一九五一年，英國改由保守黨執政，工黨政府在一九四五年嘗試的開明路線一下子又倒退許多。

盟友和先前「保護國」的反覆拒絕只讓希臘的民意更加憤怒。雅典政府受制於鉗形攻勢，一邊是馬卡里奧斯，一邊是英國人。但馬卡里奧斯和賽普勒斯的領袖並不滿意只能透過希臘政府向大不列顛施壓。從一開始，他們就同時決定了政策，要透過向聯合國訴願，把他們的統一主張推上國際。在這裡，理由並不是上百年來要統一國族的崇高理想，而是賽普勒斯多數人的自決。實際的問題是，只有已經享有自決的人才有權利向聯合國提出訴願。希臘政府再一次接到了艱難的任務——先遊說大會取得許可，才能為賽普勒斯人提供理由，再來則要有充分的說服力。英國人費了不少力氣，不讓訴願有機會進入大會。再怎麼嘗試，這件事還是得不到聯合國的接納。

希臘革命分子在一八二〇年的戰術很成功，賽普勒斯的領袖也想仿效。但在一九五〇年代，情況不一樣了，國際化帶來新的危機。身處希臘的歷史學家在事後才看出這是一個致命的錯誤，但在賽普勒斯的可能沒發現：把自決的問題帶到聯合國，就把門開給了土耳其，為了保護他們在賽普勒斯的少數族群，土耳其人應該會干預。[6]

事實上，一九五〇年代的上半，並沒有事後回顧看起來的那麼嚴重。在一九五〇年獲選執政的阿德南・曼德列斯（Adnan Menderes）和民主黨一開始就承諾要跟希臘保持友好關係。兩國的政府都很想加入NATO。希臘和土耳其在一九五三年二月簽訂新的「和平友好條約」。對曼德列斯政府來說，和之前的阿塔圖克和伊諾努一樣，賽普勒斯並不在議程上。土耳其法理國家的領土由一九一九年九月土耳其國族運動開始時制訂的《國族協議》（National Pact）界定。並不包括賽普勒斯。在一九二三年的《洛桑條約》中，土耳其方支持大不列顛，廢除所有對賽普勒斯的權利。要是殖民國再把這塊土地交給當時沒考慮到的另一個國家，會是什麼情況？但在一九五〇年代早期，土耳其的立場很清楚——沒有興趣。賽普勒斯的希臘東正教領袖及希臘的決策者沒有料想到接下來的情況，也不是他們的錯。第一個提高難度的並不是傳統的敵人土耳其，而是大不列顛。

難題在一九五五年夏天出現。外交大臣艾登的繼承人是哈羅德・麥克米倫（Harold Macmillan），他邀請希臘和土耳其兩國政府立刻把外交部長送到倫敦參加「三方會議」，決定賽普勒斯的未來。「土耳其在（會議）開始時的立場堅定一點，對我們、對他們都更好，」會議開始前，麥克米倫給了官員這樣的訊息。注意，會議的目的並不是達成協議，而是「分割及統治」，一名英國歷史學家特別指出，「這種以退為進的風險很高，性質也不完全值得尊敬」。當時，馬卡里奧斯的評語是「不正派」。[7] 當然沒有賽普勒斯的代表到場。

這時，曼德列斯和土耳其外交部長法廷・佐盧（Fatin Zorlu）的口氣變得更加民粹主義。英國外交部裡有些人已經覺得害怕，導火線引燃了，但可能控制不住爆炸。果真如此。九月五日，會議即將結束，佐盧似乎認為英國人會屈服於希臘人的要求。如果是，那就完全誤解了會議的本質和目的。那天傍晚，從倫敦打電話回伊斯坦堡的時候，據說這位土耳其的外交部長提到「一點點活動會蠻有用的」。[8]隔天，群眾在伊斯坦堡中心的塔克辛廣場（Taksim Square）進行示威。暴力狂潮席捲伊斯坦堡的「歐洲區」貝伊奧盧，希臘文的名字是佩拉。從各種證據看來，至少開頭經過精心的策劃。

一九五五年九月六日和七日在伊斯坦堡和土耳其其他城市的暴行是希臘評論家和歷史學家口中的「大屠殺」。警察袖手旁觀，七十幾座東正教教堂遭到洗劫和縱火，希臘人的店鋪和宅院也被劫掠。希臘和土耳其早在一九三〇年代建立的友好關係最近透過 NATO 變得更加穩固，但在短短二十四小時內，古老的恨意衝破地表，毀壞了這種關係。這兩天的事件加深希臘和土耳其之間的敵意，從此永遠彼此為敵。伊斯坦堡的希臘東正教社群大約有十萬多人，根據一九二三年的洛桑協議條款，本來不需要強制移居。現在，快速的移居開始了，不到幾年，人數就減少到目前大約兩千人的規模。

為了得到短期的政治優勢，也想再控制賽普勒斯幾年，麥克米倫和他的政策在希臘面積最大、勢力最強的鄰國中逼出了民眾的憤怒。再也沒有方法能熄滅這股怒火。六年後的軍事政變推翻了曼德列斯，他和內閣大多數人，包括佐盧在內都要接受絞刑，也有一個理由是因為他們教唆了上述的事件。但後續的土耳其政府不論政治色彩，軍政府還是文人政府，都無法退出賽普勒斯，也沒有權宜之計，過了六十多年依然一樣。

在三方會議舉辦前，島上就已經開始了武裝鬥爭。在一九五五年四月參戰的游擊隊宣布他們是「賽普勒斯鬥士國族組織」，比較常見的名字是希臘文的縮寫 EOKA。他們的領袖之前在希臘武裝部隊裡當過上校，名叫尤格斯．格里瓦斯（Georgios Grivas）。格里瓦斯的家鄉在賽普勒斯，曾在阿爾巴尼亞對抗過義大利人。希臘佔領快結束時，以及之後的一段短暫時間內，他帶領以希臘文字母「X」（發音近似「西」）為名的民兵攻擊希臘共產黨員。格里瓦斯善於軍事戰術，不是政治家，順利逃過英國特勤單位的追捕，而他的政治首領馬卡里奧斯對他的武裝鬥爭則支吾其詞。衝突尚未結束時，格里瓦斯盜用「迪耶尼斯」（Digenis）的名字，迪耶尼斯是一位典型的英雄，出自希臘語世界耳熟能詳的英雄口述傳說。今日，尼古西亞的一條主要道路就叫作格里瓦斯—迪耶尼斯大道。

在英國人眼中，EOKA 是恐怖分子組織。對支持者來說，成員是自由鬥士，為國族解放而奮鬥。針對軍方和警察的破壞及伏擊，都是游擊隊在戰爭期間對抗軸心國的方法。當時，英國勤務人員也是他們的同謀。現在，換英國人變成攻擊的目標。同時，被查到是「賣國賊」的人，就是 EOKA 懲戒的對象。他們還發起其他的戰爭，針對賽普勒斯共產黨（縮寫是 AKEL）的成員。這些戰術會讓人想起希臘內戰中雙邊的作法。EOKA 的戰爭一開始時發動一連串爆炸，頭三個月內就攻擊了兩百多所警察局。英國人馬上反應，宣布進入緊急狀態。根據緊急狀況的法律，帶著武器的人如果被抓就要處死。

一九五六年五月，開始有人因為這些法律遭到處決。外號米哈拉奇斯（Michalakis）的麥可．卡饒利斯（Michael Karaolis）被定罪時是二十三歲，安德瑞亞斯．迪米特瑞烏（Andreas Dimitriou）則是二十一歲。兩人都按正當程序審判，一人大白天在尼古西亞市中心射殺了希臘裔賽普勒斯警察，另一人在法馬哥斯塔射傷了一名英國人。但在希臘人眼中，審判有瑕疵，因為主要的目擊者跟檢察官都是土耳其賽普勒斯人。處決的消息讓賽普勒斯和希臘的輿論十分震驚。賽普勒斯不允許任何形式的公眾示威，但五月九日，雅典傳出這兩人隔天要行刑的消息，憤怒的群眾便聚集到協和廣場（Omonoia Square）。示威群眾想襲擊武裝警察拉起封鎖線的建築。當時的場景一定會讓人想起一九四四年十二月在雅典另一座廣場上的事件而心生警訊，焦慮的警察開槍了。四人死亡，幾十人受傷。[9]

之後，在希臘各地的城鎮和廣場都正式改名為兩位受刑人的名字，一直用到今日，雅典舊英國大使館前面的那條街道也包括在內。EOKA立即回應，殺死他們抓來的兩名人質，都是英國的陸軍下士。這兩人沒有傷害過別人，也沒有人紀念他們的名字。

在EOKA的鬥爭中，總計喪失了五百多條人命，受傷的則有一千多人。傷亡者多半是希臘裔賽普勒斯平民，數目遠超過英國的軍人或EOKA的成員。跟一九五〇年代和一九六〇年代其他反殖民的抗爭相比，他們的損失不大。[10]以軍事鬥爭的觀點來看，這一場沒有結果。就像希臘國族史上常見的做法，又要到遠方尋找解答，這一次是紐約、蘇黎世和倫敦。

在協商前，英國政府一九五六年三月在尼古西亞機場逮捕馬卡里奧斯總主教，他正準備搭飛機去雅典進行談判；賽普勒斯和希臘兩地希臘人的合作機會遭到破壞。馬卡里奧斯要再等十三個月才能到達目的地。這段期間的行政長官是一名囚犯，被關在英國更遙遠的屬地塞席爾（Seychelles）。一九五七年四月十七日，在東正教的聖週，馬卡里奧斯終於到達雅典，得到英雄式的歡迎。美國風格的車隊把他從機場送到憲法廣場的布列塔尼大飯店，沿路停下很多次，接受當地顯要的歡迎和談話。這個時刻很恰當地稱為「他一生事業的最高點」。[11]

馬卡里奧斯從俯瞰廣場的陽台上對群眾發表情感激動的即席演說，下方應該有人曾在半個世紀前站在同一個地方，聽韋尼澤洛斯從他的陽台上發表演講，那時他剛從克里特島到雅典擔任希臘總理，帶領希臘贏得巴爾幹戰爭。應該有更多人曾從爸媽口中或歷史課上聽到當時的情況。難道，廣大的國族要再一次帶來更新的精神，掃掉蜘蛛網和挫折，以及讓希臘苦惱的瑣碎抗爭？

但時代不一樣了，人也不一樣。沒有證據顯示馬卡里奧斯胸懷統治希臘的野心。一九一〇年，韋尼澤洛斯已經準備好離開戰火不斷的克里特島，追求更大的願景，等時候到了，他的家鄉也會跟希臘統一。馬卡里奧斯人在雅典，只是因為英國當局不讓他返回賽普勒斯。韋尼澤洛斯受邀前往希臘首都，因為頂層的位置空出來了。但一九五七年沒有權位等著馬卡里奧斯，即使希臘政黨領袖的魅力或群眾支持度都比不上他。馬卡里奧斯可能錯過了改變國族歷史進程的機會，更有可能的是，其實沒有機會。

不論理由是什麼，從那個時刻開始，主動權就慢慢從馬卡里奧斯手中滑走，擋也擋不住。

到一九五七年，國際的情況變了。前一年十一月，埃及領袖阿卜杜爾·卡邁爾·納賽爾（Abdul Gamal Nasser）將蘇伊士運河國有化之後，英國人和法國人想聯手奪回，結果損失慘重。「蘇伊士危機」證實舊時歐洲殖民強國風光不再。在英國，安東尼·艾登的政治生涯因此終結，前一年溫斯頓·邱吉爾因病退任後由他繼承首相的職位，他在一月辭職。新首相是哈羅德·麥克米倫，在擔任外交大臣時曾主持江定賽普勒斯厄運的三方會議。英國保守黨政府的政治優先順序也變了。蘇伊士危機後氛圍轉變，要放棄賽普勒斯也不是不可能，只要英國能留住軍事基地。土耳其則強烈要求分治。一九五七年，眾人開始討論新的可能：賽普勒斯或許可以成為獨立的國家。如此一來，兩個社群或許能鍛造出新的國族認同，也就是賽普勒斯人。

這些想法在遠處的政治競技場上取得進展，而在賽普勒斯，情況卻出現了變化，事後看來，當時若能注意到這個可怕的警訊就好了。在整個十九世紀，克里特島的「統一」鬥爭裡充斥著相互厭惡或不斷爆發交互的衝突，但在賽普勒斯的社群關係中看不到這樣的印記。即使在一九五五年四月開始戰鬥後，**土耳其人**似乎也不是EOKA的攻擊對象。另一方面，由於當地保安部隊中的土耳其賽普勒斯人比例極低，他們愈來愈容易變成攻擊的目標。一九五七年十一月，警察局特別分部的一名資深土耳其賽普勒斯警官遭人刺殺，引起土耳其賽普勒斯社群延遲已久的強烈反應，背後則有安卡拉政府的支持。

一種新型的叛亂出現了（視角度而定，不是「恐怖分子」，就是「自由鬥士」）。他們成立了「土耳其反抗組織」，土耳其文的縮寫是TMT。EOKA戰爭進入最後階段，變成三方互鬥，延續了整個一九五八年。有史以來第一次，兩個祕密游擊隊組織對另一個社群的平民施以最可怕的暴行。土耳其裔賽普勒斯人一月和六月都在尼古西亞掀起暴動。暴徒將受害者以私刑處死。由英國人護送的希臘裔賽普勒斯囚犯在六月遭到伏擊，幾名犯人被砍死。EOKA現在開始還擊土耳其裔賽普勒斯社群；他們也恐嚇自己的同胞，不讓他們搬出土耳其裔賽普勒斯人取得控制權的區域。賽普勒斯各地都能看到房屋上出現希臘或土耳其的國旗——諷刺的是，賽普勒斯獨立後，這個習慣會一直延續下去。

但是，**真的找到了**外交解決方案，來自大家都沒想到的地方。一九五八年十二月四日傍晚，在聯合國大會開始辯論時，土耳其的外交部長佐盧緊逼希臘的外交部長伊凡耶洛斯・阿維羅夫－托西扎（Evangelos Averof-Tositsa）不放。佐盧說，他們兩個為什麼不想辦法處理對賽普勒斯的歧見呢？事實上，就是這樣。英國政府退出競賽。馬卡里奧斯跟賽普勒斯人也退出了。兩名外交部長發現他們都同意賽普勒斯變成獨立國家。如此一來，希臘要放棄「統一」的想法，土耳其放棄分治的想法；大不列顛要放棄統治權，但留下軍事基地。大家都是輸家，但重點是，沒有人是贏家。這項交易似乎呼應了希臘在一八三〇年代初期贏得獨立的方法——只是結果不一樣。

大不列顛、希臘和土耳其的代表一九五八年十二月在蘇黎世開會，隔年二月則在倫敦的蘭開斯特府（Lancaster House）匆匆討論出細節。馬卡里奧斯到了最後一刻才有機會參與。蘭開斯特府曾有一度氣氛緊張到一觸即發，在希臘和英國官員強力施壓下，馬卡里奧斯起初拒絕簽署協定，他在討論時沒有發言權，卻要負責實行。緊張的時刻過了，一九五九年二月十九日下午，獨立的賽普勒斯共和國誕生。

三月一日，馬卡里奧斯抵達尼古西亞機場，在離開將近三年後，他對著等候的官員和記者說了一個詞。在原本的古希臘文中，這個詞據說是史上第一名馬拉松跑者在公元前四九〇年將戰勝波斯人的消息帶到雅典時說的話：意思是「我們贏了」。馬卡里奧斯私底下怎麼想，就沒有人知道了。他應該很清楚，這不是勝利。詩人喬治　塞菲里斯在擔任外交官的時候，也是協商中的重要人物，但結果令他十分震驚。塞菲里斯預想了有可能發生的結果，他的想法比當時大多數人更貼近現實，協議簽訂後一年，他在日記裡偷偷寫下，「我們（希臘人）不適合偉大的東西。」[12] 這是舊時崇高理想最可悲的墓誌銘，四十年前，崇高理想已經埋在斯麥納的廢墟之下，但揮之不去的記憶仍未完全安息。

賽普勒斯共和國在一九六〇年八月十六日正式成為大英國協的獨立成員。精巧的憲制安排確保兩個社群會共享權力。總統一定是希臘裔賽普勒斯人，副總統一定是土耳其裔賽普勒斯人。下級機關分派的比例也差不多（前後都一樣要討價還價）。共和國的官方語言是希臘語和土耳其語，白底的國旗畫著島嶼的地圖，下方的一對橄欖枝象徵和平。大不列顛永遠保有阿克羅帝利和德凱利亞軍事基地的主權。這個羽翼初成的共和國接受的安排會讓人想起十九世紀的希臘，賽普勒斯的獨立將由催生的三個國家保障：英國、希臘和土耳其。

賽普勒斯的未來看似定下來了，希臘國族的領導地位由位於雅典的政府再度確認。因為賽普勒斯的衝突，希臘和大不列顛之間的關係來到前所未有的低點。但之後就沒問題了，關係很快就會修復。希臘的新靠山美國在衝突期間一直在旁觀望，覺得有些疑惑和惱怒，有時候則覺得驚愕。等土耳其確定要插手，美國最關切的問題就是不要擾亂 NATO 的結盟；這樣一來，必定要跟希臘拉開距離。希臘大眾的反美情緒差不多就是從這些年開始，一九八〇年代來到高點。一九五九年，卡拉曼利斯政府想要與成形中的歐洲經濟體（European Economic Community，EEC），也就是今日歐盟的前身結盟，這並不是巧合。[13]

同時，在一九五〇年代和一九六〇年代，希臘的創新人物開始探索很不一樣的方法來定義「希臘人」。

與左巴共舞

在一九五〇年代，看一場電影不花什麼錢，算是不錯的消遣。小型的家族企業享有新的有利條件，結合好萊塢的影響，希臘國產電影業誕生了。就平均每人的影片數量來說，希臘的生產力很快就追上了好萊塢。在城市和大鎮裡，大多數區域都有電力。到一九五〇年代結束時，雅典和皮雷埃夫斯的電影院應該接近五百家。到了夏天那幾個月，空著的建築基地可以輕鬆轉換為露天電影院。從一九五六年到一九六八年的最高點，年票銷量成長了一倍，那時希臘人每兩個星期就會看一次電影，是歐洲比例最高的地方。從一九四四年到一九七四年，發行的電影超過一千五百部。[14]

希臘法理國家的角色發人深省。這時，沒有國家的補貼，產量很高的企業純屬個人，後來得到補助的希臘藝術電影還要等一陣子才會出現。另一方面，審查非常嚴格，而且會一直持續到一九七四年。不能提到共產主義、內戰、當代政治，或任何會冒犯外國旅客或投資者的東西；對武裝部隊的成員和國內古老的紀念碑一定要充滿敬意。有些人認為，這就是法理國家確實發揮控制功能的方式。但在實行上，通常只是輕輕碰一下，也非常淡漠。故事情節不可以根據共產黨人作家的書籍，屬於極左派的演員或音樂家卻不受到限制。在一九六七年以前，審查人員很少有需要干涉的時候。導演們把議題都藏在心裡。跟好萊塢或其他流行的藝術形式一樣，一九五〇和一九六〇年代的希臘電影也有自己的禁忌。

電影通常用最低的預算製作，在一九六〇年代中期以前多半是黑白片，在大多數觀眾熟悉的郊外或鄉間拍攝，目標是大量的觀眾——因為這些理由，歷史學家並不重視，到了二十一世紀態度才有所轉變。希臘社會的變化速度飛快；電影本身及其大受歡迎的程度也算是社會的變化。出現在電影裡的人物和故事情節雖然看了眼熟，但並未真實反映日常的生活。但電影確實考慮到一個時代的期待和焦慮，這時離開偏鄉的人數來到史上最高，他們搬到倉促建成的郊區，逐漸接受新增財富帶來的效應，不論這些財富是否屬於他們。

在這種騷亂中，產生了幾部空前的經典作品。一九五五年發行的《史黛拉》（*Stella*）是麥可．卡柯雅尼斯（Michael Cacoyannis）的第二部電影，這位年輕導演來自賽普勒斯，在英國受教育。也是未來政治活躍分子和文化部長美蓮娜．梅高麗的第一部電影。《史黛拉》改編作曲家喬治・比才（Georges Bizet）在歌劇《卡門》（*Carmen*）上演後而出名的故事，背景改成一九五〇年代雅典的工人階級郊區，除了是經典的悲劇，也展現傳統希臘社群中生活無情的現實。梅高麗的角色排斥傳統希臘社會為女性行為定下的每一條慣例。她付出了代價，也符合一般的期待。社會規範維持住了。但梅高麗的演技力道十足，觀眾在這個富有男子氣概的火爆女子身上一定會看到他們最看重的希臘**男性**價值：走投無路時展現出的英勇反抗。

不久之後，希臘電影在國際電影節中受到矚目。有些導演是希臘裔美國人，在美國電影界已經打下基礎。在坎城，《史黛拉》的女主角梅高麗遇見在美國出生的導演朱爾斯・達辛（Jules Dassin），後來結為夫婦。他們一起演了《痴漢艷娃》，也是達辛執導的作品。十足的「希臘」電影，也是第一部搭配英語對話的影片。在一九六〇年上映。達辛飾演一名年輕的美國人，第一次到希臘，與梅高麗飾演的伊莉雅（Illia）結交，她是皮雷埃夫斯的妓女。她的名字在希臘文裡不是真實的女性名字，聽起來很像「太陽」一詞的陰性形式。他的名字則是荷馬。他立刻認定，伊莉雅一定「象徵」了把他帶到希臘來的探求。就像蕭伯納（Bernard Shaw）作品《窈窕淑女》（*Pygmalion*）裡的希金斯教授（Professor Higgins），荷馬擅自決定要改造她。他告訴她，兩千年前「希臘是全世界最偉大的國家」。「現在也是！」伊莉雅反駁他。皮雷埃夫斯這名心地善良的美好女孩很天真，不切實際、名叫荷馬的美國人也很天真（當時還沒有《辛普森家庭》〔*The Simpsons*〕的卡通），兩人都會讓聰明的觀眾會心一笑。進入一九六〇年代新的十年，希臘的實況有可能會漂浮在這兩人中間，難以捉摸，不是他們能掌控的。

《痴漢艷娃》在坎城影展得了最佳女主角獎。那年的最佳奧斯卡金像獎最佳原創歌曲頒給製作原聲帶的馬諾斯・哈德吉達克斯（Manos Hadjidakis）。這些希臘電影還有一個特質：保證當時另一種希臘的創意作品，也就是希臘流行樂會大放異彩，最後吸引到全球觀眾的注意。

哈德吉達克斯跟同時代的米奇斯・狄奧多拉奇斯（Mikis Theodorakis）都出生於一九二五年，在前一個十年負責推出一種凸顯布祖基琴的新音樂風格；布祖基琴之前是希臘城市下層社會和倫貝蒂卡傳統的經典樂器。根據倫貝蒂卡特有的節奏和調性，這波後來稱為「新浪潮」的風格也利用了鄉間希臘民謠和歐美流行樂的元素。他們製造出一種生氣勃勃的混合風格，受過西方訓練的耳朵會覺得比真正的倫貝蒂卡或作為源頭的中東傳統音樂更順耳，旋律也跟十九世紀的義大利歌劇一樣容易記住，充滿創造力。

這個運動的兩位創始人彼此差異很大。但他們有一個很重要的共同點：都是特別的少數。哈德吉達克斯是同性戀，當時希臘公眾對性向的態度自然是非常保守；而狄奧多拉奇斯是共產黨員，在「白色恐怖」時曾被毆打，然後丟在一旁等死，在內戰期間未受審判就被拘留，也遭到折磨。兩人都完全無法跟一九五〇和一九六〇年代的「官方」希臘法理國家走到一起。或許因為那個理由，他們引進希臘音樂的「新浪潮」出乎意料之外，「得到國族接納，左派右派都願意認可」。[15]

一九六〇年，新風格的所有元素到位，狄奧多拉奇斯為共產黨詩人雅尼斯・里佐斯的八首詩譜曲。這些歌曲能夠流傳，也是一個奇蹟。歌詞來自里佐斯在共產黨日報《激進者》發表的一首詩，刊出後不久，梅塔克薩斯就開始獨裁統治。詩中哀嘆一名年輕菸草工人之死，她在一九三六年的一次罷工中遭到警方射殺，這幾次罷工也是梅塔克薩斯奪權的藉口。此時文字不需審查，但留聲機唱片就要審查。

更值得注意的是，狄奧多拉奇斯會以統一民主左翼（EDA）議員的身分從政，這個政黨相比之下是極左派，也是希臘共產黨被禁後採用的掩護。他繼續為里佐斯其他的詩譜曲，例如《羅馬人》（*Romiosyni*），會變成他最知名也最受喜愛的作品。里佐斯在「白色恐怖」期間，也就是在一九四五到一九四七年間寫了這首詩。這首詩涵讚歷史中的希臘認同是一種永無止境的革命鬥爭，對抗無情的環境以及掠奪成性的外人。自從唱片在一九六六年發行後，希臘人不論政治黨派，或無黨無派，都跟著猛烈的鼓聲和響亮的布祖基琴唱得聲嘶力竭，歌詞說：

> 只要握緊拳頭，
> 陽光就一定會照亮世界。[16]

「新浪潮」樂曲的歌詞不光來自共產黨的詩人。喬治．塞菲里斯和奧德修斯．艾呂提斯（Odysseus Elytis）的詩也是狄奧多拉奇斯譜曲的對象，或許這也是一股助力，讓他們分別在一九六三及一九七九年得到諾貝爾文學獎。很快地，作曲家都以詩入歌。當時有名的希臘詩人都很樂意跟作曲家合作。寫在書頁上、挑戰人類智慧的文字得到新生命，有時候有新的意義，調換成音樂用語後，變成新的，同時也感覺到深深扎入希臘獨有的大眾傳統中：倫貝蒂卡，以及高山中和島嶼上更古老的節奏與旋律。

流行和「高階」文學這種不尋常的會合在卡柯雅尼斯一九六四年執導的另一部電影中衝到最高點。《希臘左巴》根據尼可斯．卡山札基斯的小說改編，這本書在佔領期間寫成，佔領結束後很快就出版了。電影是英語，用了小說翻譯版比較好記的標題。因此，卡山札基斯的《亞歷克西斯．左巴的人生與看法》（*Life and Opinions of Alexis Zorbas*）變成一部預言，講述現代希臘人真實的認同——即使主要角色由墨西哥裔美國人安東尼・昆（Anthony Quinn）飾演，另一名男主角則從用腦過度的希臘知識分子換成笨頭笨腦的英國人，由艾倫・貝茲（Alan Bates）飾演。這部電影在克里特島拍攝，臨時演員都是當地村民。狄奧多拉奇斯負責作曲。在故事高潮，一切都出了差錯以後，知識分子「老闆」以謙遜的口氣要求粗俗而有活力的左巴教他跳舞。在小說中，這是擺脫束縛的時刻，在短短的一段時間內，超越靈魂和身體的障礙，深思熟慮和自發、快樂的情緒不再有隔閡。在電影中，兩名角色從緩慢的「屠夫舞」（chasapiko，這是倫貝蒂卡的一個主題）開始，然後突然換成更快的「塞爾維亞屠夫舞」（chasaposerviko），雖然名字很像，但舞步完全不一樣，是來自鄉間的傳統。搭配狄奧多拉奇斯有規律的、斷奏的、一聽就難忘的音樂，成果從此以後就叫作希塔基舞（syrtaki）這是從前並不存在的「傳統」希臘舞蹈。

兩名外國演員在克里特島的海邊跳著發明出來的混合式舞蹈，搭上為新的觀眾編寫的新風格音樂——那就是《希臘左巴》最終的影像。再一次，不論好歹，身為希臘人的議題一直都不光是希臘人的事。到一九六四年又進入了全新的階段——就這一次幾乎跟希臘的法理國家或政府機構完全沒有關係。

政治車禍

在希臘建國後，很可惜，創意藝術「大膽先鋒」的活力在政治範疇中卻十分匱乏，這也不是第一次了。一九五二年選出的右翼政府保持了十年的穩定，然後開始崩解。一開始稱為希臘團結（Greek Rally）的執政黨在領袖前陸軍元帥帕帕戈斯過世後，轉變成國族激進聯盟（National Radical Union），康斯坦蒂諾斯・卡拉曼利斯在一九五五年繼任領袖。在一九五八年的議會選舉中，統一民主左翼（EDA）超越中立派的敵手，成為主要的反對黨，他們強烈反對政府對賽普勒斯的讓步也是得票的因素。然後在一九六一年，反對黨的角色傳遞給前一陣子才重組的中間偏左派，叫作中間聯盟（Centre Union）。

這個黨派繼承了尼可拉斯・普拉斯提拉斯在內戰結束時成立的政黨，他是老練的謀劃家，韋尼澤洛斯主義最後一個真誠的信徒。簡單地說，普拉斯提拉斯的政黨在先前成形時，曾和韋尼澤洛斯之子索福克里斯（Sophocles）領導的自由黨剩餘成員共享權力。現在的領袖是喬治・帕潘德里歐，他最後一次擔任公職時，正值一九四四年的動亂。一九六一年十月，中間聯盟在選戰中以些微差距落敗。帕潘德里歐大聲叫屈：所謂的「類國家」（para-state）操縱了選舉，右翼在警隊、文官制度和武裝部隊裡都有好友，他們組成的祕密網路絕非憑空想像。選舉中實質的干預程度一直沒有定論，或許還不足以決定結果。但帕潘德里歐因此得到需要的動力，宣布要以「不屈不撓的鬥爭」來贏得最後的勝利。

兩年後，他初次聞到勝利的氣息。一九六三年的夏天還沒到，國族激進聯盟的政府就在苦苦掙扎。喬治二世好不容易回到希臘後不久，在一九四七年去世，卡拉曼利斯跟他的弟弟保羅國王（King Paul）鬧翻了。五月，EDA的議員格里哥瑞斯・蘭布拉基斯（Grigorios Lambrakis）在薩洛尼卡遇害，用最惡劣的證據證實「類國家」的存在——後來瓦西利斯・瓦西利寇斯（Vasilis Vasilikos）一九六七年出版的小說《大風暴》（Z）讓這件事傳遍世界，還有科斯塔—加夫拉斯（Costa-Gavras）改編的電影。在變化過後的政治氛圍裡，帕潘德里歐的中間聯盟在十一月的議會選舉中獲勝。但只是勉強多數，帕潘德里歐無法組成政府，他便要求國王解散議會。一九六四年二月又辦了一次選舉。這次，中間聯盟大獲全勝。

之前，希臘從來沒有一個可以稱得上是適度左派的政府。這個政府很謹慎，小心從事重大的改革。在帕潘德里歐領導下，教育機會擴展，尤其是大學教育。政府提倡口說希臘語——違抗頑固派的反對，這些人自內戰以來就一直認為，只有眾人痛恨的共產黨員才會公開使用口說希臘語。但碰到造成國族分裂的主因，也就是共產主義和國家對 NATO 的承諾，帕潘德里歐跟前任一樣不肯妥協。帕潘德里歐十分厭惡共產主義，這也是一九四四年英國人會選他的原因。二十年後，換成是美國人不接受共產主義。

不幸的是（或許**是**機遇的問題），中間聯盟執政時正好碰到賽普勒斯的憲制安排瓦解了。一九六三年底，EOKA 鬥爭最後那年開始的社群衝突再度出現。一九六四年在希臘進行選舉時，和平會議在倫敦舉辦，尋找解決辦法。帕潘德里歐勝選後才過了三個星期，紐約通過了一個解決方案，聯合國會派調解人到賽普勒斯，監督希臘和土耳其社群的實體分隔。美國總統林登・詹森（Lyndon Johnson）干預後，在一九六四年六月，才避開希臘和土耳其之間的戰爭。

一個月後，美國對賽普勒斯有了新計畫。前國務卿參與擬定的「艾奇遜計畫」（Acheson Plan）提議換掉一九六〇年那部無效率的《憲法》，最後還是允許賽普勒斯與希臘統一。代價是把賽普勒斯的軍事基地租給土耳其人，比例要符合土耳其裔的人口數。土耳其人也會得到希臘小島卡斯特洛里佐島的統治權，這是十二群島中離希臘最遠的島。帕潘德里歐本來會簽名，但被馬卡里奧斯阻止了。如果**統一**的問題還在，兩人都無法控制雅典和尼古西亞之間關於希臘外交事務的提議。這兩人在十年後又一起碰到了可怕的宿命。

中間聯盟還有一件不幸的事，政府上任後才四個星期，保羅國王就死於癌症。辭世的國王製造的分歧確實比他哥哥少了很多。保羅國王在一九四七年登上王位，在位期間在反共產黨的陣營內努力治癒殘餘的「國族分立」。他的兒子登基後要再過幾個月才滿二十四歲，封為君士坦丁二世。除了喬治一世剛登基的那幾年，希臘已經一個世紀沒有這麼年輕的國王了。在幾個月內，年輕的國王和年紀是他三倍多、七十六歲的總理就朝著衝撞前進，這一次的毀滅性能夠匹敵半個世紀前他的祖父君士坦丁及韋尼澤洛斯的衝撞。

表面上跟武裝部隊的控制權有關。謀反的謠言已經傳了好幾年。一群稱為IDEA（在希臘文裡的意思跟英文一樣）的極右派軍官自一九四〇年代就加入軍隊。稱為ASPIDA（這個頭字母縮寫的意思是「屏障」）的新團體冒出來，右翼反對黨和「類國家」整個反共產黨機器都大吃一驚，也對國王造成極大的困擾。這些左翼軍官謀劃要破壞武裝部隊及法理國家的穩定，此外，據說總理自己的兒子也是其中一員。

安德烈亞斯．帕潘德里歐這時四十多歲。不久以前，他本來在美國擔任經濟學教授，前途無量，卻放棄事業，加入父親的政府擔任顧問。跟老帕潘德里歐比起來，安德烈亞斯的政治想法非常偏左，外號「煽動者」（之後在希臘，大家都只叫他的名字）的他也真的嚇壞了父親的政敵。互疑的氛圍愈來愈強，到了一九六五年夏天，武裝部隊主控權的問題變得很嚴重。在希臘王國剛成立時，據說愛東正教社密謀要罷免奧托一世，而ASPIDA可能跟愛東正教社一樣，沒有顛覆的能力，或許也一樣不實在。一名美國的前外交官當時人在雅典，後來他的結論是，「ASPIDA軍官就是想阻撓對付帕潘德里歐政府的右派軍事政變。」[17]

七月，帕潘德里歐認定國防部長想暗中顛覆他的地位，便開除了部長，提議由他自己擔任這個職務。兩項行為在希臘議會的歷史上都有不少先例，但國王比較信任被撤職的部長，而不是帕潘德里歐。他拒絕讓總理兼任國防部長，理由是安德烈亞斯．帕潘德里歐正在接受調查，看他是否與顛覆活動有關。帕潘德里歐重複韋尼澤洛斯五十年前（不太成功）的策略，提出辭呈，君士坦丁立即揭穿他的底牌，接受辭職。結果引發了憲法危機。「統治希臘的是誰？」帕潘德里歐提出質問，「國王，還是人民？」[18]

國王現在用的手法跟喬治二世一樣，他的伯父為梅塔克薩斯開通了康莊大道。再一次，又要走上獨裁之路，不過這次不會立即轉為獨裁。君士坦丁找了一個又一個議員，拜託他們組成政府。試到第三次成功了，執政的中間聯盟終於有足夠的成員接受感召（也有人說是賄賂），與中間偏右的反對黨結盟，在投信任票的時候打敗自己的政黨。斯特法諾斯・斯特法諾普洛斯（Stephanos Stephanopoulos）及所謂「變節者」組成的政府在一九六五年九月就職，在很不穩定的狀態中執政了十五個月。

帕潘德里歐辭職的消息一傳出去，暴力再度漫溢到雅典的街道，不久之後取名為「七月事件」。「變節者」政府執政時，群眾示威和政治引發的罷工不斷滋擾城市居民的生活。內戰的兩極化似乎要回來了。右派很怕左派跟被禁的共產黨員會接管他們；左派擔憂議會體系會崩解，右派獨裁制度上場。即將政變的謠言飛來飛去。密謀的名字跟有可能策劃陰謀的人名到處亂傳，導致真有可能的結果反而被忽略了——或許連美國的中情局都沒注意到，但有很多希臘人認定美國人才是幕後操縱的人。

更多難以捉摸的政治運作後，新議會選舉的日期終於定下：一九六七年五月二十八日星期天。帕潘德里歐的中間聯盟呼聲最高。極左派 EDA 的支持率也有可能暴增。議會在四月十五日解散。三天後，一群中級軍官在他們之中最資深的斯提利安諾斯・帕塔寇斯（Stylianos Pattakos）准將家裡聚會，其中還有尤格斯・帕帕多普洛斯（Georgios Papadopoulos）上校跟在希臘特務機關服務過的幾個人。這些人能看到 NATO 擬定的應變計畫細節，萬一希臘與共產黨集團開戰的話，這份計畫的目的是保障希臘的安全，代號是「普羅米修斯」（Prometheus）。四月二十一日清晨，普羅米修斯計畫啟動，國王、軍隊總指揮和擁有計畫的美國人皆不知情。

武裝單位從軍營出發，在首都各處就定位。在北邊的郊區，坦克車圍住了國王在塔托伊的莊園。武裝士兵接管了中央電話局和國家電台。雅典人一早醒來，發現街道空無一人，只有坦克車和穿著制服的士兵，電話斷線了，電台大聲播放軍隊進行曲，夾雜著愛國節慶日的傳統民族舞音樂。只有少數幾份報紙能上街。那時還沒有社群媒體或私人電台。希臘的電視台剛成立，當然也是國家獨佔的事業。資深政客如果在家，都遭到拘留。武裝部隊中比密謀者資深的軍官也被監禁，除非他們對新的政權表達忠誠。知名的左派人士也是拘留的目標，除了共產黨員，還有疑似同情他們的人，以及相關人士的家庭成員。過了不久，有數千人入獄或軟禁在家，愛琴海中素負惡名的監獄島本來早已棄置，現在也立刻變成放逐的目的地。「上校軍團」開始獨裁政權，在希臘文裡也用西班牙文的 junta（軍政府）來表示。

打上石膏

新政體一開始的官方命令聽起來就像一九三六年的重現。憲法權利立即取消，包括集會的權利。嚴格的審查開始，列出了禁書（包括某些古希臘經典作品）及禁樂（共產黨員狄奧多拉奇斯的所有作品，他是希臘當時最有名的作曲家）。男人不可留長髮，女孩不能穿迷你裙——這時可是「搖擺六〇年代」（swinging Sixties）最火熱的時候！每個人都要去教堂。「上校軍團」儼然是第三帝國的重現，因此也很難重複「第三希臘文明」的言論。但他們想了一個很接近的口號，在政變過了快一年後初次出現，之後無處不在：**基督徒希臘人的希臘**。這些領袖（或幕後的理論家）受的教育比梅塔克薩斯更少；當時的人非常瞧不起他們的言論，後來的人也一樣。政體中的「強人」帕帕多普洛斯在六年多的時間內擔任過攝政者（後來則是總統）、總理、國防部長和外交部長，一九六八年三月二十九日，他對希臘位於薩洛尼卡第二座大學的學生說：

> 按著繼承與傳統，我們都是天選之人，用最完美文明的奇蹟啟發了人類……因此，依照我們的種族起源和國族意識，我們是**希臘人**，根據信仰的內容，我們是**基督徒**：兩者構成的雙聯畫（diptych）富含知識、傳統和歷史事實，描述我們、本國國民和國族中希臘人的理想。看著那個理想啊，我們一定會回去。我們一定會再度成為基督徒希臘人……[19]

「上校軍團」也跟隨梅塔克薩斯，用經濟政策讓希臘社會中的大多數人順從他們。在一九七三年以前，城市裡的營造業繼續繁榮發展，比以前更容易找到企業家和資金。農業債務在一九六八年取消，削除農業社群長久以來的怨怒。在這個政體主持下，路網、電話系統和電視的擴充令人讚嘆，延伸到希臘國內尚未覆蓋的地方。希臘的第二個電視台在一九六八年問世，取名為「武裝部隊資訊服務」，很有代表性。需求度很高的通訊開始發展後，也受到控管。這個新的獨裁政體篡權七年，在大多數時候就跟梅塔克薩斯的機器一樣高效，偵測反對的意見並預先發制。

但這兩個獨裁政體有很多不一樣的地方。梅塔克薩斯與他的國王合作愉快。在一九六七年，君士坦丁國王發現自己對政變毫不知情，卻變成了不情願的共犯。那年，與土耳其為了賽普勒斯作戰的擔憂浮現，似乎在武裝部隊裡打開了裂隙，國王想重申權力，推翻政體。在一九三〇年的情況下，武裝部隊最終效忠的對象是君主，而不是獨裁者。但在一九六〇年代就不一樣了。國王在一九六七年十二月十三日的反政變失敗，非常令人沮喪。君士坦丁國王逃到國外，再也沒有以君主的身分回到希臘。舊有的斷層線完全轉變了，君主政體或君主本人都無法挑起早先年間的熱情。一九六〇年代末期，在希臘軍隊中，反共產主義凌駕於所有的效忠對象之上。

另一個重大的差異則是武裝部隊的角色。在「上校軍團」統治的七年間，武裝部隊一定就是指陸軍。海軍和空軍的規模較小，傳統上由精英組成，參與程度不高。跟希臘歷史的其他時期不一樣，這七年讓陸軍走出軍營，上了街，控制公眾生活的每一個層面。的確，「上校軍團」和他們的上級帕塔寇斯准將一開始就辭掉了官職。但他們仍留著軍隊的心態和主張。全國各地都貼了海報，上面寫「一九六七年四月二十一日的革命萬歲」。巨大告示牌和固定金屬標語牌上畫著全副武裝的士兵剪影，背景則是神話象徵：浴火重生的鳳凰。陸軍的掌控無所不在，到處都能看到。那些違抗命令，或疑似要違抗的人，都可能受到殘暴的對待。

這個政體在描述自己的作為時，最愛用外科手術的隱喻。政變後過了六天，帕帕多普洛斯第一次在全球媒體的代表前露面，以他特有的笨拙言語來解釋：

> 各位，別忘了，我們發現自己正面對手術台上的病患，如果外科醫生在手術期間不把他綁住，在手術台上施以麻醉，手術很有可能無法讓他恢復健康，而是帶來死亡。

石膏模的隱喻更有名，也精進了這個基本的想法：「有一名病患。我們幫他打了石膏。我們會檢測，看他沒有石膏的話能不能走路。」[20]小說家泰納西斯．瓦爾提諾斯在一九七〇年發布的短篇故事裡用了這個隱喻，並加上荒謬古怪的結論；當時他與其他作家正在合作，測試變化多端的審查法會管到什麼程度。在瓦爾提諾斯的故事裡，不幸的病患被綁著，滿心恐懼看著愈來愈多的石膏吞沒自己的身體。濕糊糊的物質強塞進口中，讓他再也不能說話，這時他突然發覺，他以前看過這名外科醫生。讓他跌倒遭到意外的，就是同一個人。[21]

在真實的世界裡，過了好多年，病患仍無法脫離自己的石膏模。後來在一九七三年夏天，帕帕多普洛斯判斷，他可以冒險做一個有限的實驗。七月時舉辦了新共和憲法的公投。在當時的環境下，預期應該是「贊成」票。儘管如此，仍有四分之一的投票人冒著被起訴的風險，棄權不投。帕帕多普洛斯也想了辦法，要爭取前政治人物的支持，但只有一個人回應。一九七三年十月一日，新政府宣布成立，帕帕多普洛斯確定要擔任總統。這一位政治人物也變成總理，開始談到要在二月十日舉辦的大選。在那之前，仍要看石膏模能鬆開多少，或者有沒有其他名聲好的政治人物要參與。

但帕帕多普洛斯不自量力。在獨裁政權憎恨度最高的地區，不滿的徵象變得很明顯。控制手段有相應的緩和後，就有機會浮現。一九七二年五月，海軍軍官的叛亂被迅速鎮服，但大學裡出現的麻煩持續了更久。在希臘的大學生活中，傳統上學生會代表是非常活躍的分子，但有六年的時間，學生無權選出自己的代表。在年初，學生不斷佔領學校的系館，讓大眾注意到這個問題。十一月四日，學生乾脆走上雅典市中心的街頭，與警方發生衝突後，三十多名學生被捕。政變前幾年，這種情景已經是家常便飯。缺席六年後終於再現。九天後，學生開始聚集在雅典理工學院。

這些是**看得見**的徵兆。看不見的徵兆則是許多人對一九六七年政變謀劃者的反應，對整體的效應卻更嚴重。那就是剝掉石膏模帶來的問題。帕帕多普洛斯覺得很有前途的東西，現在不一定能做到。有些人反正一直不肯把權力交還給平民政客，在他們看來，最近這些煩擾就是他們需要的證據，證明新總統做得太過份了。帕帕多普洛斯的任期進入倒數階段，就連理工學院的中庭和講堂都擠滿了年輕人，唱著「麵包——教育——自由！」

在三天內，從十一月十四日星期三的早上開始，雅典理工學院的講堂和方庭變成群眾自發行動的地方。其他學院的管理機構因為怕惹麻煩而關閉了學校，現在學生都跑去理工學院了。沒有人能控制得住；不過不久之後就有特設的「佔領協調委員會」出現，來維護引人注目的團結力和秩序。在這三天內有很多次，同情的人也來加入佔領，包括許多中學生、不滿的工人、自封的無政府主義者，最多的還是來自極端右派和極端左派的**密探**。還不到星期四，估計有一萬人的群眾聚集在理工學院鑄鐵欄杆外寬大的街道上，吟誦著支持學生的詞句。隔天，人數變多了，介於原來的兩倍到看似不可能的十萬之間。不過，過了三天，政府仍置之不理。

把自己堵在理工學院裡的年輕人和聚集在外的支持者感受到一波不尋常的亢奮，感到充滿力量。組織委員會從佔領的實驗室找來臨時湊合的設備，用自己的技術設立短波電台。從星期四的清晨，雅典各地的屋舍都能聽到「理工學院在這裡」的呼號。年輕播報員上氣不接下氣、興奮的聲音開始呼召政治變革。已經有六年半的時間沒聽過這種內容的廣播了。在許多反覆的口號中，有一條是「今晚就是法西斯主義的死期」，還有要廢止「軍政府」——第一次公開點名批評。學生提出宣言，要求推翻獨裁政體，回歸「國族獨立和人民主權」。[22]

後來回想起這些事件時，當時似乎一切都有可能實現。「我們真的以為，這一刻我們得到了**力量**，」有人說。再聽聽另一個人怎麼說，她是未來的小說家伊歐納・卡里斯提亞尼（Ioanna Karystiani），在二〇一八年會被提名為共和國總統的候選人：

每個人都充滿決心，不論看起來有多瘋，就是一種卓越……我們起飛了，再也不會受到影響……我們沒有意識到，歷史在這個時刻寫成。[23]

同時，在理工學院外的街道上，市中心的其他地方，氣氛開始轉為醜惡。星期五下午，示威者和警察發生了幾次衝突。下午五點，警方開始用催淚毒氣。過了一小時，守衛公共秩序部的警察拿到了火器。大約七點三十分，有些人硬擠進建築物裡，警察就開槍了。到了八點，警察局長不得不承認，「暴力非他所能控制」。[24]

已經有人決定派出軍隊——看似就是出自帕帕多普洛斯個人的許可。過了十一點，部隊接到了命令。理工大學外的街道上和幾個街區外公共秩序部周圍都持續出現暴力衝突。警方的射擊手從建築物頂上開火。受到槍傷的人被送進了理工學院。學生電台開始緊急召喚醫生和醫療用品。官方媒體宣布，武裝「無政府主義者」正在屠殺警察。警察確實碰到了一些意外，但沒有人受槍傷。

十一月十七日星期六，從凌晨一點到兩點，三台坦克車開進來，對著理工學院的大門。學生代表勇敢且有尊嚴地協商有秩序的撤離，沒有人抵抗。站在矮牆上的人抓著面對街道的欄杆，背後聚集了同志，他們揮舞著藍白配色的國旗，唱著國歌。有人說這是一場共產黨員的叛亂，沒有人相信（即使學生中最傑出的成員確實屬於被禁的極左派）。最前面那台坦克車幾乎立刻就朝著鎖起的對開鑄鐵大門慢慢前進。靠著大門當成路障的車子被壓平了，坦克車又輾過大門，還壓斷了一名女學生的腿。這時是凌晨三點。學生電台本來還繼續評論門外的暴力和坦克車的動向。現在寂靜無聲。

帶著刺刀的海軍士兵衝過壓扁的大門，開始強制撤離學生。離開的人一到街上，就被等候在外的警察暴打。幾百人被捕。那天晚上大眾留下的記憶，就是坦克車強行通過大門的景象，以及國家武裝部隊攻擊年輕人的場面。但那晚殺人的應該是警察，而不是軍隊：死了二十四人，都在靠近理工學院的街道上。[25]

政府宣布戒嚴。軍隊在街上逗留了好幾天。一直有零星的暴力行為。輪到士兵使用具殺傷力的武器了，大多數是屋頂上的狙擊手。從十一月十七日至二十日，又有二十名市民被槍殺。在二十世紀晚期的歐洲國家，一直無法確定有多少人死傷，是很不尋常的事。失去親人的家庭也不敢洩露消息，只怕再遭到迫害。總的來說，在下一個星期開始前，官方的數字說被捕人數接近三千，非官方數字則幾乎是三千的三倍。有更多人躲起來了。

這些事件雖然戲劇性十足，也很恐怖，但雅典理工學院的學生反抗並未推翻尤格斯．帕帕多普洛斯的政體。十一月二十五日星期天，理工學院的猛攻過了一個多星期，坦克車又回到希臘各處的街道上。在完美執行的不流血政變中，軍隊裡的強硬派開始執行他們安排了好幾個月的計畫。帕帕多普洛斯及他掩人耳目的文人政府遭到開革，新的領導人和國家領袖是穿著制服的將軍費頓．伊奇基斯（Phaidon Gizikis），聽過他名字的人也不多。他的總理是一個更不出名的人物，外表看起來是平民。雅典的小道消息很快傳開，謠傳新的軍政府背後的實權人物也策劃過一九六七年的政變。迪米特里歐斯．雅尼帝斯（Dimitrios Ioannidis）擔任過上校，後來是准將，他也領導過令人畏懼的憲兵隊（ESA）。雖然未曾擔任過帕帕多普洛斯或伊奇基斯的政府官職，但雅尼帝斯現在才是希臘掌權的人。一九七三年十一月的學生反抗運動絕對不是解放的開端，反而注定要被埋到比之前更厚的一層石膏下。

今日在希臘各地都有街道和廣場以「理工學院英雄」的名字命名，但他們的勇敢、樂觀和逆反什麼都沒達成。另一方面，他們創造出了「理工學院世代」，在希臘就等於法國學運的「六八年五月世代」。從那個時候起，希臘政治上發生的事情要賦予意義，都會提到一九七三年的這幾天，以及這些日子後來被烙印到公眾記憶中的方式。那才是「理工學院」真正的遺產。

一九七三年結束，一九七四年冷酷地開始，殘局還要拖幾個月的時間。就跟之前常見的情形一樣，結局出現在希臘國族偏遠的角落裡——受害者也不是希臘的國民。

賽普勒斯政府和希臘政府的關係自一九六七年的政變以來就很不愉快。即使表面上友好，但到了一九七三年夏天，馬卡里奧斯已經逃過希臘軍政府的兩次暗殺。一九六八年，在雅典的郊區，帕帕多普洛斯差點在車裡被炸死，動機亦出自馬卡里奧斯在賽普勒斯那些持不同意見的支持者。希臘仍裹在「石膏」裡的時候，議會和民主程序都中止，馬卡里奧斯在一九六八和一九七三年贏得了壓倒性的多數。長久以來頗受重視的「統一」概念轉強為弱。在說希臘語的世界裡，賽普勒斯現在是民主自由的最後　個堡壘。只要軍政府還在，願意統一的希臘裔賽普勒斯人屈指可數。

不過，軍政府有別的想法。

在一九六四年的變動後，賽普勒斯成立了國民軍。基本上是徵兵，由當地的希臘裔賽普勒斯人組成。但軍官得到希臘的支持。一九七一年，年老的格里瓦斯上校祕密從雅典回到賽普勒斯；EOKA 一九五〇年代對抗英國人的時候，就由他領導。新的祕密組織開始在島上運作，叫作

EOKA-B。國民軍也跟格里瓦斯合作。馬卡里奧斯無法仰賴政府名義上的武裝部隊，開始徵召忠誠支持者，組成「預備軍團」。既然共和國才剛誕生，尚未結盟，他也向共產黨集團示好，提高勝算。如果是以前，這或許是很精明的政治手腕。但在一九七〇年代初期的情況下，理查・尼克森（Richard Nixon）領導的美國政府因此非常驚恐，尤其是主戰的國務卿亨利・季辛吉（Henry Kissinger）。共產黨國家捷克斯洛伐克把武器運到賽普勒斯時，兩支希臘裔賽普勒斯武裝部隊為了武器而激戰一場。從一九七一年底到一九七三年夏天，賽普勒斯的希臘人之間出現了實而未宣的內戰，土耳其裔的賽普勒斯人則留在自己的飛地，退出島上的政治生活。

一切都在一九七四年七月來到緊要關頭。格里瓦斯在一月去世，在雅典得到一場英雄喪禮。然後到了六月，在NATO高峰會上，雅典的軍政府故意破壞希臘和土耳其外交部長之間的協議，應該是擁有無上權力的雅尼帝斯下的命令。三名希臘的部長察覺到他們的國家正在挑起沒有贏面的戰爭，立刻辭職。七月初，馬卡里奧斯寫了一封長信給雅典的軍政府。內容馬上就被洩露給賽普勒斯的報社。馬卡里奧斯堅持自己是「很大一部分希臘文化選出的領袖」，要求結束EOKA-B的活動，撤出國民軍裡的希臘軍官。[26]

七月十五日星期一早上，他收到了唯一一個回覆。國民軍的裝甲車移到戰略位置，開始砲擊尼古西亞的總統府，而馬卡里奧斯才剛到達。十一點，賽普勒斯已經由軍隊控制的國家電台開始廣播新聞，馬卡里奧斯已經死了。尼可斯・桑普森（Nikos Sampson）被提名為總統，他之前是EOKA的游擊隊鬥士，沒有政治經驗，跟希臘軍政府的關係倒很密切。

希臘裔賽普勒斯人頑強抵抗桑普森的奪權，後續的事件卻讓這件事黯然失色。那個七月，有四天的時間，賽普勒斯落入全面的內戰。即使沒有外來的干預，但希臘軍政府應該無法左右賽普勒斯。絕大多數的希臘裔賽普勒斯人仍忠於他們選出的總統馬卡里奧斯，便反擊短命的桑普森政體，抗拒單方面的統一宣言（雖然到最後也並未發布）。

從密謀者的眼光來看，能出錯的地方都出錯了。勇氣十足的馬卡里奧斯得到忠誠夥伴的協助，從嚴重受損的總統府逃脫。感謝之前與他為敵的英國人，他從阿克羅帝利的英國主權基地搭乘皇家空軍的飛機，在兩天後到達倫敦。在那裡，他發現土耳其總理已經在遊說英國政府去處理賽普勒斯的事。政變等於是公然違反保障該島獨立的條款。英國、希臘和土耳其都是簽約國，這三個NATO盟國加上共同的靠山，也就是美國，應該可以消除歧見，達成協議。要真有可能，甚至能讓希臘回歸文人政府，在賽普勒斯也不需要殺戮。

沒有達成協議，因為三個盟國的政府在這個時候都非常不穩定。在英國，哈羅德・威爾遜（Harold Wilson）領導的工黨在二月勝選，但沒有得到絕對多數，十月會再舉辦一次投票。在土耳其，剛選出來的中間偏左政府由比倫特・艾傑維特（Bülent Ecevit）領導，只能仰賴不穩定的聯合政府，結果跟英國政府一樣短命。剩下的還有美國。美國政府因為水門事件而癱瘓數月，理查・尼克森的總統任期馬上就要結束。在這幾個星期，美國政府幾乎無人領導，也是建國以來初次碰到的情況。因此，在倫敦無法協商出共同的行動方案，也不算意外。面對拒絕行動的英國大臣，艾傑維特決定單方面干預。一九七四年七月十九日晚上到二十日清晨，土耳其從海上和空中入侵賽普勒斯的北岸，被隔開的希臘裔賽普勒斯人沒有抵抗的機會。

在希臘，似乎這就是軍政府等候已久的時機。不到幾個小時，希臘的國家電台宣布全國總動員。各地的後備軍人都要到單位報到。但希臘的武裝部隊即使在這七年來吸收了一大部分的政府支出，卻絕對無法對抗外敵，他們的力氣都花在鎮壓國內的動亂。土耳其入侵後的二十四小時內，雅典敷衍了事，試了幾次要增援賽普勒斯，卻灰頭土臉地收手。

在七月二十二日的記者會上，美國國務卿季辛吉宣布已經在賽普勒斯安排停火。那天下午生效。希臘避開了一場戰爭，但不能說是軍隊或國家領袖的功勞。賽普勒斯的命運要由國際協商來決定，接下來的幾個星期內會到日內瓦進行。那就只剩把臉丟盡的雅典軍政府，他們在接下來的三十六小時內解散。軍隊中最資深的軍官現在要雅尼帝斯退位，把自己關進伊奇基斯總統的辦公室裡密談，要想出保全面子的解決方案。七月二十三日下午，軍事統治宣告結束。隔天，文人政府宣誓就職。興高采烈的群眾塞滿了所有的公共空間。在雅典的憲法廣場，車子動彈不得。廣場和周圍的街道擠滿揮舞國旗的人，唱著被禁作曲家狄奧多拉奇斯的歌，歡欣鼓舞。在各地，軍政府的象徵都被拆下來踐踏。

天黑了以後，群眾冒出新的口號：**E-e-erchetai（他來了）**。「他」就是康斯坦蒂諾斯・卡拉曼利斯，中間偏右國族激進聯盟之前的領袖，在自願放逐到巴黎前當過八年的總理。七月二十四日凌晨兩點，歡騰的支持者在雅典機場迎接卡拉曼利斯。在希臘過渡到民主國家前，要做的事情當然還有很多。但「上校軍團」的統治結束了。

賽普勒斯人民付的代價，希臘裔賽普勒斯人和土耳其裔賽普勒斯人都不能倖免。在八月以前，日內瓦經過兩輪協商仍無法產出政治解決方案。在美國，理查・尼克森在八月九日辭職。掌管外交政策的是季辛吉，對他來說，賽普勒斯的命運不是最急迫的。八月十四日，土耳其軍隊開始新的攻勢。在三天內，他們將戰線推進到囊括島上百分之三十七的土地。第二次停火在三天後排定。幾個世紀以來的社群共同生活被抹殺了，數萬名希臘裔賽普勒斯人在土耳其軍隊來到前逃向南方，土耳其裔的賽普勒斯人則拋棄家園，逃往相反的方向。這時，賽普勒斯有四分之一的人口無家可歸。數萬人被殺，約有兩萬人「失蹤」，至今不知去了哪裡。

過了四十多年，仍未協商出和平條款，也沒有簽訂和平條約。一九七四年八月割開賽普勒斯的那條線不是國境。這條線是土耳其軍隊在八月那一天征服的極限。在這四十多年內，有不少人討論過土耳其行動的合法性。真相很簡單：國際法律確實認為**第一次**攻勢有正當理由，只要目標是為了恢復桑普森政變之前的狀況；第二次就沒有理由了。[27]

這就是希臘回歸民主的代價。對希臘來說，一九七四年七月結束了反常的現象，也結束了二十世紀初以來充滿仇恨的分裂。希臘文裡的 metapolitefsi，意思是「政治體系的改變」（現稱「希臘民主轉型」），今日除了用來指變化的時刻和緊接其後的後果，也指從一九七四年開始、會延續三十多年的政治成熟期和繁盛期。

---

1 科斯塔斯．科斯蒂斯，《歷史寵壞的孩子：現代希臘的成形》，賈寇柏．莫伊譯（倫敦：Hurst，二〇一八；希臘文初版於二〇一三），頁三三一；湯瑪士．加蘭特，《現代希臘：從獨立戰爭到現在》第二版（倫敦：Bloomsbury，二〇一六），頁二五五。

2 科斯蒂斯，《歷史寵壞的孩子》，頁三五一。

3 大衛．克斐斯，《自一九四五年起的希臘：政治、經濟和社會》（*Greece since 1945: Politics, Economy and Society*，倫敦：Longman，二〇〇二），頁五二、四八。

4 史丹利．梅耶斯（Stanley Mayes），《馬卡里奧斯傳》（*Makarios: A Biography*，倫敦：Macmillan，一九八一），

頁三九。

5 雅尼斯．斯特凡尼迪斯，《擾動希臘國族：一九四五至一九六七年，戰後希臘的政治文化、民族統一運動及反美主義》（*Stirring the Greek Nation: Political Culture, Irredentism and Anti-Americanism in Post-War Greece, 1945–1967*，奧德勺特：Ashgate，二〇〇七），頁八一，引用一九五〇年五月的國會辯論。

6 斯特凡尼迪斯，《擾動希臘國族》，頁七七～八；伊凡狄斯．哈奇瓦西里烏（Evanthis Hatzivassiliou），《一九五五至一九五九年，英國及賽普勒斯的國際情勢》（*Britain and the International Status of Cyprus, 1955–59*，明尼蘇達州明尼亞波利斯：明尼蘇達大學，《現代希臘研究年鑑》（*Modern Greek Studies Yearbook*）增刊，一九九七），頁一四；科斯蒂斯，《歷史寵壞的孩子》，頁三四一；斯塔夫羅斯．潘德利（Stavros Panteli），《賽普勒斯的新歷史：從最早的時候到今日》（*A New History of Cyprus: From the Earliest Times to the Present Day*，倫敦及海牙：EastWest，一九八四），頁二四八～五五。

7 羅伯特．霍蘭德，《一九五四至一九五九年，英國及賽普勒斯的叛亂》（*Britain and the Revolt in Cyprus, 1954–1959*，牛津：Clarendon Press，一九九八），頁六九（引用麥克米倫一九五五年七月十六日對外交部說的話）、頁六五；哈奇瓦西里烏，《英國及賽普勒斯的國際情勢》，頁三二，引用馬卡里奧斯。

8 霍蘭德，《英國及賽普勒斯的叛亂》，頁七六。

9 霍蘭德，《英國及賽普勒斯的叛亂》，頁八九～九一、一二七～三一；斯特凡尼迪斯，《擾動希臘國族》，頁一〇五。

10 大衛．法蘭奇（David French），《對抗EOKA：一九五五至一九五九年，英國對賽普勒斯的戡亂行動》（*Fighting EOKA: The British Counter-Insurgency Campaign on Cyprus, 1955–1959*，牛津：牛津大學出版社，二〇一五），頁三〇七。

11 霍蘭德，《英國及賽普勒斯的叛亂》，頁一八四～五。

12 羅德里克．比頓，《喬治．塞菲里斯傳：等待天使》（康乃狄克州紐海芬及倫敦：耶魯大學出版社，二〇〇三），頁三五八，引用塞菲里斯一九六〇年二月二十九日的日記。

13 斯特凡尼迪斯，《擾動希臘國族》，頁八〇、一七四～六；詹姆斯．愛德華．米勒（James Edward Miller），

《美國及現代希臘的成形：一九五〇至一九七四年間的歷史及權力》（*The United States and the Making of Modern Greece: History and Power, 1950–1974*，北卡羅萊納州教堂山：北卡羅萊納大學出版社，二〇〇九），頁五六～六五；蘇珊娜．韋爾尼（Susannah Verney），〈希臘及歐洲社群〉（Greece and the European Community），出自凱文．費舍史東及迪米特里歐斯．卡楚達斯（Dimitrios Katsoudas）編著，《希臘的政治變更：上校軍團執政前後》（*Political Change in Greece: Before and After the Colonels*，倫敦：Croom Helm，一九八七），頁二五三～七〇。

14 弗拉西達斯．卡拉利斯（Vrasidas Karalis），《希臘電影史》（*A History of Greek Cinema*）（紐約及倫敦：Continuum，二〇一二），頁七九～八〇；阿基里亞斯．哈吉克里亞庫（Achilleas Hadjikyriacou），《一九四九至一九六七年，希臘電影中的陽剛特質及性別》（*Masculinity and Gender in Greek Cinema, 1949–1967*，倫敦：Bloomsbury Academic，二〇一三），頁六六～七；瑪麗亞．斯塔辛諾普魯（Maria Stassinopoulou），〈殘酷的現實：一九五〇至一九六三年，希臘劇情片的歷史〉（Reality bites: A feature film history of Greece, 1950–1963）（維也納：維也納大學資格審查論文，二〇〇〇），頁三。

15 狄米特里斯．帕帕尼克拉烏（Dimitris Papanikolaou），《唱歌的詩人：法國及希臘的文學和流行樂》（*Singing Poets: Literature and Popular Music in France and Greece*，倫敦：Legenda，二〇〇七），頁八四（加了重點）。

16 雅尼斯．里佐斯，《詩集》（*Ποιήματα*），卷二（雅典：Kedros，一九八九至一八九〇），頁五九～七二。

17 史坦．德瑞諾斯（Stan Draenos），《安德烈亞斯．帕潘德里歐：希臘民主黨主義者及政治異議分子的形成》（*Andreas Papandreou: The Making of a Greek Democrat and Political Maverick*，倫敦：I. B. Tauris，二〇一二），頁一三三，引用羅伯特．基利（Robert Keeley）的證詞。

18 科斯蒂斯，《歷史寵壞的孩子》，頁三五六。

19 帕帕多普洛斯，《我們的信條》（*Το Πιστεύω μας*），共七卷（雅典，一九六八至一九七二），卷二，頁八〇（原本的重點）。

20 帕帕多普洛斯，《我們的信條》，卷一，頁一一，卷二，頁一七一；凱倫．范．戴克（Karen van Dyck），《卡珊德拉及審查者：自一九六七年以來的希臘詩學》（*Kassandra and the Censors: Greek Poetry since 1967*，紐約州伊薩卡：康乃爾大學出版社，一九九八），頁一六～七。

21 泰納西斯．瓦爾提諾斯，〈石膏模〉（The plaster cast），狄歐朵拉．瓦西爾斯（Theodora Vasils）譯，出自威利斯．巴恩斯通（Willis Barnstone）編著，《十八篇短文：當代希臘作家的文字》（*Eighteen Texts: Writings by Contemporary Greek Authors*，麻州劍橋：哈佛大學出版社，一九七二），頁一五三～九（希臘文初版於一九七〇年）。

22 科斯蒂斯．寇內提斯（Kostis Kornetis），《獨裁政權的孩子：希臘的學生反抗、文化政治學及「長長的一九六〇年代」》（*Children of the Dictatorship: Student Resistance, Cultural Politics, and the 'Long 1960s' in Greece*，紐約及牛津：Berghahn，二〇一三），頁二六九～七〇。

23 寇內提斯，《獨裁政權的孩子》，頁二五五、二七〇。

24 C. M. 伍德豪斯，《希臘上校軍團的興衰》（*The Rise and Fall of the Greek Colonels*，倫敦：Granada，一九八五），頁一三四。

25 寇內提斯，《獨裁政權的孩子》，頁二七三～八〇。

26 伍德豪斯，《興衰》，頁一五一～二。

27 詹姆斯．柯爾—林賽（James Ker-Lindsay），《賽普勒斯問題：須知》（*The Cyprus Problem: What Everyone Needs to Know*，牛津：牛津大學出版社，二〇一一），頁四四～六。

11 在歐洲長大成人

一九七四~二〇〇四

過了一九七四年，很多事物都變了。看起來，國家軍隊再也不是控制國內秩序的手段。軍隊的這個角色可以一路回溯到一八三〇年代巴伐利亞人統治的時期。從一九〇九年開始，軍官一直是組成政府和推翻政府的主力。現在，軍事獨裁政權統治七年後留下了殘酷的教訓，結局也是慘敗。從獨裁政權過渡到多元主義的民主，需要卡拉曼利斯發揮靈巧的政治領導才能。陸軍內尚未調解成功的單位只要有機會，就會籌畫另一場政變。的確，在過渡的前幾年，遭到阻擾的謀劃有好幾次。

一九七四年十一月十七日的議會選舉跟上一次已經隔了整整十年。軍政府解體後，才過了四個月。前一年的今天，雅典理工學院的學生抗議遭到鎮壓，所以選了這個日期。新的政黨贏得很漂亮，可說一夜之間建黨，取代了卡拉曼利斯在一九五〇年代和一九六〇年代領導的國族激進聯盟。新民主黨（New Democracy）基本上按著領袖的形象創造。卡拉曼利斯到巴黎放逐了十年後，以戴高樂（de Gaulle）將軍和戴高樂主義者為榜樣。

這股新的中間偏右政治力量與軍政府之前的化身還有一個鮮明的差異：去掉了強烈的反共產主義，自動在冷戰期間靠攏美國的戰略利益。卡拉曼利斯回歸後，第一項行動就是讓希臘撤出NATO會員國的軍事聯隊。這是一個將眾怒導向美國的方法，就最低程度來說，美國容忍「上校軍團」的政體，很多人也把賽普勒斯的災難怪到美國頭上（到今日依然如此）。另一項行動的政治效力更長，影響也更深遠，就是重新申請讓希臘以正式會員的資格進入歐洲經濟共同體（EEC）。施行獨裁後，歐洲方就凍結了希臘的申請。希臘政府在一九七五年六月重新啟動流程。在一九五〇年代，經歷了賽普勒斯的衝突後，希臘會花十五年的時間離開美國的監管，轉向歐洲的機構。

另一項意義重大的行動則是解除希臘共產黨的禁令，讓他們來得及參與十一月的選舉。禁令自一九四七年開始實施，希臘共產黨最後一次參與議會選舉則是在一九三六年一月。這一次，他們的得票增加，但仍不算多，席次則變少了。現在的共產黨不可能像一九三六年一樣，能掌控住權力的平衡。中間聯盟再次成為新議會裡的主要反對黨，此時的領袖是尤格斯・馬夫羅斯（Georgios Mavros），在軍政府前的議會裡，他是老帕潘德里歐手下的中尉。新成立的黨派很快就讓中間聯盟黯然失色，他們在一九七四年的票數只比共產黨多一點點，但三年後變成正式的反對黨，從一九八一年開始，會主導希臘政治三十年。

這就是安德烈亞斯・帕潘德里歐成立和領導的泛希臘社會主義運動（Panhellenic Socialist Movement），希臘文的首字母縮寫是PASOK。在一九六〇年代，朋友和敵人口中的「安德烈亞斯」以他激進的左派看法讓政府和外交界膽戰心驚。在軍政府統治時期，他幾乎都流亡在外，變成反對獨裁政權的號召人。在一九七四年的動盪中，安德烈亞斯的時機還沒到。PASOK的成立宣言在該年的九月三日發布，「開始新的政治活動」，目的要表達「一般希臘人的願望和需要，這個活動屬於農民、工人、工匠、雇用勞動者、雇員，以及我們勇敢開明的年輕人」。陳述的目標是創造「免於外國控制或干涉的政體，免於經濟寡頭統治控制或影響」。[1] PASOK剛成立的時候，結合了民粹訴求和國族完整，以及社會改革的議題，之前只有共產黨提過這樣的議題。PASOK認為，在世界舞台上，有許多國家在冷戰中並未靠攏任一集團，希臘應該在其中找到自己的位置。

畢竟，新的活動就是**全新的**。PASOK的名字甚至沒有「黨」。符號則是深綠色的半個太陽，上面有尖尖的綠色光線，假設正在上升，當然也可說是正在下降。PASOK在一九八一年崛起後，一名歷史學家兼政治科學家發表的評論後來也證實沒錯：「PASOK……是中間聯盟回頭的浪子，而不是左派的私生子。」[2]但在一個很重要的著眼點中，這兩股政治力量都不是新的，也無法一起決定希臘民主轉型（metapolitefsi）未來的模樣：PASOK和新民主黨都是魅力領袖的投射，他們的事業在軍政府執政前就定型了。

到頭來，希臘民主轉型就代表範圍更廣的轉變，不光是政治體系的激烈變化。選舉過後不到一個月，卡拉曼利斯在十二月八日舉辦公投，決定君主政體的未來。中間偏右的政府再次脫離軍政府執政前的過去，不參與競賽。或許歷史上就這一次，希臘人民覺得可以自由表達對這個議題的意見。投給共和國的票數低於百分之七十，投票率是百分之七十七。隔年，新的共和國憲法正式通過。從那時起，希臘法理國家的官方名稱就變成「希臘共和國」（Hellenic Republic）。這部憲法後來經過幾次修訂，目前依然有效。一年後，經過不斷商議和公開討論，一項議會法案確定口說希臘語要取代混合的「純正希臘語」，成為教育的官方語言——實際上也就涵蓋各行各業（除了教會及法律）。從此結束了另一種形式的兩極化，也就是互相競爭的書面希臘文形式，在二十世紀初曾將之編入法典。在一九七〇年代後半，沿著不同斷層線造成希臘分裂半個世紀的裂縫終於要消失了，速度也很快。

一九七四年還有另一個轉變，效應無法估量，且持續很長的時間。這個變化出現在國境之外，希臘的法理國家和機構都無法掌控——土耳其軍隊分割了賽普勒斯。自一九七四年開始，賽普勒斯共和國管轄權所能涵蓋的領土實際上略低於三分之二。一九六〇年的《憲法》依然有法律效力，國旗也還在，希臘語和土耳其語都是官方語言。理論上，依照國際法，賽普勒斯共和國政府對整個賽普勒斯都有合法的權力，除了英國的兩個主權基地以外。但自一九七四年以來，現實是賽普勒斯的南部變成第二個希臘人的民族國家。這種情況有幾個先例（如德國和奧地利），未來會怎麼開展，誰也不確定。

一九七四年以後，希臘裔賽普勒斯人透過國際支援，重建殘破的國家及經濟，成果令人歎為觀止。在這段期間，希臘和賽普勒斯兩個希臘人政府之間的關係都相當友好。不會再回到希臘軍政府及馬卡里奧斯治下民主的賽普勒斯相互仇殺的情況。相反地，希臘連續好幾任政府對他們的兄弟之邦都非常忠誠，提供外交和國防的協助。儘管賽普勒斯人的國家在各方面都依循希臘人的做法——國歌、國定假日、用於教育系統和官僚機構的希臘語言形式——但自一九七四年以來，可以看到政治與文化都出現了差別。「希臘底」（Helladic，指希臘的銅器時代）一詞愈來愈常出現，不光在賽普勒斯，希臘也看得到，來區別希臘的法理國家和希臘機構的子民，以及賽普勒斯島上的希臘裔公民——與「希臘」（Hellenic）巧妙區分，因為兩國人民都自認是希臘人（Hellenes）。

因著這些很好的理由，希臘國族自一九七四年以來的故事或許絕大多數是單一希臘法理國家的故事，但並不專屬於這個國家。

「改變」的十年

安德烈亞斯．帕潘德里歐領導的 PASOK（泛希臘社會主義運動）在一九八一年十月的選舉中大獲全勝，得到將近百分之五十的選票，在議會得到接近百分之六十的席次。他們就承諾一個詞：「改變」。在接下來幾年，確實改變了很多東西，尤其是執政黨和該黨充滿魅力的領袖。

希臘人第一次選出明確主張社會主義的政府，也是自二十世紀初以來第一次完全經由民主程序改變執政黨（有人說是有史以來第一次），沒有透過暴力或暴力威脅，也沒有軍隊、王室或外來強權實際（或可能）出手的干預。就這個意義來說，一九八一年是個轉捩點。也是第一次有秩序地從一個政府轉到下一個，在本書寫作時，希臘仍未打破這個模式。

PASOK 最激進、影響最深遠的改變都在執政的頭幾年引進。都是國內的變化，總體可以稱為社會的改變。最具戲劇性的變化也讓人等了很久很久，就是回頭認可在第二次世界大戰期間以「國族反抗軍」身分對抗佔領強權國家的每一位戰士。四十年來第一次，共產黨員和其他左派支持者在對抗軸心國時的角色得到公開和公眾的感謝。歷史學家再也不用避開這個禁忌的話題。參與過的人開始出版他們的回憶錄。小說家原本會刻意避開這個主題，現在則開始挖掘自己和他人的記憶，開始接受之前一直埋藏在沉默中的體驗。左派的退伍軍人少了迫害或排斥，也有資格得到退休金；在一九五〇和一九六〇年代的「反共產黨國家」會發退休金給之前的通敵者，卻不給這些軍人。內戰期間逃難到蘇聯集團的人跟後代現在終於可以返鄉。延遲已久的療癒過程開始了。第二任 PASOK 政府在一九八九年下台，這個過程再過不久之後才會完整。

其他的立法變動跟家庭法有關。通姦再也不是刑事犯罪；離婚（跟在天主教國家一樣，一直都不是不合法）終於能透過雙方同意來進行，不像以前一樣要證明有通姦行為。雖然教會反對，還是引進了不舉行宗教儀式的民事婚姻。女性的權利和性別平等的新標準初次進入成文法典。在PASOK 第一次的四年任期內，退休金和社會福利的花費增加了百分之五十。國家衛生保健部在一九八三年成立。希臘各地都出現新的大學和理工學院。同時，大學管治舊有的階級制度重新改組，仿效帕潘德里歐之前擔任經濟系教授時學到的美國制度。

PASOK 也改變了政府營運的方式。從一九八二年開始，在行政部門的最高階級，擁有終身職的專業人士由政務人員取代。從政治上處理日常的權力行使，與之前的時期非常不一樣，比如說政府不穩定或走極端路線的一九三〇年代。從一九八〇年代初期開始，評論家就注意到，希臘少了一群能幹的資深文官來管理政府之間的過渡，以及提供政策施行的建議。[3]希臘歷史上出現了第一個真正的大眾政黨，對向來會引起很尖刻批評的傳統任命權制度也有轉變效應。從此由政黨將特權分配給成員，而不是由議會的個別成員分配給選民。繼承而來的恩庇和侍從體系常跟「腐敗」劃上等號，PASOK 主導政治景觀後並未加以廢止，而是改造成國營機構。

在一九八〇年代，變化最明顯的徵兆或許就是一般生活水準提高了。這不光是因為一九五〇年代和一九六〇年代的經濟成長，國家擴展也是一個因素。國家的角色在此刻叫作「寄生」。一九八〇年代，在 PASOK 領導下，愈來愈政治化的文官制度成長幅度比起之前新民主黨統治時，只增加了一點點。但二十年來的效應不斷累積，到了一九九一年，公務員的人數已經是原來的兩倍多。PASOK 的福利和稅務政策招來更加苛刻的批評。有一項觀察充滿譏諷，中間偏左政府常採用的「徵稅與花費」政策，到了希臘變成「花費但不要徵稅」——稅收系統本身就是各任政府（不光是 PASOK）設法「收買」選票的一個管道。[4]

但如果方法變了，就政府或人民來說，一九八〇和一九九〇年代對徵稅和希臘這個法理國家的態度也沒什麼新意了。一八二〇年代末的卡波迪斯特里亞斯或一八三〇年代奧托一世的巴伐利亞人顧問，都非常明白這種情況。帕潘德里歐及 PASOK 跟這些很久以前的前任一樣，致力於讓希臘在當時已開發的國家中稱得上是「現代化」，至少表面上看起來很現代。因此至少在表面上，他們非常成功，跟一八三〇年代的前輩一樣。把已開發國家衍生出來的標準和做法對應到不同傳統中根深柢固的態度和行為，會再一次產生分裂，在希臘剛建國的時候就看到了，在民主轉型的期間也能看到。常見的說法是，這些態度是鄂圖曼壓制數個世紀後留下來的遺產。其實，希臘建國的情況非常獨特，才會產生這些態度，剛誕生的希臘就像是可以壓榨的搖錢樹，來取代壓制者離開後耗盡的戰利品。二十世紀最後那幾十年，那個觀念變了多少，仍待爭議——或許今日真的已經改變了。

矛盾的是，從一九八〇年代以來，最有效的一個變革因數對生活水準有明顯的衝擊，也影響到國家的整個景觀，這個因數不是帕潘德里歐，也不是 PASOK，而是他們一開始時猛烈反對的東西，也就是希臘的歐洲經濟體成員身分，EEC 是今日歐盟（EU）的前身。希臘在一九八一年一月成為第十名成員，這要歸功給卡拉曼利斯：他在一九五〇年代末期第一次當上總理，以及一九七四年再度成為總理後，都提過這個計畫。帕潘德里歐在十個月後掌權。PASOK 從一開始就強力反對 EEC。「改變」的議題完全沒有依附外國強權的空間，美國（在一九七四年以後，對希臘的影響力再也無法恢復）跟剛出現的歐洲跨國組織都不行。但希臘人的「歐洲懷疑主義」（Euro-scepticism）現象只是曇花一現，在一九八一年十月選舉時達到高點。

在歐洲企業裡不情不願當了四年的夥伴，在一九八五年再度入選後，PASOK 政府在第二次任期中開始發現成員資格意料之外的優勢。經濟狀況不太好，名列最窮成員的希臘是純粹的受益人，利益也超乎想像。一九九二年，歐洲單一市場正式成形，在完成之前，EEC 預算有一大部分都用來把經費從最富裕的國家轉到最窮困的國家。非常明顯，這就像 PASOK 所得重分配的政策。高額金錢透過「支持措施」和「穩定配套措施」來到希臘，共同農業政策則為希臘的農民帶來前所未有的補貼。農民自然滿心感激，當然會贊成加入 EEC。

因此，不知不覺中，PASOK 在第二次任期間，慢慢變化成西式的社會民主黨。PASOK 一開始時本能地嫌棄歐洲，後來卻融入了歐洲整合的計畫。歐洲資金的流入，配合態度的改變，生活方式也愈來愈西化。希臘的電影院在一九六八年以後被電視趕上，再也無法恢復原有的基礎。現在大家都待在家裡看電視，尤其是在最早的商業頻道一九九〇年拿到執照以後。傳統上專屬男性的咖啡館（kapheneion），本來是老年居民玩雙陸棋、喝咖啡及爭論日報內容的地方，現在變成流行的酒吧，也是年輕男女聚會的去處。提供本地農產食物的客店，菜單內容大同小異，價格由官方管控，愈來愈需要跟供應國際菜色的西式餐廳競爭。希臘人熱情好客的舊有傳統原本有些堅決，現在也放鬆了。外國人可以在公開的餐廳接受款待，不一定要在家舉辦盛筵——當然都不用出錢。在西歐或北美訪客的眼中，希臘一下子變得沒那麼「異國風情」，而是比較「歐式」。對大多數希臘人來說，生活變得比以前舒適多了。

不久之後，改變也會遍及實體的風景。一九八〇年代末期誕生的計畫，由歐洲的方案提供資金，會在接下來的十五年內陸續完成：高速公路網路，穿越山區的路程從一整天縮短成幾個小時，擴大的地鐵系統以及雅典的新機場，穿過科林斯灣開口的哈里勞斯・特里庫皮斯吊橋，長度接近三公里，在二〇〇四年完工。

除了未預期的移向歐洲整合，允諾的「改變」或許在對外關係上是最不明顯的。說到外交政策，PASOK 被描述為「具有西方心態和第三世界心腸的政黨」。[5] 在 PASOK 剛成立那些年，用的語言和象徵手勢都發自肺腑。或許心裡不肯承認，但 PASOK 行動比較重實際，更貼近西方的優先順序。因此，對過去政策的實際改變大大低於許多觀察者的期待。

在PASOK第一次勝選之前的政府已經重新加入希臘在一九七四年離開的NATO會員國軍事聯隊——他們有很好的理由。NATO無法阻擋土耳其入侵賽普勒斯。但只有透過軍事聯盟的成員資格，與更大、武裝更完備的鄰國相比，希臘才有希望維持成比例的武裝部隊。NATO的調解看似仍是最佳的保護，不會與聯盟內的其他成員進一步衝突。希臘處於無力的地位，在冷戰中的戰略重要性也不如土耳其。儘管也不能責備希臘一九七四年後的文人政府，但不巧的是，賽普勒斯的戰爭由希臘的軍政府掀起，而不是土耳其，因為他們想推翻馬卡里奧斯，強迫統一。

等式裡又多了一個因子，與土耳其的關係更加緊張。在一九七三年底，希臘北方的薩索斯島發現了油田。那年秋天的贖罪日（Yom Kippur）戰爭引發的國際石油危機開始起了影響。在整個西方經濟受到缺乏石油的威脅下，土耳其的探勘船到愛琴海國際海域中的大陸棚下探採。關於希臘在愛琴海海床及空域的管轄權範圍，從此開始的爭端到現在還沒解決。再一次，土耳其政府想修訂他們在第一次世界大戰後建國時擬定的「國族協議」，來回應當時無法預見的情況。PASOK跟之前的政府都提出一樣堅定的回應。帕潘德里歐的言論的確比較好戰。一九七六年夏天，土耳其的測量船下水，到愛琴海探油，反對的帕潘德里歐要求卡拉曼利斯政府擊沉那艘船，留下惡名。PASOK在一九八一年執政前，在沒有人能合理聲稱希臘左派對國家完整性的態度「很軟」，或不夠愛國。

最後，生活的陰暗面，也就是本土恐怖主義，確實頑固地抵制了允諾的「改變」。一九七四年以後，為了反對獨裁政權而成立的極左小派系激增。對某些派系而言，一九七三年十一月雅典理工學院那場短暫學生暴動的革命潛能本身就很重要。在對抗「上校軍團」時，受人尊敬的教授和中產階級的學生都在實驗自製炸彈。今日曾稱為「恐怖分子」的方法，當時反抗政體的人及外國的支持者卻都贊同。在軍政府執政時，造成的損傷不大。但換成文人政體後，關係緊密的地下基層組織、炸彈攻擊和定點暗殺對一小群人來說仍很有吸引力。恐怖分子團體中最惡名昭彰、持續最久的，自稱「十一月十七日革命組織」，簡稱「17N」——挪用了理工學院暴動遭到鎮壓的紀念日。希臘警察最後在二〇〇二年清理了17N，領袖原來是數學系的學生，一九七一年以後就隱匿身分，這時已經五十八歲。

17N從一九七五年開始活動，謀殺了CIA在雅典的負責人。那時看起來像是極端的反美國主義到了頂點，美國派到賽普勒斯的大使前一年也被謀害。後來又有其他的警官謀殺事件，這些警官可能受軍政府之令參與過鎮壓，或者後來負責執法維護公共秩序。然後在一九八三年，就在PASOK第一次任期的中間，這個團體加快了活動的速度。受害者總計有二十三人，包括知名的報社老闆、幾位工業家、議會成員，以及美國、英國和土耳其的外交官。

延續了幾乎三十年的恐怖規模雖小，卻能致命，希臘政府一直無法終止，被很多人指控無能，或是共謀，或兩者皆是。17N主張的意識形態總結，就是「反資本主義者、反帝國主義者、反國家主義者及反極權主義者」。[6]他們的抱負很明顯，要在群眾運動中打頭陣，這個野心從來沒有成功的機會，但希臘民意中仍有一批人保持這樣的態度。即使近在二〇一七年十一月，17N的一名頭目暫時假釋出獄，也引發了國際批評，但仍有一群支持者到監獄外迎接他。儘管17N現在已經是過眼雲煙，希臘的政治暴力卻尚未消失。到了今日還是有人說，這種有目標的恐怖主義仍可能帶來威脅。PASOK掌權將近二十年，才能帶來這樣的「改變」。

一九八〇年代快結束時，變化最激進的應該是PASOK政府。從一九八五年開始第二次任期後，PASOK的慷慨大方導致大家都以為自己可以予取予求。同時，成本卻超越了國家的財力。

EEC的借貸加上了最嚴格的條件。有一度，這些條件大幅降低了薪資的真實價值。民眾再也不相信執政黨和他們的承諾。接下來幾年，出現了一波罷工和示威。那種特權感也滲入了政黨組織，直達最高層。詐騙和公共資金挪用的案例變成常見的新聞。一位著名的銀行家，也是政府支持媒體的所有人，被揭露從之前受雇的銀行侵佔了兩億多美元來建立他的企業王國，醜聞也傳到了國外。受到指控的銀行家喬治・科斯科塔斯（George Koskotas）暫時到美國避難，他提出駭人聽聞的指控，提到政府高層收受了賄賂。希臘正準備在一九八九年夏天舉辦議會選舉，幾名部長被撤職，或因為民怨而辭職。帕潘德里歐本人也遭到控訴，一直都有嫌疑，最後最高法院在一九九二年以勉強的多數票宣判他無罪。

科斯科塔斯醜聞或許決定了全體選民的走向，但在一九八八年和一九八九年上半還有其他的事，判定帕潘德里歐無法延續第三次的任期。政府機關一連串祕密偵查後揭露的事實讓人想起軍政府前的「類國家」，然後還有「安德烈亞斯」本人。選戰開始前，帕潘德里歐因為嚴重的心臟問題，在英國開刀。他的政黨少了這位充滿魅力的領袖，便無法獨立運作，現在要臨時尋覓新的領袖，只能停頓。領袖的魅力也跟從前不一樣了。帕潘德里歐戀上年紀只有他一半的空服員狄米特拉・利亞尼（Dimitra Liani），在一九八八年公開。選戰正打得火熱時，他清楚表明他要跟美籍妻子離婚，再與利亞尼結縭，不久後便再婚。很難說這對他的名聲造成什麼程度的損傷。據說，心態傳統的男性選民都認同國家領袖展現出的男子氣概。另一方面，與他離異的瑪格麗特・帕潘德里歐（Margaret Papandreou）在希臘是女性運動的擁護者。離婚對她跟孩子以及支持者的打擊都很大。

將近十年的「改變」在一九八九年六月十八日結束，新民主黨險勝，票數最高，但在議會的席次還不足以組成政府。

衝突中的身分

在事情發生前，巴爾幹半島一個小國（就此而言，還有更小的賽普勒斯）的內政和政黨領袖的命運與其他地方的重大發展相比，已經得不到注意。這些就足以改變歐洲的地緣政治地圖，也會重新界定全世界的權力關係，無法逆轉。在當時的亢奮狀態中，西方認真的歷史學家也能談起「歷史的終點」。

PASOK 在一九八九年六月輸掉選舉的那一天，波蘭開始第二輪投票，從共產黨政體和平轉移到民主政治。在接下來的三個月內，東歐的共產黨政體一個一個崩解，分割歐陸的「鐵幕」降下，而希臘正在經歷大家都沒想到的左右共治。極左政黨的聯盟，包括一度被禁的希臘共產黨在內，與中間偏右的新民主黨協力包抄 PASOK。在希臘歷史上，這種事本來連想都想不到。同年十一月舉辦的第二次選舉正好碰上柏林圍牆象徵性的開放。這次在希臘，隨時可能失衡的「彩虹」聯盟袖手旁觀了三個月。要到一九九〇年四月舉辦第三次選舉，新民主黨才能組成政府，以非常脆弱的多數票再掌權三年。

從一九八九年到一九九三年，在希臘執政的這三任政府最值得紀念的不是他們的作為，而是他們來了又去了的有序過程。民主制度終於深深植入希臘的政治生活，這就是最有力的證據。新民主黨政府的領袖是七十多歲的康斯坦蒂諾斯．米佐塔基斯（Konstantinos Mitsotakis），韋尼澤洛斯王朝的後代。米佐塔基斯政府在位時，在希臘施行「新自由派」（neo-liberal）的措施，跟美國的隆納．雷根（Ronald Reagan）及英國的柴契爾夫人（Margaret Thatcher）前一個十年的議題有關聯，這也預示了後來的「撙節」。

但這些內部的政治變化在冷戰的餘波下，重要性也萎縮了。一九八九年以後，希臘人跟其他人一樣，必須接受新的政治和經濟現實。希臘人要如何接受現實，以及調整帶來的新負擔和重新浮現的焦慮，就是希臘國族在二十世紀的最後十年以及二十一世紀的主要故事。

首先，也是最明顯的，新的情況為希臘和希臘人帶來無限的機會。自一九三〇年代以來第一次，希臘的法理國家再也不會跟北方的巴爾幹腹地切斷。巴爾幹半島其他國家都不得不從共產黨的計畫經濟突然過渡到西方的「資本主義」體系，但希臘是這區唯一一個已經完全融入那個系統的國家。著眼於歷史的人如果不會被「祖先預言戰爭的聲音」弄得心神不寧，就能看到「東正教聯邦」有可能復原。宛如回到十八世紀下半的情景。希臘人、他們的語言以及他們已經不可分割的制度都準備好要在這一區扮演轉變的角色，這一次不光以共同的宗教傳統為基礎，也根據成熟民主民族國家體悟到的自我利益。剛好在兩個世紀前里加斯．維萊斯丁里斯夢想到的巴爾幹公民合作，現在充滿了希望。

就某種程度來說，這個機會在中間這些年已經慢慢實現了，非常低調。希臘公司在北邊的鄰國投資跟做生意，尤其是羅馬尼亞，很有意思的是，希臘人在那裡的能見度（當然是適度地）映照到十八世紀時法納爾人在這裡的優勢。羅馬尼亞和保加利亞在二〇〇七年一起加入歐盟，當然又加快了這個過程，可惜不久之後發生了金融危機。

但自一九八九年以來，希臘和希臘人在這一帶的經濟、政治和文化生活中扮演的角色沒有預期的那麼強。在整個巴爾幹半島，尤其是一九九〇年代初期，「祖先的聲音」很響亮。在那十年，希臘避開了撕裂前南斯拉夫的戰爭，但避不開推動戰爭的熱情或恐懼。

這是因為冷戰結束的第二個結果回歸到十九世紀末和二十世紀初的「種族」對抗，以及比對抗更深層的宗教分裂。其中一場衝突是「馬其頓抗爭」，在專制共產黨政府統治的半個世紀裡凍結住了，在二十世紀的第一個十年來到高峰。一九一三年終結第二次巴爾幹戰爭的《布加勒斯特條約》本來也結束了馬其頓抗爭。然後，稱為「馬其頓」的地理區域分割給希臘、塞爾維亞和保加利亞這三個充滿抱負的民族國家。但如此一來，自然留下了未決的事務。

「斯拉夫馬其頓人」（說斯拉夫語言的人，在一九一二年成為希臘子民）在一九四〇年代有許多人與希臘內戰中共產黨員那方結盟，後來人數少了很多。因為一直沒有得到官方認可，這個社群在一九九〇年代跟之後的人數沒有可靠的估計數字。在這裡，或許有很多希臘人跟家人和同伴說斯拉夫語言，但不願被當成「斯拉夫馬其頓人」。雖然希臘官員的疑心延續了好幾代，但沒有理由假設這一群人對法理國家的忠誠度亞於其他希臘人。在邊境的另一邊，之前是塞爾維亞的最南端，從一九四三年組成了「馬其頓社會主義共和國」。只要南斯拉夫是完整的聯邦國家，這只是南斯拉夫人的內部事務。然後在一九九一年九月八日，社會主義共和國的公投結果贊成完全獨立，跟隨幾個月前斯洛維尼亞和克羅埃西亞的案例。新的「馬其頓共和國」申請加入歐盟和聯合國，取得國際認同。

在希臘的反應，以及世界各地希臘人的反應，都是發自肺腑，且非常極端。外來的觀察者，包括國際組織的代表、外國官員以及全球媒體，都一直無法理解。新國家會帶來什麼威脅？被陸地包圍、赤貧、沒有值得一提的軍隊、人口只有希臘的五分之一，占多數的斯拉夫語使用者和人數相當多的阿爾巴尼亞少數民族也分裂了。[7]

當時具國際觀的希臘評論家，以及後來的歷史學家，毫不留情地把後來希臘政府犯下的一連串「錯誤」都記載下來。接下來的四年內，希臘只能獨力面對這個問題。排除共產主義後，在巴爾幹半島的重新發展中，希臘似乎已經揮霍掉擔任領袖角色的前景。但在這樣的案例裡，很難說政府和受過教育的精英是在引導民意，還是被民意引導——這一次，在巴爾幹半島其他地方確實有這種現象。在一九九二年的頭幾個月，雅典和薩洛尼卡的街頭都出現大型示威。新聞社論都很強硬。抗議不僅在希臘境內；在澳洲好幾個城市，希臘和南斯拉夫移民社群也起了衝突。[8] 到了一九九六年，英國的學術出版社收回一份出版合約，內容是根據在希臘北部實地考察、相當嚴肅的人類學研究。出版社擔心在希臘的營運會遭到商業報復，作者也收到了死亡威脅。

希臘人的情緒會高漲到這種程度，並不是因為北方共和國的**獨立**。而是**名稱**。另一個國家要拿走的名稱在希臘人心目中認定是自身歷史和地理中不可分割的部分（因為「馬其頓」是希臘一個區域的名字），就變成了生存威脅。一九九二年二月，米佐塔基斯政府把自己逼到角落，向民眾承諾「希臘不會認同新獨立的國家在名稱內使用『馬其頓』一詞」。這等於是把如病毒般瘋狂傳播（也有點笨重）的流行口號奉為官方政策：「不准用馬其頓和衍生名詞當作國名！」[9] 從雅典機場入境的人會看到地勤人員戴著胸章，上面（用英文）寫著：「馬其頓是希臘的。去讀歷史吧！」

就在這個時候，資深希臘考古學家馬諾利斯・安德羅尼可斯（Manolis Andronikos）逝世。他的喪禮於一九九二年四月一日在薩洛尼卡舉行，全國人民趁機宣洩對這件事的感受。安德羅尼可斯曾在一九七七年發現古代馬其頓王朝的皇陵，同時證明在希臘韋爾吉納現代村落的下方有古代王國遺失已久的首都遺跡，因此事業一飛沖天。其中一座墳墓裡，挖出未完全燒毀的遺骸，屬於馬其頓的腓力國王（King Philip），他是亞歷山大大帝的父親。有些考古學家因著習慣，對遺骸的身分存疑。但在一九九二年以前，大家都接受他的驗證。跟著安德羅尼可斯走完最後一段路的群眾或許也在哀悼他們自己死去的國王。馬其頓的腓力二世就在這裡，而且在毫無爭議的希臘國土上，讓群眾得到有形的連結，穿過歷史的岔路回到過去。安德羅尼可斯的發現提供了安慰，實實在在證明「馬其頓是希臘的」，不論「馬其頓」是名稱還是地點，抑或兩者皆是。[10]

一年後，聯合國在一九九三年討論出一個繁複的折衷方案。在找到更簡練的解決辦法之前，新國家用顯然是暫時的名稱得到國際認同。也就是前南斯拉夫馬其頓共和國，簡稱FYROM。之前只要名稱裡面有「馬其頓」，希臘就拒絕認可，現在也只能不情願地同意，幾個月後，領導新共和國政府的基羅·格里哥羅夫（Kiro Gligorov）也同意了。然後，這個僵局持續了二十四年，其間大多數國家的政府都默默承認希臘北邊的鄰國叫作「馬其頓」。但希臘不承認，規定要使用英文字首的縮寫FYROM。儘管字首縮寫也變成了一個詞，與飽受爭議的「馬其頓」沒有關係，但有些希臘的政治人物甚至拒絕使用全名。在日常用語中，還有指向邊界的行車路牌上，仍用它的首都城市斯科普耶來指稱這個鄰國。在希臘，「馬其頓」只能用來描述希臘北方的省份。在大西洋兩邊的英文裡已經變成慣例的用法，仍可能讓大多數希臘人甚感憤怒。二〇一八年六月十七日，兩國總理在卡斯托里亞附近的邊境上簽訂遲來的協議，但仍要看兩國的議會是否批准，不一定能成為日常用語。要是通過了，從最初開始爭議到現在，過了三十多年後，「FYROM」和「馬其頓共和國」都會從地圖上消失，換成「北馬其頓共和國」（Republic of North Macedonia），或簡稱「北馬其頓」（新名稱自二〇一九年二月開始使用）。

回顧一九九三年，希臘接受折衷的「FYROM」，新民主黨因此下台。安東尼斯·薩馬拉斯（Antonis Samaras）在擔任外交部長時，對這個問題採取強烈的民粹觀點，在前一年被政府除名。他的回應就是成立自己的敵對政黨，叫作「政治之春」（Political Spring），明顯採行國族主義的路線。執政黨的團結再遭到兩次背叛，政府在議會中就失去了多數的優勢。PASOK 和帕潘德里歐再度掌權，但不久之後決定遵循的鄰國名稱政策比較接近薩馬拉斯的民粹主義，而不是前一任政府的立場。

帕潘德里歐認為西方盟國都拋棄了希臘，在一九九四年二月採取單邊行動。對付 FYROM 的貿易禁運對兩國的經濟都帶來損害，在剛獨立的這個法理國家境內可能也挑起了種族緊張，先是在一九九五年，後來在二〇〇一年，佔多數的斯拉夫人和阿爾巴尼亞少數民族都經歷了暴力對峙。這項措施並未解決名稱的問題，尤其是因為大多數國際行動者都覺得這個問題微不足道。塞爾維亞人和克羅埃西亞人還在惡戰，在波士尼亞與赫塞哥維納境內也有戰爭，這些都是國際機構會優先處理的事項。一九九五年九月，希臘和 FYROM 簽訂「臨時協議」，也只能這樣了。按照臨時協議，希臘同意解除禁運，以臨時名稱承認這個國家，但對方必須修改憲法和國旗。

這些是很重要的讓步。因為，即使國際社群一直不重視這件事，FYROM 在追求獨立初期，動力便來自在前南斯拉夫到處可見的國族主義熱情。FYROM 旗幟的原始形式就是「陽光四射」的基本圖案，也叫作「韋爾吉納之星」（Vergina star）。自一九七〇年代晚期以來，在大眾的想像中，這個符號會讓人聯想到馬其頓國王腓力二世的墳墓，在安德羅尼可斯發掘出來的寶藏中是最為顯眼的裝飾圖案。在之前的版本裡，新共和國的憲法提到一個少數族群，也就是在希臘的「馬其頓」子民，也輕率提到要把領土擴張到海邊，包圍薩洛尼卡。雖然聽起來只是空想，但對鄰國關係一點益處也沒有。第一位領袖格里哥羅夫在雅典出版的回憶錄如果可信，他在一九九〇年代的目的就等於十九世紀末主導希臘人思維的「崇高理想」：「我們已經讓三分之一的馬其頓人自由……但還有一個問題沒有處理，也就是我們分散在馬其頓其他地方的兄弟要怎麼辦。」[11]

但如果危機在一九九五年緩和下來，希臘的國際地位輸得很難看，就某種程度來說，也無法在巴爾幹半島發揮經濟和文化活動方面的潛力。

冷戰結束後的另一個改變後來證實有更深遠的影響，也無法逆轉。那就是人口移入。希臘建國後，一直都在輸出多餘的人口。從一九一二年到一九二〇年代初期的十年則是例外，難民因戰爭而大量湧入。當時，移民都是東正教基督徒，大多數人說希臘語。現在，北方的邊界開啟，放寬了前蘇聯公民的旅遊限制，新移民穩定地移入。一開始和之後的一段時間，裡面有很多人是希臘「種族」，可能來自阿爾巴尼亞或俄羅斯在黑海的腹地。來自俄羅斯的常被輕蔑地稱為「俄羅斯本都人」，他們說一種源自標準希臘語的不同方言，但有更多人根本不是希臘人。他們的祖先在兩個世紀前凱薩琳大帝統治時被吸引到俄羅斯，然後定居在那裡。阿爾巴尼亞是一個封閉的國家，在前面半個世紀幾乎都由共產黨領袖恩維爾．霍查（Enver Hoxha）獨裁領導，也不聽從蘇聯的命令。在第二次世界大戰結束時發生了很多悲慘的故事，一家人被任意拆散，隔了一代才能團圓，非常令人難過。[12]

不久之後，來到希臘西北部山區的不只有希臘「種族」。共產黨下台後，阿爾巴尼亞非常貧窮，希臘一夕之間變成經濟移民嚮往的地方。這種情形前所未見。一九九〇年代自始至終，在希臘移民中，佔最高比例的就是阿爾巴尼亞人。移民局很快就不堪負荷。很多人（應該說是大多數人）在希臘非法工作了好多年。犯罪率增高，尤其是各種形式的搶劫。記者報導和日常會話都習於責怪「阿爾巴尼亞人」，但也有人注意到這種假設並非來自警方的報告。還有來自更遠處的移民，也有巴爾幹半島其他前共產國家的人民。一九九六年的報告提到波蘭人、菲律賓人、埃及人和其他非洲國家的人，估計非法移民的人數佔了總人口的白分之五到百分之七。[13]有史以來第一次，一九九〇年代的希臘迅速變成「多文化」國家。

在這段期間，影響世界上很多地方的另一個發展則是宗教復興，而且宗教變成決定身分的因素。在東歐各國尤其明顯，在施行共產黨統治前，他們都有強大的東正教傳統。在希臘，一群具有影響力、多半與政治左派有牽連的知識分子開始推動「重新發現已被遺忘的正宗東正教傳統」。這個運動被描述為不是「純粹的宗教復興，而是真正去認識希臘東正教文明的精神遺產，與西方文明截然不同」。[14]雖然追隨者沒有取特定的名稱，這波知識思潮合起來並稱「新正統運動」（Neo-Orthodoxy），與其他復興宗教實踐的明顯徵兆息息相關。其他的徵兆包括去教堂的人愈來愈多，提供資金在希臘和賽普勒斯建立新的東正教教堂，甚至也擴及到更遠的地方，如澳洲。有個徵兆特別明顯，作為東正教聖山的亞陀斯山，該地的自治修道院團體出現了轉變，近幾十年來收的修士比較年輕，通常受過高等教育，激發了重要的復興。[15]

哲學家赫里斯托斯．雅納拉斯（Christos Giannaras）出版了一系列的書籍，指出希臘社會和共同生活的基底是拜占庭基督教，也想讓希臘同胞斷絕習慣，不要再以奴性的態度接受西方不同性質的想法和做法。科斯塔斯．祖拉瑞斯（Kostas Zouraris）則公然走一種政治模式，要在希臘歷史的所有時期中揭露這種基督教與東正教的「正宗」希臘生活方式。祖拉瑞斯本來是共產黨員，在本書寫作時，他在亞歷克西斯．齊普拉斯的政府裡任職，代表少數執政聯盟成員「獨立希臘人」，這是一個極右派的小黨。在「馬其頓」問題上，祖拉瑞斯也抱持強硬的公開立場，這件事也展現出國族與宗教身分令人不自在的共存——「新正統運動」再次凸顯了東方和西方的分裂，而 FYROM 的多數東正教人口在邏輯上應該屬於同一邊。

儘管不像在隔鄰的前南斯拉夫引發了暴力，但在一九九〇年代和二十一世紀，這些緊張和認同的橫流在希臘依然非常強勁。有時候會以意想不到的方式展現出來。例如，在南斯拉夫的戰爭中，希臘的民意一般支持塞爾維亞人，有些人的支持度很高。如此一來，就跟西方國家的意見不一致了。理由也不難懂：塞爾維亞人與希臘人共同繼承了東正教；兩個民族都被鄂圖曼人統治了幾百年，因為對鄂圖曼人的反感而建立了現代的身分；在南斯拉夫尚未建國的時候，希臘曾與塞爾維亞合力對抗壓迫者（那時，塞爾維亞算在 FYROM 領土內，就先別管了——這就是其中一道橫流）。

一九九八年和一九九九年，南斯拉夫的最後幾場戰爭在科索沃（Kosovo）進行。在那裡，說阿爾巴尼亞語的多數堅持獨立，脫離此時僅由塞爾維亞和蒙特內哥羅組成的聯邦。跟之前大多數的衝突不一樣，這一場帶來國外公開的武裝干預，由美國帶頭。從一九九九年三月到六月，有三個月的時間，NATO 轟炸機都在攻擊塞爾維亞。同為 NATO 成員的希臘政府有義務支持行動，但並未參與。同時，民眾的反應強烈，走上希臘各個城市的街頭。在某一刻，示威者突破警察封鎖線，侵入英國大使官邸。大使後來回憶，官邸的侍從是克里特島人，他告訴暴民，他們要洗劫的房舍屬於偉大的韋尼澤洛斯，眾人大感羞愧，才避開了更嚴重的損害。[16]

前一年選出的雅典和全希臘的總主教讓反對 NATO 轟炸塞爾維亞的民眾反應更加激烈。赫里斯托杜洛斯總主教在他十年的任期內不斷努力，把教會帶回希臘大眾生活的中心。他不怕招致爭議，言詞犀利，能鼓動群眾。赫里斯托杜洛斯在某些地方是現代化推進者，例如，大幅擴張教會的慈善工作，也第一次有系統地使用社交媒體。他跟「新正統運動」一樣，深深不信任全球化，堅決主張希臘東正教歷史經驗的特殊性。他也因此跟政府發生衝突，此時的希臘政府正努力鞏固希臘在歐盟裡的位置。二〇〇〇年，PASOK 決定配合其他歐盟國家的做法，移掉所有希臘公民身分證上必須標記的宗教。赫里斯托杜洛斯和主教再度煽動民意，抗議行動持續了將近一年。要求把信仰資料加回身分證的請願書收集到三百多萬個簽名，接近希臘成年人口的一半。

最後，政府堅持不讓步。問題逐漸淡化，教會放棄活動，但教會與國家的關係出了問題，消息已經傳播到希臘各地，餘韻更傳遍了全世界。以身分證為例，真的是身分的危急關頭。跟在一八三〇年代的情況一樣，希臘人不得不再一次問自己，希臘的自主教會成立時，定義希臘人（Hellenes）的究竟是什麼？宗教？種族？古代的遺產（例如 FYROM 名稱之亂）？還是參與法理國家的世俗機構？

冷戰結束後，從一九九〇年代開始，跟希臘法理國家一樣古老的問題及焦慮找到了新的表達形式，但不一定有答案。

歐洲的好公民

安德烈亞斯．帕潘德里歐在一九九六年六月二十三日過世。六個月前，他躺在雅典歐納西斯心臟科醫院（Onassis Heart Hospital）裡，病入膏肓，他的政黨選出一個很不一樣的人物來繼承總理的位置——後來也有點不情願地選他為黨主席。科斯塔斯．西米蒂斯在德國和英國攻讀法律及經濟。跟前任一樣，從政前他在學術界工作。相似之處僅止於此。「安德烈亞斯」引人注目的個性總能撩起強烈的熱情，而西米蒂斯一直都很安靜靦腆，外表謙遜有禮，近乎羞怯。帕潘德里歐的民粹論調一直很狂熱，行為卻跟不上。相反地，西米蒂斯開始默默轉化希臘的政治，及希臘在同儕間的地位。

後來有人描述西米蒂斯是「希臘歷史上最成功的一位總理」。[17] 他的連續任期也是史上最長，略微超過卡拉曼利斯從一九五五到一九六三年及帕潘德里歐從一九八一到一九八九年的紀錄。西米蒂斯的規劃可以總結成一個詞：「現代化」，他的支持者和核心成員到今日仍常常提起。他的統治手法在今日會稱為「技術專家政治」。他讓有才幹的新人進入頂層的團隊，擔任高素質的顧問。當中最重要的成員是尼可斯·德梅利斯（Nikos Themelis），一九九六年開始擔任總理辦公室的主任，一直忠心服侍西米蒂斯。同一年，也不是偶然，勤奮的德梅利斯也成為備受尊重的暢銷小說家，他的歷史巨著在紙上呈現出鄂圖曼統治最後那幾十年的希臘社會，比官方的歷史更為細膩。政府也請了學術專家，針對基礎建設、退休金改革、資訊科技和行政等事項提供建議。就政治的角度，他們的提議不一定可行。退休金體系的改革在二〇〇一年因為政治壓力而被擱置，不然從二〇一〇年「危機」開始後，有可能預先制止退休金的大幅消減。

據說，西米蒂斯的「技術專家政治」手法「從未贏得希臘選民的同情」。[18] 但一九九六年和二〇〇〇年連續兩次勝選，證實至少他的政黨很得人心，只是前十年的民粹主義和未實現的承諾敗壞了他的名譽。說到他的現代化方案，最有系統的反對出自 PASOK 本身的隊伍。對「安德烈亞斯」的想法及榜樣依然非常忠誠的民粹主義者側翼會一直威脅總理的權威，在西米蒂斯於二〇〇四年辭職後，他們也會把「現代化主義者」逐出資深階級。政府政策的實行掌握在這麼小一群受信任的顧問手中，也是一個弱點——但這個弱點不光是西米蒂斯政府的問題。[19]

「現代化」方案很快就集結在兩個高調、壓倒一切的目標上。兩者都夠搶眼，能鼓動大範圍的群眾支持，不受政黨政治左右。一個是主辦二〇〇四年的奧運會，另一個則是加入歐洲的單一貨幣制度，也就是歐元。西米蒂斯掌權後過了一年多，在一九九七年七月向國際奧林匹克委員會提出申辦成功。歐元計畫一開始給希臘吃了閉門羹，後來在二〇〇一年初趕在最後一刻納入第三階段，及時加入新貨幣一年後的發行。

這些不只是象徵性的成就。對希臘人的日常生活也造成連鎖反應。奧運把焦點帶到一連串充滿雄心的基礎建設專案上，除了雅典市內外，還擴及到國內各地。儘管在賽事前那幾年，外國媒體頻頻表示挑剔和懷疑，但所有的目標都達到了，即使很多趕在最後一刻才完成。除了運動設施，自一九八〇年代起利用歐洲資金開始的大型基礎建設專案大多數也完工了。在雅典，衛城山腳下的一大塊區域，之前相當繁忙且都是充滿污染的街道，也同時執行高標準的景觀設計。在其他城鎮，公共工程大幅改善了實體環境。私人企業也跟上，全國各地的飯店及餐廳都開始整修，有些甚至改頭換面。

關於加入歐元，單一貨幣的成員資格在這些年來已經足以在希臘促成小小的經濟奇蹟——至少在當時看起來是這樣。從一九九四到二〇〇三年，國內生產毛額強勢成長。從一九九七年到二〇〇七年金融危機的那天傍晚，根據一組統計數字，平均每人所得成長了百分之三十三・六，相當驚人，在同個時期僅遜於愛爾蘭。[20]生活水準來到前所未有的程度。

西米蒂斯政府也努力改善與他國的關係，改變希臘的形象，達到重大的成就。希臘持續發出魅力攻勢，加入歐元只是其中可見度最高的一項，目標是要讓希臘超越從前，貼近整個歐洲計畫的核心。到一九九〇年代中期，在希臘國內已經有了廣泛的共識，希臘未來的安全及繁榮（安全應該排在繁榮前面）在一九九二年催生歐盟的《馬斯垂克條約》（Maastricht Treaty）架構中能得到最好的保障。在歐洲政府首長的會議、歐洲議會及其他歐盟的機構裡，轉為社會民主路線的PASOK，從一九九六年開始與歐洲資本主義城市和議會中志同道合的夥伴建立共識。二〇〇三年的上半年，希臘擔任歐盟主席國，頗受好評，也凸顯出前些年累積的好公民成就。

西米蒂斯執政兩輪的期間，巴爾幹半島的關係大幅改善，即使FYROM的名稱問題一直沒有解決的方案。起碼在國際論壇上，希臘再也不孤立。至於跟土耳其，關係一開始是每況愈下，不過在一九八〇年代末期曾稍為解凍。一九九六年，兩國的突擊隊登陸在土耳其海岸附近的兩個無人小島，各自插上自己的國旗，在希臘文裡合稱伊米亞群島，土耳其文則叫它們卡達克（Kardak）。那時要不是美國再度干預，差點就開戰了。賽普勒斯政府想從俄羅斯購買地對空飛彈，更拉高了緊張。後來到了一九九九年二月，在西米蒂斯監督下，阿卜杜拉·奧賈蘭（Abdullah Öcalan）造訪希臘，引起了爭議，他是庫德斯坦工人黨（Kurdistan Workers' Party）的領袖，也是土耳其通緝的恐怖分子。在一場戲劇化的行動中，土耳其特種部隊在奧賈蘭離開奈洛比（Nairobi）的希臘大使館時將其逮捕，送回土耳其接受審判。對希臘的外交來說，實在非常難堪。

這也是一個轉捩點。奧賈蘭一案讓PASOK政府的外交部長狄奧多羅斯·潘加洛斯丟了官職（雖然只是暫時的），這名浮誇政治人物的祖父是老潘加洛斯，一九〇九年暴動的主力，把韋尼澤洛斯推上權位，也曾在一九二〇年代以獨裁者的身分統治過希臘。取代潘加洛斯的人走緩和路線。尤格斯·帕潘德里歐的祖父也很有名。大家常用他的小名尤賈基斯（Giorgakis）稱呼這位帕潘德里歐，與一九四四年和一九六〇年代兩度擔任總理的老尤格斯·帕潘德里歐做個區別。尤格斯·帕潘德里歐是安德烈亞斯的兒子，會成為這個政治王朝中的第三位總理。帕潘德里歐在一九九九年經西米蒂斯指派為外交部長，他帶來彈性與新的手法，解決與土耳其幾十年來的疏離。

在政治上，兩個緊密交纏的問題讓希臘必須及時與土耳其對話。兩個問題都跟歐盟有關，以及歐盟向東擴大的野心。賽普勒斯已經是成員候選國，得到希臘的強力支持。土耳其也早在一九八七年就申請了，但希臘政府一直用他們的否決權阻擋，除了透過協議讓土耳其在一九九五年加入關稅同盟以外。當時，那一帶的大多數國家都想加入歐盟，好讓未來有更好的前景，希臘和土耳其如果能放下歧見，起碼歐盟可以擴張，顯然對兩國都有好處。帕潘德里歐和土耳其的總理伊斯梅爾・傑姆（smail Cem）在一九九九年六月開始會談。

然後，完全出乎意料之外，大自然的力量出手了。八月十七日清晨，近代最嚴重的一場大地震撼動了土耳其的伊茲米特（Ismit）。大約有五十萬名土耳其人無家可歸，一萬七千多人死亡，土耳其最大城伊斯坦堡也遭到波及。在接下來的國際救援中，來自希臘的專業災難救助隊率先抵達。鄰國發生如此大規模的人類災難時，當然會帶來廣泛而自發的回應。三個星期後又有一場地震，對雅典北部的郊區造成嚴重損害，城裡的人也驚慌不已。這次的損失和傷亡較輕。這次輪到土耳其的救援隊表現出色，救出倖存者，幫忙清理碎石。救援工作和公眾同情有來有往。

在兩國的國家媒體和輿論中，以及在政治圈裡，舊有的「他者」刻板形象令人既畏懼又鄙視，現在則疊上了毀壞和損失的影像，任何人在任何時候、在世界上任何地殼會移動的地方都有可能碰到這種事。後來立刻出現的說法「地震外交」為政治人物的努力提供新動力，超越舊有的政治對立。地震及鄰國的回應在希臘和土耳其都真的改變了大眾的想法，這種變化還會持續好幾年。[21]出現這次緩和後，緊接著在一九九九年末的赫爾辛基高峰會上，希臘撤回反對，讓土耳其成為歐盟會員的候選國。從實用角度來說，希臘對歐盟其他國家展現團結其實有好處，也不會有損失。還有很多其他理由讓土耳其的入會談判延到二〇〇五年才開始，兩邊後續的發展結合起來，更讓入會的可能性消失得無影無蹤，要再等十年。但對西米蒂斯和帕潘德里歐來說，還要贏得一個真實的、永久的獎賞。也就是賽普勒斯的完全加盟。

在一九九九年以前，眾人已經花了二十四年的時間讓分割賽普勒斯的「綠線」兩側可以正式和平共處。兩邊的態度都很膠著。自行宣布成立的北賽普勒斯土耳其共和國（TRNC）在一九八三年建國，但一直以來只有土耳其認可他們。兩個社群的賽普勒斯人不得在賽普勒斯共和國與佔領地（希臘文對TRNC的稱呼）之間往來，不過持有外國護照的人可以從尼古西亞中心由聯合國配備人員的單一管制站通過。在這種情況下，賽普勒斯要怎麼加入歐盟？歐盟採行法律一體（acquis communautaire）原則，會員國之間必須能自由旅行。

突破在二〇〇二年出現，雷傑普・艾爾段（Recep Tayyip Erdoğan）當選為總理，他麾下的AKP黨之前在土耳其被禁止參政。儘管現在看起來難以置信，但AKP政府在二〇〇二年執政後就決心成為歐盟的正式會員國。因此在那個時候，艾爾段就準備好要就賽普勒斯的情況達成妥協。土耳其政府駁回土耳其裔賽普勒斯社群資深領袖拉烏夫・登克塔什（Rauf Denktash）堅持的立場，與聯合國展開對談，目標要統一賽普勒斯。成功解決賽普勒斯的問題，就能去掉最難解的障礙，讓土耳其順利入會。

安南計畫（Annan Plan）由此誕生，科菲・安南（Kofi Annan）是聯合國祕書長，也是負責起草計畫的人。從二〇〇二年末到二〇〇四年三月底，連續出了五份草稿，在歐盟、聯合國、一九六〇年《憲法》的「保證強國」之間以及賽普勒斯國內的兩個社群中辯論不休。在最終的版本裡，安南計畫設想以瑞士的模式建立聯邦。每個賽普勒斯人同時是更名後「賽普勒斯聯合共和國」（United Cyprus Republic）及其中一個構成國的公民，南方是希臘裔賽普勒斯州，北方是土耳其裔賽普勒斯州，兩州會有同等的憲法權利，與土地大小和人口多少無關。在一九七四年失去家園的人沒有返家的權利，但可以得到補償。新的州際邊界會讓希臘人控制的區域面積增加大約百分之七，將花三年的時間實行。外國軍隊撤出的時間會超過三年，之後仍有一些士兵會留下。

關於賽普勒斯「問題」，這是最接近全面解決方案的做法了。二〇〇三年四月，賽普勒斯和其他九個候選國的入會條約在雅典的古代阿哥拉市集（Agora）簽訂，這時安南計畫已經積聚了不少的國際動能和政治資本。希臘和土耳其兩國的政府都非常贊同，難得的意見一致。歐盟和聯合國的支持都得到良好的回應。歐盟談判國本來以為能及時打造出十國入會的最終條款，但沒來得及，後來修訂在二〇〇四年五月一日的條約。條約在雅典簽訂後，過了幾個星期，土耳其裔賽普勒斯人主動打開賽普勒斯兩區之間的過境站，更提高了期待。數千名希臘裔賽普勒斯人穿過邊界，探訪三十多年來無人得見的老家，新出生的世代也是第一次回去。TRNC在那年年底的選舉選出了比老將登克塔什更溫和的領袖。土耳其裔賽普勒斯公眾的意見開始不那麼肯定安南計畫。

但是，有句話可以刻畫出這些協商的特性，「未達成協議前，一切都只是討論」。協商到最後才見分曉。最後一輪仍無法就所有的條款達成協議，聯合國祕書長科菲·安南自行填滿了空處。最後在四月二十四日，兩個社群同時舉行公投，決定賽普勒斯的未來——還有一個星期，歐盟的入會條款就要生效。在希臘，西米蒂斯一個月前在議會選舉中輸給新民主黨。PASOK為了反對而支持安南計畫。科斯塔斯·卡拉曼利斯（Kostas Karamanlis）是前總理和總統的姪子，他領導的新政府宣布保持中立，但也不反對。艾爾段仍在努力推動接納。TRNC的意見調查顯示，投票結果很有可能是「贊成」。顯而易見的是，歐洲的官員期待公民投票能不經考慮地通過在更高層擬定的協議。投票之後再過一星期，預期加入歐盟的是統一的賽普勒斯。如果投票的結果是反對，沒有B計畫，不能拖延入會或重新協商條款。

二〇〇四年，希臘的外交政策當然跟半個世紀前不一樣，不會由尼古西亞的政府來主導。但雅典的政府也沒有立場去引導另一個國家的輿論，即使他們的公民也屬於希臘國族。希臘裔賽普勒斯人只能靠自己，用自己的方法去治理賽普勒斯共和國，他們在二十五年前根據一九六〇年的《憲法》建立了自己的政治制度。從一九七四年開始，賽普勒斯共和國的經濟早就追過了島上貧窮且孤立的北部。公民享受的生活水準比希臘還要高很多。即使 PASOK 仍是執政黨，能推動自己的外交議程，賽普勒斯島上屬於希臘裔賽普勒斯人的土地仍由當地人掌控。他們會自己做決定。

賽普勒斯的總統由人民直選，享受相當高的行政權力。在二〇〇三年勝選的塔索斯・帕帕多普洛斯（Tassos Papadopoulos）本來是律師，在一九五〇年代 EOKA 對抗英國人統治時表現非常突出。左派和右派的政黨都在選戰中支持他，就怕選出來的人對土耳其讓步。在四月二十四日舉辦公投前的那段時間，帕帕多普洛斯利用政府的勢力反對安南計畫。他用希臘語說出簡要的宣言，常為人引用，最貼近的意思是「我承擔起主權國家的政府，我不會只把一個獨立小國交給我的繼承人」。百分之七十二的希臘裔賽普勒斯人拒絕計畫，這個比例只比「綠線」另一邊同時投票贊成的稍微高一點。

很多國際觀察家認為（應該是大多數人），希臘裔賽普勒斯人拋棄了千載難逢的機會。不過在那個時候，以及在那之後，從希臘人的眼光來看，計畫和計畫的缺點在追根究柢下都暴露出來了。[22]二〇〇四年雙重公投的效應延續了島上的分裂，十多年後一定就無法挽回。

但希臘裔賽普勒斯人的賽普勒斯共和國沒有那麼糟糕。歐洲談判國可能以為協商的入會對象是整座島，技術上來說，確實是今日的情況。但實際上，自二〇〇四年以來，希臘裔賽普勒斯人已經在享受**法律一體**的種種好處，而賽普勒斯北部的土耳其人仍被排除在外。就像一開始將賽普勒斯建立為獨立國家的做法，只有極少數人預見這個結果，更不在任何人的計畫裡。儘管如此，這仍算是科斯塔斯．西米蒂斯領導 PASOK 政府立下的政績，要不是西米蒂斯和他的外交部長尤格斯．帕潘德里歐提出了外交倡議和建立共識，不會有這樣的結果。

西米蒂斯政府的第二次四年任期將在二〇〇四年四月結束。年初在準備下一次三月七日的議會選舉時，西米蒂斯宣布他要卸下黨主席的職務，帕潘德里歐被選為他的接班人。但即使出自帕潘德里歐家族，也無法在選戰中為執政十一年的 PASOK 再度帶來好運。就像之前的希臘政府一樣，在執政最後幾年，一連串的經濟醜聞嚴重損害了 PASOK 的信譽。西米蒂斯並未捲入不法行為，但也沒有迅速斥退做錯事的人。因此，在他快要下台時促成的賽普勒斯加入歐盟及同年八月的奧運會，就在主要締結者缺席的情況下開花結果。

世界各地的媒體都說雅典的奧運會非常成功。對希臘人來說，不論住在哪裡，奧運能回歸雅典，一八九六年第一次舉辦現代奧林匹克運動會的地點，就再度證實希臘國族的價值，以及他們在現代世界上的地位。二〇〇四年八月十三日，在雅典市外的馬魯西（Marousi）新建好的奧林匹克運動場裡，完美安排的開幕儀式呈現出四千多年歷史充滿生氣的慶典。從青銅時代時代早期在基克拉哲斯群島生產的超現實風格大理石塑像開始，經過米諾安（Minoan）時期的克里特島及邁錫尼（Mycenae）的宮殿，到古典時期的藝術、運動及雕塑。亞歷山大大帝駕著戰車上場，兩邊插滿長矛，重現出知名的古代形象。然後是拜占庭東正教教會的聖像，之後跳過當中的鴻溝，緊接著一八二一年革命的英雄及一八九六年的奧運會。二十世紀的代表則是卡拉尤基斯（Karagiozis）皮影戲劇院、彈奏布祖基琴的倫貝蒂卡樂團，以及雅尼斯．查羅契斯的畫作——至少前兩者的根基深植於希臘國族屬於東方和鄂圖曼的過去。配樂多半取自希臘山區和島嶼的舊時鄉村傳統。在視覺上，背有翅膀的天使漂浮在空中，主導一連串靜態畫面。

省略的內容跟歷史的重現一樣令人咋舌。從古代的羅馬人到中世紀後期的鄂圖曼人，這些前後相繼的征服者完全從故事中刪去了。或許那就是想像出來的希臘歷史，壓縮到一組有效具體化的視覺影像中。至少在奧運會舉辦的三個星期中，近幾年以不同形式浮現的認同衝突可以暫時擺在一邊。

那是一場信心十足、技藝高超的表演，非常完美。如此一來，康斯坦蒂諾斯・帕帕瑞尤普洛斯在一八五〇年代和一八六〇年代初次構想出的「希臘國族歷史」淨化到只有必要的部分，打包呈現給全世界看。二〇〇四年八月的那個傍晚，這個**現代**國族確實長大成人了嗎？

---

1 米哈利斯・斯普爾達拉基斯（Michalis Spourdalakis），《希臘社會主義黨的崛起》（*The Rise of the Greek Socialist Party*）（倫敦：Routledge，一九八八），頁二八九～九〇。

2 喬治・馬夫羅約達托斯，《綠色太陽的升起：一九八一年的希臘選舉》（*Rise of the Green Sun: The Greek Election of 1981*）（倫敦：倫敦國王學院，現代希臘研究中心，一九八三），頁九、五五（引述）。

3 凱文・費舍史東及狄米特里斯・帕帕狄米特里烏（Dimitris Papadimitriou），《希臘的總理：權力的矛盾》（*Prime Ministers in Greece: The Paradox of Power*，牛津：牛津大學出版社，二〇一五），頁一六、四五、九〇、二一七。

4 大衛・克婁斯，《自一九四五年起的希臘：政治、經濟和社會》（倫敦：Longman，二〇〇二），頁一六一～

二、一七八～八二；史坦帝斯·卡利維斯，《現代希臘：基本須知》（牛津：牛津大學出版社，二〇一五），頁一四〇～四二，引用耶拉西莫斯·莫斯柯納斯（Gerassimos Moschonas）未出版手稿。

5 西奧多·庫魯姆比斯（Theodore Couloumbis），〈PASOK 一九八一至一九八九年的外交政策：連貫或改變？〉（PASOK's foreign policies, 1981–89: Continuity or change?），出自理查·克羅格編著，《希臘的一九八一至一九八九年：民粹主義的十年》（*Greece, 1981–89: The Populist Decade*，貝辛斯托克：Macmillan，一九九三），頁一二〇。

6 喬治·卡西梅瑞斯（George Kassimeris），《歐洲最後的紅色恐怖分子：十一月十七日革命組織》（*Europe's Last Red Terrorists: The Revolutionary Organization 17 November*，倫敦：Hurst，二〇〇一），頁二〇六。

7 例子可以參見米夏·格蘭尼（Misha Glenny），《巴爾幹半島，一八〇四至一九九九年》（*The Balkans, 1804–1999*，倫敦：Granta，一九九九），頁六五六。

8 洛倫·丹佛斯（Loring Danforth），《馬其頓衝突：在跨國世界中的族群國族主義》（*The Macedonian Conflict: Ethnic Nationalism in a Transnational World*，紐澤西州普林斯頓：普林斯頓大學出版社，一九九七），頁二〇二～二一二。

9 薩諾斯·威瑞米斯，《巴爾幹半島的現代歷史：東南歐的國族主義及認同》（*A Modern History of the Balkans: Nationalism and Identity in Southeast Europe*，倫敦：I. B. Tauris，二〇一七），頁一四三、一四五～六。

10 雅尼斯·哈米拉基斯，《國家與遺跡：希臘的古代、考古學和國族想像》（牛津：牛津大學出版社，二〇〇七）頁一二五～三四。

11 引述於威瑞米斯，《巴爾幹半島的現代歷史》，頁一五一～二。

12 例子可以參見索提瑞斯·迪米特瑞烏（Sotiris Dimitriou），《願您的名受到祝福》（*May Your Name Be Blessed*），里歐·馬歇爾（Leo Marshall）譯（伯明翰大學，二〇〇〇）。

13 克婁斯，《自一九四五年起的希臘》，頁一九七；湯瑪士·加蘭特，《現代希臘：從獨立戰爭到現在》第二版（倫敦：Bloomsbury，二〇一六），頁三〇三。

14 瓦西利歐斯·馬克瑞德斯（Vasilios Makrides），〈當代希臘中的拜占庭：想法的新正統潮流〉（Byzantium in

contemporary Greece: The Neo-Orthodox current of ideas），出自大衛．瑞克斯及保羅．馬格達林諾編著，《拜占庭及現代希臘認同》（奧德勺特：Ashgate，一九九八），頁一四二。

15 葛蘭姆．史比克（Graham Speake），《亞陀斯山：天堂中的更新》（*Mount Athos: Renewal in Paradise*，康乃狄克州紐海芬：耶魯大學出版社，二〇〇二）。

16 麥可．列威林．史密斯，《雅典：文化及文學史》（*Athens: A Cultural and Literary History*，牛津：Signal，二〇〇四），頁二〇七。

17 科斯塔斯．科斯蒂斯，《歷史寵壞的孩子：現代希臘的成形》，賈寇柏．莫伊譯（倫敦：Hurst，二〇一八；希臘文初版於二〇一三），頁三八四。

18 科斯蒂斯，《歷史寵壞的孩子》，頁三八三～四、三八六。

19 費舍史東及帕帕狄米特里烏，《希臘的總理》，頁一、一六五、二〇三。

20 加蘭特，《現代希臘》，頁三〇六～七；米蘭達．夏法（Miranda Xafa），〈懸崖勒馬：如何終止希臘看似沒完沒了的危機〉（Back from the brink: How to end Greece's seemingly interminable crisis），出自斯皮羅斯．伊科諾米德斯（Spyros Economides）編著，《希臘：二十年來的現代化與歐洲》（*Greece: Modernisation and Europe 20 Years On*，倫敦：倫敦政經學院，希臘觀測所，二〇一七），頁四六～五三（參見頁四七～八）。

21 迪米特里歐斯．狄奧多索普洛斯（Dimitrios Theodossopoulos），〈友誼的政治，不信任的世界觀：地方對話中的希臘土耳其關係重建〉（Politics of friendship, worldviews of mistrust: The Greek-Turkish rapprochement in local conversation），出自狄奧多索普洛斯編著，《希臘人對土耳其人的看法：出自人類學的觀點》（*When Greeks Think about Turks: The View from Anthropology*，亞平敦：Routledge，二〇〇七），頁一九三～二一〇。

22 例子可以參見詹姆斯．柯爾－林賽，《賽普勒斯問題：每個人都該知道的事》（*The Cyprus Problem: What Every one Needs to Know*，牛津：牛津大學出版社，二〇一一），頁六八～七四，關於安南計畫的評論出自安德烈寇斯．瓦爾納瓦（Andrekos Varnava）及休伯特．福斯特曼（Hubert Faustmann）編著，《重新統一賽普勒斯：安南計畫及之後的做法》（*Reunifying Cyprus: The Annan Plan and Beyond*，倫敦：I. B. Tauris，二〇〇九）。

12 中年危機？

二〇〇四～

奧運會大功告成，且在幾個月前，執政權也從PASOK無縫轉移給對手新民主黨，賽普勒斯長達三十年的分割問題也（大致）有了解決方案，二〇〇四年的希臘和希臘人充滿了希望。歐盟的成員資格和單一貨幣歐元給這兩個希臘人的國家希臘和賽普勒斯最好的保障，涵蓋兩國對外的安全以及政治和經濟的穩定。未來只能更加光明了。

有一段時間，看起來確實很光明。

雅典新的中間偏右政府並沒有什麼意識形態的包袱，不需要去實現實際的方案、充滿野心的目標、歷史的命運。畢竟，希臘已經成功了。新總理選擇讓大家稱呼他的小名：科斯塔斯（康斯坦蒂諾斯的暱稱）．卡拉曼利斯。他個人的包袱也不重，除了相同姓氏、比他更出名的伯父，這時兩黨體系中已站定腳步的政黨都由創立人家族的後代領導。卡拉曼利斯的統治風格在許多人口中是輕鬆或無拘無束，甚至（對手說）是懶惰。新民主黨在二〇〇九年下台，執政這五年最大的特色就是一種從頂層散發出來的乏力。西米蒂斯政府開始的改革已經默默中斷。「買票」的做法從安德烈亞斯．帕潘德里歐一九八〇年代的「民粹主義十年」開始，例如在辦選舉的那年宣布有一段免稅期，現在則越過了意識形態的分水嶺。據說，卡拉曼利斯在二〇〇七年「真的就是花錢買重新當選」，來到新高點。即使如此，新民主黨第二次任期過了一年後，希臘在二〇〇八年的經濟指標看起來就跟四年前一樣好，自新世紀開始以來，平均每年成長百分之四。[1]

即將到來的煩擾，一開始的徵兆並不是經濟問題。全球金融危機於二〇〇七年在美國開始。二〇〇八年九月，雷曼兄弟（Lehman Brothers）投資銀行宣布破產，危機來到最高峰。全球的銀行業都瀕臨倒閉，但相關的風險並未直接推到希臘和希臘的銀行面前。全球危機看似不會影響到希臘。

然而，在二〇〇八年十二月，希臘媒體充斥著對「危機」的自省及談論，有控訴也有反控。有好幾個原因都是自家附近的問題。就像美國的「次貸」危機，希臘的問題也可以回溯到前一年的夏天，只是關聯度不高。伯羅奔尼撒在八月和九月連續發生破壞力極強的森林大火，導致六十八人死亡，毀滅了大面積的林地。這是希臘氣候的季節性風險，每年都有。媒體上大聲量播放的假設卻不是季節性的，他們說大多數是人為的火災。二〇〇七年的火災比往常更嚴重。很多人察覺到政府控制不住了，尤其是九月的選舉才剛結束。卡波迪斯特里亞斯在一八二八年開始的國有土地登記計畫仍未完成，公眾卻因此注意到一些指控，縱火的有可能是投機者，非法毀壞林地以創造開發機會。

接著在二〇〇八年秋天，許多醜聞上了頭條新聞，每一任希臘政府執政三年多以後，似乎都很容易出現這些壞事。有一則新聞是文化部資深官員奇特自殺未遂。比較嚴重的一條揭露了政府部長和亞陀斯山上瓦托佩帝修道院（Vatopedi Monastery）之間的產業交易；亞陀斯山是東正教基督教的自治聖山。卡拉曼利斯的主要平事人（fixer）狄奧多羅斯・魯索普洛斯（Theodoros Rousopoulos）因此被迫在二〇〇八年十月辭職，這時確實是緊要關頭。之後「政府似乎偏移了」。[2]

從一九七四年過渡到民主政體後，希臘總有一股暴力街頭抗議的暗流，雅典最為嚴重。街頭抗議傳統上被視為「理工學院世代」的傳承，犯事的人習於主張他們的行動精神繼承自一九七三年十一月佔領雅典理工學院的學生。到了二〇〇八年秋天，無政府主義者戴上面罩，上街投擲汽油彈，尤其是雅典市中心的艾克薩仕亞區，國立考古博物館附近。數年來，蒙面暴民（koukoulophoroi）和警察的夜戰已經變成一種消遣。儀式化的衝突有不成文的規則，能玩得多大也心照不宣，以奇特的方式重現非正規民兵的生活——在鄂圖曼人統治時或在革命期間，這些人在無法可管的山區用戰鬥分勝負。強盜頭子是個只認同自身權威的不法之徒，但他的榜樣從未真正消散。

在二〇〇八年十二月六日晚上，不成文的規則被打破了。那天晚上在其中一次衝撞中，一名十五歲的學生在艾克薩仕亞廣場被警方射殺。受害人與蒙面暴民沒有關係。這件事引發全國人民的反感，數千人走上街頭。示威撼動了雅典的市中心，持續了將近一個月，有些轉為暴力事件。活動不尋常地蔓延到全國各地，幾乎每個城鎮都受到影響。在公眾心中，警察的威信全無，根本不可能執法。店舖遭到劫掠和燒毀，汽車被翻倒縱火。低層次的恐怖主義回到雅典，房產和警官變成武裝攻擊的對象。

一名歷史學家在當時寫道，這些事件是「社會陷入體制、社會及道德危機的漩渦裡，由幻想驅動沒有條理的爆炸」；再過幾個月，即將來臨、更加嚴重的危機才初現端倪。同一位觀察家又確認起因是「民主標準、國族主義及相互尊重的衰敗，令人不安」。過了幾年，另一位觀察家注意到，就「暴動」來說，少了連貫或可供識別的需求。更出乎意料之外的，則是政治左派徹底失敗，無法從事件中獲得政治資本，也不能聲稱是這次「反抗」的領袖。[3]從這個徵兆可以看出，從一九四〇年代到一九八〇年代分隔希臘人的舊斷層線真的移動了。二〇〇八年十二月，在雅典的街道上顯然又出現新的緊張狀態。但當時沒幾個人能預測接下來會在哪裡出現裂痕，也不知道這些力量的本質會在接下來的十年內撕扯希臘的社會。

「危機」的政治學

到了二〇〇九年四月，令人心神不寧的和平回到街道上。卡拉曼利斯政府想辦法借到足夠的錢，涵蓋當年的預算所需。但在全球崩盤後的經濟氛圍中，政府借貸增加，一定躲不過歐盟執行委員會（European Commission）的注意。這時必須套用歐元區對赤字的判決，也就是要縮減公共開支，這種情況也不是第一次。二十年前，第二任 PASOK 政府就曾落入類似的處境。當時的民眾不願接受這些措施，一九八九年 PASOK 下台，或許這就是其中一個理由。但這種問題以前控制得住，現在為什麼不行？

二〇〇九年，卡拉曼利斯政府的第二次任期再過兩年就結束，而他想在十月舉辦議會選舉，動機就很可疑了。雖然在選戰中表現優異，有人認為他刻意避開新民主黨再也無法控制的局面。一個世紀前擔任總理的尤格斯．狄奧多克斯也曾蒙受同樣的公開指控，當時也算有理。二〇〇九年，尤格斯．帕潘德里歐領導的 PASOK 矢口否認有問題，完全不願以雙方都贊同的方法來解決希臘的難題。好日子可以跟以前一樣，繼續過下去。十月四日，PASOK 以百分之四十四的選票勝選，在議會的三百個席次中贏得一百六十席。尤格斯．帕潘德里歐當上了總理。

新政府的財政部長尤格斯．帕帕康斯坦蒂努（Georgios Papakonstantinou）就職兩個星期後，要負責向議會宣布消息。儘管用不同時代、措詞謹慎的經濟學行話表達，但含義差不多等同於哈里勞斯．特里庫皮斯在一八九三年簡明的突發談話：「很不幸，我們破產了。」後來成為歐盟執行委員會主席的尚—克勞德・榮克（Jean-Claude Juncker）隔天在盧森堡主持歐元財政部長會議時，回覆更加簡短：「遊戲結束了。」[4] 帕潘德里歐又花了一點時間，才能接受災難的規模有多大。但在二〇一〇年的頭幾個月，全球媒體都聽說了這件事。希臘陷入了危機，而且不光是希臘。希臘又在歐元區之內。歐洲的銀行和歐盟的機構仍因二〇〇八年金融崩盤的慢燒效應而暈頭轉向，一名成員卻可能犯了主權債務違約，突然威脅到整個貨幣聯盟的計畫，連帶衝擊歐盟本身的政治結構。需要採取非常措施。

經濟學專家寫了不少著述，討論二〇〇九年底及二〇一〇年初總和起來變成希臘「完美風暴」的技術因素。過了快十年，爭議仍未歇息。到了二〇一〇年四月，只留下最基本需求的希臘政府已經無法用付得起的利率借貸來清償現存的債務。這不是第一次主權國家碰到這種事了——尤其是希臘，在一八四三年、一八九三年及一九三二年都有過紀錄。進入二十一世紀後，阿根廷在二〇〇一年也無法償債。經典的解決方法是拖欠一部分未履行的債務、施行貨幣貶值，並重建國家經濟。希臘在一九三〇年代施行的效果不錯；到了二〇〇九年，阿根廷的成效也很好。但歐元區成員的主權債務違約卻沒有先例。像希臘這樣的經濟體大小（總和不超過歐元區經濟的百分之二）如果允許拖欠，應該不會對全球市場造成起伏。但如果共同貨幣制度中的成員要拖欠，說結果無法估量也不誇張，因為沒有人想過會發生這種事。歐洲的機構突然發現必須且戰且走。

不光是希臘而已。歐洲邊陲上的其他國家也碰到了問題，他們的壓力也來自前兩年的金融崩盤。政府用納稅人的錢進購銀行無力償還的債務，也讓納稅人保住儲蓄。但在這個過程中，國庫就有可能破產。所謂的「歐債危機」孳生出不少專屬的縮寫詞彙和隱喻。遭逢危機的國家是「PIGS」（分別代表葡萄牙、義大利、希臘、西班牙，後來加入了愛爾蘭）。大家最擔心「感染」從一個國家傳播到另一個國家，最後來到歐元區的核心。隨便調和出的粗糙解決方案非正式的名稱是「紓困」（出得起錢的善人提供保釋金，把夥伴從牢裡救出來），在組織中的正式術語則是「了解備忘錄」（Memorandum of Understanding，簡稱 MoU）。後者在希臘文裡是 Mnimonio，也是大家接受、意願不高的備忘錄。為了成功，需要新的協同作業，以便把責任分派給歐洲中央銀行（European Central Bank，簡稱 ECB）、歐盟執行委員會（EC）及位於美國的國際貨幣基金（International Monetary Fund，簡稱 IMF）。這種新的特設多元集團很快就有了暱稱「三駕馬車」（Troika），又是一個隱喻，在希臘特別流行。

尤格斯・帕潘德里歐在二〇一〇年四月二十三日正式要求紓困。希臘和「三駕馬車」在五月二日簽下了解備忘錄。為了交換價值一千一百億歐元的貸款，PASOK 政府負責實施激烈的手段，降低國家的赤字，以北歐強健的經濟為榜樣，重建希臘的經濟結構。「撙節」開始了。六個月前才選出的政府承諾一切都好，不需要縮減開支。簽下備忘錄後過了三天，估計有十萬名示威者走上雅典街頭。抗議變成暴力事件。群眾縱火焚燒市中心附近的銀行，燒死三名行員。希臘的公共秩序崩潰，宛若一九四〇年代的情景，這就是拯救歐元的代價嗎？

結果並不是，至少到目前為止還不是。但有幾年的時間看似代價就是這樣。在其他施行同樣措施的地方是紓困，在希臘反而是經濟崩潰。

不久之後就發現，包含在備忘錄裡的預測都過度樂觀。付給希臘的資金有百分之九十並未用來緩和希臘國內的財務狀況，而是用來清償舊債，重整外國銀行的資本，尤其是法國和德國的銀行。[5]在接下來的四年內，希臘的個人所得減少三分之一，失業率爬升到百分之二十七，年輕人的失業率則是平均數字的兩倍。經濟規模縮減了四分之一。銀行存款飛往國外，投資減少了幾乎一半。生意倒閉，公共服務減少。

退休人士跟失業者感受到的負擔最嚴苛，慈善廚房外排起長長的隊伍。原本很富裕的人也失去住所，變成遊民。自殺人數暴增。遙遙回應一九四〇年代更加嚴峻的情況，在雅典和大城市活不下去的人回到家族的故鄉，也就是第二次世界大戰後人口持續減少的村莊。受過高等教育的人可以貢獻給「知識經濟」，但在希臘沒有希望找到工作，於是利用歐盟成員國間可以自由搬遷的權利，到國外定居。到了二〇一七年，估計在前七年有五十萬大學畢業生離開希臘，等於勞動力的百分之十。稅率繼續上升，預期也會對經濟造成緊縮效應。

希臘怎麼陷入這個困境的？而且在「PIGS」中，大家都同樣接受歐洲機構強加的藥物，為什麼就只有希臘中毒，而不是治癒？

過去幾年內，大家一直在嘗試解開這個難題。大多數人承認不光是希臘的錯，也不光是歐洲機構的錯。希臘國內的系統性問題與歐洲計畫的結構性缺點以不良的方法結合，尤其是用來監督單一貨幣的系統缺乏管理歐元區的單一財政職權。除此之外，意見一致的地方不多。全球媒體及重要評論家都指控希臘人「揮霍」和「懶惰」。有些人不贊成歐盟「更加緊密整合」的政治計畫，或單一貨幣的經濟和財政野心，希臘「危機」展開後暴露了兩者的弱點，讓他們欣喜若狂。

批評希臘社會主義實驗的人無可避免地把聚光燈打在 PASOK 的某些政策上，尤其是一九八〇年代的做法。常有人引用公部門浪費的例子，尤其是高等教育和醫療服務，還有政府收不到稅，以及公民繳不出稅。統計數字的鐵證指出，希臘人不「懶惰」——但同樣的證據並未凸顯他們的勞動生產力有多低。[6] 二〇一七年，PASOK 先前的部長曾私下指出「危機」的潛在成因是

「治理不佳、侍從主義、疲弱的機構、缺乏競爭性」。在壯觀的繁榮後接著更加壯觀的崩潰，這樣的頭條故事可能遮蔽了相當不一樣的模式。從一九七三年的國際石油危機開始，希臘的國內生產毛額成長率在這段期間平均算來，根本的比率從頭到尾都很平均，不超過百分之一。或許希臘在石油危機後「實際上」從未復原？[7]

希臘應該不要加入歐元區——說得容易，而且有很多人這麼說。二〇一二年二月，希臘第二次紓困後出現了「希臘脫歐」（Grexit）的說法，也變成「極端選擇」。儘管很多人預言希臘會離開歐元區，但就債權人機構和連續幾任希臘政府來說，兩邊都沒有足夠意願去率先按下按鈕。

二〇一一年初，希臘要避免拖欠，就需要再一次紓困，加上更進一步的撙節措施。六月底，雅典市中心再度發生騷動。面對第二份備忘錄的新條款，以及群眾可能在十月再度暴動的威脅，絕望的帕潘德里歐宣布他需要全體選民的協助。希臘人要透過公投決定是否接受條款，或冒著拖欠的危險並離開歐元區。帕潘德里歐在十月的最後一天宣布公投的消息。十一天後，他離開了。這位倒霉的希臘總理被召到緊急會議上，法國總統尼古拉．薩科齊（Nicolas Sarkozy）和德國總理安格拉．梅克爾（Angela Merkel）斬釘截鐵地告訴他不能舉辦公投。他只能辭職。

接下來只能讓「技術專家政治」政府接管。新政府由三黨聯盟支持，領袖是盧卡斯．帕帕迪莫斯（Loukas Papadimos），他曾是歐洲中央銀行的副總裁，也當過希臘銀行的理事。帕帕迪莫斯政府未經過大選，或許當時的氛圍也不適合選舉，二〇一二年二月二日，他們監督希臘簽署第二次紓困。那天晚上，雅典再度淹沒在暴力裡。但木已成舟。希臘簽下價值一千三百億歐元的新貸款，換得「剪髮」（另一個隱喻，意思是減記部分希臘的主權債務）和更多的撙節措施。「剪髮」不成比例地打擊希臘國內的銀行，隔年在未預期的情況下，直接把「感染」傳播到賽普勒斯。

簽下新合約後，又輪到選民出聲了。現在主要的反對黨是安東尼斯・薩馬拉斯領導的新民主黨——他對希臘北方鄰國「前南斯拉夫馬其頓共和國」的名稱問題採取強硬的立場，在一九九三年的選舉中操控了新民主黨的垮台。薩馬拉斯的選舉口號是「讓我們撕碎**備忘錄**吧」，重複敵手帕潘德里歐三年前的戰術。這次不算完全成功。二〇一二年五月六日的選舉產生了懸峙議會，沒有黨派能組成政府。六個星期後舉辦了第二次選舉。這一次面對歐洲領袖堅定的威脅，如果希臘拒簽備忘錄，就會被踢出歐元區，有足夠的選民轉向新民主黨，授權給薩馬拉斯——不是完全執政，而是與PASOK和另一個小黨剩下的成員共治。

二〇一二年的兩次選舉是希臘政治的另一個轉捩點。從一九七七年以來，希臘一直實行明顯的兩黨體制。除了一九八〇年代晚期兩次短暫的共治，這三十年來的政府不是由新民主黨、就是由PASOK組成。如今，在五月的選舉中，兩黨的選票都減少了。面對接下來的僵局，投給新民主黨的選民仍夠，他們就不致為人遺忘，薩馬拉斯雖然能夠執政，但拿的選票不到百分之三十。PASOK似乎得到了終極的懲罰，二〇一二年六月只得到百分之十三的選票，三年後變得更少。一邊是兩黨制、相對來說中立派的共識，另一邊則是邊緣黨派的興起，左派和右派都有。

希臘文中縮寫成SYRIZA的激進左翼聯盟由幾個更小的政黨在二〇〇四年組成，遵行傳統馬克思主義的希臘共產黨未包括在內；SYRIZA代表每個黨派名稱的第一個字母。從那時到二〇〇九年，SYRIZA只達到議會代表的門檻，介於投票總數的百分之三到四之間。自二〇〇八年以來，一直由亞歷克西斯・齊普拉斯領導，他是年輕的土木工程師，之前參加過學運。SYRIZA堅持不肯對撙節和「三駕馬車」的條款妥協，在二〇一二年五月的選舉超過PASOK，拿到第二名，贏得百分之十七的選票。六個星期後則增加到將近百分之二十七，只比新聯合政府裡的最大黨少了兩個百分點。SYRIZA當然不是能納入聯合政府的成員，因為他們離主流太遠了。一個極左的邊緣政黨從默默無聞中冒出來，變成議會中的主要反對黨。

在右邊，從新民主黨分裂出去的派系成立反對備忘錄的新黨派，加入二〇一二年的選舉。獨立希臘人（ANEL）在五月得到百分之十的選票，但到下一個月就跌下來了。對希臘和國外持不同意見的人來說，最令人震驚的就是希臘第一次出現法西斯主義（新納粹主義）的黨派，金色黎明（Golden Dawn）。一開始時小的不得了（一九九六年第一次參加議會選舉時，得票數不到百分之一），金色黎明在二〇一二年的兩次選舉中吸引了將近五十萬票。跟其他反紓困的黨派不一樣，金色黎明從一次選舉到下一次的支持率只微微下降，最高點是五月，有百分之七，三年後的選票又是同樣的比例。金色黎明的標誌是一個彎曲的「希臘回紋飾」，用納粹黨徽的顏色，形狀也有點像納粹黨徽，多年來，這個黨派就跟暴力行動脫離不了關係，尤其是針對移民跟支持移民的人。他們對純正希臘血統的信念從崇尚軍國主義的斯巴達人延續到今日，公然支持種族主義，也是極端的國族主義。金色黎明偏好的言論和符號會讓人聯想到一九三〇年代的梅塔克薩斯獨裁，或從一九六七到一九七四的「上校軍團」。但我們也別忘了，這兩個政權都沒有群眾運動或政治組織的根基，而是從上層強迫施行。在希臘，草根法西斯運動出現，多半是「危機」造成的，回應二〇一〇年以後的新情況。

希臘民主轉型是廣泛有共識的政治局面，卻讓這麼多選民感到厭惡，表示希臘的板塊再度移動。二〇〇八年末的暴力街頭抗議造成新的緊張局面，又因為債務危機變得更複雜，新的政治偏好就突然出現。有些評論家認定，接受和反對備忘錄的兩派之間出現了新的裂隙。有些人則認為是「族群中心主義」對抗「歐洲主義」。[8]不論如何，新的斷層會超越並取代右派和左派之間的傳統對峙。這條斷層可以一路回溯到一八二〇年代革命期間的內部衝突，敵對雙方對自由有不同的看法：一邊是絕對自給自足的理想，另一邊則是融入西方主導的世界秩序。再一次，希臘人必須做出選擇。

二〇一五年一月，薩馬拉斯政府要守住紀錄，實施第二次紓困的條款，也可以看到因此有了微弱的復原。強制撙節的措施依然看不到盡頭。選民第一次把信任託付給中間偏左派（二〇〇九年），第二次則是中間偏右派（二〇一二年）。兩派都讓他們失望了。現在輪到剛上場的亞歷克西斯・齊普拉斯，這位正式反對黨的領袖要大肆宣傳之前帕潘德里歐和薩馬拉斯已經鼓吹過的政策。這一次，在 SYRIZA 政府領導下，小小的希臘要對抗歐盟和國際貨幣基金裡欺負希臘人的債主。「三駕馬車」開的藥方無效，所以該換成其他的藥。SYRIZA 可以實現。

二〇一五年一月二十五日的投票結果基本上支持新政黨。支持紓困的政黨得票率低於百分之四十，即將銷聲匿跡的 PASOK 也有一份。反對紓困的有 SYRIZA、分裂出去的右翼獨立希臘人、金色黎明及希臘共產黨。希臘共產黨不跟任何黨派合作，也沒有政黨考慮跟金色黎明合作。這兩個極度反紓困的政黨共得了百分之十二的票數。最後就是 SYRIZA，得到百分之三十六的公民投票，成為最大黨，獎品是額外的五十個席位，只缺兩席就能成為議會中的絕對多數。結果完全符合新的政治邏輯，極左的 SYRIZA 應該與極右（非法西斯主義）的獨立希臘人（ANEL）組成聯合政府，在三百個席次的議會中佔一百六十二席，成為有效多數。組成新政府的兩黨在選戰中都提出國族自給自足和對抗「三駕馬車」的政見。

民主授權已經四分五裂。但很清楚的是，資深政黨裡的資深政客都失敗了，輪到「邊緣」政治力量組成的新聯合政府來看他們能否成功。

接下來的故事視個人觀點而定，可以說是古希臘風格的高級悲劇，也可以說是鬧劇。無論如何，經濟學家和上相的自我宣傳家雅尼斯・瓦魯法克斯（Yanis Varoufakis）負責帶頭，在二〇一五年混亂的六個月裡擔任希臘的財政部長。瓦魯法克斯從極為個人的角度訴說這些事件，揭露了雙邊牴觸的忠誠、內部的分裂及矛盾的行為。瓦魯法克斯的故事說，他是希臘全體選民中充滿膽量的倡導者，遲鈍且腐敗的專業人士都失敗了，他就受聘與「歐洲扎根已久的權勢機構」作戰。他在書中提到「希臘之春」、歐洲機構適得其反的執拗「無情壓制的反叛」，以及被黨主席背叛的事。

齊普拉斯一開始相信他們從希臘人那裡贏來的授權足以強迫歐洲機構改變對希臘債務的政策，而瓦魯法克斯則一直堅持這個信念。儘管令人嚮往，但一個快破產、有一千一百萬人口國家的財政部長再怎麼施壓也無法達成這個目標，他面對的機構所屬的政治和經濟聯盟涵蓋了五億人。德國的財政部長沃夫岡・蕭伯樂（Wolfgang Schäuble）二〇一五年二月十一日在歐元集團會議中的妙答留下了臭名：「不能用選舉來改變經濟政策。」但蕭伯樂也要對選民負責——德國的選民更多，德國人也不支持媒體點名的「歐元家族中的騙子」、「破產的希臘人」及其他有損形象的說法。[9]

到六月底，希臘又無法清償債務。除非希臘政府同意一組條件，不然不會支付第二份備忘錄的最後一期款項，這些條件非常像二〇一二年「技術專家政治」政府接受的條款。如果簽名同意，就會完全反轉SYRIZA領導的聯合政府所代表的一切。相反地，齊普拉斯宣布要舉行公投，日期在一個星期後，七月五日星期天。選民要回答「接受」或「不接受」歐元集團提出的條件。

六月二十九日，宣布公投後的第一個工作日，歐洲中央銀行撤回幫希臘銀行安排的流動資金。希臘政府和希臘銀行立刻引進資本管制，關閉銀行幾天，等銀行重新開門後則實施嚴格的提款限制。SYRIZA的成員，包括擔任總理的齊普拉斯，以及ANEL的聯合政府夥伴和極右派的金色黎明，都推動大家投「不接受」。

與預期相反，加上銀行關閉以及威脅可能不會重開的強制手段，百分之六十一．三一的選票投給「不接受」，投票率按希臘的標準來說很低，只有百分之六十二．五。希臘政府很謹慎地強調，選項不是留在歐元區或離開單一貨幣。這不是贊成或反對「歐洲」的投票，不過希臘國內外想投「接受」的人卻認為是這樣的選擇。當時的民意調查顯示，**支持**留在歐元區和歐盟的百分比高於**反**對公投內特定條款的選票。再一次，希臘人民表達意願，反對撙節，反對歐洲機構的支配，但他們並未投票抵制那些機構。

投票後的第二天，瓦魯法克斯辭去財政部長的職務。那星期的週末，在贊同紓困的反對黨支持下，議會投票通過議案，回去找歐洲機構，尋求第三份備忘錄。瓦魯法克斯在書裡透露了很多事，最驚人的應該是齊普拉斯私下給出「投降」的理由：「他說，如果我們堅持到底，他很怕我們會碰到『古迪』的結局——一九二二年，六名政治人物和軍事領袖遭到處決……然後，他開始暗示，一定會出現類似政變的事件。」[10]如果真的這樣，被選出的總理展現的怯懦是否很不尋常，也不符合他的個性？瓦魯法克斯雖然沒有提出證據，但也暗示希臘「扎根已久的權勢機構」近在二〇一五年仍有勢力在運作，想推翻民主秩序，甚至有可能像一個世紀前的極端暴力一樣損傷希臘的政治生命，是嗎？

七月十三日，歐元區成員國家的政府首領發出聲明，為希臘的第三份備忘錄鋪路。接下來三年內的資金多達八百六十億歐元，一半清償債務，一半確保用激烈的手段重組希臘的經濟。選民在公投裡投了「不接受」放棄前一次紓困，而這次的數額是上次紓困最後一批發行份額的好幾倍。但條件還要更嚴格。前所未有地，希臘變成「債務殖民地」。所謂「歐洲對希臘象徵性的殖民地化」又向前邁進了一步。[11]債權人堅持主張，也贏了。

以希臘政治到此刻的邏輯來看，不免預期SYRIZA和齊普拉斯會得到全體選民的懲罰。連續幾任希臘政府在每次接受備忘錄時都會來個一百八十度大轉彎，他們的迴轉應該最引人注目。這一次立即導致執政黨分裂。但齊普拉斯可以仰賴反對黨議員的投票。儘管如此，發現失去授權後，他要求提前在九月二十日選舉。選舉的結果再一次打亂了期待。SYRIZA反紓困的成員也反對繼續留在歐盟裡，他們分出來的派系銷聲匿跡。新成立的黨派無法達到議會代表制的最低門檻，結果產生的政黨狀態幾乎就是一月那次的重現。每個政黨的得票比例跟前一回都差不到百分之二；最大黨SYRIZA和新民主黨及大多數黨派的差距不到百分之一。SYRIZA和ANEL的聯合政府重新拿回執政權。在本書寫作時，離當時過了快三年的時間，這個政府仍在執政，跌破很多人的眼鏡。

批評家認為，齊普拉斯要求公投，卻又忽略結果，屈服於比十天前更糟的條件，就是不合邏輯。極左派的疑歐主義者不肯改變立場，他們在二〇一五年八月與SYRIZA斷絕關係，認為那次政策急轉彎背叛了人民。從那之後，瓦魯法克斯就公開提倡這個看法，不過他並不希望希臘脫離歐盟。持對立論點的人則認為，第一任SYRIZA政府「讓希臘經濟損失了一千億歐元」，瓦魯法克斯要負最大的責任。[12]三年後，第三種看法開始浮現：或許要用來說服希臘社會**所有的**階層，就要付一千億的成本，到最後，大家都不要懷疑，真的沒有其他辦法，只能接受「三駕馬車」施加的撙節政策，對吧？對，或許早點服藥，可以早點復原。但在三次紓困和更換三次執政黨後，到了二〇一五年的秋天，沒有其他選擇了。「危機」的終點出現了嗎？

與「危機」共存

就字面來說，危機是「判斷」的時刻，一個轉捩點。這個詞本身也是古希臘人留給現代全球化世界詞彙的另一項遺產。但在希臘，跟在世界上其他的地方，過去十年來，只要談到希臘，「危機」的意思就會微妙地轉為指某個**狀況**，而不是決定性的**時刻**。就那個狀況的本質來說，在一般的看法裡，只要進去了，一切都不會改變，或者只有微小的變化。跟「危機」正常的意義相去甚遠。因此，在這一章裡，只要適用於希臘自二〇一〇年以來的狀況，「危機」就會放在引號裡。在希臘，「危機」變成一種生活方式。

這種生活方式普遍來自突如其來的貧窮。到了現代，沒有其他已開發國家的經濟在五年內縮小了四分之一，收入和退休金也減少了至少四分之一，失業率一直超過百分之二十五，年輕人的失業率則升高到接近百分之六十。二〇一九年開始實施資本管制和銀行帳戶的限制，當時預期最快要到二〇一八年底才會解除。

經濟成本就擺在檯面上，對社會的效應則更深層，要花更多時間來解決。自冷戰結束以來，希臘社會變化的速度就很快，也很不穩定。自二〇〇三年以來，中東戰爭不斷，戰敗國有更多人流離失所，逃難到歐洲，很多人會經過希臘，自二〇一三年以來的人數更是暴增。公共組織和私人慈善機構已經變窮，卻要負責照顧移民的生活和福利，他們從土耳其來到愛琴海東側的島上，二〇一五年的人數創下新紀錄，光在上半年就超過十萬人。問題在二〇一六年變得更複雜，北方其他國家關閉邊境，開始豎起圍籬，不讓移民進來，希臘卻沒辦法圍起幾百座島嶼跟三面臨海的本土。好幾千人停滯在他們本來只打算待幾個小時的國家。結果，希臘的社會服務瀕臨崩潰，已經因內部「危機」而掙扎許久的社會要承受更大的壓力。

流入的移民還帶來另一個結果，自一九二三年以來第一次，希臘又有了為數不少的穆斯林人口。歷史記憶很難消除：自鄂圖曼人結束統治以來，雅典就沒有清真寺，在雅典建立清真寺的提議已經吵了好幾年。儘管地方找好了，計畫也在二〇一六年通過，在本書寫作時，清真寺仍未啟用（最後在二〇二〇年十一月正式開放）。其他的社會壓力也戲劇性地增加。戰後的希臘幾乎看不到街頭犯罪和搶劫，「危機」那幾年就有了變化。甚至在雅典最富裕、貧化徵兆最少的地區以及設計得很漂亮、依舊維護得很好的地鐵上都可能發生搶案。雅典西邊的郊區，包括靠近市中心的幾個區，都變成警察和守法市民的禁區，那裡掌權的是人口販子和毒販，剝削的對象包括因為危機而失去家園的希臘人，以及沒有合法地位或保障的移民。聽說，有些要養家的人無計可施之下，找金色黎明的自衛隊員來保護他們的身家財產，因為人力匱乏且士氣低落的警察無法保護他們，甚至還縱容惡徒。

常有人說，過了剛開始那幾年，抗議者走上街頭的時候，氛圍就變得絕望，帶著無可奈何。暴力之流找不到出口，幻滅和絕望讓暴力火上加油，不過社會秩序尚未崩潰。希臘人找到了因應的方法，其中最重要的是傳統的家庭單位。另一個則是黑市，不是用現金，就是以物易物。很多希臘人向來不信任銀行，多年來的種種官僚程序並無法吸引客戶進門。隨便問一個人，就可以找到其他做生意的方法。有能力的人就離家到國外找工作。希臘人已經碰過這些事。在希臘建國後的兩百年裡，無數代的希臘人經歷過更糟的狀況。在這種時候，他們賴以存活的特質最恰當的翻譯或許是「耐力」或「有耐心的順從」。如果這就是讓人在逆境中繼續活下去的傳統方式，卻不是令人振奮的徵兆，不代表希臘和希臘人應該快要碰到預期會出現在「危機」另一頭的決定性改善。

說到這裡，陰暗中還是有優點，在藝術和文化上最為明顯。傳統上在希臘文裡，詩是第一種自我表達的手段，在新的形式、文體和環境中迸發。希臘有些剛嶄露頭角的詩人是移民，會說母語和希臘語。一名近代英文文選的編輯說，所有人都用不同的方式見證「今日在希臘和巴爾幹半島的艱難生活」，但也同時「提供新的方法來想像非常不一樣的實相」。[13]小說作家繼續擴大他們的視野，愈來愈多作家加入離希臘很遠的經歷和情境，或加入的角色能代表希臘人中的「他者」。推理小說等了很久終於變成熱門話題，或許跟犯罪率增長脫不了關係。佩特羅斯·馬卡瑞斯（Petros Markaris）有好幾本暢銷犯罪小說的主角是喜愛字典的哈瑞托斯探長（Inspector Haritos），已經翻譯成英文和其他語言。他的《危機三部曲》（*Crisis Trilogy*）在二〇一〇年到二〇一二年間出版，特色是用一種勇敢的、諷刺的觀點來看「危機」頭幾年的日常生活。

其他的藝術形式也十分興旺，「在危機中，希臘出現了創意的爆發，尤其是戲劇、電影和表演等領域」。[14]尤格斯·藍西莫斯（Giorgos Lanthimos）、亞歷山卓斯·阿拉納斯（Alexandros Avranas）等人拍攝的藝術電影有些用英語製作，觸及世界各地的觀眾。遵循古典或「藝術」音樂傳統的新作曲和公開演出也發展得很好。「危機」開始後，雅典開了幾座使用最新科技的文化中心，現在都有讓人讚嘆的節目：歐納西斯文化中心（Onassis Cultural Centre，希臘文是Stegi，「屋頂」的意思）在二〇一〇年開幕，以及二〇一七年三月開幕的斯塔夫羅斯·尼亞爾霍斯基金會文化中心（Stavros Niarchos Foundation Cultural Centre），內有新的歌劇院及國家圖書館。這兩項新事業都在致敬偉大的希臘經濟**成功**故事，至少可以回溯到十八世紀，這項勝利的資產傳統上都在國境之外：也就是船運。二〇一七年在雅典舉辦的國際藝術博覽會 *Documenta 14* 展期六個月，迎接了三十多萬訪客。希臘的街頭藝術已經從傳統上破壞大學校園外觀的醜陋政治塗鴉抬升成一種藝術形式，通常熱情洋溢、妙趣橫生、目空一切、充滿創造力。

就經濟和政治而言，有些人發覺備忘錄似乎有效，或至少帶來了益處。至少在理論上，薩馬拉斯政府在二〇一四年末成功產生了基本盈餘，後繼的政府在二〇一八年又再度達成。至少有一位希臘經濟學家在二〇一七年指出，希臘公眾對債務的態度以及對「合理程度的財政自律」都開始變化，符合二〇一五年夏天後 SYRIZA 聯合政府實事求是的轉向。[15]

這個之前「極左」的邊緣政黨執政四年半以後，漸漸變成有點像他們取而代之的社會民主路線 PASOK。二〇一五年七月的政策急轉並沒有讓亞歷克西斯．齊普拉斯丟臉，反而鞏固了他在政黨內及全體選民間的勢力。他靠著個人權威和魅力做到了，就像之前那些表現良好的希臘總理，一路可以回溯到一八四〇年代的雅尼斯．科萊提斯。如果今日的 SYRIZA 是新的 PASOK，齊普拉斯就是新的安德烈亞斯．帕潘德里歐。他從共產黨左派開始，以自給自足的國族民粹理想為訴求而贏得最高的職位，在國內和歐洲，他的這份事業都受到權力現實的鍛鍊。

在這些實在的事物裡，最強的到現在還**看不見**——尚未實現的可怕預言，至少到目前仍未成真。沒有違約，也沒有在混亂中退出歐元區。公共秩序仍未崩潰。近幾十年來，歐洲其他地區出現了威脅國家完整的分離主義運動，但希臘沒有。前捷克斯洛伐克、比利時、西班牙和英國，都出現了獨立運動，或要求提高區域自治度的政治壓力，但希臘沒有對等的事件。在現代希臘的歷史上，群眾運動和叛亂向來出自對**統一**的渴望。希臘幾乎有一半的人口住在大雅典地區，出了這一區，大多數地區都有強烈的區域認同。但即使在這種情感最明顯的克里特島，也沒有人組成政治團體，認真爭取脫離希臘的法理國家。這是另一個潛在的威脅，儘管「危機」帶來新的緊張，但到目前為止，並沒有徵兆顯示這個威脅會變成現實。

另一個希臘人的國家，賽普勒斯共和國，故事又不一樣了。一九六〇年實施分立後，接著用地理距離來增強政治分立。賽普勒斯共和國也陷入了危機。但相似之處僅止於此。二〇一二年，希臘簽訂第二份備忘錄以後，賽普勒斯人的金融界因為減記給希臘銀行的貸款，蒙受嚴重的損失。二〇一三年三月，輪到賽普勒斯政府面臨拖欠的危機，必須找歐洲機構紓困。資本管制開始施行，銀行提款額度也受到限制。後來到了二〇一五年，希臘才實施同樣的兩項措施。在賽普勒斯，救援的價格還比希臘更高。該國第二大的銀行獲允倒閉。境內所有銀行存款人的儲蓄都變少了，最多的可能少了百分之十。在賽普勒斯，二〇一三年三月和四月立即出現的衝撞比希臘經歷的還要更嚴重。因為賽普勒斯的民營企業首當其衝。很多公司都倒閉了。但國營事業縮減後，似乎就控制住了。在幾個月內，對銀行提款的限制也解除了，兩年後則放寬外匯管制。

二〇一五年夏天，希臘經濟正要接受第三次紓困時，賽普勒斯的經濟已經脫離險境。再一次，正如一九七四年的破壞後所證實的，希臘賽普勒斯的經濟在短期內就能翻身，希臘的情況就不一樣了。這也是兩個希臘人法理國家漸行漸遠的徵兆，但在其他地方仍有緊密的連結。

不過這一切都是表面的。紓困和希臘主權債務看似無解的問題只是更深層「危機」的一個面向。再一次，追根究柢的話，應該是認同的危機。

各行各業的希臘人，不論是否住在希臘，面對十年「危機」帶來的新壓力，都必須自我估量，再度檢視歷史、查驗從小到大的價值觀、對自身的感受，以及在世界上的歸屬。再一次，希臘這個國家重中他們靠攏了西方，從歐盟的機構和整個歐洲的文化就可以看出來。但是，差點就無法達成這樣的一致，耗費的成本也很高。

調查和民意測驗顯示，希臘選民支持留在歐盟和歐元區的比例降低了。但即使到了現在，也沒有證據可以證明大多數人寧可脫離。二〇一七年底的民間調查顯示，二〇一五年公投時願意留下的比例是百分之六十九，二〇一六年末則掉到百分之五十三。在世界上其他地方流行了好幾年的民粹國族主義趨勢如今在希臘也能看到。「理工學院世代」廣傳的反美國主義已經慢慢演變成大眾對德國人的敵意，因為民眾認為強制撙節是德國人的錯。報紙上的卡通畫了德國的財政部長沃夫岡．蕭伯樂穿著納粹制服；群眾抗爭時常把德國總理安格拉．梅克爾比喻成希特勒。[16] 在「危機」期間，有些地區再次提出要求，德國人應該賠償第二次世界大戰期間在希臘犯下的暴行，更值得爭議的則是要返還帝國在佔領期間從希臘國家銀行強制取走的貸款。在二〇一五年的「希臘之春」，這一類型的緊張局面來到最高峰。現在並沒有完全消失。

民粹主義的後座力最明顯的症狀就是金色黎明，他們似乎已經固定在政界，得票率約為百分之七，跟希臘共產黨一個世紀來的支持率差不多。起碼，金色黎明只向他們口中同血緣的祖先看齊，尤其是軍國主義、反民主的斯巴達人。在政治光譜的另一頭則是左派，仍緬懷蘇聯以及帝制東正教俄羅斯舊時的魅力。SYRIZA 有三十多位議員就是這樣，他們脫黨抗議第三份備忘錄。對他們跟二〇一五年「希臘之春」期間的齊普拉斯本人來說，在歐洲「比從前更緊密的整合」當真有替代方案的話，就是復甦舊時的夢想，與俄羅斯建立更緊密的關係。

這並不是空想，第一任 SYRIZA 政府有一名以上的成員正式拜訪過莫斯科和聖彼得堡，齊普拉斯也曾在二〇一五年四月前往。二〇一三年末，烏克蘭因為俄羅斯吞併克里米亞，兩國關係緊張到了極點，普京總統的顧問甚至為希臘、賽普勒斯和土耳其在即將出現的歐亞經濟聯盟（Eurasian Union）裡想好了角色，普京想用這個組織恢復舊時俄羅斯帝國的某樣東西。在二〇一四年十二月的演說裡，普京宣稱，「因為宗教的親近，我們與希臘有特別的關係」。[17]作為回報，齊普拉斯勝選後過了一個月，首先採取的行動就是反對歐盟因為俄羅斯在烏克蘭的行動所給予的制裁。

瓦魯法克斯在布魯塞爾、華盛頓和歐洲首都進行高難度協商的同時，希臘政府的其他成員則在協商從俄羅斯另借一筆貸款。如果拿到這筆錢，或許就有希臘需要的槓桿作用，逼「三駕馬車」讓步，或者希臘如果要脫離歐元區的話，至少有可能略為舒緩落地的力道。但普京總統對希臘的興趣似乎不大，就跟凱薩琳大帝後續的統治者一樣。據說，在公投前一天的晚上，齊普拉斯終於知道普京拒絕借貸給他的政府，這很有可能就是後面政策急轉彎的一個理由。[18]

在希臘民意中，仍有幾乎直達最上層的一種強烈想法，因為歷史上耐人尋味的重疊，依然認同東正教基督徒或蘇聯共產黨的傳統。「歐亞」希臘或（就這個主題而言的）賽普勒斯是克里姆林宮只有三分鐘熱度的概念，在二〇一二年似乎還很牽強。但也有可能在某個時刻就變得順其自然。以賽普勒斯來說，儘管沒有國家借貸，自二〇一三年的復甦卻由俄羅斯的私人投資協助，規模令西方觀察家憂心忡忡。今日，尼古西亞的餐廳菜單除了希臘文和英文，還會有一頁俄文。從拉納卡國際機場入境時，一眼就會看到炫目的房地產廣告，全用俄文寫成。高知名度的俄羅斯「大老闆」可以得到賽普勒斯共和國的公民身分，也因此變成歐盟的公民。二〇一八年三月，俄羅斯人在英國施放禁用的俄羅斯神經毒劑，因此大多數 NATO 和歐盟國家將俄羅斯外交官驅逐出境，想當然耳，其中不包含希臘和賽普勒斯。

到目前為止，對「危機」的回應大多牽涉到不同程度的內省或回顧：或許求助於之前行得通的資源或策略，或者惆悵地轉向之前沒走過的路。但「危機」有個一再顯現的面向，也需要用隱喻來表達。自二〇一〇年以來，希臘就變成「試驗所」，一個「實驗室」，本身則是實驗的對象：「白老鼠」或實驗動物。在這些比喻中，最令人寒心的是「煤礦坑裡的金絲雀」。把關在籠子裡的鳥兒送進礦坑，是為了警示人類感官偵測不到的有毒氣體。如果金絲雀死了，礦工在昏倒前還有時間逃出去。就這個意義來說，歐洲的機構和國際貨幣基金都在拿希臘做實驗。這些機構及其必須支撐的全球金融系統在二〇〇八年碰到金融危機時也岌岌可危。根據上述比喻的邏輯，希臘就是那隻又小又弱的鳴禽，必須為更大的利益犧牲。

發想和一再重提這些比喻，對希臘人來說相當刺耳，不過他們自己也常拿出來講。唯一的效應就是增強了受害感，這種感受在希臘大眾文化裡已經流傳了數百年。比喻為先鋒似乎要好一點。

先鋒本來是步兵，派在主力前面，為其他人排除障礙。就這個意義來說，先鋒跟金絲雀也有點像。但有一個差別：先鋒即使是按著命令行動，仍具備人類自主性。為了保護同袍，他或許會失去生命或肢體，但他也可以用自己的才智找到安全的路徑，引導其他人。一九二九年，經歷過更大規模的全國性災難後，小說家尤格斯・狄奧多加斯便是按著這個想法呼召「勇敢的先鋒」向歐洲各地伸手，執行文化更新的方案。

就是在這裡，雖然更容易看到的是威脅，但「危機」和之後的幾年會帶來機會。希臘是第一個靠「三駕馬車」發明的「備忘錄」紓困的國家，「備忘錄」也是為了解救希臘才會出現。只有希臘經歷了三次紓困。希臘機構的堅強及希臘人的耐力經歷了嚴格的測試，他們也通過了測試。歐洲、歐元和歐元區因此變得更穩固。要感謝希臘人，他們冒險成為先鋒，實驗才能完成。

兩百年前，在一八二〇年代，希臘人擔任先鋒，率先制定出路線，要從龐大帝國的舊歐洲通往今日所見民族國家的歐洲。在未來，西方人不應該認為希臘和希臘人一定要遵循他們習於歸併在一起稱為「西方」的價值觀、傳統和政治。地緣的拉力或許會朝著另一個方向，就某種程度而言，歷史也會。但在二〇二一年準備慶祝希臘民族國家的兩百歲生日時，希臘人可以因為一項成就的本質而非常自豪，而且從一開始，他們就和其他歐洲人攜手踏出艱困的每一步，而不是獨力進行。就是這樣。因為「希臘」不論用什麼方法去了解或誤解，都無法脫離歐洲的現代認同。

---

1 史坦帝斯．卡利維斯，《現代希臘：基本須知》（牛津：牛津大學出版社，二〇一五），頁一五三、一五六。

2 凱文．費舍史東及狄米特里斯．帕帕狄米特里烏，《希臘的總理：權力的矛盾》（牛津：牛津大學出版社，二〇一五），頁一八九。

3 雅尼斯．佛加瑞斯（Giannis Voulgaris），《決定性的五年：無為的政治，二〇〇四至二〇〇九年》（*Η μοιραία πενταετία.Η πολιτική της αδράνειας, 2004–2009* 雅典：Polis，二〇一一），頁三一一（二〇〇九年一月十日）；科斯塔斯．科斯蒂斯，《歷史寵壞的孩子：現代希臘的成形》，賈寇柏．莫伊譯（倫敦：Hurst，二〇一八；希臘文初版於二〇一三），頁三八八～九。

4 尤格斯．帕帕康斯坦蒂努（George Papaconstantinou），《遊戲結束了：希臘危機的內幕消息》（*Game Over: The Inside Story of the Greek Crisis*，英文版於二〇一八年自行出版），頁三〇～四〇（引述頁三七）。

5 盧卡斯．祖卡利斯（Loukas Tsoukalis），《為歐洲辯護：歐洲計畫有挽救的餘地嗎？》（*In Defence of Europe: Can*

the European Project be Saved?，牛津：牛津大學出版社，二〇一六），頁八九。

6 卡利維斯，《現代希臘》，頁一六三。

7 從一九七四年至二〇〇〇年，參見大衛．克婁斯，《自一九四五年起的希臘：政治、經濟和社會》（倫敦：Longman，二〇〇二），頁一六八～七〇；從一九九九年至二〇一五年，參見米蘭達．夏法，〈懸崖勒馬：如何終止希臘看似沒完沒了的危機〉，出自斯皮羅斯．伊科諾米德斯編著，《希臘：二十年來的現代化與歐洲》（倫敦：倫敦政經學院，希臘觀測所，二〇一七），頁四六～五三。

8 科斯蒂斯，《歷史寵壞的孩子：現代希臘的成形》，頁四一六；狄米特里斯．奇歐瓦斯編著，《危機中的希臘：撙節的文化政治學》（*Greece in Crisis: The Cultural Politics of Austerity*，倫敦：I. B. Tauris，二〇一七），頁二六。

9 雅尼斯．瓦魯法克斯（Yanis Varoufakis），《房間裡的大人：我與歐盟、歐洲央行、國際貨幣基金組織的大債角力戰》（*Adults in the Room: My Battle with Europe's Deep Establishment*，倫敦：Bodley Head，二〇一七），頁二三七（引述）；約翰娜．漢寧克（Johanna Hanink），《古典的債務：撙節時代中的希臘古物》（*The Classical Debt: Greek Antiquity in an Era of Austerity*，麻州劍橋：哈佛大學出版社，二〇一七）頁二〇〇、二二三，引述二〇一〇年德國媒體的頭條。

10 瓦魯法克斯，《房間裡的大人》，頁四六九。

11 瓦魯法克斯，《房間裡的大人》，頁四八；漢寧克，《古典的債務》，頁二一九。

12 瓦魯法克斯，《房間裡的大人》，頁四七四。

13 凱倫．范．戴克編著，《撙節措施：新的希臘詩學》（*Austerity Measures: The New Greek Poetry*，倫敦：Penguin，二〇一六），頁xviii。

14 奇歐瓦斯編著，《危機中的希臘》，頁四。

15 喬治．帕古拉托斯（George Pagoulatos），〈從現代化計畫到強制調整：未完成改革的二十年（一九九六至二〇一六年）〉（From project modernisation to forced adjustment: two decades of incomplete reforms [1996–2016]），出自斯皮羅斯．伊科諾米德斯編著，《希臘：二十年來的現代化與歐洲》（倫敦：倫敦政經學院，希臘觀測所，二〇一七），頁三七～四五（引述頁四四）。

16 奇歐瓦斯編著，《危機中的希臘》，頁三〇；另請參見漢寧克，《古典的債務》，頁二五五～七。

17 丹尼斯·沃夫臣科（Denis Vovchenko），《控制巴爾幹半島的國族主義：帝制俄羅斯和鄂圖曼基督徒，一八五六至一九一四年》（*Containing Balkan Nationalism: Imperial Russia and Ottoman Christians, 1856–1914*，牛津：牛津大學出版社，二〇一六），頁三二九。

18 科斯蒂斯，《歷史寵壞的孩子》，頁四二一。

後記（二〇二一年六月）

本書的第一版於二〇一八年五月付印，二〇一九年出版。二〇二〇年三月問世的英文平裝版翻譯成繁體中文，與二〇一九年春季的版本相比，多了一些非常細微的修正跟改版。從那時候起，希臘作為一個現代國族的故事又出現了許多變化。本書最後一章的「中年危機」極有可能在二〇一九年五月的歐洲議會選舉及七月的希臘議會選舉之後已經結束。從此揭開了新的章節，但現在要決定故事的情節還言之過早。

二〇一九年的歐洲議會選舉中，眾多小黨和小派系參戰，儘管如此，結果壓倒性地確定新民主黨和 SYRIZA 延續一九七四年之後的雙頭壟斷（duopoly）狀態，仍是中間偏右搭配（可說是）中間偏左的政黨，而 SYRIZA 取代了 PASOK。或許更令人吃驚的是，少數力主離開歐元區或歐盟的小團體幾乎全軍覆沒。很明顯，儘管前十年得到了慘痛的經驗，希臘人並無意跟隨英國脫歐的例子，此時在英國境內以及在英國政府和歐盟之間，脫歐的議題仍深陷於混亂的談判。[1]

同年七月七日在希臘舉辦的議會選舉證實了這些趨勢。新民主黨的新領袖是基里亞科斯・米佐塔基斯（他的父親是康斯坦蒂諾斯・米佐塔基斯，一九九〇年代初期的總理，跟艾萊夫狄里奧斯・韋尼澤洛斯有親戚關係），贏得將近百分之四十的公民投票，在三百席次的議會中也贏得有效多數。[2] 極端的金色黎明拿不到代表制所需的最低門檻，無法進入議會。一年後，一場歷時五年的訴訟案在二〇二〇年十月結束，金色黎明的領袖和主要成員被判有罪：以政黨為幌子，掩蓋他們經營的犯罪組織。六人被判入獄十三年，並不是因為政治信念，而是經過證實的暴力及脅迫行為，其中一項引發眾怒，他們共謀在二〇一三年殺害了饒舌歌手帕夫洛斯．費薩斯（Pavlos Fyssas）。[3]

即將卸任的 SYRIZA 政府最後有幾項決定性的行動，包括推動議會在二〇一九年一月二十五日正式批准與北馬其頓的協議。就總理齊普拉斯來說，這項行動表現出相當的政治勇氣，要面對人民和議會（現在的總理米佐塔基斯則帶領議會「反對」批准）的強烈反對。然而，在新政府就職前，解決掉了這個常年未決的問題，對他們來說非常有利。

從二〇一二年到二〇一九年，希臘選民試過各種可能的民主途徑來解決二十一世紀第二個十年的「危機」。他們舉辦了五次大選和一次公投。最終的「解決辦法」要歸功給期間哪一任政府、政府的功勞有多大，或許仍有爭議。但在二〇二〇年開始時，延續了十年的金融、社會和政治危機似乎終於要結束了。希臘的民主制度也因此變得更健全。世界上其他地方愈來愈普及的一種民粹主義——從土耳其和俄羅斯，再到美國，甚至連英國也包含在內——在二〇一五年也曾引起希臘人的興趣。但他們到最後一刻卻改變了主意。

二〇二〇年開始的新篇章很可惜，到目前為止仍由新冠肺炎的疫情主導。年初，病毒首次在歐洲出現，第三波在一年後愈發猛烈，跟歐洲其他國家比起來，兩個說希臘語的民族國家表現得沒有那麼差。希臘和賽普勒斯的政府立即採取行動，果斷地嚴格實施強制封城。第一波在二〇二〇年的春天達到高峰後，他們很謹慎地設法維持住夏天的旅遊季，也保住了國家經濟，同時未從國外輸入嚴重的疫情。

在病毒的第二波和第三波，希臘的新確診案例在二〇二〇年十二月和二〇二一年四月曾每天高達三千例，總死亡人數在六月初來到一萬兩千人（等於每十萬人中有一〇九．七七人，位於歐洲最低的四分位數）。賽普勒斯共和國的比例更低，只有四十·四二人，是歐洲經濟區中第四低的。[4]夏天要開始時，希臘人口打了第一劑疫苗的才過半，打了第二劑的只有五分之一。疫情進入第二年，來到二〇二一年，兩國政府都在小心權衡，一邊是要挽救夏天的旅遊季，一邊是要限制感染的傳播。

在重重凶兆下，希臘和世界各地的希臘人開展一套充滿雄心且無遠弗屆的計畫，來慶祝一八二一年希臘革命的兩百週年。計畫的活動大多都縮減了，起碼在二〇二一年的上半如此。封城再加上國際旅遊的嚴格限制並未成為障礙，二〇二一年三月二十五日，也就是起義的官方紀念日，慶祝遊行隊伍通過雅典市中心。在一八三〇年簽字讓希臘存在的前「強權國家」也派出今日政府的代表，有英國的威爾斯王子（王位繼承人）、法國的國防部長和俄羅斯聯邦的總理。

進入新的十年，希臘和賽普勒斯要面對的挑戰不僅只有新冠肺炎。二〇一一年在賽普勒斯海岸邊初次發現的阿芙蘿黛緹油田在二〇一九年再度發現油氣，與土耳其的關係也變得緊張。賽普勒斯政府那年稍後發出執照，在領土內的水域中開始產出，土耳其則強行索取。從那時候起，希臘和賽普勒斯兩個共和國在旁觀察，愈發焦慮，而土耳其總統艾爾段的政策則想把該國的地緣政治影響力擴展到地中海東部，直接威脅希賽兩國的利益。希臘和賽普勒斯政府繼續堅持國際主義的立場，在現有的海商法、條約及有規則的國際體系架構中尋找解決辦法。[5]

前十年的金融危機如果算是解決了，另一個危機是從中東和非洲穿過土耳其來到歐洲的大量移民，還沒有解法。在最靠近土耳其本土的萊斯沃斯島上，希臘政府建的摩利亞（Moria）難民營名聲不佳，原本要容納三千個難民，但在二〇二〇年九月燒毀時，裡面擠了五倍的人數。[6]對這些剛上岸的人，希臘舊有的好客熱情已經被不祥的徵兆取代，地方或國家政府都無法消除人民的憎恨。在寫這篇後記時，歐盟的機構並未想辦法讓歐洲國家分擔希臘的負荷，歐盟和土耳其的協商也僅僅產生臨時性的、受限的解決方案。

國族的傳記自然會繼續，壽命遠超過每一個國族成員或外來的觀察者。二〇二〇的年代開始了，我們站在新篇章的開頭，必須耐心等待，看希臘人會不會跟過去一樣，再度在新的領域中成為先鋒。

---

1 參見歐洲議會的網站：https://www.europarl.europa.eu/election-results-2019/en/greece/（二〇二一年六月三日檢索）。

2 https://en.wikipedia.org/wiki/2019_Greek_legislative_election（二〇二一年六月二日檢索）。

3《衛報》（二〇二〇年十月二十三日），頁三〇～三一及網路版。

4 分別參見https://www.statista.com/statistics/1104709/coronavirus-deaths-worldwide-per-million-inhabitants/及https://www.statista.com/statistics/1111779/coronavirus-death-rate-europe-by-country/

5 西蒙·塔利亞皮特拉（Simone Tagliapietra），《東地中海天然氣的政治學及經濟學》（*The Politics and Economics of Eastern Mediterranean Gas*）（魯汶：Claeys and Casteels，二〇一七）；https://www.delekdrilling.com/project/aphrodite-gas-field（二〇二〇年十月二十六日檢索）。

6 UNHCR（聯合國難民署）二〇一五年關於到達歐洲的難民報告：https://www.unhcr.org/uk/news/latest/2015/12/5683d0b56/million-sea-arrivals-reach-europe-2015.html（二〇二〇年十月二十六日檢索）；瑪莉·杜特荷朋（Marie Doutrepont），《摩利亞：記述歐洲被遺忘的區域》（*Moria: Chroniques des limbes de l'Europe*）（布魯塞爾：180 Editions，二〇一八）。

致謝辭

在很多人的協助下，這本書有了最終的模樣。很多機構也幫了不少忙。我衷心感謝他們。在機構當中，最要感謝的是倫敦國王學院，這裡是我專業生涯的基地，也要感謝我的同事，我們的科系原本叫拜占庭及現代希臘研究，後來改名為古代學系及希臘研究中心。像這樣的書，寫作過程中一定會大量用到圖書館——我們心目中人文學科的「實驗室」。倫敦國王學院的莫恩圖書館（Maughan Library）藏有的希臘文出版品居英國之冠，還有專門講述希臘及過去兩百多年來希臘世界的書籍及期刊，放在布羅斯（Burrows）藏書及福伊爾特藏書庫（Foyle Special Collections Library）裡。花在這些豐富藏書上的時間根本無法估計，我要特別感謝圖書館聯絡主任特瑞莎·艾爾姆斯（Teresa Elmes）及特藏書庫館長凱蒂·薩布魯克（Katie Sambrook）在寫書期間一直支持我，之後還持續了很長一段時間。

我要特別感謝的另一所機構是雅典英國學院（British School at Athens），由英國人文社會科學院支持的進階研究所。一九七〇年代，我以研究生的身分第一次進入英國學院，結下不解之緣。該院與美國古典研究學院（American School of Classical Studies）共用的招待所及花園實在是現代城市中心的綠洲，為來自世界各地的學者提供賓至如歸的感受。在寫這本書的時候，每次回去都心情愉悅，能到極佳而舒服的圖書館裡查資料（如果有幸能住在裡面，隨時都可以進去），可以把這裡當成基地，去探訪希臘其他重要的資源。其中最頂尖的就是在英國學院對面的耶納狄烏斯圖書館（Gennadius Library），就本書涵蓋的主題而言，這裡藏有全世界最重要的參考書籍。希臘及賽普勒斯的圖書館、幾所大學和研究機構的資源與職員也為本書做出了貢獻：其中有雅典國立卡波迪斯特里安大學（National and Kapodistrian University of Athens）、塞薩洛尼基亞里斯多德大學（Aristotle University of Thessaloniki）、克里特島大學（University of Crete）、雅典國家希臘研究基金會（National Hellenic Research Foundation〔Athens〕）及賽普勒斯大學（University of Cyprus）。

再提到個人的恩情，研究和準備此書內容時遇見的人多到無法一一具名，而且常在不經意的情況下碰到。對話中偶然的評論，研討會上學生的問題，常在很久以後出現共鳴，但當事人在當下都沒察覺到。至於本書中闡述的希臘歷史和文化論點，並非每個做出貢獻的人都同意我寫下的文字。寫後面幾章的時候，我也曾有機會與故事裡的主人翁對談，但根據「查達姆宮守則」（Chatham House rules），我們不會透露對話的內容。

我很驕傲最終的成品由Penguin出版，一切都要歸功於我的經紀人費利西蒂・布萊恩（Felicity Bryan），及Allen Lane出版社的組稿編輯賽門・溫德（Simon Winder）。兩人都從一開始就綁在我的專案上，一直慷慨付出他們的支持、鼓勵和忠告。我非常幸運，能找到觀察力敏銳的讀者來看我的初稿：賽門・溫德本人也是一位多產的歷史書作家；哈里斯・弗拉威亞諾斯，正職是希臘美國學院（American College of Greece）的歷史系教授，也是該國很重要的一位詩人；以及我的兒子麥可（Mike），他在大學念的就是歷史系（跟我不一樣）。負責審驗最終原稿的理查・梅森（Richard Mason）表現傑出，揉合了機敏、對風格及本書主題的敏銳度，以及對細節的重視。我也要感謝西西莉亞・麥凱（Cecilia Mackay）的專業影像處理，幫了大忙。不用說，如果有任何缺點，以及對真相和意見的選擇及詮釋，都由我個人負責。

羅德里克・比頓，於倫敦國王學院，二〇一八年八月

參考書目

十八世紀以降之希臘史與文化

Beaton, Roderick, *An Introduction to Modern Greek Literature*, 2nd edn (Oxford: Clarendon Press, 1999)

Beaton, Roderick and David Ricks (eds), *The Making of Modern Greece: Nationalism, Romanticism, and the Uses of the Past (1797–1896)* (Farnham: Ashgate, 2009)

Campbell, John and Philip Sherrard, *Modern Greece* (London: Benn, 1968)

Clogg, Richard, *A Concise History of Greece*, 3rd edn (Cambridge: Cambridge University Press, 2013)

Dakin, Douglas, *The Unification of Greece, 1770–1923* (London: Benn, 1972)

Fleming, K. E., *Greece: A Jewish History* (Princeton, NJ: Princeton University Press, 2008)

Gallant, Thomas, *Modern Greece: From the War of Independence to the Present*, 2nd edn (London: Bloomsbury, 2016)

Gallant, Thomas, *The Edinburgh History of the Greeks, 1768 to 1913* (Edinburgh: Edinburgh University Press, 2015)

Hamilakis, Yannis, *The Nation and its Ruins: Antiquity, Archaeology, and National Imagination in Greece* (Oxford: Oxford University Press, 2007)

Holland, Robert and Diana Markides, *The British and the Hellenes: Struggles for Mastery in the Eastern Mediterranean 1850–1960* (Oxford: Oxford University Press, 2006)

Kalyvas, Stathis, *Modern Greece: What Everyone Needs to Know* (Oxford: Oxford University Press, 2015)

Koliopoulos, John, *Brigands with a Cause: Brigandage and Irredentism in Modern Greece 1821–1912* (Oxford: Clarendon Press, 1987)

Koliopoulos, John and Thanos Veremis, *Greece: The Modern Sequel, from 1821 to the Present* (London: Hurst, 2002)

Koliopoulos, John and Thanos Veremis, *Modern Greece: A History since 1821* (Hoboken, NY: Wiley, 2009)

Kostis, Kostas, *History's Spoiled Children: The Formation of the Modern Greek State*, trans. Jacob Moe (London: Hurst, 2018; Greek original published in 2013)

Mackridge, Peter, *Language and National Identity in Greece, 1766–1976* (Oxford: Oxford University Press, 2009)

Mazower, Mark, *The Balkans* (London: Weidenfeld and Nicolson, 2000)

Veremis, Thanos, *A Modern History of the Balkans: Nationalism and Identity in Southeast Europe* (London: I. B. Tauris, 2017)

Veremis, Thanos, *The Military in Greek Politics: From Independence to Democracy* (London: Hurst, 1997)

Wagstaff, J. M. (ed.), *Greece: Ethnicity and Sovereignty, 1820–1994. Atlas and Documents* (Archive Editions, [Cambridge: Cambridge University Press], 2002)

Woodhouse, C. M., *Modern Greece: A Short History*, 5th edn, revised (London: Faber & Faber, 1991; first edition 1968)

1. 東方遇到西方？

越過邊境：來來往往的人、想法、貨物

Frary, Lucien, *Russia and the Making of Modern Greek Identity, 1821–1844* (Oxford: Oxford University Press, 2015)

Greene, Molly, *The Edinburgh History of the Greeks, 1453–1768 The Ottoman Empire* (Edinburgh: Edinburgh University Press, 2015)

Kitromilides, Paschalis, *Enlightenment and Revolution: The Making of Modern Greece* (Cambridge, MA: Harvard University Press, 2013)

Kitromilides, Paschalis (ed.), *Enlightenment and Religion in the Orthodox World* (Oxford: Voltaire Foundation, 2016)

Myrogiannis, Stratos, *The Emergence of a Greek Identity (1700– 1821)* (Newcastle upon Tyne: Cambridge Scholars, 2012)

Philliou, Christine, *Biography of an Empire: Governing Ottomans in an Age of Revolution* (Berkeley, CA: University of California Press, 2011)

古老土地中的旅人

Constantine, David, *In the Footsteps of the Gods: Travellers to Greece and the Quest for the Hellenic Ideal* (London: I. B. Tauris, 2011)

Eisner, Robert, *Travelers to an Antique Land* (Ann Arbor, MI: University of Michigan Press, 1991)

Pollard, Lucy, *The Quest for Classical Greece: Early Modern Travel to the Greek World* (London: I. B. Tauris, 2015)

Spencer, Terence, *Fair Greece Sad Relic: Literary Philhellenism from Shakespeare to Byron* (London: Weidenfeld and Nicolson, 1954)

農民階級、漁夫、農夫、修士

Alexander, John, *Brigandage and Public Order in the Morea 1685–1806* (Athens: n.p., 1985)

Beaton, Roderick, *Folk Poetry of Modern Greece* (Cambridge: Cambridge University Press, 1980; reprinted 2004)

Campbell, John, *Honour, Family, and Patronage: A Study of Institutions and Moral Values in a Greek Mountain Community* (Oxford: Oxford University Press, 1974; first published 1964)

Herzfeld, Michael, *Ours Once More: Folklore, Ideology, and the Making of Modern Greece* (Austin, TX: University of Texas Press, 1982; reprinted New York: Pella, 1986)

Roudometof, Victor, 'From Rum millet to Greek nation: Enlightenment, secularization, and national identity in Ottoman Balkan society, 1453–1821', *Journal of Modern Greek Studies* 16 (1998), 11–48

2. 種子已播下

Alexander, John, *Brigandage and Public Order in the Morea 1685–1806* (Athens: n.p., 1985)

Fleming, K. E., *The Muslim Bonaparte: Diplomacy and Orientalism in Ali Pasha's Greece* (Princeton: Princeton University Press, 1999)

Jelavich, Charles and Barbara, *The Establishment of the Balkan National States, 1804–1920* (Seattle, WA: University of Washington Press, 1977)

Philliou, Christine, *Biography of an Empire: Governing Ottomans in an Age of Revolution* (Berkeley, CA: University of California Press, 2011)

Pratt, Michael, *Britain's Greek Empire: Reflections on the Ionian Islands from the Fall of Byzantium* (London: Collings, 1978)

Vucinich, Wayne S. (ed.), *The First Serbian Uprising, 1804–1813* (Boulder, CO: Brooklyn College Press, 1982)

革命觀念

Clogg, Richard (ed. and trans.), *The Movement for Greek Independence, 1770–1821: A Collection of Documents* (London: Macmillan, 1976)

Dascalakis, A., *Rhigas Velestinlis: la Revolution francaise et les preludes de l'Independance hellenique* (Paris, n.p., 1937)

Kitromilides, Paschalis, *Enlightenment and Revolution: The Making of Modern Greece* (Cambridge, MA:

Harvard University Press, 2013)

Kitromilides, Paschalis, 'From republican patriotism to national sentiment: A reading of *Hellenic Nomarchy*', *European Journal of Political Theory* 5 (2006), 50–60

Kitromilides, Paschalis (ed.), *Adamantios Korais and the European Enlightenment* (Oxford: Voltaire Foundation, 2010)

Lopez Villalba, Maria, 'Balkanizing the French Revolution: Rhigas's *New Political Constitution*', in Dimitris Tziovas (ed.), *Greece and the Balkans: Identities, Perceptions and Cultural Encounters since the Enlightenment* (Aldershot: Ashgate, 2003), 141–54

Myrogiannis, Stratos, *The Emergence of a Greek Identity (1700– 1821)*(Newcastle upon Tyne: Cambridge Scholars, 2012)

Woodhouse, C. M., *Rhigas Velestinlis: The Proto-Martyr of the Greek Revolution* (Limni, Evia: Denise Harvey, 1995)

在黑暗中生長之物

Angelomatis-Tsougarakis, Helen, *The Eve of the Greek Revival: British Travellers' Perceptions of Early Nineteenth-Century Greece* (London: Routledge, 1990)

Xanthos, E., 'Memoirs of Emmanouil Xanthos' (1845), translated in Richard Clogg (ed. and trans.), *The Movement for Greek Independence, 1770–1821: A Collection of Documents* (London: Macmillan, 1976), 182–200

3. 浴血而生

Abney-Hastings, Maurice, *Commander of the Karteria* (Bloomington, IN: Author House, 2011)

Barau, Denys, *La Cause des Grecs. Une histoire du mouvement philhellene (1821– 1829)* (Paris: Honore Champion, 2009)

Bass, Gary, *Freedom's Battle: The Origins of Humanitarian Intervention* (New York: Vintage, 2009)

Brewer, David, *The Flame of Freedom: The Greek War of Independence, 1821–1833* (London: John Murray, 2001)

Dakin, Douglas, *The Greek Struggle for Independence, 1821–1833* (London: Batsford, 1973)

Finlay, George, *History of the Greek Revolution*, 2 vols (Edinburgh: Blackwood, 1861)

Gordon, Thomas, *History of the Greek Revolution*, 2 vols (Edinburgh: Blackwood, 1832)

Ilıcak, Huseyin ukru, 'A radical rethinking of empire: Ottoman state and society during the Greek War of Independence (1821– 1826)'(PhD dissertation, Harvard University, 2011)

Koukkou, Helen, *Ioannis A. Kapodistrias: The European Diplomat and Statesman of the 19th Century. Roxandra S. Stourdza: A Famous Woman of her Time. A Historical Biography*, trans. E. Ghikas (Athens: Society for the Study of Greek History, 2001)

Pizanias, Petros (ed.), *The Greek Revolution of 1821: A European Event* (Istanbul: Isis Press, 2011; Greek original published 2009)

Rodogno, Davide, *Against Massacre: Humanitarian Interventions in the Ottoman Empire, 1815–1914* (Princeton, NJ: Princeton University Press, 2012)

St Clair, William, *That Greece Might Still Be Free: The Philhellenes in the War of Independence* (Cambridge: Open Book, 2008; first published 1972)

Woodhouse, C. M., *Capodistria: The Founder of Greek Independence* (London: Oxford University Press, 1973)

Woodhouse, C. M., *The Battle of Navarino* (London: Hodder and Stoughton, 1965)

4. 邁出生命中的第 1 步

Bastea, Eleni, *The Creation of Modern Athens: Planning the Myth* (Cambridge: Cambridge University Press, 2000)

Frazee, Charles, *The Orthodox Church and Independent Greece, 1821–1852* (Cambridge: Cambridge University Press, 1969)

Koubourlis, Ioannis, *La Formation de l'histoire nationale grecque. L'Apport de Spyridon Zambelios (1815–1881)* (Athens: Institut de Recherches Neo-Helleniques, 2005)

Petropulos, John, *Politics and Statecraft in the Kingdom of Greece, 1833–1843* (Princeton, NJ: Princeton University Press, 1968)

Politis, Alexis, *Ρομαντικά χρόνια. Ιδεολογίες και νοοτροπίες στην Ελλάδα του 1830–1880* [*Romantic Years: Ideologies and Mentalities in Greece, 1830– 1880*] (Athens: Mnimon, 1993)

Skopetea, Elli, *Το «πρότυπο βασίλειο» και η Μεγάλη Ιδέα. Όψεις του εθνικού προβλήματος στην Ελλάδα (1830–1880)* [*The 'Model Kingdom' and the Grand Idea: Aspects of the National Problem in Greece (1830–*

1880)] (Athens: Polytypo, 1988)

5. 年輕時的理想與哀愁

領土擴張的政治

Carabott, Philip (ed.), *Greek Society in the Making, 1863–1913: Realities, Symbols and Visions* (Aldershot: Ashgate, 1997)

Christmas, Walter, *King George of Greece* (New York: McBride, Nast, 1914)

Finlay, George, *A History of Greece: From its Conquest by the Romans to the Present Time*, vol. 7 (Oxford: Clarendon Press, 1877)

Jenkins, Romilly, *The Dilessi Murders* (London: Longmans, Green, 1961)

Prevelakis, Eleutherios, *British Policy towards the Change of Dynasty in Greece* (Athens: n.p., 1953)

Skopetea, Elli, *Το «πρότυπο βασίλειο» και η Μεγάλη Ιδέα. Όψεις του εθνικού προβλήματος στην Ελλάδα (1830–1880)* [*The 'Model Kingdom' and the Grand Idea: Aspects of the National Problem in Greece (1830–1880)*] (Athens: Polytypo, 1988)

Vovchenko, Denis, *Containing Balkan Nationalism: Imperial Russia and Ottoman Christians, 1856–1914* (Oxford: Oxford University Press, 2016)

國族與國族的限制

Augustinos, Gerasimos, *The Greeks of Asia Minor* (Kent, OH: Kent State University Press, 1992)

Clogg, Richard (ed.), *The Greek Diaspora in the Twentieth Century* (Basingstoke: Macmillan, 1999)

Detorakis, Theocharis, *History of Crete*, trans. John Davis (Heraklion, Crete: n.p., 1994)

Doumanis, Nicholas, *Before the Nation: Muslim–Christian Coexistence and its Destruction in Late-Ottoman Anatolia* (Oxford: Oxford University Press, 2012)

Gondicas, Dimitri and Charles Issawi (eds) *Ottoman Greeks in the Age of Nationalism* (Princeton, NJ: Darwin Press, 1999)

Hill, George, *A History of Cyprus*, vol. 4 (Cambridge: Cambridge University Press, 1952)

Mazower, Mark, *Salonica: City of Ghosts* (London: HarperCollins, 2004)

enı ık, Pinar, *The Transformation of Ottoman Crete: Revolts, Politics and Identity in the Late Nineteenth Century* (London: I. B. Tauris, 2011)

Vassiadis, George, *The* Syllogos *Movement of Constantinople and Ottoman Greek Education, 1861–1923* (Athens: Centre for Asia Minor Studies, 2007)

勝利與災難

Ashmead Bartlett, E., *The Battlefields of Thessaly* (London: John Murray, 1897)

Kitroeff, Alexander, *Wrestling with the Ancients: Modern Greek Identity and the Olympics* (New York: Greekworks.com, 2004)

Levandis, John, *The Greek Foreign Debt and the Great Powers, 1821–1898* (New York: Columbia University Press, 1944)

Llewellyn Smith, Michael, *Olympics in Athens 1896* (London: Profile, 2004)

6. 兵役

國內的蕭條

Augustinos, Gerasimos, *Consciousness and History: Nationalist Critics of Greek Society, 1897–1914* (New York: Columbia University Press/*East European Quarterly*, 1977)

Gauntlett, Stathis, *Rebetika, carmina Graeciae recentioris* [in English] (Athens: Denise Harvey, 1985)

國外的戰鬥

Dakin, Douglas, *The Greek Struggle in Macedonia, 1897–1913* (Thessaloniki: Institute of Balkan Studies, 1966)

Karakasidou, Anastasia, *Fields of Wheat, Hills of Blood: Passages to Nationhood in Greek Macedonia, 1870–1990* (Chicago, IL: University of Chicago Press, 1997)

Mandamadiotou, Maria, *The Greek Orthodox Community of Mytilene: Between the Ottoman Empire and the Greek State, 1876–1912* (Bern: Peter Lang, 2013)

Mazower, Mark, *Salonica: City of Ghosts* (London: HarperCollins, 2004)

Veremis, Thanos, 'The Hellenic Kingdom and the Ottoman Greeks: The experiment of the "Society of Constantinople" ', in Dimitri Gondicas and Charles Issawi (eds), *Ottoman Greeks in the Age of Nationalism* (Princeton, NJ: Darwin Press, 1999), 181–91

Yosmaog˘lu, I˙pek, *Blood Ties: Religion, Violence, and the Politics of Nationhood in Ottoman Macedonia, 1878–1908* (Ithaca, NY: Cornell University Press, 2014)

武裝動員

Kitromilides, Paschalis (ed.), *Eleftherios Venizelos: The Trials of Statesmanship* (Edinburgh: Edinburgh University Press, 2006)

Papacosma, S. Victor, *The Military in Greek Politics: The 1909 Coup d'Etat* (Kent, OH: Kent State University Press, 1977)

入陣

Hall, Richard, *The Balkan Wars, 1912–1913: Prelude to the First World War* (London: Routledge, 2002)

McMeekin, Sean, *The Ottoman Endgame: War Revolution and the Making of the Modern Middle East, 1908–1923* (London: Allen Lane, 2015)

7. 自我分裂

Housepian Dobkin, Marjorie, *Smyrna 1922: The Destruction of a City* (London: Faber, 1972)

Leon, George, *Greece and the Great Powers, 1914–1917* (Thessaloniki: Institute for Balkan Studies, 1974)

Llewellyn Smith, Michael, *Ionian Vision: Greece in Asia Minor, 1919–1922* (London: Hurst, 1998; first published 1973)

Mackenzie, Compton, *Greek Memories* (London: Biteback, 2011; first published 1932)

Mango, Andrew, *Ataturk* (London: John Murray, 1999)

Mavrogordatos, Giorgos, *1915. Ο Εθνικός Διχασμός* [*1915: The National Schism*] (Athens: Patakis, 2015)

Milton, Giles, *Paradise Lost: Smyrna 1922. The Destruction of Islam's City of Tolerance* (London: Sceptre, 2008)

Pentzopoulos, Dimitri, *The Balkan Exchange of Minorities and its Impact on Greece* (Paris and The Hague: Mouton, 1962; reprinted with a new preface by Michael Llewellyn Smith, London: Hurst, 2002)

Petsalis-Diomidis, N., *Greece at the Paris Peace Conference (1919)* (Thessaloniki: Institute for Balkan Studies, 1978)

Toynbee, Arnold, *The Western Question in Greece and Turkey: A Study in the Contact of Civilisations* (London: Constable, 1922)

8. 重新開始

復原及更新

Clark, Bruce, *Twice a Stranger: Greece, Turkey and the Minorities they Expelled* (London: Granta, 2006)

Hirschon, Renee (ed.), *Crossing the Aegean: An Appraisal of the 1923 Compulsory Population Exchange between Greece and Turkey* (Oxford: Berghahn, 2003)

Lytra, Vally (ed.), *When Greeks and Turks Meet: Interdisciplinary Perspectives on the Relationship since 1923* (Farnham: Ashgate, 2014)

Pentzopoulos, Dimitri, *The Balkan Exchange of Minorities and its Impact on Greece* (Paris and The Hague: Mouton, 1962; reprinted with a new preface by Michael Llewellyn Smith, London: Hurst, 2002)

Tziovas, Dimitris (ed.), *Greek Modernism and Beyond* (Lanham, MD, and New York: Rowman & Littlefield, 1997)

政客和將軍

Mavrogordatos, George, *Stillborn Republic: Social Coalitions and Party Strategies in Greece, 1922–1936* (Berkeley, CA: University of California Press, 1983)

Mazower, Mark, *Greece and the Inter-War Economic Crisis* (Oxford: Clarendon Press, 1991)

斷層的變動

Butterworth, Katharine and Sara Schneider (eds), *Rebetika: Songs from the Old Greek Underworld* (Athens: Aiora, 2014; first published 1974)

Gauntlett, Stathis, *Rebetika, carmina Graeciae recentioris* [in English] (Athens: Denise Harvey, 1985)

Higham, Robin and Thanos Veremis (eds), *Aspects of Greece, 1936–40: The Metaxas Dictatorship* (Athens: Hellenic Foundation for Defense and Foreign Policy, 1993)

Joachim, Joachim, *Ioannis Metaxas: The Formative Years, 1871–1922* (Mannheim: Bibliopolis, 2000)

Kenna, Margaret, *The Social Organisation of Exile: Greek Political Detainees in the 1930s* (Amsterdam: Harwood, 2001)

Kofas, Jon, *Authoritarianism in Greece: The Metaxas Regime* (East European Monographs, Boulder, CO, distributed by Columbia University Press, New York, 1983)

Koliopoulos, John, *Greece and the British Connection, 1935–1941* (Oxford: Clarendon Press, 1977)

Pelt, Mogens, *Tobacco, Arms and Politics: Greece and Germany from World Crisis to World War 1929–41* (Copenhagen: Museum Tusculanum Press, 1998)

Petrakis, Marina, *The Metaxas Myth: Dictatorship and Propaganda in Greece* (London: I. B. Tauris, 2006)

Petropoulos, Elias, *Songs of the Greek Underworld: The Rebetika Tradition*, trans. Ed Emery (London: Saqi, 2000)

Vatikiotis, P. J., *Popular Autocracy in Greece, 1936–41* (London: Frank Cass, 1998)

9. 潰敗

Alexander, G. M., *The Prelude to the Truman Doctrine: British Policy in Greece, 1944–1947* (Oxford: Clarendon Press, 1982)

Baerentzen, Lars, 'The demonstration in Syntagma Square on Sunday the 3rd of December, 1944', *Scandinavian Studies in Modern Greek* 2 (1978), 3–52

Baerentzen, Lars, John Iatrides and Ole Smith (eds), *Studies in the History of the Greek Civil War, 1945–1949* (Copenhagen: Museum Tusculanum Press, 1987)

Beevor, Antony, *Crete: The Battle and the Resistance* (London: John Murray, 1991; Penguin, 1992)

Brewer, David, *Greece: The Decade of War. Occupation, Resistance and Civil War* (London: I. B. Tauris, 2016)

Carabott, Philip and Thanasis Sfikas (eds), *The Greek Civil War: Essays on a Conflict of Exceptionalism and Silences* (Aldershot: Ashgate, 2004)

Clogg, Richard (ed.), *Greece 1940–1949: Occupation, Resistance, Civil War. A Documentary History* (Basingstoke: Palgrave Macmillan, 2002)

Close, David, *The Origins of the Greek Civil War* (London: Longman, 1995)

Close, David (ed.), *The Greek Civil War, 1943–1950: Studies of Polarization* (London: Routledge, 1993)

Danforth, Loring and Riki van Boeschoten, *Children of the Greek Civil War: Refugees and the Politics of Memory* (Chicago, IL: University of Chicago Press, 2012)

Delis, Panagiotis, 'The British intervention in Greece: The battle of Athens, December 1944', *Journal of Modern Greek Studies* 35 (2017), 211–37

Gerolymatos, Andre, *An International Civil War: Greece, 1943–1949* (New Haven, CT, and London: Yale University Press, 2016)

Hart, Janet, *New Voices in the Nation: Women and the Greek Resistance, 1941–1964* (Ithaca, NY: Cornell University Press, 1996)

Hatzipateras, Kostas and Maria Fafaliou (eds), *Μαρτυρίες 41–44. Η Αθήνα της Κατοχής* [*Testimonies 1941–1944: Athens under Occupation*], 2 vols (Athens: Kedros, 2002)

Higham, Robin, *Diary of a Disaster: British Aid to Greece, 1940–1941* (Lexington, KY: University Press of Kentucky, 1986)

Hionidou, Violetta, *Famine and Death in Occupied Greece, 1941–1944* (Cambridge: Cambridge University Press, 2006)

Hondros, John, *Occupation and Resistance: The Greek Agony, 1941–44* (New York: Pella, 1983)

Iatrides, John, *Revolt in Athens: The Greek Communist 'Second Round', 1944–1945* (Princeton, NJ: Princeton University Press, 1972)

Iatrides, John (ed.), *Greece in the 1940s: A Nation in Crisis* (Hanover, NH, and London: University Press of New England, 1981)

Iatrides, John and Linda Wrigley (eds), *Greece at the Crossroads: The Civil War and its Legacy* (Philadelphia, PA: Pennsylvania University Press, 1995)

Kalyvas, Stathis, 'Red Terror: Leftist violence during the Occupation', in Mark Mazower (ed.), *After the War was Over: Reconstructing the Family, Nation, and State in Greece, 1943–1960* (Princeton, NJ: Princeton

University Press, 2000), 142–83

Kalyvas, Stathis, *The Logic of Violence in Civil War* (Cambridge: Cambridge University Press, 2006)

Koliopoulos, John, *Greece and the British Connection, 1935–1941* (Oxford: Clarendon Press, 1977)

Kousoulas, D. George, *Revolution and Defeat: The Story of the Greek Communist Party* (Oxford: Oxford University Press, 1965)

Mazower, Mark, *Inside Hitler's Greece: The Experience of Occupation, 1941–44* (New Haven, CT, and London: Yale University Press, 1993)

Papastratis, Procopis, *British Policy towards Greece during the Second World War, 1941–1944* (Cambridge: Cambridge University Press, 1984)

Plakoudas, Spyridon, *The Greek Civil War: Strategy, Counterinsurgency and the Monarchy* (London: I. B. Tauris, 2017)

Richter, Heinz, *British Intervention in Greece: From Varkiza to Civil War*, trans. Marion Sarafis (London: Merlin, 1985)

Vlavianos, Haris, *Greece, 1941–49: From Resistance to Civil War* (Basingstoke: Macmillan, 1992)

Woodhouse, C. M., *The Apple of Discord: A Survey of Recent Greek Politics in their International Setting* (London: Hutchinson, 1948)

Woodhouse, C. M., *The Struggle for Greece, 1941–1949* (London: Hart-Davis, 1976; reprinted with an introduction by Richard Clogg: Hurst, 2002)

10. 接受山姆大叔的庇蔭

Close, David, *Greece since 1945: Politics, Economy and Society* (London: Longman, 2002)

McNeill, William, *The Metamorphosis of Greece since World War II* (Oxford: Blackwell, 1978)

Mazower, Mark (ed.), *After the War was Over: Reconstructing the Family, Nation, and State in Greece, 1943–1960* (Princeton, NJ: Princeton University Press, 2000)

Miller, James Edward, *The United States and the Making of Modern Greece: History and Power, 1950–1974* (Chapel Hill, NC: University of North Carolina Press, 2009)

重新發現的國族

French, David, *Fighting EOKA: The British Counter-Insurgency Campaign on Cyprus, 1955–1959* (Oxford: Oxford University Press, 2015)

Hatzivassiliou, Evanthis, *Britain and the International Status of Cyprus, 1955–59* (Minneapolis, MN: University of Minnesota, *Modern Greek Studies Yearbook* supplement, 1997)

Holland, Robert, *Britain and the Revolt in Cyprus, 1954–1959* (Oxford: Clarendon Press, 1998)

Mayes, Stanley, *Makarios: A Biography* (London: Macmillan, 1981)

Stefanidis, Ioannis, *Stirring the Greek Nation: Political Culture, Irredentism and Anti-Americanism in Post-War Greece, 1945–1967* (Aldershot: Ashgate, 2007)

Vryonis, Speros, *The Mechanism of Catastrophe: The Turkish Pogrom of September 6–7, 1955, and the Destruction of the Greek Community of Istanbul* (New York: Greekworks.com, 2005)

與左巴共舞

Hadjikyriacou, Achilleas, *Masculinity and Gender in Greek Cinema, 1949–1967* (London: Bloomsbury

Academic, 2013)
Karalis, Vrasidas, *A History of Greek Cinema* (New York and London: Continuum, 2012)
Papanikolaou, Dimitris, *Singing Poets: Literature and Popular Music in France and Greece* (London: Legenda, 2007)
Stassinopoulou, Maria, 'Reality bites: A feature film history of Greece, 1950–1963'(Vienna: University of Vienna, Habilitationsschrift, 2000)

政治車禍～打上石膏

Draenos, Stan, *Andreas Papandreou: The Making of a Greek Democrat and Political Maverick* (London: I. B. Tauris, 2012)
Featherstone, Kevin and Dimitrios Katsoudas (eds), *Political Change in Greece: Before and After the Colonels* (London: Croom Helm, 1987)
Ker-Lindsay, James, *The Cyprus Problem: What Everyone Needs to Know* (Oxford: Oxford University Press, 2011)
Kornetis, Kostis, *Children of the Dictatorship: Student Resistance, Cultural Politics, and the 'Long 1960s' in Greece* (New York and Oxford: Berghahn, 2013)
van Dyck, Karen, *Kassandra and the Censors: Greek Poetry since 1967* (Ithaca, NY: Cornell University Press, 1998)
Woodhouse, C. M., *Karamanlis: The Restorer of Greek Democracy* (Oxford: Clarendon Press, 1982)

Woodhouse, C. M., *The Rise and Fall of the Greek Colonels* (London: Granada, 1985)

11. 在歐洲長大成人

Clogg, Richard, *Parties and Elections in Greece: The Search for Legitimacy* (London: Hurst, 1987)

Clogg, Richard (ed.), *Greece, 1981–89: The Populist Decade* (Basingstoke: Macmillan, 1993)

Close, David, *Greece since 1945: Politics, Economy and Society* (London: Longman, 2002)

Danforth, Loring, *The Macedonian Conflict: Ethnic Nationalism in a Transnational World* (Princeton, NJ: Princeton University Press, 1997)

Featherstone, Kevin and Dimitris Papadimitriou, *Prime Ministers in Greece: The Paradox of Power* (Oxford: Oxford University Press, 2015)

Giannaras, Chrestos, *Orthodoxy and the West: Hellenic Self-Identity in the Modern Age*, trans. P. Chamberas and N. Russell (Brookline, MA: Holy Cross Orthodox Press, 2006)

Kassimeris, George, *Europe's Last Red Terrorists: The Revolutionary Organization 17 November* (London: Hurst, 2001)

Kassimeris, George, *Inside Greek Terrorism* (London: Hurst, 2013)

Makrides, Vasilios, 'Byzantium in contemporary Greece: The Neo-Orthodox current of ideas', in David Ricks and Paul Magdalino (eds), *Byzantium and the Modern Greek Identity* (Aldershot: Ashgate, 1998), 141–53

Mavrogordatos, George, *Rise of the Green Sun: The Greek Election of 1981* (London: King's College

London, Centre of Contemporary Greek Studies, 1983)

Roudometof, Victor and Vasilios Makrides (eds), *Orthodox Christianity in 21st Century Greece* (Farnham: Ashgate, 2010)

Spourdalakis, Michalis, *The Rise of the Greek Socialist Party* (London: Routledge, 1988)

Varnava, Andrekos and Hubert Faustmann (eds), *Reunifying Cyprus: The Annan Plan and Beyond* (London: I. B. Tauris, 2009)

Veremis, Thanos, *Greeks and Turks in War and Peace* (Athens: Athens News, 2007)

Woodhouse, C. M., *Karamanlis: The Restorer of Greek Democracy* (Oxford: Clarendon Press, 1982)

12. 中年危機

「危機」的政治學

Economides, Spyros (ed.), *Greece: Modernisation and Europe 20 Years On* (London: London School of Economics, Hellenic Observatory, 2017)

Karyotis, Georgios and Roman Gerodimos, *The Politics of Extreme Austerity: Greece in the Eurozone Crisis* (Basingstoke: Palgrave Macmillan, 2015)

Mitsopoulos, Michael and Theodore Pelagidis, *Understanding the Crisis in Greece: From Boom to Bust* (Basingstoke: Palgrave Macmillan, 2012)

Ovenden, Kevin, *Syriza: Inside the Labyrinth* (London: Pluto, 2015)

Papaconstantinou, George, *Game Over: The Inside Story of the Greek Crisis* (English edition privately published, 2016)

Triandafyllidou, Anna, Ruby Gropas and Hara Kouki (eds), *The Greek Crisis and European Modernity* (Basingstoke: Palgrave Macmillan, 2013)

Tsoukalis, Loukas, *In Defence of Europe: Can the European Project be Saved?* (Oxford: Oxford University Press, 2016)

Tzogopoulos, George, *The Greek Crisis in the Media: Stereotyping in the International Press* (Farnham: Ashgate, 2013)

Varoufakis, Yanis, *Adults in the Room: My Battle with Europe's Deep Establishment* (London: Bodley Head, 2017)

Vasilopoulou, Sofia and Daphne Halikiopoulou, *The Golden Dawn's 'National Solution': Explaining the Rise of the Far Right in Greece* (New York: Palgrave Macmillan, 2015)

Verney, Susannah, 'Waking the "sleeping giant" or expressing domestic dissent? Mainstreaming Euroscepticism in crisis-stricken Greece', *International Political Science Review* 36/3 (2015), 279–95

與「危機」共存

Chiotis, Theodoros (ed. and trans.), *Futures: Poetry of the Greek Crisis* (London: Penned in the Margins, 2016)

Douzinas, Costas, *Philosophy and Resistance in the Crisis: Greece and the Future of Europe* (Cambridge: Polity, 2013)

Hamilakis, Yannis, 'Some debts can never be repaid: The archaeo-Politics of the crisis', *Journal of Modern Greek Studies* 34 (2016), 227–54

Hanink, Johanna, *The Classical Debt: Greek Antiquity in an Era of Austerity* (Cambridge, MA: Harvard University Press, 2017)

Knight, Daniel, *History, Time and Economic Crisis in Central Greece* (Basingstoke: Palgrave Macmillan, 2015)

Lemos, Natasha and Eleni Yannakakis (eds), *Critical Times, Critical Thoughts: Contemporary Greek Writers Discuss Facts and Fiction* (Newcastle upon Tyne: Cambridge Scholars, 2015)

Pine, Richard, *Greece through Irish Eyes* (Dublin: Liffey Press, 2015)

Tziovas, Dimitris, 'From junta to crisis: Modernization, consumerism and cultural dualisms in Greece', *Byzantine and Modern Greek Studies* 41 (2017), 278–99

Tziovas, Dimitris (ed.), *Greece in Crisis: The Cultural Politics of Austerity* (London: I. B. Tauris, 2017)

van Dyck, Karen (ed.), *Austerity Measures: The New Greek Poetry* (London: Penguin, 2016)

國家圖書館出版品預行編目資料

現代希臘史：希臘專家寫給所有人的國家傳記/羅德里克・比頓（Roderick Beaton）著；嚴麗娟譯. -- 初版. -- 臺北市：商周出版：英屬蓋曼群島商家庭傳媒股份有限公司城邦分公司發行, 2021.06
面；　公分. -- (漫遊歷史；24)
譯自：Greece : biography of a modern nation.
ISBN 978-986-0734-62-1 (平裝)

1.希臘史

749.51　　110007780

漫遊歷史 24

現代希臘史：希臘專家寫給所有人的國家傳記

作　　者／羅德里克・比頓（Roderick Beaton）
譯　　者／嚴麗娟
企劃選書／黃靖卉
責任編輯／黃靖卉

版　　權／黃淑敏、吳亭儀、邱珮芸
行銷業務／周佑潔、黃崇華、張媖茜
總 編 輯／黃靖卉
總 經 理／彭之琬
事業群總經理／黃淑貞
發 行 人／何飛鵬
法律顧問／元禾法律事務所 王子文律師
出　　版／商周出版
臺北市104民生東路二段141號9樓
電話:(02) 25007008　傳眞:(02)25007759
E-mail:bwp.service@cite.com.tw
Blog:http: / / bwp25007008.pixnet.net / blog
發　　行／英屬蓋曼群島商家庭傳媒股份有限公司城邦分公司
臺北市中山區民生東路二段141號2樓
書虫客服服務專線:(02)25007718;(02)25007719
服務時間:週一至週五上午09:30-12:00;下午13:30-17:00
24小時傳眞專線:(02)25001990;(02)25001991
劃撥帳號:19863813;戶名:書虫股份有限公司
讀者服務信箱:service@readingclub.com.tw
城邦讀書花園:www.cite.com.tw
香港發行所／城邦(香港)出版集團有限公司
香港灣仔駱克道193號東超商業中心1樓
E-mail:hkcite@biznetvigator.com
電話:(852) 25086231 傳眞:(852) 25789337
馬新發行所／城邦(馬新)出版集團【Cite (M) Sdn. Bhd.】
41, Jalan Radin Anum, Bandar Baru Sri Petaling,
57000 Kuala Lumpur, Malaysia.
Tel: (603) 90578822　Fax: (603) 90576622
Email: cite@cite.com.my

封面設計／徐璽設計工作室
排　　版／極翔企業有限公司
印　　刷／中原造像股份有限公司
經 銷 商／聯合發行股份有限公司
電話:(02) 2917-8022　Fax: (02) 2911-0053
地址:新北市231新店區寶橋路235巷6弄6號2樓

■2021年7月1日一版一刷　　Printed in Taiwan
定價550元